Rückkehrgespräche
– Chance für geringe Fehlzeiten
bei gleichbleibender Arbeitsleistung ?

zugleich Dissertation an der Fakultät für Sozialwissenschaft der
Ruhr-Universität Bochum

Rüdiger Piorr

Rückkehrgespräche – Chance für geringe Fehlzeiten bei gleichbleibender Arbeitsleistung?

2., unveränderte Auflage

Herbert Utz Verlag · München

Münchner Beiträge zur Wirtschafts- und Sozialpsychologie

Zugl.: Diss., 2001

Bibliografische Information der Deutschen Nationalbibliothek:
Die Deutsche Nationalbibliothek verzeichnet diese Publikation in der Deutschen Nationalbibliografie; detaillierte bibliografische Daten sind im Internet über http://dnb.d-nb.de abrufbar.

Titelabbildung: geralt | pixabay.com

frühere Ausgabe: ISBN 978-3-8316-0075-5

ISBN 978-3-8316-8107-5

Printed in EU
Herbert Utz Verlag GmbH, München
www.utzverlag.de

Inhalt

Zweiter Teil:
Motivation und Leistung - Anwesenheit und Abwesenheit

Dritter Teil:
Streß - Konzepte und Handlungen der Bewältigung

Vierter Teil:
An der Fehlzeitengenese beteiligte Prozesse - Heuristik eines Rahmenmodells

Abbildungen

Erster Teil:

Fehlzeiten –

Daten, Maßnahmen und Konzepte

1. Einleitung

Betriebliche Fehlzeiten sind seit Anfang der 60er Jahre im Gespräch. Sie behindern Arbeitsabläufe und verursachen Kosten. Aus diesem Grunde ist es auch nicht verwunderlich, daß sie sowohl für die betriebliche Praxis als auch für die Wissenschaft von großem Interesse sind.

Daß dabei den konkreten Maßnahmen, die die Betriebe ergreifen, eine eher geringe Beachtung zukommt, verwundert hingegen. Das wissenschaftliche Interesse erschöpft sich zumeist in den generellen Konzepten des Gesundheitsschutzes, der Gesundheitsförderung oder des Gesundheitsmanagements, hinter denen die betrieblichen Maßnahmen und konkreten Formen der Intervention verschwinden. Die dezidierte Betrachtung der einzelnen Bausteine dieser Konzepte unterbleibt, obgleich oftmals gerade die Konfiguration einzelner Maßnahmen darüber entscheidet, ob die Gesamtinterventionen erfolgreich sind oder nicht. Grund genug, sich den Maßnahmen in ihren Details anzunehmen.

Die vorliegende Arbeit untersucht mit dem Rückkehrgespräch eine Maßnahme, die sich sowohl in Betrieben als auch unter Beratern einer ungebrochen hohe Beliebtheit erfreut und von der einhellig berichtet wird, daß sie sich äußerst positiv auf Kranken- bzw. Gesundheitsstände und dabei besonders auf die sogenannten motivationalen Fehlzeiten auswirkt. Beim Rückkehrgespräch handelt es sich um ein fest institutionalisiertes Gesprächsinstrument, das die Führungskraft mit dem genesenen Mitarbeiter nach dessen Rückkehr an den Arbeitsplatz führt. Das Instrument wird in der Erwartung eingesetzt, sowohl auf willentlich herbeigeführte Absentismen einzuwirken als auch die Integration genesener Mitarbeiter in den Arbeitsprozess zu fördern.

Trotz vielfältiger positiver Meldungen ist aber weitgehend unklar, auf welche Art und Weise Rückkehrgespräche wirken. Ebenso ungeklärt ist, ob die verschiedenen, in der Praxis angewandten Modelle in gleichem Maße wirksam sind. Hier stellt sich die Frage:

Sind anreizbasierte Rückkehrgespräche, deren letzte Konsequenz die Androhung von Sanktionen ist, genauso erfolgreich wie Rückkehrgespräche, die auf Sanktionen bei gehäufter Abwesenheit gänzlich verzichten?

Zudem ist ungewiß, ob und welche „Nebenwirkungen" die „Medizin" Rückkehrgespräch nach sich zieht. Denn jede derartige Maßnahme stellt einen Eingriff in den sensiblen Komplex von Krankheit, Gesundheit, Anwesenheit und Abwesenheit dar und will in den entsprechenden Wechselwirkungen wohl bedacht sein. So ist dann auch zu fragen, welche positiven und möglicherweise auch negativen Einflüsse von Rückkehrgesprächen ausgehen können.

Ob geringe Krankenstände unter Berücksichtigung möglicher Wechselwirkungen allein noch als Wirksamkeitsindikator herangezogen werden können, erscheint darüberhinaus mehr als fraglich, denn anwesende Mitarbeiter, die krank, eingeschüchtert oder innerlich gekündigt ihre Arbeit verrichten, liegen nicht im Interesse von Unternehmen, sie versagen (in) ihre(r) Leistung. Folglich muß eine Wirksamkeitsabschätzung des Rückkehrgesprächs immer auch die Perspektive der Leistung der Mitarbeiter und nicht zuletzt auch ihre Gesundheit unabhängig von ihrem Anwesenheitsverhalten im Auge behalten. Aus diesem Grunde befaßt sich die vorliegende Arbeit mit der Fragestellung, wie Rückkehrgespräche gestaltet sein müssen, damit sie sich positiv auf Krankenstände auswirken und gleichzeitig negative Nebeneffekte vermeiden. Denn nur dann kann ihre Wirkung auch von betrieblichem Interesse sein. Dementsprechend sucht die vorliegende Arbeit Antworten auf die Frage:

> Welchen Einfluß können Rückkehrgespräche auf die an der Fehlzeitengenese beteiligten Prozesse nehmen, ohne negative Effekte im Leistungsverhalten und im gesundheitlichen Befinden zu provozieren?

Daß über diesen Zusammenhang so gut wie keine Aussagen vorliegen, ist nicht zuletzt darin begründet, daß es bislang keine in sich geschlossene Theorie der Fehlzeiten gibt. Die vorhandenen Theorien beziehen sich jeweils auf Teilaspekte wie z.B. die Krankheitsgenese oder die Entscheidung zur Fehlzeit und lassen damit integrative und umfassende Erklärungsansätze vermissen, vor deren Hintergrund sich eine Wirksamkeitsabschätzung des Rückkehrgesprächs vornehmen ließe. Aus diesem Grunde wird sich die vorliegende Arbeit über weite Strecken mit entsprechenden theoretischen Teilaspekten befassen, die sich in ein integratives Rahmenmodell einbinden lassen, das die an der Fehlzeitengenese beteiligten Prozesse gesammelt berücksichtigt und vor dessen Hintergrund erst die Frage nach der Wirksamkeit und Ausgestaltung von Rückkehrgesprächen sicher beantwortet werden kann.

Mit der theoretisch fundiert zu beantwortenden Fragestellung hebt sich diese Arbeit bewußt von den unzähligen Veröffentlichungen zu betrieblichen Konzepten rund um die Begriffe Gesundheitsförderung und Gesundheitsmanagement ab. Diese Ansätze befassen sich zwar auch mit dem Themenfeld der Fehlzeiten, konzentrieren sich dabei aber zumeist auf organisatorische Fragestellungen und setzen die Wirksamkeit der zur Anwendung kommenden Maßnahmen voraus. Bestenfalls evaluieren sie ihren Erfolg in bezug auf Krankenstände und beschränken sich damit auf eine deskriptive Analyse. Wirkungsmodelle, die komplexe soziale Realitäten abbilden, wie dies Gegenstand der nachfolgenden Ausführungen ist, werden dort zumeist vergeblich gesucht. Insofern versteht sich diese Arbeit auch als ein Versuch, den vielfältigen, offensichtlich erfolgreichen betrieblichen Interventionsmaßnahmen ein theoretisches Modell anzumessen und damit ein erhebliches Forschungsdefizit zu kompensieren.

2. *Vorgehen*

Betriebliche Fehlzeiten sind ein komplexes Problemfeld. Das verdeutlicht allein schon die Betrachtung verschiedener statistischer Aussagen und deren Interpretation und setzt sich im Fehlen einer geschlossenen Theorie der Fehlzeit fort. Zieht man die unterschiedlichen Erklärungsansätze verschiedener Wissenschaftsdisziplinen in Rechnung, so entdeckt man schnell, daß sich hinter den Fehlzeiten nicht nur „objektiv" bedingte Krankenstände, sondern auch „motivationale Infekte" und bewußt herbeigeführte Absentismen verbergen. In letzter Konsequenz jedoch wird die Fehlzeit immer durch die (rationale) Entscheidung eines Menschen ausgelöst, der im Diskurs mit seinem Arzt darüber entscheidet, inwieweit er trotz der gesundheitlichen Beeinträchtigungen noch arbeitsfähig ist oder nicht. Diese vielfältigen Kausalitäten lassen sich nun nicht allein auf den Krankenstand reduzieren, da sie sich in jeglicher Form von Minderleistung fortsetzen, unabhängig davon, ob sie mit Anwesenheit am Arbeitsplatz einhergehen oder nicht.

Der Hintergrund, vor dem korrektive Instrumente wie das Rückkehrgespräch in ihrer Wirksamkeit beurteilt werden können, muß also deutlich über das Phänomen der Fehlzeiten hinausgehen. Er muß sich auf Fragen der (Minder)Leistung ebenso erstrecken wie auf den Einfluß von Arbeitsunzufriedenheit, womit deutlich wird, daß die Wirkung von Rückkehrgesprächen erst durch Betrachtung aller an der Fehlzeitengenese beteiligten Prozesse verifiziert werden kann.

Arbeitsunzufriedenheit führt nun aber nicht direkt in die Fehlzeit, gleichwohl kann sie als Überbegriff misslungener Passungen, averser Empfindungen und streßreicher Erlebnisse für gesundheitliche Beeinträchtigungen verantwortlich gemacht werden. So generell diese Aussage auch getroffen werden kann, so unterschiedlich reagieren die Menschen aber auf gleiche Bedingungen, da sie augenscheinlich über ganz unterschiedliche Ressourcen verfügen, um Belastungen zu bewältigen. Einen Hinweis auf diese Konstellation geben streßtheoretische Modelle. Sie lassen zudem abschätzen, wie weit das Rückkehrgespräch dazu beitragen kann, die Ressourcen zu stärken und positiv auf die Gesundheit einzuwirken.

Zusammengenommen und -gefügt, ergibt sich ein Modell, das die kausale Verknüpfung zwischen den Phänomenen Krankheit, Fehlzeit, Leistungsverweigerung sowie Minderleistung vor dem Hintergrund einer ökonomischen Perspektive, ergänzt durch motivations- und streßtheoretische Erkenntnisse, leistet.

Dieses Modell ermöglicht es, die Fragestellung dieser Arbeit zu beantworten, das Instrument Rückkehrgespräch also umfassend auf seine Wirksamkeit hin zu untersuchen, Nebeneffekte auf das Leistungsverhalten zu berücksichtigen und daraus Gestaltungshinweise für ein wirksames Gesprächsinstrument abzuleiten.

Die vorliegende Arbeit gliedert sich der Vielschichtigkeit des Themenkomplexes entsprechend in vier Teile:[1] Im **ersten** Teil dieser Arbeit wird der traditionelle Zugang zum Thema über die Diskussion von **Fehlzeitenstatistiken** nachgezeichnet: So werden sowohl Dauer, Häufigkeiten und Lage der Arbeitsunfähigkeit als auch die Auswirkungen demographischer und soziostruktureller Faktoren auf Fehlzeiten kurz umrissen. Anschließend werden einige **Theorien von Fehlzeiten** diskutiert, die verschiedene Erklärungszugänge auf das Themenfeld aus der Sicht unterschiedlicher wissenschaftlicher Disziplinen eröffnen und jeweils spezifische Ausschnitte des Fehlzeitengeschehens erklären. Vor dem Hintergrund dieser Diskussion wird das Gerüst eines erweiterten, ökonomischen Modells der Fehlzeiten skizziert, dessen einzelne Bestandteile im Laufe der Arbeit - immer bezogen auf das Rückkehrgespräch – entwickelt werden. Bei dieser Auseinandersetzung wird sich bereits abzeichnen, von welcher Tragweite das Thema ist – eine Einschätzung, die sich bei der Betrachtung der ökonomischen Effekte der Fehlzeiten fortsetzt: Fehlzeiten sind **Kostenfaktoren**, sowohl in **volkswirtschaftlicher** als auch in **betriebswirtschaftlicher Hinsicht**. Ob ihre ökonomische Relevanz allerdings ausreicht, die betriebliche Auswahl von Maßnahmen zu erklären, wird eine Frage dieses ersten Teils sein.

[1] Die in dieser Vorgehensskizze verwandten Grafiken skizzieren die wesentlichen Fragestellungen der folgenden vier Teile dieser Arbeit. Die Teile zwei bis vier greifen in ihrer Einleitung jeweils auf dezidierte Fassungen dieser Grafiken zurück und werden durch eine um wesentliche Ergebnisse ergänzte Grafik jeweils zusammengefaßt. Sie bilden in ihrer Aggregation auch die visuelle Grundlage, des im vierten Teil vorgestellten Rahmenmodells, vor dessen Hintergrund die Beurteilung des Rückkehrgesprächs vorgenommen wird.

Abb. 1: Erster Teil: Fehlzeiten – Krankenstände und Absentismen

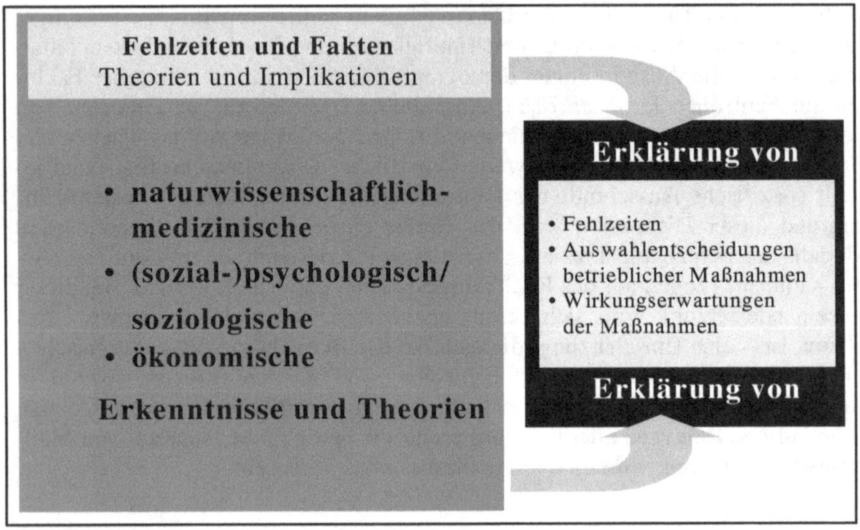

(eigene Darstellung)

Zudem wird in Anschluß an diese Frage am Beispiel des Rückkehrgesprächs zu untersuchen sein, welche Modelle sie in der Praxis einsetzen und mit welchen Implikationen Unternehmen an die Gestaltung ihrer Maßnahmen gehen.

Dabei wird abschließend der Frage nachgegangen, ob sich die implizite Zielsetzung der Unternehmen allein auf die Reduzierung der betrieblichen Kennzahl des Krankenstandes reduzieren läßt oder ob sie nicht vielmehr daran interessiert sind, allen Formen einer verminderten **Leistungserbringung** entgegenzutreten.

Im **zweiten** Teil der Arbeit werden die Grundlagen der Leistungserbringung in Unternehmen diskutiert, wobei sowohl die vertraglichen als auch die psychologischen Grundlagen des Leistungshandelns zu untersuchen sind. Vor motivationstheoretischem Hintergrund wird der Frage nachgegangen, wie es generell zur Leistungsentfaltung und – daraus abgeleitet – speziell zur **verminderten Verausgabung von Leistung** infolge tiefgreifender **motivationaler Diskrepanzen** kommt.

Abb. 2: Zweiter Teil: Motivation und Leistung – Anwesenheit und Abwesenheit

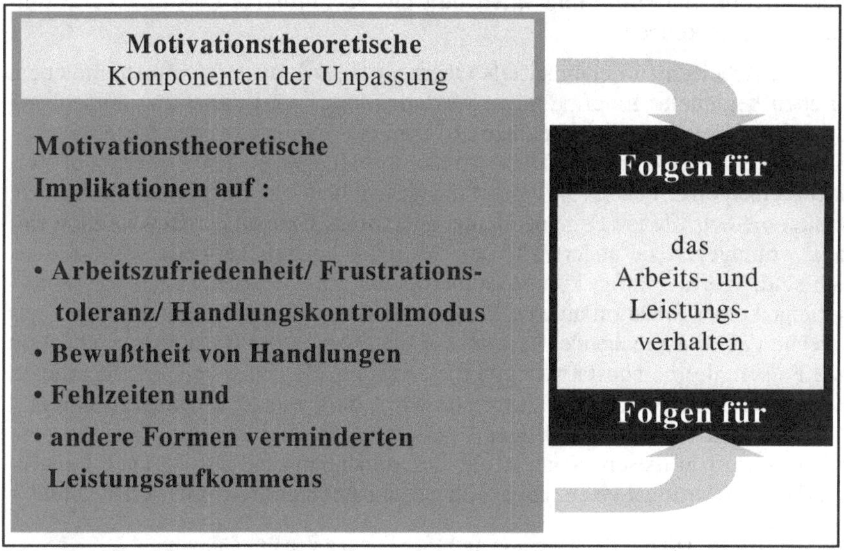

(eigene Darstellung)

Es wird auch zu untersuchen sein, welche Gestalt sogenannte **motivationale Fehlzeiten** annehmen und inwieweit sie Ausdruck kognitiv bewußter, reaktiver Handlungen sind, die durch Rückkehrgespräche wirkungsvoll eingedämmt werden können. In diesem Fall würde das Rückkehrgespräch die Funktion eines motivierenden Problemlösungsgesprächs übernehmen. Sollte sich die Annahme kognitiv bewußt herbeigeführter motivationaler Fehlzeiten jedoch als Irrtum erweisen, dann wäre zu fragen, was dann anstelle einer an das Bewußtsein appelierenden Intervention Gegenstand des Gesprächs sein könnte!

Im gleichen Atemzug soll untersucht werden, ob sich „motivationale Infekte" notwendigerweise in Fehlzeiten niederschlagen müssen oder nicht auch in anderer Form auftreten können. Als unmittelbares Phänomen rückt bei dieser Betrachtungsweise das Problem der **Inneren Kündigung** in den Blickpunkt. Diese wird als „anwesende" Ausgleichsreaktion auf demotivierende Arbeitsbedingungen diskutiert und dabei von dem Phänomen der **Erlernten Hilflosigkeit** zu unterschieden. Beide Phänomene ähneln sich zwar in ihrer Symptomatik, lassen sich aber unter Zuhilfenahme motivationstheoretischer Annahmen deutlich voneinander unterscheiden, wenn man Unzufriedenheit als Ausdruck eines „motivationalen Infektes" betrachtet.

Vor diesem Hintergrund wird unter Berücksichtigung theoretischer Aspekte der

Arbeitszufriedenheit erörtert, welche Reaktionsformen bei geringer Zufriedenheit abgeleitet werden können und welchen Einfluß Moderatoren wie **Situationskontrolle** und **Handlungsspielraum** auf **verminderte Leistungsverausgabung** nehmen können.

Da sich Arbeitsunzufriedenheit als Oberbegriff stark averser, von streßreichem Erleben begleiteter Empfindungen verstehen lässt, wird dieser Zusammenhang im **dritten** Teil unter der streßtheoretischen und damit gesundheitsbeeinträchtigenden Perspektive erörtert. Diese Streßempfindungen stehen wiederum in Verdacht, einen erheblichen Einfluß auf das gesundheitliche Empfinden zu nehmen, sollten die betroffenen Personen keine geeigneten Formen der Bewältigung finden, wohingegen sie andernfalls der Gesundheit möglicherweise sogar förderlich sind. Wie so häufig, kommt es hierbei auf die Ausbalancierung von Anforderungen einer Situation an eine Person und ihren Möglichkeiten diesen zu entsprechen an. Entsprechende Ansätze, die die Störung der Passung von Situation und Person, des homöostatischen Gleichgewichts, thematisieren, erhellen diesen Zusammenhang. Neben der Diskussion von **Über-** wie auch **Unterforderung** – es handelt sich hier um traditionell gut erforschte Gebiete der Arbeitswissenschaft – wird in diesem Kontext ein Zusammenhang mit sogenannten **beruflichen Gratifikationskrisen** und einem **person-environment-misfit** hergestellt.

Abb. 3: DritterTeil: Streß – Konzepte und Handlungen der Bewältigung

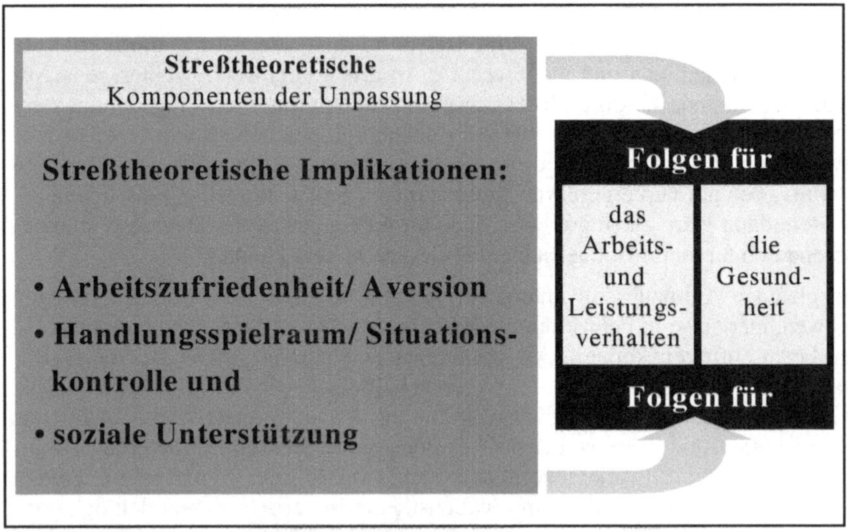

(eigene Darstellung)

Doch nicht in jedem Fall sind streßreiche Erlebnisse und Arbeitsbedingungen auch Auslöser von dauerhaftem oder massivem Streßerleben. Nicht in jedem Fall macht Streß krank, denn **Handlungsspielraum** bzw. **Situationskontrolle** und **soziale Unterstützung** moderieren das Streßerleben und beeinflussen die gesundheitliche Entwicklung. Welche Rolle Rückkehrgespräche als Träger oder Vermittler dieser Moderatoren spielen können, wird abschließend zu diskutieren sein. Dabei ist herauszuarbeiten, welche Implikationen sich hieraus für die Gestaltung von Rückkehrgesprächen ergeben.

Im **vierten** Teil der Arbeit werden die Ergebnisse aus den vorangegangenen Teilen in einem **Rahmenmodell** der an der Fehlzeitengenese beteiligten Prozesse zusammengeführt, das einen Rekurs sowohl auf das Arbeits- und Leistungsverhalten als auch auf die Entwicklung der Gesundheit zuläßt.

Abb. 4: Vierter Teil: An der Fehlzeitengenese beteiligte Prozesse - Heuristik eines Rahmenmodells

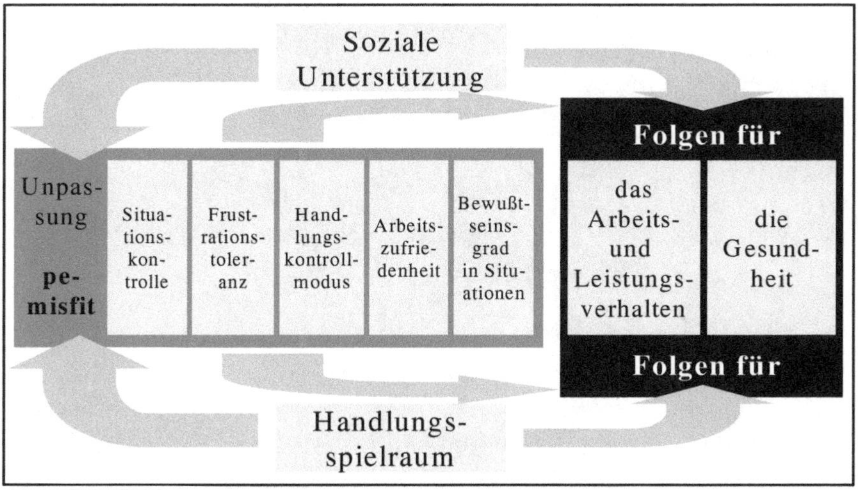

(eigene Darstellung)

Gegenstand dieses Rahmenmodells der an der Fehlzeitengenese beteiligten Prozesse ist die Annahme einer Störung des homöostatischen Gleichgewichts, des person-environment-**misfits** (pe-misfit). Diese Störung, moderiert vom **Handlungsspielraum** und **sozialer Unterstützung**, ruft Ausgleichsreaktionen hervor, deren z.T. erhebliche Auswirkungen sich sowohl vor dem Hintergrund streßtheoretischer als auch motivationstheoretischer Modelle erklären lassen.
In diesem Zusammenhang spielt die Betrachtung der **Arbeitszufriedenheit** als handlungsaktivierender Größe in Abhängigkeit von der wahrgenommenen **Situationskontrolle** und **Frustrationstoleranz** eine wesentliche Rolle, und zwar in

bezug auf die **Innere Kündigung**, die Ausprägung **Erlernter Hilflosigkeit** sowie das psychische bzw. physische Befinden. Der Arbeitszufriedenheit kommt dabei eine zentrale Bedeutung hinsichtlich des **Arbeits- und Leistungsverhaltens**, des Streßerlebens sowie der **Gesundheit** zu.
Aufbauend auf dieses Modell wird abschließend diskutiert, welche Wirkung von Rückehrgesprächen generell ausgehen kann, d.h. inwieweit diese positiv auf Gesundheit bzw. Krankheit, Fehlzeiten und Leistung wirken. Dabei wird auch der Frage nachzugehen sein, welche Gestaltungsbedingungen angezeigt sind, um Rückkehrgespräche erfolgreich durchführen zu können. Hierzu werden neben dem analytischen Zugang und der Einordnung in das Rahmenmodell auch die über 3-jährigen Erfahrungen mit dem Einsatz eines nicht-repressiven Rückkehrgesprächs anhand eines Fallbeispiels nachgezeichnet.

3. *Fehlzeiten - Krankenstände und Absentismen*

Fehlzeiten sind seit Anfang der 60er Jahre ein Thema sowohl für Unternehmen als auch für die Wissenschaft. Häufig sind sie Gegenstand interessenspolitisch motivierter Stellungnahmen und dienen somit der Durchsetzung bestimmter Partialinteressen. Dies gilt sowohl für innerbetriebliche als auch für überbetriebliche Diskussionen, denn in beiden Arenen finden spitzfindige Unterscheidungen zwischen ‚Ausfallzeiten' und ‚Fehlzeiten' statt (BDA 1997: 1). Hier werden Schuldzuweisungen, Behauptungen und Zusammenhänge konstruiert, die es erschweren, sich ein objektives Bild von dem Themenfeld zu erschließen: Arbeitgeber bezichtigen ihre Mitarbeiter der Unlust, Arbeitnehmervertreter weisen den Arbeitgebern die Schuld für krank machende Bedingungen zu. Und wie so häufig sind die Behauptungen nicht gänzlich aus der Luft gegriffen: Arbeit kann krank machen, doch neben Krankenständen existiert auch der sogenannte willentlich herbeigeführte Absentismus (v. Ferber 1994: 52f.).

Nieder und Blaschke fassen diese Schwierigkeit 1979 in deutliche Worte:

> „Fehlzeiten beziehen sich auf Tatbestände, die zwar vorwiegend aber keineswegs ausschließlich motivationsbedingt sind. Es liegt immer eine Mischung von objektiv beobachtbaren und subjektiv interpretierten Verhaltensweisen vor. Es muß versucht werden, zwei Arten von Fehlzeiten zu unterscheiden: Solche, die durch Krankheit (im engeren medizinischen Sinn) verursacht werden, und solche, die eher motivationsbedingt sind" (ebd.: 18).

Unter dem Eindruck dieser Schwierigkeit formuliert Trebesch (1979; 1998) ein viel zitiertes heuristisches Modell, in dem Fehlzeiten in Krankenstand und Absentismus unterschieden werden (Janssen 1998; Fick 1993: 12; Nieder 1992a). Dieses Modell wirft damit zugleich eine wesentliche Frage auf, deren Beantwortung einen wichtigen Meilenstein auf dem Wege zur Abschätzung der Wirksamkeit von Rückkehrgesprächen darstellt. Könnten Absentismen zweifelsfrei von Krankenständen unterschieden werden, dann könnten sie möglicherweise auch über ein entsprechend gestaltetes Gesprächsinstrument isoliert und eingedämmt werden. Insofern begleitet dieses Modell auch den Aufbau des vorliegenden ersten Teils der Arbeit.

Abb. 5: Krankenstand und Absentismus

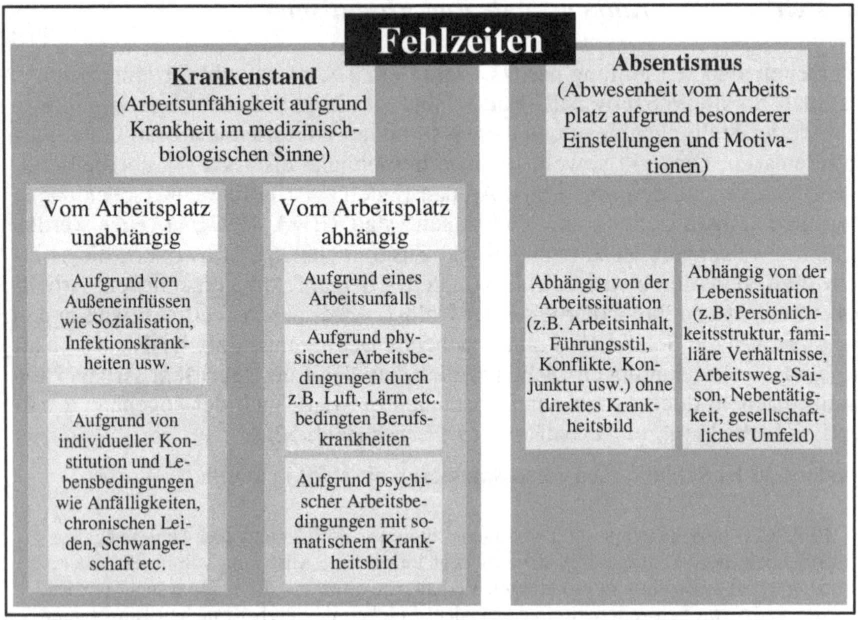

(aus: Trebesch 1979: 41; ders. 1998)

Im folgenden wird der aktuelle Stand der Krankenstände referiert, die mit rund 85% als die größte Gruppe der Fehlzeiten anzusehen sind (Schnabel 1997: 28). Er wird von einer Diskussion medizinischer, ökonomischer und (sozial-) psychologischer Theorien der Fehlzeitenentstehung gefolgt, welche sich insbesondere auf diese angesprochene Divergenz zwischen **Krankenstand** und **Absentismus** anwenden lassen.

Der Überblick über diese Strukturmuster und insbesondere die theoretische Diskussion eines willentlich herbeigeführten, schadhaften Absentismus leitet unmittelbar zu einer **Betrachtung der Kosten** der Fehlzeiten über. Denn letztendlich scheint es gerade diese Begründung zu sein, die Betriebe animiert, Maßnahmen wie Rückkehrgespräche einzusetzen. Ob die vorgetragene Kostenargumentation allerdings ausreicht, die Attraktivität des Rückkehrgesprächs als ein Instrument der Wahl zu erklären, wird in einem **Maßnahmenüberblick** zu erörtern sein.

4. Krankenstände in der deutschen Wirtschaft

Der Krankenstand[2] in der deutschen Wirtschaft ist seit einigen Jahren in seiner Tendenz rückläufig. Im Jahre 1998 stieg er jedoch geringfügig gegenüber dem Vorjahr von 5,1% in 1997 auf 5,2% in 1998 an (Vetter 1998: 11; Dieterich et al. 1999: 367).

Die durchschnittliche Dauer eines Krankheitsfalls hat sich hingegen gegenüber den Vorjahren weiter verkürzt. Sie betrug 1998 nur noch 13,3 Tage (Dieterich et al. 1999: 367).

Generell wird davon ausgegangen, daß sich die Höhe der Krankenstände umgekehrt proportional zur aktuellen Konjunktur und der Entwicklung am Arbeitsmarkt verhält (Salowsky 1991: 14). In Phasen der Rezession sinken die Krankmeldungen, während sie in Phasen der Hochkonjunktur wieder ansteigen. Den Zusammenhang von Krankenstandsentwicklung und Konjunkturverlauf hat Schnabel (1997) mit Hilfe von Regressionsanalysen für die alten Bundesländer statistisch überprüft und quantifiziert:

- „Allein die Veränderungsrate des realen Bruttoinlandsprodukts kann bereits 63 Prozent der jährlichen Schwankungen im Krankenstand von 1970-1995 erklären.
- Verwendet man statt des Bruttoinlandsprodukts die Arbeitslosenquote, so erklärt deren Veränderung immerhin 41 Prozent der Krankenstandsentwicklung.
- Die gleiche Verwendung des Bruttoinlandsprodukts und der Arbeitslosenquote ergibt ein einfaches, aber aussagekräftiges Erklärungsmodell: Dieses besagt, daß zwei Drittel der jährlichen Veränderungen im Krankenstand auf konjunkturelle Schwankungen und eine negative Konstante zurückzuführen sind, wobei als Trendfaktor wahrscheinlich langfristige Verschiebungen in der Beschäftigten- und Versichertenstruktur widerspiegelt" (ebd.: 24).

Hierfür sind unterschiedliche Gründe verantwortlich. So sind Rezessionsphasen von Unternehmenskonsolidationen geprägt, die vielfach mit Personalabbau einhergehen und eine entsprechende Angst bei den Arbeitnehmern erzeugen. Sie lassen sich aus Angst nur noch dann krank schreiben, wenn es absolut unvermeidbar ist. Sie gehen also auch dann zur Arbeit, wenn aus medizinischer Sicht schon eine Arbeitsunfähigkeit angezeigt wäre, ohne sich eine solche Arbeitsunfähigkeit bescheinigen zu lassen (Dehne/ Müller 1997: 146).[3] Darüberhinaus

---

[2] Der Krankenstand wird hier, der Definition der gesetzlichen Krankenkassen folgend, als prozentualer Anteil der Arbeitsunfähigkeitszeiten an den Versicherungszeiten verstanden. Die Berechnung erfolgt dabei auf der Basis von Kalendertagen (Vetter 1998: 11).

[3] Eine Studie der Angestelltenkammer Bremen kam 1993 zu dem Ergebnis, daß 40% der Befragten zur rbeit gegangen seien, obwohl sie sich richtig krank gefühlt hätten (ebd.: 154). Der Gesundheitsbericht für Deutschland führt hier nach Auswertung des Mikrozensus 1995 etwas niedrigere Zahlen an. So werden dort 29,9% der Beamten, 27,5% der Angestellten und 17,9%

nutzen die Betriebe sozialpolitische Möglichkeiten beim Personalabbau und trennen sich in rezessiven Phasen von älteren und stärker von Erkrankungen betroffenen Arbeitnehmern durch entsprechende Vorruhestandsregelungen oder Kündigungen. Auf diese Weise entlasten sie sich gleichermaßen von höheren Krankheitsrisiken.

In Zeiten der Hochkonjunktur ziehen die Krankenstände wieder an, weil die Arbeitsbelastung z.B. durch Überstunden und Arbeitsverdichtung wieder ansteigt, so daß es zu höheren Beanspruchungen und höheren Unfallhäufigkeiten kommt. Der Krankenstand steigt aber auch deshalb wieder an, weil notwendige, aber in der Rezession aufgeschobene Behandlungen wie Operationen, Kuren etc. begonnen werden und somit verstärkt ins Gewicht fallen (Vetter 1998: 13; Dieterich et al. 1999: 369).[4] Derzeit mehren sich aber die Hinweise, daß sich dieser vormalig stabile Zusammenhang nicht als längerfristig stabil herausstellen wird (Gesundheitsbericht für Deutschland 1998: Kap. 3.7; Hauss 1997: 56ff.; Kuhn 1997). Vielmehr gibt es Anzeichen dafür, daß es zu einem tendentiellen Entkopplungsprozeß kommt, denn:

> „[...] recession also tends to reduce workforce mobility, which implies a poorer fit between worker and work environment; in the long run, this should increase absenteeism" (Vogel 1995: 150).

4.1 Verteilung

Eine Betrachtung der Verteilung der Arbeitsunfähigkeiten der Versicherten zeigt, daß sowohl eine Analyse der Fallzahlen als auch der Falldauern von Bedeutung ist.

1998 waren 54,6% der AOK-Mitglieder mindestens einmal von Arbeitsunfähigkeit betroffen. 26,6% waren nur einmal, 14,1% zweimal und 13,9% waren dreimal und häufiger krank (Dieterich et al. 1999: 372).

Summiert man die Arbeitsunfähigkeitstage der AOK-Mitglieder, dann zeigt sich, daß der überwiegende Teil des Krankenstandes auf nur wenige Versicherte zurückzuführen ist: Ein Viertel des Krankenstandes wird von nur 1,7% der Mitglieder verursacht. Die Hälfte des Krankenstandes entfällt auf lediglich 6,1% der Mitglieder. Insgesamt gehen 80% der Arbeitsunfähigkeitstage auf nur 20% der

---

der Arbeiter angeführt, die auch dann ihrer beruflichen Tätigkeit nachkamen, wenn sie gesundheitlich beeinträchtigt waren (Gesundheitsbericht für Deutschland 1998, Kap. 3.7 unter www.gbe-bund.de).

[4] Kowling (1993), ehemaliges Mitglied des Markenvorstandes der VW AG, führt einen weiteren pragmatischen Grund für diesen Zusammenhang ins Feld: „In Phasen der Hochkonjunktur mangelt es häufig an der notwendigen Sorgfalt in der Einstellpolitik, was spürbare Auswirkungen auf die Fehlzeiten nach sich ziehen kann" (ebd.: 91).

AOK-Mitglieder zurück (ebd.: 372). Von diesen Aussagen läßt sich aber nicht ableiten, daß Fehlzeiten leichtfertig herbeigeführt werden, denn die Höhe des Krankenstandes wird weniger durch die Häufigkeit als vielmehr durch die Dauer der Erkrankungen bestimmt: Es sind wenige lang andauernde Fälle der Erkrankung, die aber eine große Zahl von Ausfalltagen verursachen. Mehr als die Hälfte aller Arbeitsunfähigkeitstage (50,5%) war 1998 auf lediglich 9,2% der Arbeitsunfähigkeitsfälle zurückzuführen (ebd.: 376). Obwohl der Anteil der Langzeiterkrankungen an den Arbeitsunfähigkeitsfällen nur 5,3% betrug, verursachten sie doch 40,6% des gesamten Arbeitsunfähigkeitsvolumen.[5]

Aussagen, die auf Grundlage der Häufigkeit von Kurzzeiterkrankungen bei einem Drittel aller Fehlzeiten eine mißbräuchliche Inanspruchnahme von Arbeitsunfähigkeiten von ca. 1/3 vermuten (Pohen/ Esser 1995: 25; Hamer 1991: 29, nach Schnabel 1997 und Marcus 2000: 89), entbehren einer soliden Quelle ihrer Erhebungsmethodik. Diese Thesen lassen sich aus den Daten der Krankenkassen zumindest nicht bestätigen (Fick 1993: 96).

Abb. 6: Verteilung der Arbeitsunfähigkeit in Langzeit- und Kurzzeit AU

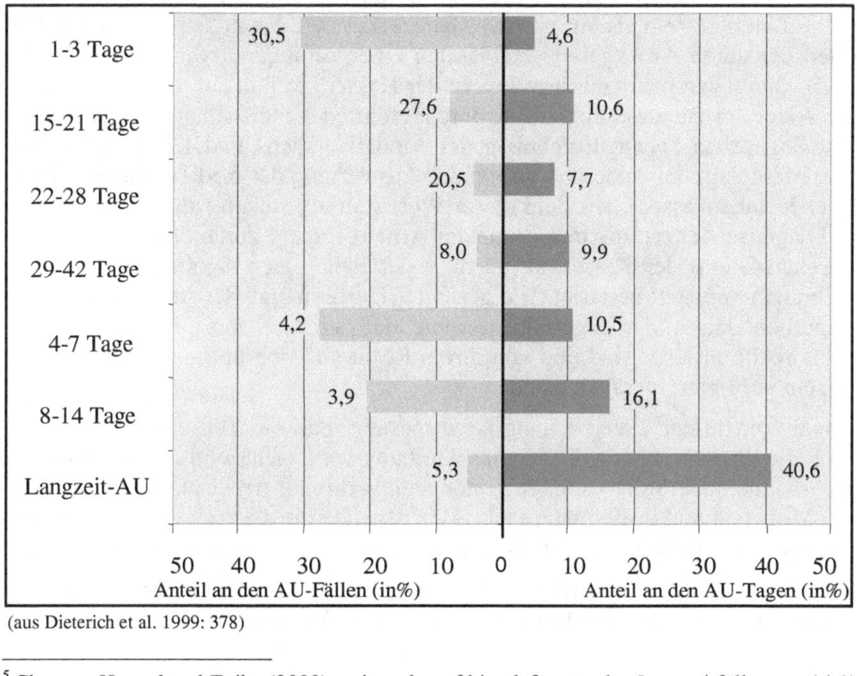

(aus Dieterich et al. 1999: 378)

[5] Chruscz, Hamed und Zoike (2000) weisen darauf hin, daß unter den Langzeitfällen nur 14 % der Fälle für 56 % der Leistungsfälle des Krankengeldes verantwortlich sind (ebd.: 394), so daß gefolgert werden kann, daß der relativ geringen betrieblichen Relevanz von Langzeit-Arbeitsunfähigkeiten eine hohe Bedeutung bei den gesetzlichen Kassen gegenübersteht.

Vogel (1995) hat diese These implizit anhand eines schwedischen Datensatzes überprüft. Dabei legt er die Häufigkeit der Fehlzeit als Indikator für den Verdacht des Mißbrauchs zugrunde. Er zeigt auf, daß nur eine von zehn Person mehr als drei Kurzzeiterkrankungen im Jahr aufweist, die dort nicht formal, d.h. durch medizinische Begutachtung belegt werden müssen. Bei dieser Häufung rechtfertigt sich seiner Ansicht nach jedoch noch nicht der Verdacht des bewußten Absentismus. Als Maßstab für eine bewußt und mißbräuchlich in Anspruch genommene Fehlzeit führt er eine entsprechende Häufung von mindestens einem Fall pro Monat ein. Nach diesem Kriterium fällt jedoch nur jede tausendste Person auf (ebd.: 164).

Die Auswahl seiner Indikatoren mag recht willkürlich und grob bestimmt sein, andere Autoren bestätigen seine Aussage jedoch in der Tendenz. Sie gehen davon aus, daß der Absentismusanteil am Gesamtvolumen betrieblicher Fehlzeiten durchschnittlich 1-3% beträgt (Nieder 1991: 164; Scharf 1983; Neuberger 1997a: 330).

Die Vermutung eines hohen Anteils bewußt herbeigeführten Absentismusses scheint damit eher auf Alltagsannahmen in der betrieblichen Öffentlichkeit zurückzuführen zu sein als auf nachweisbare Tatsachen. Denn betrachtet man den Anteil der durch Arbeitgeber veranlassten Überprüfungen „zweifelhafter Diagnosen" durch den medizinischen Dienst der Kassen, so fällt auf, daß diese nur in 11,5% der im Bundesdurchschnitt durchgeführten Untersuchungen hierzu den Anstoß gegeben haben. Ergebnisse des Modellversuchs PAULA (Projekt Arbeitsunfähigkeit bei länderübergreifender Auswertung der medizinischen Dienste der Krankenkassen), aus dem dieser Wert stammt, stellen jedoch heraus, daß die Diagnoseüberprüfung eines kranken Arbeitnehmers durch den arbeitsmedizinischen Dienst der Kassen in gut 50% der Fälle einen zumindest teilweisen Mißbrauchsverdacht bestätigt. Die geringe „Trefferquote" der Arbeitgeber kann vermutlich darauf zurückgeführt werden, daß sie sich ihres Mißbrauchsverdachts recht unsicher sind und von ihrem Recht auf Überprüfung der Diagnose nur sehr geringen Gebrauch machen.

Zudem wird in der Untersuchung herausgestellt, daß ein Teil des Missbrauchs durch die ärztliche Praxis der Krankschreibung verursacht wird und nicht durch die Arbeitnehmer. So ist es unter Ärzten weit verbreitet Arbeitsunfähigkeiten bis zum Mittwoch und insbesondere zum Wochenende hin auszustellen, obwohl die Arbeitsfähigkeit schon früher wieder erreicht werden könnte (Erben 1996: 358).

Wendet man sich möglichen Gründen augenscheinlich bewußt herbeigeführter Fehlzeiten zu, so kann man feststellen, daß dieser Anteil an den Fehlzeiten

> „[...] durch ein gestörtes Gruppenklima innerhalb der sozialen Einheit der Mitarbeiter oder durch ein bestimmtes Vorgesetztenverhalten [herbeigeführt wird, R.P.], das ein um die Motivationsaufgabe reduziertes Führungsverhalten beinhaltet" (Derr 1995: 9; Bitzer 1992: 746; Kuhn, K. 1996: 200).

Absentismuserscheinungen sind somit nicht allein auf Seiten unmotivierter Mitarbeiter zu suchen und durch rationale Handlungsmuster zu erklären, sondern nur durch die Analyse einer komplexen Interaktionssituation zu erklären.[6] Diese Einschätzung liegt zudem dann nahe, wenn man den bewußten und mißbräuchlich herbeigeführten Absentismus als Wahlmöglichkeit betrachtet und danach fragt, ob diese als legitime Handlungsweise betrachtet wird. So ergab ein Trendvergleich auf Grundlage von repräsentativen EMNID-Umfragen über einen Zeitraum von zehn Jahre hinweg (1985-1994), daß gezieltes ‚Blau machen' als ausgesprochen verwerfliche Verhaltensweise angesehen wird (o.V. 1994). Es scheint also durch entsprechende soziale Mechanismen so weit sanktioniert zu sein, als daß Fehlzeiten leichtfertig in Anspruch genommen werden.

Es muß also andere Gründe haben, daß Kurzzeiterkrankungen in der öffentlichen Diskussion eine so starke Bedeutung zukommt, als den Umfang ihrer mißbräuchlichen Inanspruchnahme:

Kurzzeiterkrankungen, die vielfach unvermittelt auftreten und zu Ablaufstörungen im Betrieb beitragen, werden von Führungskräften subjektiv stärker wahrgenommen, weil hier von ihnen ad hoc korrektive Maßnahmen der Arbeitsplanung verlangt werden (Europäische Stiftung zur Verbesserung der Lebens- und Arbeitsbedingungen 1997: 8; Nieder 1998: 88). Ihr Störpotential für den betrieblichen Ablauf rückt sie also unverhältnismäßig stark ins Bewußtsein. In bezug auf die Krankenstände spielen sie aber nur eine sehr untergeordnete Rolle, denn im Jahre 1998 waren bspw. nur 4,6% der Fehltage auf Kurzzeitfälle mit einer Dauer von ein bis drei Tagen zurückzuführen. Ihr Anteil an den Arbeitsunfähigkeitsfällen lag bei den AOK-Mitgliedern hingegen bei 30,5%. Daraus kann geschlossen werden, daß es weniger das gesamte Aufkommen von krankheitsbedingten Ausfalltagen ist, das den Betrieben aufstößt, als vielmehr die Häufigkeit von Erkrankungen, die wiederum weniger mit Kosten der Lohnfortzahlung in Erscheinung treten als vielmehr mit hohen Zusatzaufwendungen, um einen ungestörten Produktionsablauf gewährleisten zu können.[7]

---

[6] Eine ähnlich lautende, allgemein formulierte Hypothese stellte Dahrendorf schon 1959 auf. Er begreift hohe Krankenstände als Symptom umgeleiteter und personifizierter innerbetrieblicher Konflikte. Typisch für derartige Konflikte ist aus Dahrendorfs Sicht, „(...) daß aus nachweislich sozialen Ursachen scheinbar rein individuelle Verhaltensweisen resultieren: aus dem Widerstand gegen Vorgesetzte Krankheit, aus der Ablehnung eines Lohnsystems Arbeitsplatzwechsel usw." (ebd.: 50). Was bei Dahrendorf noch einfach und mechanistisch klingt, hat sich im Laufe der Forschungsgeschichte als ein multifaktoriell bedingtes Entstehungsgeflecht herauskristallisiert, daß solch allgemeine Aussagen nicht mehr zuläßt. Seine Forderung, Fehlzeitenquoten als Indikator umgeleiteter Konflikte heranzuziehen, wenn sie von den statistischen Werten vergleichbarer Betriebe, Branchen oder Betriebsabteilungen abweichen, ist hingegen aktuell geblieben und ist methodische Grundlage der Gesundheitsberichterstattung der gesetzlichen Krankenkassen geworden.

[7] Bullinger und Schmauder (1998) ergänzen, daß kurze Arbeitsunfähigkeiten einen hohen organisatorischen Aufwand in Form einer Bearbeitung der Krankmeldung und dem Inkraft-

Auch das von Arbeitgeberseite benutzte Argument mißbräuchlich in Anspruch genommener Arbeitsunfähigkeiten scheint sich zusammenfassend mit Blick auf diese Daten nicht bestätigen zu lassen. Ein Blick auf den Tag der ersten Arbeitsunfähigkeit relativiert den Verdacht „blauer Montage" (Jaufmann 1999: 330; Kuhn 1995a: 82). 1998 entfielen zwar 34,3% der Arbeitsunfähigkeitsmeldungen auf einen Montag, doch muß bei dieser Zahl berücksichtigt werden, daß Ärzte in der Regel nur in Notfällen am Wochenende konsultiert werden und die montags erfolgten Krankschreibungen auch Erkrankungen enthalten, die an den Tagen des Wochenendes aufgetreten sind. Verteilt man die Arbeitsunfähigkeitsmeldungen von Samstag, Sonntag und Montag jedoch auf die übrigen Wochentage, dann lassen sich für den Montag – wochenendbereinigt – nur noch 12,5% der Krankmeldungen verzeichnen (Dieterich et al. 1999: 387f.).

> „Damit wird deutlich, daß alle ‚politischen' Maßnahmen, die an den ersten drei Tagen ansetzen, das Problem verkürzen, auf jeden Fall für den Betrieb kein großes Einsparungspotential darstellen können" (Kuhn 1996: 201).[8]

---

setzen einer Vertretungsregel nach sich ziehen; während sich längerfristige Arbeitsunfähigkeiten durch direkte Kosten in Form von Entgeltfortzahlungen auswirken (ebd.: 35).

[8] Nieder (1991) befindet mit Blick auf die z.T. heftig geführte Diskussion um die sog. Karenztage, daß sich der einzelne Arbeitnehmer ohne Karenztage wohl leichter zur Abwesenheit entschiede, ursächlich aber sicher nicht durch eine solche arbeitspolitisch motivierte Maßnahme beeinflussen lasse (ebd.: 161). Zimolong (1998) bezweifelt hingegen generell die Wirksamkeit von Gegenmaßnahmen mit dem Ziel der Verringerung ausschließlich der Kurzzeiterkrankungen (ebd.: 35).

Abb. 7: Verteilung der Arbeitsunfähigkeitsfälle im Wochenverlauf

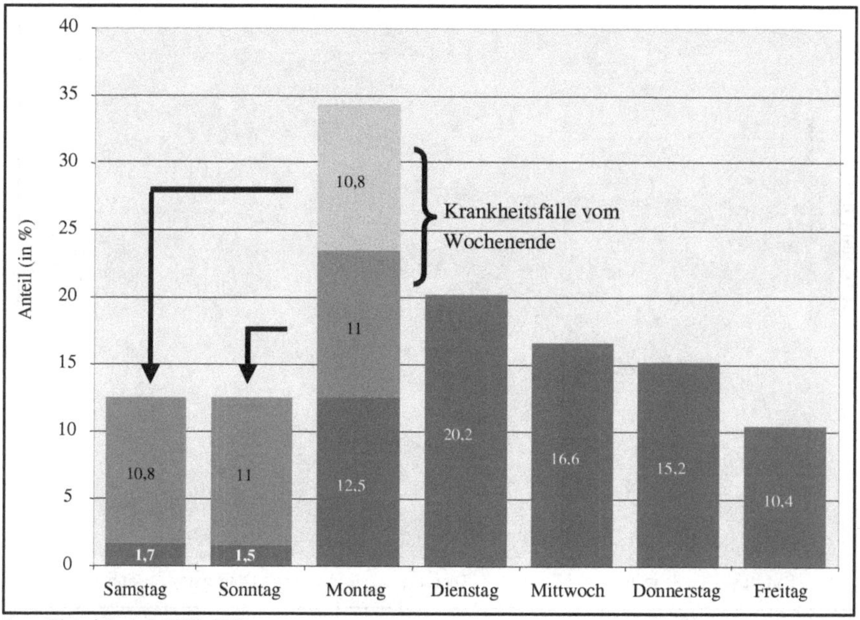

(aus: Dieterich et al. 1999: 388)

Dennoch zeigt der Blick auf das Ende der Arbeitsunfähigkeitsfälle einen kontinuierlichen Zuwachs der Arbeitsunfähigkeiten zum Wochenende hin. In diesem Zusammenhang sind es aber weniger die Patienten, die diese Häufung verantworten als vielmehr die Ärzte: Als Ende der Arbeitsunfähigkeiten wählen sie zumeist den Freitag, gefolgt vom Mittwoch (Schumacher 1994: 20).

Abb. 8: Beendung der Arbeitsunfähigkeitsfälle im Wochenverlauf

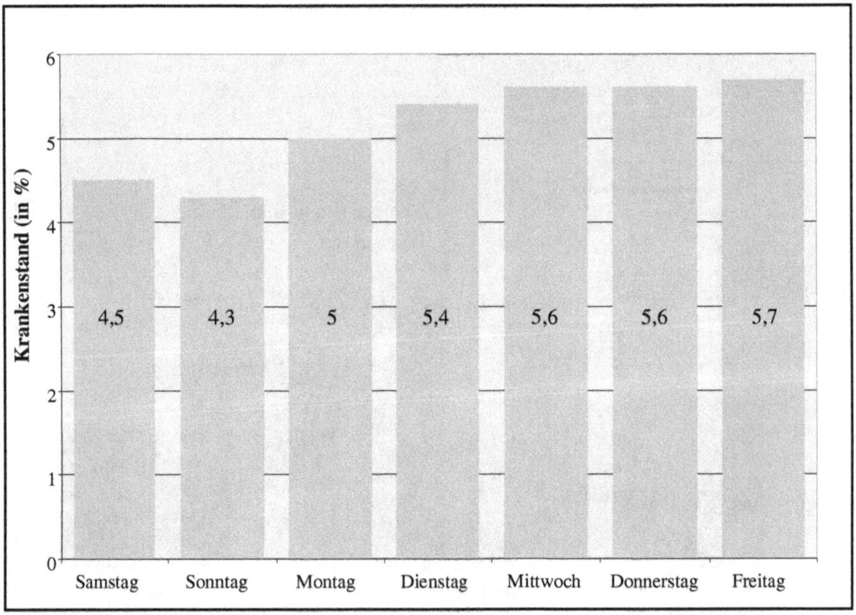

aus: Dieterich et al. 1999: 389)

Den Anstieg der Arbeitsunfähigkeitsfälle zum Wochenende hin also dafür verantwortlich zu machen,

> „[...] daß am Freitag besonders gerne ‚krank gefeiert' wird, um das Wochenende auf Kosten des Arbeitgebers zu verlängern, erscheint wenig plausibel, insbesondere wenn man bedenkt, daß der Freitag für sich genommen, der Werktag mit den wenigsten Krankmeldungen ist" (Vetter 1998: 47).

Zusammenfassend bestätigt der Blick auf die aktuellen Daten den geringfügigen Anstieg der Kurzzeiterkrankungen. Ihr Anteil an den Ausfalltagen hat um 0,3% zugenommen. Bei einer Betrachtung der Langzeitfälle mit einer Dauer von über 6 Wochen zeichnet sich jedoch eine dem langfristigen Trend konforme, rückläufige Tendenz ab. Ihr Anteil an den Arbeitsunfähigkeiten hat, bezogen auf die Fälle, um 0,2% abgenommen, bei den Tagen um 0,3% (Dieterich et al. 1999: 378).

Diese leichte Tendenz läßt sich vorsichtig als ein Rückgang manifester gesundheitlicher Beeinträchtigungen interpretieren, wenn man davon ausgeht, daß hinter den Fällen von Kurzzeiterkrankungen vermehrt „motivationale" Gründe zu vermuten sind, währenddessen sich Langzeiterkrankungen auf manifeste Krankheitsbilder zurückführen lassen (Schumacher 1994: 9). Hinter dem Rückgang von Langzeiterkrankungen lassen sich aber auch die Erfolge erkennen, die die

Bemühungen des Arbeits- und Gesundheitsschutzes zu verzeichnen haben, indem sie auf hohe Krankenstände reagieren und aktive Prävention betreiben.

4.2 Einflußfaktoren

Das Problem der Krankenstände trifft nun nicht alle Betriebe und alle Belegschaften gleichermaßen. Es variiert von Branche zu Branche, in Abhängigkeit der Betriebsgröße und nicht zuletzt nach Zugehörigkeit zu spezifischen Berufsgruppen. Hierbei zeigt gerade der Überblick über die Branchen, daß vermutlich die jeweils typischen Arbeitsbedingungen einen hohen Einfluß auf das Auftreten bestimmter Krankheitsarten nehmen:

Die physiologische Arbeitsbedingungen wie Lärm, Schadstoffe, körperliche Belastungen, Nacht- und Schichtarbeit, Hitze, Kälte, Nässe und Zugluft bestimmen nachweislich das spezifische Risikopotential. Darüberhinaus sind arbeitsorganisatorische Spezifitäten der Branchen für die unterschiedlichen Risiken verantwortlich. Ihre jeweils branchentypischen Arbeitsorganisationsmuster bestimmen den Handlungsspielraum, der für einen Teil der Krankenstände mitverantwortlich gemacht werden kann. Dieser zeigt sich z.B. in der Monotonie der Arbeit, den kurzen Taktzeiten, dem geringen Grad an Verantwortung und der geringen Möglichkeit der Kontaktaufnahme – allesamt Merkmale, die in engem Zusammenhang mit betrieblichen Streßbedingungen diskutiert werden (Bödecker 1999; Gesundheitsbericht für Deutschland 1998: Kap. 4.15).

4.2.1 Krankenstände nach Branchen

Die Betrachtung der Branchenzugehörigkeit läßt allein schon einen ersten Schluß auf die Höhe der Krankenstände zu. 1998 lag die öffentliche Verwaltung mit 6,2% Krankenstand an der Spitze, gefolgt vom Baugewerbe mit 5,8%, den Verbänden/ Parteien/ Kirchen mit 5,7%, und der Branche Verkehr/ Transport mit 5,3%. Die niedrigsten Krankenstände sind im Handel mit 4,5% und bei den Banken/ Versicherungen mit 3,5% zu verzeichnen gewesen (Dieterich et al. 1999: 374).

Abb. 9: Krankenstände nach Branchen

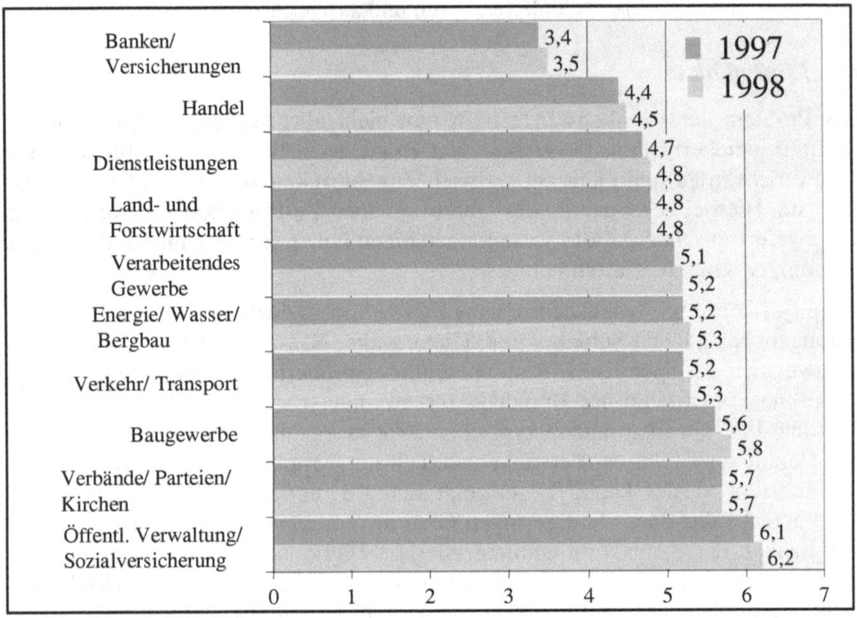

(aus: Dieterich et al. 1999: 374)

Auch wenn die Branchenzugehörigkeit bereits einen wichtigen Hinweis auf die vergleichsweise zu erwartende Höhe der jeweiligen Krankenstände gibt, so ist sie nicht entscheidend für den Krankenstand.

Die Branchenzugehörigkeit beeinflußt die Krankenstände nicht ausschließlich als unabhängige Variable. Sie wird vielmehr z.B. durch die Altersstruktur, die vorherrschenden Arbeitsorganisationsformen und anzutreffenden Betriebsgrößen innerhalb der Branchen stark moderiert. So sind in der öffentlichen Verwaltung z.B. tendentiell ältere Arbeitnehmer beschäftigt,[9] als dies im Baugewerbe der Fall ist (Oppholzer 1999a: 345; Marstedt/ Müller 1998: 60ff.). Ältere Arbeitnehmer sind aber insbesondere über die längere Dauer ihrer Arbeitsunfähigkeiten für die Höhe der Krankenstände verantwortlich. Um hier einen neutralen Vergleich einzelner Branchen vorzunehmen, muß man auf sogenannte alters-

[9] Redmann/ Rehbein und Vetter (1998) weisen ergänzend darauf hin, daß „[...] ein großer Teil der AOK-Mitglieder in Bereichen mit hohen Arbeitsbelastungen tätig ist wie z.B. im Straßenbau, in der Straßenreinigung, Abfallbeseitigung, in Gärtnereien etc. Eine gewisse Rolle dürfte auch die Tatsache spielen, daß in der Regel die öffentlichen Verwaltungen ihrer Verpflichtung zur Beschäftigung Schwerbehinderter stärker nachkommen als die übrigen Branchen" (ebd.: 13).

standardisierte Daten zurückgreifen. Entsprechende Daten der AOK geben an, wie der Krankenstand ausfiele, wenn man eine durchschnittliche Altersstruktur für alle Branchen annähme.

Abb. 10: Altersstandardisierte Verteilung der Krankenstände

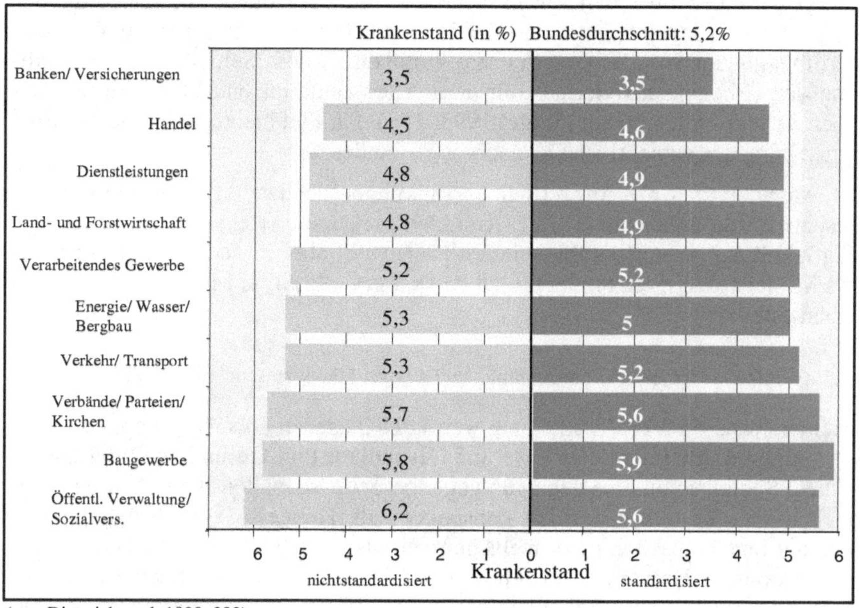

(aus: Dieterich et al. 1999: 383)

In dieser Darstellung zeigt sich, daß der hohe Krankenstand in der öffentlichen Verwaltung zu einem großen Teil auf den Anteil älterer Arbeitnehmer zurückzuführen ist, während dieser im Baugewerbe, das einen ähnlich hohen Krankenstand aufweist, auf andere Ursachen zurückzuführen ist: dort wird häufig Gebrauch von Frühverrentungen gemacht (Vetter 1998: 35f.).

Neben der Moderation durch die Altersstruktur fällt auch die Betriebsgröße ins Gewicht. Einen hohen Einfluß auf die Höhe des Krankenstandes nehmen auch großbetriebliche Strukturen, wie sie für einige Branchen, z.B. für die Stahlindustrie oder den Bergbau typisch sind, so daß die Branchenzugehörigkeit lediglich als ein Indikator für hohe Krankenstände heranzuziehen, aber nicht ursächlich dafür verantwortlich zu machen ist.

4.2.2 Krankenstände und Alter

Betrachtet man nun das Alter der Beschäftigten, so fällt auf, daß jüngere Arbeitnehmer zwar häufiger fehlen als ältere, ihre Fehlzeiten aber deutlich kürzer sind (Jaufmann 1999: 330; Vetter 1998: 35; Maib 1981: 150). Behrens und Müller (1995) berichten über den Zusammenhang von gesundheitlicher Beeinträchtigung sowie Arbeitsintensität und der Inanspruchnahme von Arbeitsunfähigkeit in Abhängigkeit vom Lebensalter. Sie kommen zu dem Schluß, daß die Erfahrung der Arbeitsintensivierung mit dem Alter zunimmt und ihren Gipfel zwischen 51 und 55 Jahren hat (Vogel 1995: 154). Parallel hierzu steigt die negative Beurteilung des subjektiven Gesundheitszustandes.

Die Angaben über die Anzahl der Erkrankungen der letzten Jahre und die Anwesenheit am Arbeitsplatz trotz Krankheit schlagen sich jedoch nicht in der Häufigkeit der Arbeitsunfähigkeiten nieder, wohl aber in deren Länge. Behrens und Müller folgern letztendlich, daß es sich erwerbstätige Männer im mittleren Lebensalter

> „[...] einfach nicht leisten können, krank und arbeitsunfähig zu sein“ (ebd.: 111).

In einer früheren Veröffentlichung vermutet dieselbe Forschergruppe, daß bei den jüngeren Arbeitnehmern eine auf Gesundheit und Gesunderhaltung ausgerichtete Sozialisation eine genau entgegengesetzte Verhaltensweise bedingt: Anzeichen von Krankheit werden konsequent als Hinweise von Beanspruchung gedeutet und Fehlzeiten nicht mehr generell als „unmännlich“ tabuisiert (Angestelltenkammer Bremen 1993: 160). Fehlzeiten werden von ihnen stärker als probate Reproduktionsmöglichkeit der eigenen Gesundheit in Betracht gezogen. Möglicherweise wird dieses „Schonverhalten“ mit dazu beitragen können, den Anteil der zumeist chronifizierten Langzeiterkrankungen in der Zukunft zu reduzieren.

Die Höhe der Krankenstände wird interessanterweise nicht nur über das Lebensalter der Personen bestimmt. So ist auch das Dienstalter und die Zugehörigkeit zum Betrieb von Bedeutung, denn Mitarbeiter mit einem höheren Dienstalter fehlen i.d.R. seltener (BDA 1997: 3). Buttler und Burkert (1998) bestätigen dieses Ergebnis anhand empirischer Ergebnisse in einer Fallstudie unter den nichtwissenschaftlichen Beschäftigten der Universität zu Erlangen-Nürnberg nur zum Teil. In ihrer Untersuchung haben sie Arbeitnehmer in der Altersklasse „40 Jahre und älter“ mit einer Betriebszugehörigkeit von bis zu zwei Jahren mit der Altersgruppe „unter 40 Jahre“ und gleicher Betriebszugehörigkeit verglichen. Sie kommen dabei zu dem Ergebnis, daß die jüngeren Arbeitnehmer beinahe doppelt so viele Krankheitsfälle aufweisen wie ihre älteren Kollegen.[10] In der Unter-

---

[10] Bezogen auf den Vergleich der Erkrankungshäufigkeit von jüngeren und älteren Arbeitnehmern kommt Salowsky (1991) zu der Einschätzung, daß Gewöhnung und Lebenserfah-

suchung zeigt sich aber auch, daß die Krankheitshäufigkeit unabhängig vom biologischen Alter generell mit Zunahme des Dienstalters ansteigt. In diesem Fall kommen Buttler und Burkert zu einer motivationalen Erklärung:

> „Vermutlich spielt der Aspekt der Arbeitsmotivation eine Rolle, so daß mit zunehmender Dauer der Betriebszugehörigkeit die Arbeitsmotivation und Arbeitszufriedenheit aufgrund von negativen Erfahrungen und angesammeltem Frust sinken" (ebd.: 67).

Diese Aussage scheint aber nicht als zwangsläufige Kausalität zu verallgemeinern zu sein. Möglicherweise sind hier die besonderen Verhältnisse des öffentlichen Dienstes (hoher Schwerbeschädigtenanteil, ungünstige Altersstruktur s.o., relativ starres Hierarchiegefüge etc.) gesondert zu berücksichtigen. Sie zeigt aber auch sehr plastisch, inwieweit die Anwendung allgemeiner Erkenntnisse auf einen speziellen Einzelfall darauf angewiesen ist, Zusatzannahmen zu tätigen und Spezifitäten der Rahmenbedingungen zu berücksichtigen. Eine der wenigen Aussagen mit hohem Anspruch auf Allgemeingültigkeit stellt der Zusammenhang von Betriebsgröße und Krankenstand dar.

4.2.3 Krankenstände und Betriebsgröße

Die Betriebsgröße, die sich zu einem großen Teil aus der Branchenzugehörigkeit, z. T. auch aus historischen Gründen, ableiten läßt, nimmt einen entscheidenden Einfluß auf die Höhe der Krankenstände: Je größer die Betriebe im allgemeinen sind, desto höher ist die Anzahl der krankheitsbedingten Fehltage. Daten der AOK belegen diese Aussage eindrucksvoll: So ist der Krankenstand in Betrieben mit 10 bis 50 AOK-Versicherten deutlich niedriger als im Durchschnitt der Betriebe. In Unternehmen mit 10-50 AOK-Versicherten[11] fehlten die Mitglieder im Jahre 1997 durchschnittlich 15,9 Tage, während sie in Betrieben mit mehr als 1000 AOK-versicherten Mitarbeitern 22,1 Fehltage verursachten (Vetter 1998: 37).

Der Zusammenhang von Betriebsgröße und Krankenstand besteht dabei unabhängig von anderen Einflußfaktoren wie z.B. der Beschäftigtenstruktur oder dem Einsatz von Schichtarbeit. Der BDA (1997) vermutet hierbei, daß die Hemmschwelle, auch aus geringfügigem Anlaß der Arbeit fern zu bleiben, angesichts der Anonymität von Großbetrieben mit der Größe des Betriebes sinkt (ebd.: 3; Salowsky 1991: 75f.) Dementsprechend sei das Verantwortungsbewußtsein[12] in kleineren Betrieben höher. Diese Sichtweise bedient sich eines ö-

---

rung als Garanten stabiler Leistungsfähigkeiten anzusehen seien, die einen negativen Einfluß auf die Erkrankungshäufigkeit nehmen (ebd.: 54).

[11] Der Anteil der AOK-Versicherten an den Beschäftigten ist hierbei nur als ein Annäherungsmaß für die Bestimmung der Betriebsgröße anzusehen, da ihr Anteil an den Beschäftigten verschiedener Betriebe sehr unterschiedlich ausgeprägt ist.

[12] Der Terminus Verantwortungsbewußtsein wird m.E. in der Veröffentlichung des BDA

konomischen Erklärungsmodells der Fehlzeiten und legt einen bewußten, motivationalen Erklärungsmechanismus zugrunde, der die Höhe der Krankenstände im wesentlichen als Ausdruck willentlich bestimmter Absentismusstrategien begreifen läßt. Der Krankenstand wird hierbei über die Ausübung sozialer Kontrolle beeinflußt. Empirisch vielfach belegte moderierende Einflüsse sozialer Unterstützungsnetzwerke, die sich tendentiell in Kleinbetrieben schneller herausbilden, bleiben in dieser Argumentation ausgeblendet, spielen aber, wie noch ausführlich zu zeigen sein wird, eine entscheidende Rolle (Keupp 1999; Bierhoff 1999). Denn ähnliche Effekte geringer Krankenstände lassen sich für Großunternehmen auch bei sozial kleinräumiger Restrukturierung von Tätigkeiten im Rahmen von Gruppenarbeit beobachten (Redmann et al. 1998: 32), so daß hier eher das Maß der sozialen Verbindlichkeit untereinander und zueinander bestimmend zu sein scheint.

Frieling und Buch (1998) halten zudem mit Blick auf eigene Forschungsergebnisse fest, daß die soziale Kontrolle in Gruppen offensichtlich auf „humanere Weise" ausgeübt' werde, als es in der Interaktion von Vorgesetzten und Mitarbeitern der Fall seie (ebd.: 237).[13] Eine weitere Erklärung des geringeren Krankenstandes in kleinen Betrieben und in Betrieben mit umfassenden Gruppenarbeitsmodellen läßt sich aus dem geringeren Grad der Arbeitsteilung ableiten. Komplexere Vorgänge, die zugleich höhere Regulationserfordernisse aufweisen, ermöglichen immer auch größere Handlungsspielräume und gestatten es den Mitarbeitern so, belastenden Arbeitssituationen durch eigene Planung stärker mit zusätzlichen Ressourcen (z.B. Hilfe der Kollegen; späteres Abarbeiten von Teilaufträgen etc.) zu begegnen.

4.2.4 Krankenstände und Berufsgruppenzugehörigkeit

Differenziert man den Krankenstand nach Berufsgruppen, die in den Gesund-

---

fälschlicherweise verwandt, läßt sich das beschriebene Verhalten doch besser unter dem Begriff des Pflichtbewußtseins fassen. In diesem Sinne argumentiert Kuhn, J. (1996), der den geringeren Krankenstand in Kleinbetrieben sowohl auf weniger zergliederte Abläufe zurückführt als auch auf die vergleichsweise hohe Dichte des direkten Kundenkontakts, der unmittelbar die Sinnhaftigkeit der Arbeit aufzeige (ebd.: 94).

[13] In dieser Benchmarkstudie aus der deutschen Automobil- und Zulieferindustrie wurde neben einer Metaanalyse vorliegender Forschungsarbeiten auch eine vier-jährige Längsschnittstudie durchgeführt, in deren Verlauf u.a. der Zusammenhang des realisierten Gruppenarbeitsmodells und die Höhe der Krankenstände analysiert wurde. Aus den Ergebnissen lassen sich erste Schlüsse darauf ziehen, daß die Qualität der Gruppenarbeit eine wesentliche Variable darstellt, die den Einfluß der Gruppenarbeit auf die Fehlzeiten moderiert (Frieling 1998; Angestelltenkammer Bremen 1993: 90). Die Qualität der Gruppenarbeit wurde von Frieling und Buch in den Kategorien: Organisatorische Rahmenbedingungen, Erweiterte Gruppenaufgaben, Partizipation/ Autonomie, Kommunikation, Qualifikation und kontinuierlicher Verbesserungsprozeß klassifiziert und in einem Benchmark u.a. in bezug auf die Fehlzeiten verglichen.

heitsberichten nach vermuteten Tätigkeiten gebildet werden, so zeigt sich hierin auch ein Indikator, der das Vorliegen spezifischer, belastender Arbeitsbedingungen anzeigt und damit eine indirekte Hinweisfunktion übernimmt. Denn Berufsgruppen aus dem gewerblichen Bereich, die hohen körperlichen Belastungen ausgesetzt und durch ein hohes Unfallsrisiko bedroht sind, wie z.B. Waldarbeiter, Straßenreiniger und Gärtner weisen die höchsten Krankenstände auf. Die niedrigsten Krankenstände lassen sich dieser Argumentation zufolge bei Selbständigen und Akademikern verzeichnen. So verursachten 1999 Naturwissenschaftler nur 4,5 Arbeitsunfähigkeitstage, während auf die Waldarbeiter fast die siebenfache Menge, nämlich 28,5 Tage, entfiel (Dieterich et al. 1999: 387).

Abb. 11: Krankenstände nach Zugehörigkeit zu Berufsgruppen

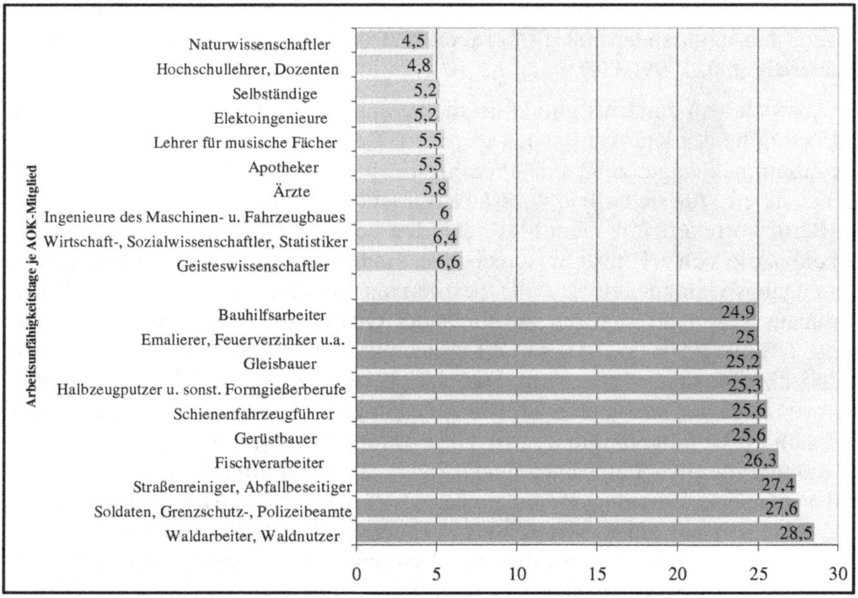

(aus: Dieterich et al. 1999: 387)

Ergänzt man dieses Bild um eine Betrachtung der Entlohnungsform, so fällt wiederum ein kombinatorischer Zusammenhang auf. Berufsgruppen mit wenig qualifizierten und stark routinierten Tätigkeitsmustern, die häufiger unter Akkordbedingungen, unter Zeitdruck und Monotonie arbeiten, fehlen am häufigsten (Vetter 1998: 35). Hieraus lassen sich wiederum Hypothesen bilden, die einen Zusammenhang von Arbeits-, bzw. Entlohnungsbedingungen und Fehlzeitenwahrscheinlichkeit nahelegen (Schumacher 1994).

Dieser Zusammenhang kann unter zwei Gesichtspunkten interpretiert werden. Erstens kann er einen Hinweis darauf enthalten, daß die Ausgestaltung der Arbeitsbedingungen nach ökonomischen Anreizbedingungen stärker dazu führt, Fehlzeiten als rationales Kalkül in die Nutzenmaximierung mit einzubeziehen. Zweitens muß der Tatsache Rechnung getragen werden, daß Akkordbedingungen mit hoch empfundenem Zeitdruck und hoher Monotonie einhergehen und als gesundheitsbeeinträchtigende Stressoren zu verstehen sind.

4.2.5 Krankenstände und Stellung im Beruf

Einen weiteren, ebenso in Kombination mit anderen Faktoren wirksamen Indikator für ein erhöhtes Fehlzeitenrisiko stellt die Stellung im Beruf dar (Jaufmann 1999: 330): Im Jahre 1998 sind die Arbeiter unter den Mitgliedern der AOK mit 22,7 Tagen am meisten an den Krankenständen beteiligt, gefolgt von den Facharbeitern mit 18,9 Tagen, den Meistern und Polieren mit 15,2 Tagen, Auszubildenden mit 14,8 Tagen und den Angestellten mit 12,7 Tagen (Dieterich et al. 1999: 384).

Es läßt sich also zunächst einmal festhalten, daß die Stellung im Beruf negativ mit der Höhe des Krankenstandes korreliert. Bei einer näheren Betrachtung dieses Zusammenhanges zeigt sich allerdings, daß sich hinter der Stellung im Beruf einige andere, für sich allein wirksame Variablen verbergen: Denn die Stellung im Beruf korreliert in hohem Maße mit den persönlichen Fähigkeiten und Fertigkeiten, die sich z.T. über entsprechende, zumeist formalisierte Qualifikationen als Zugangsbedingungen zu einer bestimmten Position abbilden lassen. Darüberhinaus verringert sich mit zunehmender Qualifikation auch die Fehlzeitenquote (BDA, 1997: 3).[14] Dieser Zusammenhang wird wiederum von weiteren Rahmenbedingungen moderiert. Die Tätigkeiten gering qualifizierter Arbeitnehmer zeichnen sich durch höhere physiologisch-ergonomische Belastungen und höhere Unfallgefährdung aus. Hinzu kommen aufgrund eines geringeren sozioökonomischen Status auch ungünstigere außerbetriebliche Lebensumstände und verringerte Erholungsmöglichkeiten. Weiterhin muß beachtet werden, daß Erkrankungen bei körperlich schwer arbeitenden Personen schneller zu einer Arbeitsunfähigkeit führen, als dies bei Personen auf Büroarbeitsplätzen der Fall ist. Auch dieser Zusammenhang ist signifikant häufiger bei weniger qualifizierten Personen anzutreffen.

Unabhängig davon wird die Stellung im Beruf auch noch durch das Geschlecht und durch die zeitliche Verfügbarkeit der Mitarbeiter beeinflußt, wobei Frauen

[14] Dieser Zusammenhang erklärt auch zu einem großen Teil den höheren Anteil ausländischer Arbeitnehmer an den Arbeitsunfähigkeiten (Salowsky 1991: 62f.), der zudem abweichende mentale Modelle im Umgang mit Arbeitsunfähigkeitsbescheinigungen referiert). Zimolong (1998) relativiert dies Feststellung allerdings mit dem Hinweis, daß die Lärmbelastung, unter der ausländische Arbeitnehmer arbeiten, beinahe doppelt so hoch sei wie bei ihren deutschen Kollegen. Ähnliches sei für die Arbeit unter Wechselschicht und unter verschmutzten Bedingungen festzustellen (ebd.: 32).

einen etwas höheren Krankenstand aufweisen als Männer (Derr 1995: 36ff.; Maib 1981: 103ff.). Dies hat aber zu einem großen Teil mit ihrem Qualifikationsniveau und ihrer Stellung im Beruf zu tun. Frauen weisen, auf die Gesamtbevölkerung der Bundesrepublik bezogen, immer noch insgesamt ein geringeres Bildungsniveau auf, so daß sie tendentiell weniger qualifizierte Tätigkeiten ausüben, die in Zusammenhang mit schlechteren Arbeitsbedingungen auftreten (Anderson 1995: 168; Stephan 1991: 593). Dabei greifen sie häufiger auf Teilzeitarbeitsplätze zurück, die vielfach mit geringeren Karriere- und Verdienstaussichten verbunden sind. Letztendlich stabilisiert sich der Zusammenhang der geringeren Stellung im Beruf aufgrund schlechter Ausgangsqualifikation hierüber noch zusätzlich, so daß Frauen mit Recht als eine am Arbeitsmarkt benachteiligte Gruppe mit geringeren Karrierechancen begriffen werden können (Knapp/ Metz-Göckel: 1999: 366ff.). Insgesamt kann festgehalten werden, daß ein höheres Qualifikationsniveau in Verbindung mit erreichter hierarchischer Stellung und entsprechendem Prestige einen positiven Einfluß auf die Fehlzeiten nimmt, das Geschlecht an sich entscheidet entgegen vieler Annahmen also nicht über die Höhe des Krankenstandes.[15]

Ein höherer Verdienst, der mit der Stellung im Beruf einhergeht und vielfach als Indikator hinzugezogen wird, korreliert damit auch mit geringen Fehlzeiten. Der absoluten Höhe der Bezahlung kommt für sich allein betrachtet jedoch ebenfalls nur eine untergeordnete Bedeutung zu. Arbeitnehmer, die sich ungerecht im Vergleich zu Kollegen bezahlt fühlen, weisen signifikant höhere Fehlzeiten auf (Salowsky 1991: 37; Pohen/ Esser 1995: 78).

Weitergehende Analysen, die ihren Ausgangspunkt in der beruflichen Stellung wählen, kommen zu höchst unterschiedlichen Ergebnissen. Sie machen neben den Spezifika der Arbeits- und Entlohnungsbedingungen auch die Möglichkeit zur Identifikation mit der Arbeit und die Möglichkeit eine innere Verbundenheit mit ihr zu empfinden für Krankenstände verantwortlich (Redmann et al. 1998; Derr 1995; Siegrist 1999a). Wieder andere Arbeiten führen die unterschiedlich hohen Krankenstände auf jeweils statusspezifische, persönliche Streßbewältigungsmuster zurück (Theis 1985; Schumacher 1994).

Diese Ergebnisse verdeutlichen, daß Fehlzeiten in ihrem Entstehungszusammenhang nicht allein vor dem Hintergrund objektiver Arbeitsbedingungen zu erklären, sondern auch in der subjektiven Rekonstruktion und Wahrnehmung der Bedingungen zu explizieren sind.

---

[15] Fick (1993) erklärt diesen vermeintlichen Zusammenhang damit, daß in den Statistiken, in denen Frauen mit einem komparativ höheren Krankenstand in Verbindung gebracht würden, häufig auch die Inanspruchnahme von Regelungen des Mutterschutzes unter den Krankenständen subsummiert werde, so dass der Eindruck eines geschlechtsspezifischen Zusammenhangs entstehe (ebd.: 48).

Insgesamt läßt sich mit Blick auf diese Zusammenhangsanalysen festhalten, daß einzelne Indikatoren und Bestimmungsgrößen für sich allein genommen lediglich einen verhältnismäßig geringen, zumeist eher deskriptiven Erklärungswert aufweisen.[16] Die zugrundeliegenden Zusammenhänge lassen sich vielfach nur wechselseitig zueinander und untereinander rekonstruieren. Diese Aussage ist wiederum unmittelbar aus der Forschungsgeschichte des Themas abzuleiten. Die zahlreichen Versuche, einzelne Indikatoren für komplexere Zusammenhänge verantwortlich zu machen, haben insbesondere in den 70er Jahren zu einer Vielzahl von Arbeiten geführt, in denen einzelne Faktoren auf ihren Zusammenhang zur Entwicklung von Fehlzeiten untersucht wurden. Diese Arbeiten liefern jedoch nur begrenzte Hinweise auf eine umfassende Theorie der Fehlzeiten, die ihrerseits nach wie vor fehlt. Gleichwohl hat sich damals die große Bedeutung psychischer Einflußfaktoren herauskristallisiert, die nicht allein vor dem Hintergrund objektiver Arbeits- und Verrichtungsbedingungen zu erklären sind. Damit hat sich das Forschungsfeld deutlich auf den gesamten Arbeits- und Lebenszusammenhang ausgeweitet.

Dieser ganzheitliche Anspruch wird in aktuellen Arbeiten verstärkt durch den Rückgriff auf motivations- und streßtheoretische Implikationen verfolgt. Er trägt unter dieser integrativen Perspektive zu einem umfassenderen Verständnis der Problematik bei und ermöglicht damit Rückschlüsse auf das Leistungs- und Krankheits-, bzw. Gesundheitsverhalten.

4.2.6 Krankenstände und Verteilung der Krankheitsarten

Während in den vergangenen Abschnitten lediglich das Ausmaß von Krankenständen dargestellt wurde, lassen sich anhand der Datenquellen der Krankenkassen detailliertere Informationen über die Krankheitsarten im Rahmen von betrieblichen Gesundheitsberichten[17] zum Krankengeschehen ableiten. Die Statis-

---

[16] Zu einem knappen Überblick über Zusammenhänge von Krankenständen vgl. Lierse 1999.

[17] Im Jahre 1989 begannen die gesetzlichen Krankenkassen im Auftrag des § 20, SGB V damit, ihre Versicherten über mögliche Gesundheitsgefährdungen und Verhütungsmaßnahmen aufzuklären und zu beraten (Breucker 1998a: 71). Zu diesem Zweck erstellen sie Berichte über krankheitsbedingte Fehlzeiten, in denen sie aus den Daten Ihrer Mitglieder die Arbeitsunfähigkeitszeiten ableiteten und differenziert dargestellten (Bullinger/ Schmauder 1998: 40). Die Daten der Kassen werden in diesen Berichten auf zwei unterschiedlichen Ebenen aggregiert: Einerseits werden sie nach Branchen zusammengestellt, so wie sie in dieser Arbeit referiert werden. Andererseits werden sie aber auch in Form betrieblicher Gesundheitsberichte auf einzelbetrieblicher Ebene zusammengestellt. Sie ermöglichen es somit sowohl eine allgemeine, nach Branchen, Berufsgruppen, Diagnosegruppen etc. differenzierte Aussage über das Arbeitsunfähigkeitsgeschehen in der Mitgliederstruktur abzuleiten als auch einen detaillierten Überblick über anfallende Kosten, beispielsweise in Gestalt des Krankengeldes zu treffen und diese Aussage auf die einzelbetriebliche Ebene zu beziehen (Moog 1998; Eberle 1997: 121ff.).

Schröer und Sochert (1998) vergleichen die Funktion der Gesundheitsberichterstattung in tik weist das Krankheitsgeschehen in Krankheitsgruppen aus, die wiederum nach einzelnen Branchen ausgewertet und aufbereitet sind; zudem lassen sich dort auch Informationen zu einzelnen Diagnoseuntergruppen finden.

Generell lassen sich für das Jahr 1998 76,8% der Arbeitsunfähigkeitsfälle und 77,3% der Arbeitsunfähigkeitstage allein auf die Krankheitsgruppen Atemwegserkrankungen, Muskel- und Skeletterkrankungen, Erkrankungen der Verdauungsorgane, Verletzungen und Herz-/ Kreislauferkrankungen und psychatrische Erkrankungen aufteilen (Dieterich et al. 1999: 393).

Bezogen auf die einzelnen Branchen fallen die meisten Fehltage in der Gruppe der Muskel- und Skeletterkrankungen an. Ihr Anteil schwankt zwischen 22% bei den Banken und Versicherungen und 30% im Baugewerbe. Die hohe Ausprägung dieser Krankheitsgruppe erklärt weitestgehend den hohen Anteil der Krankenstände im Baugewerbe und läßt sich in einem Atemzug auf die physischen Arbeitsbedingungen zurückführen, die aufgrund langer Ausfallzeiten und häufiger Chronifizierung der Beschwerden von großer Bedeutung sind (Vetter 1998: 59).

Bezogen auf das Aufkommen der Krankheitsfälle nimmt die öffentliche Verwaltung noch vor dem Baugewerbe den Spitzenplatz ein. Vetter (1998) führt dies im wesentlichen auf den höheren Anteil älterer, chronisch kranker und schwerbehinderter Mitarbeiter zurück.

Die meisten Krankheitsfälle über alle Branchen hinweg sind jedoch nicht bei den Muskel- und Skeletterkrankungen zu verzeichnen, sondern bei den Atemwegserkrankungen. Sie machen mit einem Anteil von 24,7% insgesamt die größte Gruppe aus, liegen aber aufgrund der vergleichsweise niedrigen Erkrankungsdauer in bezug auf die verursachte Ausfallmenge mit 14,3% noch hinter den Verletzungen mit 15,6% und den Muskel- und Skeletterkrankungen mit 26,8% der Arbeitsunfähigkeitstage. Bezogen auf die Branchenzugehörigkeit bilden die Beschäftigten der Banken und Versicherungen mit 31% die Spitzengruppe bei Atemwegserkrankungen, während das Baugewerbe die niedrigste Fallzahl mit 22% aufweist (Dieterich et al. 1999: 396f.). Beim Anteil der Verletzungen an den Arbeitsunfähigkeitstagen zeichnet sich wiederum ein entgegengesetztes Bild ab. Der Anteil der Verletzungen lag 1997 zwischen 23% im Baugewerbe und 11% bei den Banken und Versicherungen. Vetter (1998) führt in insgesamt 55% der Ausfalltage Arbeitsunfälle als Grund für die Verletzungen im Baugewerbe an. Bei den Banken und Versicherungen beläuft sich dieser Anteil nur auf vergleichsweise niedrige 20% (ebd.: 63).

---

diesem Sinne mit einem Krankenstand-Benchmark. Sie befinden, daß dieser Vergleich angesichts eines nicht zu definierenden natürlichen Krankenstandes die beste Methode des Vergleichs sei (ebd.: 144.). Vgl. auch Görtz (1999), der sehr anschaulich über die Funktion des betrieblichen Gesundheitsberichts bei Hoesch berichtet.

In den anderen Krankheitsgruppen lagen die Arbeitsunfähigkeitsfälle 1997 bezogen auf die Branchenzugehörigkeit anteilsmäßig relativ dicht beieinander. Auf die Erkrankungen der Verdauungsorgane entfielen je nach Branche 12% bis 14% der Fälle und zwischen 7% und 8% der Tage.

Der Anteil der Herz- und Kreislauferkrankungen an den Arbeitsunfähigkeitstagen erreicht 8% bis 10%, während die psychiatrischen Erkrankungen einen Anteil von 3% im Baugewerbe und 7% in Verbänden, Parteien und Kirchen ausmachen (Vetter 1998: 64f.).

So interessant und im einzelnen auch aussagekräftig die Betrachtung der Krankheitsarten auch sein mag, so kritisch sollten deren Ergebnisse allerdings auch verwandt werden, denn hinter diesen Diagnosen verstecken sich nicht selten Verlegenheitsdiagnosen und ungenaue Kodierungen. Schröer und Sochert (1998) berichten in diesem Kontext über eine Untersuchung in Zusammenarbeit mit der Hütten- und Walzwerk-Berufsgenossenschaft, in der sie den Chronifizierungsprozeß von Rückenerkrankungen in Abhängigkeit von der Tätigkeit über einen Zeitraum von fünf Jahren untersucht haben. Im Ergebnis bestätigen sie den hohen Einfluß der Arbeitsbedingungen auf die Chronifizierung der Beschwerden. So zeigten gut 28% der Metallschleifer chronische Rückenerkrankungen nach Ablauf der fünf Jahre, während dies bei Elektrikern nur bei kaum mehr als 5% der Fall war.

Die Autoren weisen mit Blick auf diese Ergebnisse aber auch darauf hin, daß eine Analyse der Symptomatik ausschließlich anhand der dokumentierten Diagnosen ein Zerrbild über den Entstehungszusammenhang der Erkrankungen liefert: Rund ein Drittel aller Beschäftigten wies eine diagnostizierte Erkrankung aus der Gruppe des psychovegetativen Syndroms auf, die erst durch weitere eingehendere Untersuchungen in den Zusammenhang von Arbeitsbedingungen und Rückenerkrankungen gestellt werden können.[18] Dieses Beispiel verdeutlicht zweierlei: Die Ableitung von Maßnahmen des Gesundheitsschutzes sollte nicht unmittelbar und ausschließlich auf die betrieblichen Gesundheitsberichte gestützt werden. Des weiteren zeigt es, daß monokausalen Erklärungsmustern, selbst unter Berücksichtigung weiterer Variablen nur eine eher geringe Bedeutung zur Klärung dieses offensichtlich multikausalen[19] Phänomens zukommen kann.

Faßt man diese Ergebnisse zusammen, so wird klar, daß ein großer Anteil von Erkrankungen und somit auch von Fehlzeiten im Kontext von Arbeitsbedingun-

[18] Der Anteil eindeutig psychiatrischer Erkrankungen im Sinne der ICD-Systematik lag hier jedoch nur bei 2% aller AU-Fälle und 4% aller AU-Tage (ebd.: 151).

[19] Zapf (1999) weist darauf hin, daß die multifaktorielle Bedingtheit von Gesundheit dafür verantwortlich gemacht werden muß, daß Untersuchungen über den Einfluß einzelner Faktoren auf die Gesundheit in der Regel kaum mehr als 5 bis 10% der Varianz psychischer Gesundheit aufklären (ebd.: 42).

gen zu erklären ist, wobei sich aus den referierten Daten kausale Schlußfolgerungen im Sinne eines deterministischen Auslöse- und Wirkmechanismus jedoch nur selten ableiten lassen. Denn mit zunehmendem Erkenntnisstand wird immer deutlicher, daß sich hinter den Auslösern von Krankheiten komplexe Verursachungsbündel verbergen. Menschen reagieren unterschiedlich auf ähnliche (Arbeits-)Bedingungen und vor diesem Hintergrund zeigt sich, wie gering die allgemeingültigen Beiträge dieser Forschungen doch sind, die auf die Herauslösung einzelner Komponenten eines Wirkungszusammenhanges abzielen (Kentner 1999).

Cox und Cox (1996) schlagen aus diesem Grund eine Unterscheidung nach Arbeitsmerkmalen vor, die sie als Überkategorien gesundheitsgefährdender Bedingungen begreifen, wie die folgende Abbildung illustriert:[20]

[20] Mit dieser Differenzierung gehen Cox und Cox (1996) über eine Definition von Levi (1984) hinaus, der psychosoziale und organisatorisch bedingte Gefahren in die vier Kategorien quantitative Überforderung, qualitative Unterforderung, mangelnde Kontrolle über die Arbeit und mangelnde soziale Unterstützung einteilt (ebd.: 16). Während Levi Gefahren damit aus den Arbeitsanforderungen ableitet, nehmen Cox und Cox eine individual-konstruktivistische Position gegenüber den subjektiv vermittelten Gefährdungen der Arbeitswelt ein. Bei ihnen gehört die Vorstellung über mögliche Gefährdungen schon zum Auslöser von Regulationsbehinderungen und im weiteren von Streß.

Arbeitsmerkmal	Gesundheitsgefährdende Bedingung
Unternehmens-funktion und-kultur	□ Schlechte Kommunikation □ Unternehmen als schlechte Umgebung für Aufgabenerfüllung □ Schlechte Umgebung für Problemlösung □ Schlechte Umgebung für Entwicklung
Partizipation	□ Geringe Mitbestimmung
Berufliche Entwicklung und Stellung	□ Unsicherheit oder Stagnation der beruflichen Entwicklung □ Tätigkeit mit geringem Ansehen oder sozialem Stellenwert □ Geringe Vergütung, unsicherer Arbeitsplatz oder Arbeitsverlust
Rolle im Unter-nehmen	□ Unklare Rolle oder Rollenkonflikt □ Verantwortung für andere oder ständiger Kontakt mit anderen
Arbeitsinhalt	□ Unklares Tätigkeitsprofil oder hohe Unsicherheit □ Mangelnde Abwechslung □ Fragmentierte oder sinnlose Arbeit □ Mangelnder Einsatz von Fähigkeiten □ Physische Einengung
Arbeitsbelastung und Arbeitstempo	□ Quantitative Überforderung oder Unterforderung □ Qualitative Überforderung oder Unterforderung □ Hohes Arbeitstempo □ Mangelnde Kontrolle über das Arbeitstempo
Arbeits-organisation[21]	□ Starre Arbeitszeitpläne □ Nicht planbare Arbeitszeit □ Langer Arbeitstag oder Arbeit außerhalb der üblichen Zeit □ Schichtarbeit
Zwischen-menschliche Be-ziehungen bei der Arbeit	□ Soziale oder physische Isolation □ Mangelnder sozialer Rückhalt □ Zwischenmenschliche Konflikte und Gewalt □ Schlechtes Verhältnis zu Vorgesetzten
Schnittstelle Pri-vatsphäre/ Beruf	□ Widersprüchliche Anforderungen von Arbeit und Privatsphäre □ Geringe soziale oder praktische Unterstützung durch die Familie □ Probleme durch Berufstätigkeit beider Partner

(aus: Cox, T./ Cox: 1996: 15; Dunkel/ Semmer 1987: 167f.).

Damit unternehmen sie einerseits den Versuch, eine Systematisierung isolierter struktureller, deskriptiver Forschungsergebnisse in den Globalkontext von ganzheitlichen Arbeitsbedingungen zu stellen. Anderseits weisen sie auf die notwendige Auseinandersetzung mit Theorien der Fehlzeiten hin, in deren Kontext sich Einzelergebnisse harmonisch einbinden lassen.

[21] Zu dem vielfältigen Einfluß der Arbeitszeit auf Krankenstände vgl. Krause 1992; Euler 1998.

5. *Erklärungsmodelle für Fehlzeiten*

Krankenstände gelten als deskriptiv gut erforscht, die vorangegangenen Abschnitte haben dies verdeutlicht. Zu ihrer Erklärung werden sowohl Personenvariablen als auch Arbeitsbedingungen herangezogen, ohne daß jedoch umfassend einwirkende kausal-deterministische Beziehungen herausgestellt werden können. Die Zusammenhänge erweisen sich bei eingehender Betrachtung als komplex und geben häufig Anlaß zu unterschiedlichsten Interpretationen. Diese leiten sich nicht selten spontan aus den vorliegenden Daten ab und verweisen, wie bereits an einigen Stellen verdeutlicht, auf implizit oder explizit zugrundeliegende theoretische Annahmen über Fehlzeiten. Vielfach explizieren síe die Zusammenhänge nur ausschnittsweise und lassen dabei Theorien der Fehlzeiten außer acht. Die bereits referierten deskriptiv-analytischen Daten zeigen dies deutlich. Ihre Zusammenhangshypothesen haben eine eher geringe Reichweite und beschränken sich zudem stark auf einzelne Fehlzeitenphänomene. Trotz dieses theoretischen Defizits haben die entsprechenden Arbeiten eine Vielzahl von Ergebnissen, weiteren Annahmen und weiteren Forschungsbemühungen hervorgebracht. Und nicht zuletzt stellt dieses Vorgehen den gewissermaßen klassischen Zugriff auf das Thema Fehlzeiten dar.

Versucht man diese Arbeiten theoretischen Implikationen zuzuordnen, so zeigt sich, daß sie sich vielfach auf naturwissenschaftlich-medizinische Paradigmen zurückführen lassen. Im wesentlichen greifen die entsprechenden Arbeiten entweder auf individuelle (zumeist physiologische) Personenfaktoren zurück oder aber sie betrachten den Einfluß einzelner Bedingungsfaktoren in ihrem Beitrag zum Ausbruch von Krankheiten. Darüber hinausgehende Interpretationen erfolgen vielfach spontan und übernehmen im Rahmen dieser Arbeiten eher die Aufgabe von (z.B. ökonomischen) Hilfsannahmen als die Funktion eines geschlossenen Erklärungskonzepts.

Scheint dieses Vorgehen für eine erste qualitative und quantitative Abschätzung des Forschungsfeldes Fehlzeiten auch hinreichend zu sein, so erfordert die Beurteilung der Wirksamkeit eines Interventionsinstruments jedoch eine weitgehend geschlossene theoretische Annahme über den Entstehungskontext von Fehlzeiten. Nur wenn die Entstehungszusammenhänge in ihren entsprechenden Wechsel- und möglichen Nebenwirkungen erfaßt werden können, kann auch die Wirksamkeit eines Instruments abgeschätzt werden. Aus diesem Grunde empfiehlt es sich, eine nachfolgend skizzierte Betrachtung theoretischer Implikationen der an der Fehlzeitengenese beteiligten Prozesse vorzunehmen und ihre Reichweite im Kontext der Erklärung von Fehlzeiten abzuschätzen (Noak 1993).

5.1 Naturwissenschaftlich-medizinische Erklärungsmodelle

In naturwissenschaftlich-medizinischen Modellen wird der Mensch, wie angedeutet, in einem Kräfteparallelogramm von Faktoren gesehen, die mit unterschiedlicher Stärke und in korrelativer Kombination auf ihn einwirken und seine Gesundheit bei Überforderung schädigen. Dabei wird vom Vorliegen der Arbeitsunfähigkeit kausal auf den Gesundheitszustand bzw. auf entsprechend schädigende Bedingungen geschlossen. Dieses Vorgehen ist, bei allen unbestrittenen Erfolgen, jedoch kritisch zu hinterfragen. Zwar sind die Korrelationen zwischen persönlichen Ausgangs- bzw. Arbeitsbedingungen und Diagnosegruppen gewöhnlich von aussagekräftiger Höhe, die zugrundeliegende Diagnostik rechtfertigt diese Aussagen jedoch nur sehr begrenzt. Die Praxis der medizinischen Diagnostik offenbart hier erhebliche Schwächen, denn Schätzungen zufolge sind nur 10-20% aller Krankheiten nach Kriterien und Methoden der Naturwissenschaft eindeutig in ihrer Entstehung diagnostizierbar (Theis 1985 in Anschluß an Jores 1961; Ballier 1998: 94; Reutter/ Thubaß 1997: 157ff.; Salowsky 1991: 34).[22]

Für die übrigen 80-90% der Diagnosen wird angenommen, daß sie z.T. zwar diagnostizierbar seien, in ihren Entstehungszusammenhängen aber keinesfalls auseinandergehalten werden könnten. Ihr Entstehen wird vielmehr als ein komplexes Bedingungsgefüge zu begriffen, an dessen Kausalitäten letztendlich selbst die Ärzte, die die Krankheit durch ihre Diagnosetätigkeit formalisieren, häufig scheitern (Erke 1998: 51; Walschburger 1990: 27f.; Theis 1985: 10f.).

Zudem muß bei der Betrachtung statistischer Zusammenhänge von Krankenständen in Rechnung gestellt werden, daß die zugrundeliegenden Daten in erster Linie in Behandlungskontexten erhoben werden. Die Aussagen über Zusammenhänge werden erst in sekundärstatistischen Auswertungen durch die Krankenkassen herausgearbeitet. Entsprechende Vorsicht ist also bei der Interpretation dieser Daten angebracht. Dies gilt insbesondere in bezug auf nicht-biologisch/ nicht-medizinisch determinierte Anteile der Fehlzeiten, denn naturwissenschaftlich-medizinische Ansätze decken, von ihrer theoretischen Fundierung her betrachtet, nur einen Teil der Fehlzeiten ab: Sie erklären Krankenstände, nicht Fehlzeiten insgesamt. Dabei bedienen sie sich eines biologisch-deterministischen Modells und übersehen dabei, daß Krankheiten häufig Ausdruck eines subjektiven individuellen Befindens sein können, selbst wenn keine

---

[22] Gerhardt (1993) gibt zu bedenken, daß in der Forschung über die Verbreitung von Krankheit regelmäßig etwa ein Fünftel kranker Personen gefunden werde, die sich als gesund bezeichneten. Demgegenüber halte sich etwa ein Fünftel Gesunder für krank (ebd.: 83). Harwerth (1998) weist darauf hin, daß der medizinisch-diagnostische Fortschritt das Problem der eindeutigen Definition von Krankheit in Abgrenzung eher verschärfe als löse (ebd.: 4). Myrtek (1998) diskutiert u.a. die Übernahme der Krankenrolle als somatisierte Verhaltensreaktion auf psychische Überforderungen und weist einem entsprechenden Krankenverhalten einen sog. Krankheitsgewinn zu (ebd.: 31).

medizinisch-biologische Ursache vorliegt. Weiterhin nehmen sie implizit an, daß sich die Stärke der gesundheitlichen Beschwerden in der Unterscheidung von Arbeitsfähigkeit und -unfähigkeit niederschlage. Letztendlich ist dieser Implikation auch die vielfach in Betrieben anzutreffende Annahme zuzuschreiben, daß geringe Krankenstände auch mit einem entsprechend positiven Gesundheitszustand der Belegschaften einhergingen. Nicht zuletzt spiegelt sich in dieser Vorstellung eine alltagstheoretische Annahme von Krankheit und Gesundheit wider, in der diese als dichotomes Gegensatzpaar begriffen werden: Wer nicht krank ist, ist gesund.

Damit werden Krankheit und Gesundheit zugleich als statische Zustände angenommen, denen die Dynamik einer persönlichen Entwicklung als Ausdruck des Wohlbefindens fehlt. Dieser Perspektive wird von der Weltgesundheitsorganisation (WHO) schon seit 1946 in ihrer Gründungserklärung entgegengetreten. Dort wird Gesundheit nicht mehr als Abwesenheit von Krankheit definiert, sondern als Zustand des vollkommenen körperlichen, seelischen und sozialen Wohlbefindens begriffen. Das Europabüro der WHO ging 1987 sogar noch einen Schritt weiter, indem es Gesundheit als die Fähigkeit und Motivation beschreibt, ein wirtschaftlich und sozial aktives Leben zu führen. Neuere Definitionen integrieren darüberhinaus Aspekte des emotionalen Wohlbefindens, Kompetenz, Autonomie, Ehrgeiz und integrierten Funktionierens (WHO 1991; Richter 1997: 234; Warr 1989: 385ff.; Badura et al. 1999a: 24). Sie zeigen damit auf, wie breit ein prospektiver und positiv definierter Begriff der Gesundheit zu fassen und wie anspruchsvoll seine Realisierung in den Lebens- und Arbeitsbedingungen ist:

> „Gesundheit erscheint als Prozeß, Produkt und Attribut sowie Charakteristikum der ganzen Person" (Kunzendorff 1993: 67).

Und dieser Prozeß ist nicht in einem statisch-dichotomen Verständnis von Gesundheit bzw. Krankheit abzubilden, wie er Gegenstand naturwissenschaftlich-medizinischer Ansätze ist. Gesundheit ist mehr. Sie zeigt sich stärker im Prozeß der Gesunderhaltung als in der Momentaufnahme des Gesundheitszustandes. Damit verändert dieses Verständnis grundsätzlich die Betrachtungsperspektive der Gesundheit. Diese wird nicht mehr über die Abwesenheit von Krankheit definiert und ist auch nicht mehr über das kollektive Maß aggregierter Krankenstände zu verstehen. Sie wird vielmehr aus der Sicht der einzelnen Person in der Erhaltungsperspektive der Gesundheit begriffen. Dies gilt nicht nur für das Verständnis von Gesundheit, sondern gleichermaßen für die Erklärung des Zustandekommens von Krankenständen. Auch diese sind individueller Ausdruck eines beeinträchtigten Gesunderhaltungsprozesses. Damit werden Krankenstände von einem gesellschaftlichen Makrophänomen zu einem individuellen Mikrophänomen der Krankheits- oder Gesunderhaltungsgenese.

Die Betrachtung der Genese von Arbeitsunfähigkeiten als Grundlage der Betrachtung der Krankenstände mag dies unmittelbar verdeutlichen: Das Zustandekommen der Arbeitsunfähigkeitsbescheinigung und damit auch das Entstehen von Krankenständen hängt in entscheidendem Maße davon ab, ob Personen mit vorhandenen Beschwerden den Arzt aufsuchen oder nicht, und im weiteren davon, inwieweit Arzt und Patient die Arbeitsfähigkeit beeinträchtigt sehen (Nieder 1979: 163; 1992a; 1998: 89; Nieder/ Blaschke 1979). Krankheit und Krankenstände sind somit in weiten Teilen als sozial initiiert und beeinflußt anzusehen. Sie auf deskriptivem Wege allein nach einem naturwissenschaftlich-medizinischem Verständnis erklären zu wollen, verdeckt die Entstehungsperspektive.

Dieses Beispiel verdeutlicht recht plastisch, daß sich Fragestellungen der Entstehung und damit in weiten Teilen auch der Beeinflußbarkeit von Fehlzeiten nicht mit medizinischen Ansätzen erklären lassen, zumal sich Fehlzeiten nicht allein auf Krankenstände reduzieren lassen. Sie beziehen die Handlungen und Entscheidungen bewußtseinsfähiger Personen mit ein und finden ihre theoretische Fundierung entsprechend in (sozial-)psychologischen und ökonomischen Theorien (Vogel 1995; Schnabel 1997).

5.2 Psychologische und soziologische Erklärungsmodelle

In **(sozial-)psychologischen und soziologischen Erklärungsmodellen** werden im Gegensatz zu den naturwissenschaftlich-medizinischen Modellen die Entstehungszusammenhänge von Fehlzeiten – Krankenständen und Absentismem - thematisiert. Diese Ansätze erschließen sich das Feld sowohl über streßtheoretische Konzepte als auch über Modelle der Arbeitszufriedenheit und der Arbeitsmotivation. Streßtheoretische Konzepte wie die *job demand theory* und die *coping theory* nehmen an, daß Arbeitsanforderungen einen belastenden Umfang annehmen können. Die *job demand theory* geht davon aus, daß die Belastungen zu gesundheitlichen Beeinträchtigungen und in der Folge zu krankheitsbedingten Fehlzeiten führen. Damit nimmt sie einen Zusammenhang zwischen der Belastung und der psycho-physischen Entstehung gesundheitlicher Beeinträchtigungen an, der den Betroffenen nicht notwendigerweise bewußt ist. Fehlzeiten inklusive der Krankenstände entstehen als psychisch vermittelter Reflex auf die Überforderung durch die Arbeitsanforderungen. Die weitergehende Somatisierung der Beschwerden wird wiederum – ähnlich zu den Annahmen naturwissenschaftlich-medizinischer Modelle - in weiten Teilen über autonom funktionierende psycho-physische Regelkreise bestimmt.

Die *coping theory* hingegen wählt einen kognitiven, nicht aber notwendigerweise bewußtseinspflichtigen Zugang zur Erklärung von Fehlzeiten. Sie nimmt an, daß Fehlzeiten eine Reaktion darstellen, die darauf abzielt, die Streßbelastung durch die Fehlzeit zu kompensieren, um so langfristigem, gesundheitlichen Schaden vorbeugen zu können. Damit führt dieses Modell neben der rehabilitativen Perspektive der Wiederherstellung des verlorengegangenen gesundheitlichen Gleichgewichts ein präventives Verständnis der Fehlzeiten ein. Diese verhindert z.B. eine Chronifizierung der Beschwerden oder aber deren Übergriff auf weitere physische oder psychische Funktionen.

Die Vorstellungen sowohl der *job demand* als auch der *coping theory* machen allerdings keine Aussage darüber, ob die zugrundeliegenden kognitiv vermittelten Wahrnehmungsprozesse einer bewußten Steuerung zugänglich sind oder nicht. Damit können sie die Frage nach einem bewußten Absentismus nicht abschließend beantworten. Dennoch weisen sie eindringlich darauf hin, daß leistungsminimalisierende Handlungen sowohl aus rehabilitierender als auch präventiver Perspektive Gegenstand eines Prozesses der Gesunderhaltung sein können.

Ausgangspunkte der Bewältigungshandlung sind in beiden Theorien Überlastungen, die sich im wesentlichen aus der Wahrnehmung der Anforderungen ableiten lassen. Doch auch motivational repräsentierte Unterforderungen und Fehlbelastungen stellen Risikogrößen für die Fehlzeitenentstehung dar.

Sie finden ihre Berücksichtigung im großen Rahmen entsprechender *motivationstheoretischer Konzepte.* Diese nehmen einen Zusammenhang zwischen den objektiv abbildbaren Arbeitsbedingungen und den subjektiv ausgeprägten Motiv- und Erwartungsstrukturen an und postulieren damit eine individualkonstruktivistische Sichtweise: Personen nehmen ihre Umwelt als Rahmenbedingung zur Realisierung ihrer Wünsche und Vorstellungen wahr. Können sie diese nicht umsetzen, so hat dies Auswirkungen auf das Wohlbefinden, den Gesundheitszustand und damit auf die Fehlzeitenneigung des einzelnen. In diesen Konzepten können grundsätzlich alle Rahmenbedingungen in der individuellen Sichtweise der bewertenden Individuen als fehlzeitenrelevant erachtet werden. Eine Vielzahl von Untersuchungen haben in Folge dieses Paradigmas dazu beigetragen, ein sehr facettenreiches Bild der Problematik entstehen zu lassen (Schnabel 1997: 10). Denn über motivationstheoretische Annahmen lassen sich nicht allein direkt gesundheitsbezogene Handlungsmuster erklären, vielmehr eröffnen Motivationstheorien auch den Zugang zu Handlungen verminderter Leistungsverausgabung, die als Ausdruck unbefriedigender Arbeitsbedingungen angesehen werden können. Diese haben nicht in jedem Fall einen direkten Gesundheitsbezug, sind jedoch für das betriebliche Leistungsgeschehen von erheblicher Bedeutung. Sie erweitern und bereichern Erklärungsmodelle somit ganz beträchtlich und brechen damit den dichotomen Gegensatz des Begriffspaares Gesundheit versus Krankheit grundsätzlich auf. Motivationstheoretische Überlegungen ermöglichen es, das ganzheitliche Gesundheitskonzept der WHO theoretisch zu umfassen. Zudem erläutern sie, daß die Fähigkeit und Motivation, ein wirtschaftlich und sozial aktives Leben zu führen - als Begriffsbestimmung der Definition der WHO - nicht mehr im betrieblichen Kontext realisiert werden müssen, sondern auch in der außerbetrieblichen Lebenssphäre gesucht werden können.

Dieses Vorgehen wird im soziologischen Modell *umgeleiteter Konflikte* beschrieben, das im wesentlichen auf Dahrendorf (1959) zurückgeht. Dort werden Fehlzeiten als Resultat einer Frustration des Alltags und streßhafter Lebenslagen geschildert. Die Personen werden in anhaltenden sozialen Konflikten überfordert und reagieren mit Krankheit. Denn das Krankwerden ermöglicht ihnen einen Rückzug in Unselbständigkeit und Verantwortungsverneinung (Gerhardt 1999: 408ff zu weiteren medizin-soziologischen Vorstellungen).

Somit repräsentiert die Fehlzeit in diesem Modell, ähnlich wie in der o.a. *coping theory* eine Rückzugshandlung. Insbesondere motivationale Fehlzeiten und bewußt herbeigeführte Absentismen lassen sich einem Rückzugsmodell zuordnen (Ziegler et al. 1996: 205; Ziegler et al. 1998). Damit können Faktoren wie ein schlechtes Betriebsklima und die Person des Vorgesetzten ebenso für Fehlzeiten verantwortlich gemacht werden wie Merkmale der Tätigkeit (Versetzung und fehlende Abwechslung, belastende Arbeitsbedingungen, ungerechte Bezahlung, Schichtarbeit). Viele dieser Faktoren wirken vermittelt über die Motivation und die jeweils vorherrschenden (betriebs-)kulturellen Determinanten auf die Variable „Krank machen", d.h. sie sind nicht direkt kausal für eine Fehlzeit verantwortlich. Sie bestimmen aber in weiten Teilen die individuelle Neigung, eine ärztlich legitimierte Arbeitsunfähigkeit zur temporären Lösung globaler Probleme heranzuziehen.

Mit dieser Sichtweise sprechen die dargestellten theoretischen Vorstellungen implizit die Differenzierung zwischen Krankenständen und bewußten Absentismen an, ohne sie jedoch zu explizieren. Die zugrundeliegenden Entscheidungen werden zwar als motiviert oder motivational vermittelt beschrieben, sie werden jedoch nicht als kognitiv bewußt prozessiert begriffen. Damit umfassen diese Theorien zwar das Phänomen des Absentismus, thematisieren es aber nicht in der Differenz zwischen krankheitsbedingter Abwesenheit und willentlich herbeigeführtem Absentismus. Der bewußte Absentismus als *rationale Nutzenstrategie* wird in diesen Theorien also nicht explizit synthetisiert.

Eine präzise Aussage darüber, inwieweit das Fehlzeitenphänomen nun über rationale Entscheidungsmuster erklärt werden kann oder aber über komplex miteinander verwobene, unbewußte Rahmenbedingungen, ist für die Wirkungsabschätzung eines Instruments von elementarer Bedeutung. Denn es ist für den Ansatzpunkt eines Instruments ein erheblicher Unterschied, ob die Fehlzeit als ein unbewußter Reflex auf Bedingungen oder aber als eine bewußte Entscheidung eines Individuums erklärt werden kann: In ersterem Fall böte sich eine bedingungszentrierte Ausgestaltung des Interventionsinstruments an, in letzterem eine individuumszentrierte. Diese Entscheidung läßt sich aus psychologischen Erklärungsmodellen nur implizit ableiten, sie ist aber zentraler Gegenstand ökonomischer Modelle der Fehlzeitenerklärung.

5.3 Ökonomische Erklärungsmodelle

Ökonomische Erklärungsmodelle interpretieren Fehlzeiten als Ergebnis von Anreiz-Beitrags-Überlegungen, in denen die Fehlzeit ein Mittel darstellt, die vertraglich vereinbarte Arbeitszeit und die verausgabte Arbeitsleistung an die individuellen Bedürfnisse anzupassen, ohne den Arbeitsvertrag beständig neu aushandeln zu müssen. Fehlzeiten sind in diesem Modell Gestaltungsgrößen, die das individuell wahrgenommene Mißverhältnis von erbrachter Leistung und zu geringen Erlösen über reduzierte Beiträge zu kompensieren suchen (Schnabel 1997: 11). Ökonomische Erklärungsansätze greifen also auf rationale Wahlhandlungsmechanismen zurück und erklären hierüber das Entstehen von Fehlzeiten.

Wohl prominentestes Modell im ökonomischen Kontext ist die *cheating theory*, die davon ausgeht, daß sozialpolitische Flankierungsmaßnahmen wie die Lohnfortzahlung aus rationalem Kalkül dazu veranlassen, vorsätzlichen Mißbrauch von Fehlzeiten zu betreiben (Kuhn 1996: 201).

Eine ähnliche Sichtweise nimmt die Theorie des *abweichenden Verhaltens* ein, die davon ausgeht, daß die Abwesenheit eine rationale und legitime Reaktion auf stark kontrollierte und reglementierte Arbeitsbedingungen darstellt. Alternativ wird hier jedoch auch angenommen, Abwesenheit auf unvollständige oder fehlerhafte berufliche Sozialisation und damit auf nicht-konforme Fehlentscheidungen zurückführen zu können (Nicholson 1989: 90).

Wie immer auch die Rahmenbedingungen ausgestaltet sein mögen, die in den Variationen ökonomischer Modelle in ihrem Einfluß auf das Wahlverhalten untersucht werden, sie alle vereinen das Paradigma der rationalen Entscheidung in sich. Im Mittelpunkt dieser Ansätze steht die bewußte Entscheidung, der Arbeit fern zu bleiben oder aber das Engagement zu reduzieren. Die Fehlzeit ist in dieser Betrachtung also Ausdruck eines bewußten Entschlusses, unabhängig davon, ob sie medizinisch notwendig ist oder nicht (Reinwald 1999: 20ff.). In Reinform angewandt, lassen sich über dieses Modell nämlich auch medizinisch bedingte

Fehlzeiten, die Krankenstände, abbilden. Entsprechend dem Paradigma der Wahlentscheidung trifft der Akteur die Fehlzeitenentscheidung aufgrund der individuellen gesundheitlichen Beeinträchtigung. Die Krankheit ist in diesem Fall lediglich Grundlage einer Wahlmöglichkeit, mit der die Abwesenheit rational und sanktionsfrei begründet werden kann.

Mit dieser Prämisse, der auf Rationalität aufbauenden Entscheidungen zur Fehlzeit, kommt dem ökonomischen Erklärungsansatz ein entscheidender Vorteil gegenüber den anderen Ansätzen zu. Denn unabhängig von der Genese der gesundheitlichen oder motivationalen Beeinträchtigungen beschreibt diese Erklärung den Entschluß zur Fehlzeit als den Endpunkt einer Entwicklung, während die Fehlzeitenentscheidung bei den anderen Modellen eher eine Restgröße darstellt. Die anderen skizzierten Modelle konzentrieren sich weniger auf das Zustandekommen von Fehlzeiten als vielmehr auf die Genese von psychischen oder physischen Beeinträchtigungen, die sich in Fehlzeiten niederschlagen können, aber nicht müssen.

Darüberhinaus genießt das ökonomische Erklärungsmodell noch einen weiteren Vorzug hinsichtlich der hier zu erörternden Fragestellung. Wie angedeutet, lassen sich nicht allein An- oder Abwesenheiten über rationale Abwägungen differenzieren, denn auch eine bewußt verminderte Leistungsverausgabung läßt sich durchaus als Resultat von Abwägungsprozessen verstehen. Die Innere Kündigung als ein Phänomen verminderter Leistungsverausgabung läßt sich z.B. über diese Mechanismen als verminderte Leistungsbereitschaft mit entsprechend manifester Folge begreifen. Ökonomische Modelle bieten damit ähnlich wie psychologische Modelle die Möglichkeit, Wechsel- und Nebenwirkungen von Instrumenten jenseits der engen Fokussierung auf Fehlzeiten zu untersuchen. Nicht zuletzt stellt diese Option einen essentiellen Vorteil bei der Wirkungsabschätzung eines Instruments dar, so daß sie in dieser Arbeit von zentraler Bedeutung sein wird.

Allerdings muß bei einer solchen ökonomischen Betrachtung, die auf einer rationalen Entscheidung beruht, beachtet werden, daß in dem geschilderten ökonomischen Zugang ein vollständiges Bewußtsein und eine vollständige Information über die relevanten Zusammenhänge angenommen wird. Diese Annahme ökonomischer Modelle ist häufig kritisiert worden und so wirft auch Trebesch (1979) kritisch ein, daß die Fehlzeitenentscheidung weder notwendigerweise das Ergebnis eines rationalen Entscheidungsprozesses noch hinreichend mit einer bestimmten kognitiven Prädisposition zu erklären sei (ebd.: 37). Vielmehr seien medizinische Gründe häufig dominant und schränkten die gegebene Wahlfreiheit erheblich ein.

In letzter Konsequenz beruhen Fehlzeiten zwar tatsächlich auf bewußten, rationalen Entschlüssen, doch läßt sich daraus nicht notwendigerweise ableiten, daß es sich bei der Fehlzeitengenese um einen gänzlich bewußten Prozeß handelt. Dieser Schluß verbietet sich aus Sicht der o.a. psychologischen Theorien, die eher für die Annahme vor- oder gar unbewußter Mechanismen im Vorfeld des Fehlzeitenentschlusses plädieren. Die Stichhaltigkeit dieses Gegenarguments läßt sich zudem anhand einer empirisch gut überprüften – ‚zwischengeschalteten'- Hypothese belegen: Wenn das Fehlzeitenverhalten zu weiten Teilen bewußt gesteuert wäre, dann müßte sich dies in der Nutzenabwägung der fehlenden Personen in einem Un-Zufriedenheitsurteil nachweisen lassen. Mit anderen Worten, es könnte angenommen werden, daß bewußt empfundene Unzufriedenheit zu hohem Absentismus (ohne tiefgreifende psycho- und somatische Repräsentanz) führe. Dieser Zusammenhang wird jedoch empirisch nur sehr unzureichend bestätigt und führt zu dem Hinweis, die Fehlzeitenentscheidung allgemein weniger stark unter der Prämisse der Bewußtseinspflichtigkeit zu diskutieren (Schmidt-Brasse/ Neuberger 1979: 159). Damit wird die häufig an ökonomischen Modellen geäußerte Kritik der bewußten Wahlhandlung auch auf das Thema der Fehlzeiten übertragen. Sie wirft letztendlich generell die Frage nach dem Bewußtheitsgrad von Fehlzeiten auf und berührt damit auch die Frage nach dem Weg der Beeinflußbarkeit von Fehlzeiten durch Instrumente wie dem Rückkehrgespräch.

Eine Metaanalyse von über 60 Untersuchungen, die von Porter und Steers (1979) vorgelegt wurde, bekräftigt diese Kritik. Die Autoren finden nur einen geringen Einfluß, den geäußerte Unzufriedenheit auf die Absentismusneigung nimmt, wohingegen sie den Zusammenhang von Unzufriedenheit und Fluktuation als empirisch hoch abgesichert herausstellen (ebd.: 143). Die Autoren weisen in der Interpretation ihres Ergebnisses darauf hin, daß der Grad der kognitiven Auseinandersetzung bei Fluktuation und Absentismus unterschiedlich hoch sei. Sie folgern daraus, daß die kognitive Repräsentanz bei einer Austrittsentscheidung vergleichsweise deutlicher ausfalle als bei der Entscheidung zu einer Fehlzeit. Sie begreifen Fluktuation damit als tendentiell bewußtes, Fehlzeiten aber als ein eher unbewußt gesteuertes Phänomen.

Diese und ähnliche Untersuchungen zeigen, daß ökonomische Theorien der Fehlzeiten trotz ihrer Vorzüge dem Problem der Fehlzeiten nicht abschließend gerecht werden können. Sie lassen sich zwar sehr ertragreich auf bewußte Entschlüsse anwenden, fallen aber geradezu tautologischen Fehlschlüssen zum Opfer, wenn es darum geht, Fehlzeiten insgesamt zu erklären: Natürlich sind fast alle Entscheidungen einen Arzt zu konsultieren, bewußt initiiert und damit in gewissem Maße auch bewußter Steuerung zugängig, umgekehrt aber daraus schließen zu können, daß Anwesenheiten (und Gesundheit!) über Anreize gesteuert werden könnten, scheint eher abwegig.

Betrachtet man die hier nur kurz umrissenen theoretischen Vorstellungen über Fehlzeiten, Krankenstände und Absentismen, so wird deutlich, daß die jeweiligen Ansätze immer nur in der Lage sind, einen Ausschnitt des Themenfeldes zufriedenstellend zu erklären. Denn:

„Arbeitsabwesenheit bedeutet für verschiedene Personen zu verschiedenen Zeiten und in unterschiedlichen Situationen Verschiedenes" (Ziegler et al. 1996: 204).

Ein umfassender Erklärungsversuch sollte dementsprechend versuchen, die unterschiedlichen theoretischen Erklärungsperspektiven zusammenzuführen: Ökonomische Theorien dort anzuwenden, wo es um rationale Entscheidungen geht, und auf psychologische Modelle zurückzugreifen, wo (Wahl-) Handlungen zu unbewußten Verhaltensmustern werden und Folgen in der Fehlzeiten- und Krankheitsgenese nach sich ziehen.

Grundlage der nachfolgenden Überlegungen wird also ein ökonomischer Ansatz sein, der an den Grenzen seiner Erklärungskraft, gleichsam am Rande bewußter Entscheidungsprozesse, auf psychologische Ansätze zurückgreift. Ein solches erweitertes ökonomisches Modell, das die an der Fehlzeitengenese beteiligten Prozesse berücksichtigt, gibt in mehrerer Hinsicht ein nützliches Rahmenkonzept ab: Es ermöglicht neben der Untersuchung der betrieblichen Rahmenbedingungen (‚Warum beschäftigen sich Betriebe mit dem Thema?'), sowohl die Untersuchung betrieblicher Instrumente (‚Wie sehen die Instrumente aus?') als auch die Handlungen von Mitarbeitern, die aus der Reaktion auf diese Instrumente resultieren.

So kann mit einiger Berechtigung angenommen werden, daß ökonomische Überlegungen eine gewichtige Rolle im Problembewußtsein sowie der Erkenntnis von betroffenen Betrieben spielen. Weiterhin erscheint die Annahme plausibel, daß sich Betriebe dem Thema Fehlzeiten stark unter Kostenaspekten widmen und mit diesem Maßstab auch an die Gestaltung ihres Maßnahmenkataloges gehen.

Ein ökonomisches Modell vereint also sowohl die Makroperspektive des ‚Problems Fehlzeiten' als auch die Mikroperspektive der ‚Herbeiführung von Fehlzeiten'. Darüberhinaus bietet es in Hinblick auf bewußtseinsfähige oder -pflichtige Komponenten der Leistungsentstehung oder –zurückhaltung fruchtbare Erklärungsmuster an, die das Themenfeld der Fehlzeiten um leistungsrelevante Wechselwirkungen und Nebeneffekte erweitern.

Psychologische Ansätze insbesondere der Motivations- und Streßtheorie schließen da an, wo die Mikroebene der rationalen Entscheidungen in bewußten Phänomenen aufgeht. Implizite Nutzenannahmen motivationstheoretischer Modelle machen dieses Vorgehen plausibel. Sie legen eine konzeptionelle Nähe und Anschlußfähigkeit an ökonomische Modelle nahe und ermöglichen damit eine breitere integrative Perspektive und konzeptionelle Ausweitung des Themenfeldes auch jenseits bewußter Prozesse. Damit sichern diese Modellvorstellungen eine generelle Anschlußfähigkeit an ebenfalls psychologische Vorstellungen von Streßtheorien. Diese beschäftigen sich mit Bewältigungshandlungen, deren Effizienz nur von nachgeordneter Bedeutung ist. Denn häufig kennzeichnen spontane Bewältigungshandlungen automatisierte, unbewußte und kurzzeitig effektive

Reaktionsmuster, die sich in der Folge als langfristig ineffektiv und ineffizient erweisen. Der vielfach beschriebene, momentan Streß lösende „Griff zur Flasche“ verdeutlicht dieses Phänomen sehr plastisch.

Streßtheoretische Modellvorstellungen spielen darüberhinaus eine wichtige Rolle im Verständnis von Krankheitsgenese bzw. Gesunderhaltung. Sie ermöglichen es einerseits, die gesundheitlichen Folgen spezifischer Handlungs- und Verhaltensweisen in den theoretischen ökonomischen Kontext zurückzubinden. Andererseits dienen sie als Bewertungskriterium eines Instruments: Kann ein Instrument wie das Rückkehrgespräch Streß reduzierend und damit krankenstandssenkend wirken oder erzeugt es möglicherweise aufgrund der Anreizwirkung (oder Sanktionsdrohung) wiederum Streß? Mit Beantwortung dieser Frage lassen sich also negative externe Effekte des Instrumenteneinsatzes abschätzen.

Soll die Wirksamkeit eines Instruments untersucht werden, so ist selbstverständlich in Betracht zu ziehen, welche Prozesse an der Genese von Fehlzeiten beteiligt sind, wie diese Genese durch Einsatz eines solchen Instruments beeinflußt wird und wie mögliche, negative Effekte wie z.B. eine bewußte Leistungsenthaltung oder verstärkter Streß vermieden werden können. Diese Aspekte werden im Zuge der vorliegenden Arbeit in einem Rahmenmodell der an der Fehlzeitengenese beteiligten Prozesse zusammengeführt.

Es ist aber immer auch im Auge zu behalten, welche Beweggründe hinter betriebsinternen Entscheidungen stecken, ein Instrument einzusetzen. Nur dann, wenn sich die immanenten betrieblichen Kosten-Nutzenerwartungen im Instrument mit den angezielten Wirkmechanismen vereinen, besteht die Chance auf Einsatz eines erfolgreichen Instruments.

6. Kosten von Fehlzeiten

Krankenstände verursachen sowohl auf volkswirtschaftlicher als auch auf einzelbetrieblicher Ebene Kosten. Während die volkswirtschaftliche Diskussion weitestgehend im fachwissenschaftlichen Raum stattfindet, wird die einzelbetriebliche Diskussion vielfach medienwirksam und öffentlich geführt. Die Beschäftigung mit Krankenständen erscheint aus Sicht der Tarifparteien so populär, weil ihre Folgen in Form von Kennzahlen greifbar dargestellt und monetär bewertet werden können. Die rein deskriptive Darstellung bedarf hierbei grundsätzlich der Interpretation, können doch die Daten je nach Standpunkt und Verständnis der unterschiedlichen Interessenparteien sowohl den Arbeitsbedingungen als auch den Mitarbeitern als Person zugeschrieben werden. Während Gewerkschaften zumeist Arbeitsbedingungen und steigende Anforderungen als Gründe für die Krankenstände anführen, neigen Arbeitgebervertreter zu einem Verweis auf eine geringe Arbeitsmoral (zur politischen Dimension dieser Diskussion zusammenfassend: Neuberger 1997; Fick 1993: 1). Tatsache bleibt, neben dieser von partialen Interessen geprägten Diskussion, daß Arbeitnehmer nicht an ihrem Arbeitsplatz zugegen sind und diese Abwesenheit über den Produktivitätsverlust hinaus Kosten in Form von Lohnfortzahlungen und Krankengeld verursacht. Nicht zuletzt sind diese Faktoren zu quantifizieren und in der Summe eindrucksvoll darzustellen:

> „1997 waren in der deutschen Wirtschaft 598 Millionen Krankheitstage zu verzeichnen. Die volkswirtschaftlichen Kosten der Produktivitätsausfälle beliefen sich auf 77 Mrd. DM.[23] Angesichts des sich verschärfenden Wettbewerbs wird der Krankenstand für die Unternehmen immer mehr zu einer wichtigen Betriebsgröße“ (Vetter 1998: 5).

Von Arbeitgeberseite werden in diesem Zusammenhang häufig internationale Fehlzeitenvergleiche im Kontext globaler Märkte angestellt und die entstehenden Kosten der Fehlzeiten in Beziehung zu den vergleichsweise geringen bundesdeutschen Sollarbeitszeiten gesetzt (BDA 1997: 1). Entsprechend sind bei der Diskussion der Kosten von Krankenständen einzelbetriebliche Kosten und volkswirtschaftliche Kosten zu unterscheiden. Während sich einzelbetriebliche Kosten qua definitionem auf die im Betrieb anfallenden Folgekosten beziehen, fallen bei der volkswirtschaftlichen Betrachtung neben den aggregierten Kosten von Produktivitätsausfällen und Krankengeldzahlungen auch die Behandlungskosten von arbeitsbedingten Erkrankungen ins Gewicht. Im folgenden werden die wichtigsten Ergebnisse zu den Kosteneffekten skizziert.

---

[23] In dieser Summe sind rund 60 Mrd. DM für die Entgeltfortzahlung enthalten (Schnabel 1998: 266; Husmann 1998: 24).

6.1 Einzelbetriebliche Kosten

Die Bestimmung der betrieblichen Kosten läßt sich auf der Ebene der anfallenden Personalkosten theoretisch relativ leicht ableiten. Hier sind es nach Theis (1985) im wesentlichen:

- Unmittelbar anfallende Personalkosten, hierunter:
  - Kosten für Ausfallzeiten für bezahlte Krankheitstage
  - Anteilige Kosten für Ausfallzeiten für unbezahlte Krankheitstage (beispielsweise Urlaubsgeld, Weihnachtsgeld, anteiliges 13. Monatseinkommen, Kontoführungsgebühren, Zuschuß zum Krankengeld bei Krankheit über 6 Wochen)
  - Zuschüsse zu Kuren und Heilverfahren

- Mittelbar anfallende Personalkosten, hierunter:
  - Arbeitgeberbeiträge zur Krankenversicherung (gesetzlich)
  - Gesetzliche Unfallversicherung
  - Auslandsunfallversicherung
  - Freiwillige Versicherungsbeiträge zu Krankenkassen
  - Personal- und Sachaufwendungen für die Betriebskrankenkasse
  - Kosten für den Betrieblichen Gesundheitsdienst
  - Kosten für Mehrarbeit (z.B. Überstundenzuschläge)

Zu diesen Kosten, die mittelbar und unmittelbar in Verbindung mit der fehlenden Person entstehen, fallen noch weitere Folgekosten im Betrieb an, die durch den Ausfall verursacht werden. Eckardstein et al. (1995) ergänzen diese Auflistung durch die folgenden Kostenargumente:

- „Opportunitätskosten durch entgangene Gewinne wegen Nichtrealisierung von Marktchancen
- Konventionalstrafen durch verspätete Bereitstellung von Leistungen/ Produkten
- Kapital- und Sachkosten wegen ungenutzter Kapazitäten
- Sachkosten aufgrund von Terminüberschreitungen
- Ersatzbeschaffung von Mitarbeiter/-innen
- Verminderte Arbeitsmoral der anderen Beschäftigten“ (ebd.: 247).[24]

---

[24] Fick (1993) weist jedoch darauf hin, daß die Unternehmensgröße und die Verfügbarkeit von Personalreserven einen erheblichen Einfluß auf die Problematik von Krankenständen

Anhand dieser und ähnlicher Überlegungen wird angenommen, daß 1% Fehlzeiten ca. 1% der Personalkosten bzw. 5% der Lohnsummen ausmachen (Bullinger/ Schmauder 1998: 35; Eissing 1991: 45; Kleinbeck 1996: 87; Kuhn, K. 1996: 200).[25]

Erweisen sich diese Berechnungen auf den ersten Blick als plausibel und stellen sie auch die Grundlage der betrieblichen Gesundheitsberichte der Kassen dar, so entbehren sie doch bei näherer Betrachtung nicht an Schwierigkeiten (Kuhn 1995b: 93; Brandenburg 1999). So wird darauf hingewiesen, daß die Ermittlung betrieblicher Krankheitskosten, wie sie in den Gesundheitsberichten der gesetzlichen Krankenkassen erfolgt, nicht mit der Systematik des betriebswirtschaftlichen Rechnungswesens kompatibel sei (Nolting 1997). Es werden Aufwendungen für verhinderte Ereignisse in ihren Aufwendungen quantifiziert, nicht Aufwendungen für eingetretene Ereignisse (Thiehoff 1999: 12).

> „Wichtiger noch ist das Argument, daß Einsparungen durch eine Reduktion des Krankenstandes [...] nur dann zu erwarten sind, wenn das Unternehmen an seiner Kapazitätsgrenze arbeitet: Bei einer Kapazitätsauslastung von 90% - die in den meisten Unternehmen selten überschritten werden dürfte – [...] führt eine Reduktion der Fehltage [...] lediglich zu einer Vergrößerung der Kapazitätsreserve. An den Personalkosten [...] ändert sich zunächst nichts [...]. Eine Ausnahme stellt lediglich der Ausfall von Beschäftigten mit Engpassfunktion dar, der unmittelbar zum Erliegen der Produktion führt" (Nolting 1997: 98).[26]

Mit anderen Worten: Das betriebswirtschaftliche Kostenargument kann nicht allgemeingültig und vor allem nicht prospektiv sinnvoll eingesetzt werden.[27] Am

---

nimmt und eine Quantifizierung der Kostenbestandteile nicht allgemeingültig vorgenommen werden kann (ebd.: 29).

[25] Diese Kosten werden sind im wesentlichen auf die Langzeitfälle zurückzuführen. Kuhn (1997) hält die durch Kurzzeiterkrankungen verursachten Kosten betriebswirtschaftlich für irrelevant. Er schätzt die eingesparten Lohnfortzahlungskosten auf nur 0,2% der Lohnkosten (ebd.: 50).

[26] Derr (1995) führt in Anschluß an den Spiegel (18/91) an, daß z.B. Daimler Benz mit einer Personalreserve von rund 10% der Belegschaft rechnet (ebd.: 49).

Badura et al. (1997) weisen darauf hin, daß die Gesundheit von Belegschaften unter Berücksichtigung von geplanten Rationalisierungsvorhaben zu einem Wettbewerbsfaktor werden kann, der den Umfang dieser Vorhaben in nicht unwesentlichem Umfang beeinflußt (ebd.: 25).

Adler (1999) berichtet jedoch davon, daß die dramatische Leistungseinbrüche bei traditionellen Linienorganisationen an Engpaßfunktionen durch fast unlösbare Einarbeitungsprozesse im Zuge der neuen Arbeitsorganisationskonzepte weitgehend aufgehoben worden sind (ebd.: 319).

[27] Zu dieser Argumentation abweichend und (zu verallgemeinernd) heißt es in der Luxemburger Deklaration zur Gesundheitsförderung in der Europäischen Union: „Zukünftiger Unternehmenserfolg hängt von gut qualifizierten, motivierten und gesunden Mitarbeitern ab. Betriebliche Gesundheitsförderung spielt eine entscheidende Rolle dabei, Mitarbeiter und

Beispiel des Arbeitsschutzes und der Kosten verhinderter Arbeitsunfälle macht Hauß (1992) deutlich, daß mit erfolgreichem Arbeitsschutz die Kosten pro Unfalltag mit Abnahme der Unfalltage ansteigen. Er argumentiert, daß sich die Overhead-Kosten hierbei nicht in gleichem Maße verringerten wie die unmittelbaren, durch den Unfall verursachten Kosten (ebd.: 40). Dieses Argument ist analog auf das allgemeinere Feld der Fehlzeiten anwendbar. Hauß empfiehlt u.a. aus diesem Grunde, den Indikator „Kosten für eine ungestörte Betriebsstunde" einzuführen (Thiehoff 1996; 1998; 1999: 14; 2000; Leichsenring 1997: 40). Er macht aber noch weitergehende Einschränkungen hinsichtlich des Nutzens von Kostenberechnungen bei Fehlzeiten: Aufgrund der Erfahrungen des Rationalisierungskuratoriums der deutschen Wirtschaft läßt sich schließen, daß eine Kosten/Nutzen-Bewertung oder –Analyse nur bei den wenigsten Unternehmen den Ausschlag gegeben hat, auf hohe Krankenstände zu reagieren.

Dies verwundert nicht, wenn man die multinationalen Ergebnisse einer Studie der Europäischen Stiftung zur Verbesserung der Lebens- und Arbeitsbedingungen in Rechnung zieht. Zusammenfassend wird argumentiert, daß die Beschäftigung von Unternehmen mit dem Fehlzeiten- und Absentismusphänomen nur dann von Handlungsrelevanz sei, wenn die Vergleichszahlen der Branche einen geringeren Wert auswiesen, als die des eigenen Betriebes (Anderson 1995: 168). Mit anderen Worten: Fehlzeiten sind nicht von genereller Bedeutung, sie sind nur von komparativer Handlungsrelevanz, unabhängig davon wie hoch sie ausfallen.

Dabei sind es in diesem Bezug weniger die Kosten, die die Betriebe zu Maßnahmen anregen, als vielmehr der Vergleich der Krankenstände untereinander, mit dem ein implizites Kostenempfinden einhergeht. So sind z.B. nur 38% der britischen Unternehmen tatsächlich in der Lage, verläßliche Angaben zu den eigenen Absentismuskosten zu machen, obgleich sie, laut Hauß (1992) generell imstande sind, den Krankenstand – mit Ausnahme der Diagnose – noch exakter als die Kassen zu bestimmen, da ihnen die Daten aller Beschäftigten vorliegen und nicht nur die der Versichertengruppe (ebd.: 21). Des weiteren nimmt Hauß an, daß es nicht die unmittelbaren Kostenfolgen seien, die die Unternehmen dazu bewegen, sich für die Gesundheit der Belegschaften zu engagieren, sondern die Tatsache, daß diese betrieblichen Probleme nicht externalisiert werden könnten und daher eigenständig gelöst werden müßten (ebd.: 40). Er führt in diesem Zusammenhang Beispiele an, in denen Unternehmen Rekrutierungsprobleme am Arbeitsmarkt auf gesundheitsbeeinträchtigende Arbeitsbedingungen zurückgeführt und Maßnahmen des Gesundheitsschutzes zu entsprechenden Diversifizierungsaktivitäten genutzt haben. Sie konnten dadurch ihr Image als attraktive Ar-

---

Unternehmen auf diese Herausforderung vorzubereiten. (...) Dies kann durch eine Verbesserung der Arbeitsorganisation und der Arbeitsbedingungen der Förderung einer aktiven Mitarbeiterbeteiligung und Stärkung persönlicher Kompetenzen erreicht werden" (zit. nach Sonntag 1999 o.S.)

beitgeber aufgrund ihrer Aktivitäten deutlich verbessern. Auch Behrens und Müller (1995) argumentieren in diese Richtung: Sie skizzieren am Beispiel älterer, leistungsgewandelter Beschäftigter, daß es sogar im einzelwirtschaftlichen Interesse von Betrieben sein könne, sich den Anforderungen des Gesundheitsschutzes zu entziehen, gesundheitsschädigende Arbeitsplätze beizubehalten, Schädigungen durch Berufswege und Karrieremuster in Kauf zu nehmen und die Leistungswandlung durch Kündigung zu externalisieren (ebd.: 99ff.).

Zusammenfassend und im Umkehrschluß wird deutlich, daß sich die Ausgaben in Maßnahmen zur Verbesserung der betrieblichen Gesundheit nicht notwendigerweise rechnen. Erst im Zuge einer erweiterten Wirtschaftlichkeitsrechnung scheint sich betriebliches Engagement verstärkt zu rentieren (Richter 1996: 107f.).[28] Dieser erweiterte Bezug rückt dann ins Zentrum der Betrachtung, wenn man veränderte Rahmenbedingungen unter denen Unternehmen heute arbeiten, stärker berücksichtigt:

> „Die Vergleichbarkeit von Produkten und Technologien, kürzere Produkt-Lebenszyklen und geringer werdende Betriebsgrößenvorteile haben Differenzierungspotentiale zwischen Unternehmen schrumpfen lassen. Um auch künftig eine Unterscheidung von Wettbewerbern zu gewährleisten, müssen zum Teil vernachlässigte Potentiale zusätzlich ausgeschöpft werden. In diesem Zusammenhang bilden Mitarbeiter nicht nur einen von drei Produktionsfaktoren. Ihre Qualifikation und Leistungsbereitschaft entscheiden vielmehr auch über die optimale Allokation der anderen Produktionsfaktoren. Zudem sind sie der einzige Faktor, der aus sich heraus wachsen und sich an veränderte Bedingungen anpassen kann" (Achterholt 1993: 52; Breucker 1998b: 70).

In dem Maße, in dem der geschäftliche Erfolg eines Betriebes unmittelbar von dessen Humanressourcen abhängt, wird der potentielle Schaden durch Krankheit und Ausfall größer, da die Geschwindigkeit, mit der die Veränderungen im wirtschaftlichen Umfeld ablaufen, die Planbarkeit unternehmerischen Handelns deutlich einschränkt und flexible, selbst organisierte Reaktionen der Mitarbeiter voraussetzt (Brusis 1999: 17).

In Anwendung auf moderne Managementmodelle bedeutet dies, verstärkt dezentrale und partizipative Lösungen vorzusehen, die diese Flexibilität strukturell anlegen sowie das Expertenwissen, das Problemlösungspotential, die Kreativität und die Eigeninitiative aller Mitarbeiter stärker als bisher nutzen (Brandenburg et al. 2000: 9):

> „Es muß ein ‚institutioneller Rahmen' geschaffen werden, in dem die Mitarbeiter die Möglichkeit haben und sich verantwortlich fühlen, mögliche Schwachstellen und Fehler

---

[28] Zangemeister (1999) bezeichnet demzufolge Investitionen im Arbeits- und Gesundheitsschutz auch als Potentialinvestitionen, die zunächst auf eine immaterielle Verbesserung des Leistungsvermögens abzielen, bevor sie mittel- bis langfristig eine Verbesserung der Wettbewerbsposition bewirken (ebd.: 25).

zu entdecken, über neue Wege nachzudenken und durch eigene Initiative neue Lösungen anzustoßen und umzusetzen" (Bickenbach/ Soltwedel 1996: 27).

Dieses Argument greift insbesondere bei Unternehmen im expansiven Dienstleistungssektor, die auf motivierte Belegschaften angewiesen sind (Zahn 1996: 285; Rohmann et al. 2000: 215). Im Bereich der Kundenorientierung gilt dies nicht nur im Umgang mit externen Kunden sondern auch hinsichtlich interner Kunden-Lieferantenbeziehungen. Diese Art der Zusammenarbeit wird nicht zuletzt in den aktuellen Qualitätsmanagement-Modellen berücksichtigt. Eine Gesundheitsförderung, die sowohl partizipativ als auch mitarbeiterorientiert ausgerichtet ist, erfüllt diese Anforderungen und schafft eine Verbindung zwischen den ökonomischen Zielen des Unternehmens und den Gesundheitsinteressen seiner Beschäftigten: Gesundheit wird zum Wettbewerbsfaktor (Badura et al. 1997: 26).

Ein solcher Anspruch ist nur dann einzulösen, wenn dem Humankapital eine entsprechende Fürsorge entgegengebracht wird. Zudem wird deutlich, daß der „Personalpflege" neben der Erhaltung der Leistungskraft die Aufgabe zukommt, das Potential der Mitarbeiter verstärkt zur Entwicklung zu bringen (Kenter 1999; Zimolong/ Elke 1999a; b). Gesundheit wird in diesem Zusammenhang auch zur ökonomisch wünschenswerten Fähigkeit und Motivation, ein wirtschaftlich und sozial aktives Leben zu führen. Gesundheitsmanagement wird damit zum Ressourcenmanagement und eröffnet somit eine breitere Wirtschaftlichkeitsperspektive (Adler 1999: 321).

Hier zeigen sich deutliche, allerdings schwer zu quantifizierende ökonomische Effekte einer Verhinderung von gesundheitsbedingten Fehlzeiten, die mithilfe von Maßnahmen des Gesundheitsschutzes realisiert werden können. Die Wirkungen fallen aber in dieser Betrachtung nicht so sehr auf der Kostenseite an als viel mehr auf der Erlösseite.

Kastner (1999b) vertritt in bezug auf die ökonomische Relevanz hierbei die kritische These, daß die Entwicklungen der Globalisierung unter dem Vorzeichen expandierender Aktienmärkte die Wirtschaftlichkeitsperspektive solcher Maßnahmen nachhaltig beeinflußen: Der kurzfristige Fokus auf die Erhöhung des shareholder-values, drängt die Thematik von Gesundheitsschutz und –förderung aus dem Blickpunkt des Interesses: „Gesundheit und Sicherheit von Mitarbeitern interessieren dabei nicht besonders" (ebd.: 38). Er weist weiterhin darauf hin, daß es sich in diesem Sinne für Unternehmen lohnt, den Aspekt der Gesundheitsgerechtigkeit von Arbeitsbedingungen auf nur wenige Personen der Kernbelegschaft zu begrenzen, die über entsprechende Potentiale und ebensolche produktive Relevanz verfügen. Denn durch die Realisierung der hohen Ansprüche der Gesundheitsförderung wird die Substituierbarkeit des Produktionsfaktors Arbeit wesentlich eingeschränkt, so daß dieser Anspruch nur dann in Einklang mit ökonomischen Paradigmen zu bringen ist, wenn die Disponibilität vorhandener Ressourcen höher bewertet wird als die vorhandener Ressourcen höher bewertet wird als die Disponibilität am Markt erwerblicher Ressourcen. Aus rein betriebswirtschaftlicher Sicht bezogen, rechnen sich solche Investitionen also nur bei einem Personenkreis, der sowohl über entsprechende Potentiale verfügt als auch an entsprechend exponierten Schnittstellen eingesetzt ist.

6.2 Volkswirtschaftliche Kosten

Krankenstände verursachen nicht nur auf betrieblicher Ebene Kosten, sondern auch auf Volkswirtschaftlicher. Aus dieser Perspektive sind nicht nur die direkt durch Produktivitätsausfälle und Lohnfortzahlungen bzw. Krankengeldzahlungen aggregiert anfallenden Kosten von Interesse; vielmehr schlagen die gesundheitlichen Folgekosten bei Kranken- und Rentenversicherungen zu Buche. Hier sind Kosten zu verzeichnen, die durch in Anspruch genommene Gesundheitsleistungen bei Behandlung sowie Rehabilitation anfallen oder durch Frühverrentungen und vorzeitigen Tod. Eine Modellrechnung für Schweden verdeutlicht das Ausmaß der Kosten, die allein durch Zeitdruck und geringe Autonomie der Arbeitstätigkeit verursacht werden. Sie kommt zu dem Ergebnis, daß allein in Schweden diese – durch entsprechende Arbeitsgestaltung vermeidbaren – Stressoren 10% der arbeitsbedingten Gesamtkosten bei Krankheit ausmachen. Dies sind bezogen auf Schweden immerhin Kosten in Höhe von 450 Mio. Euro (Levi/ Lunde-Jensen 1998).

Daten des sozioökonomischen Panels spezifizieren den von Zeitdruck betroffenen Personenkreis für die Bundesrepublik auf rund 50% (Jaufmann 1995: 67ff.). Sie werden durch Studien der Bundeszentrale für gesundheitliche Aufklärung aus den Jahren 1988 und 1991 bestätigt.[29] Ein Drittel der Befragten befürchtet in diesen Untersuchungen zudem in der Zukunft aufgrund der Belastungen nervliche Verschleißerscheinungen zu erleiden und wiederum knapp ein Drittel glaubt nicht daran, die Arbeit unter den gegenwärtigen Anforderungen bis ins Rentenalter hin weiter verrichten zu können (Angestelltenkammer Bremen 1993: 63). Die anfallenden Kosten scheinen also nicht auf wenige Personen zurückzuführen zu sein, sondern können als Resultat eines Massenphänomens verstanden werden. Die Arbeitsbedingungen nehmen einen deutlichen Einfluß auf das Krankheitsgeschehen und die resultierenden Kosten. Diese generelle Aussage

---

[29] Jansen (1999) bestätigt diese Aussagen im wesentlichen mit Rückgriff auf die Ergebnisse der aktuellen BIBB/IAB-Untersuchung. Er führt an, daß bei 46% der Befragten Streß und Arbeitsdruck in der Wahrnehmung der letzten zwei Jahre zugenommen habe und führt dies insbesondere auf zugenommene fachliche Anforderungen zurück (ebd.: 25). Bartunek (1995) beziffert diesen Anteil für Österreich ähnlich hoch mit 41% der Unselbständigen, die unter Zeitdruck litten (ebd.: 132). Grundlage von Jansen sind Ergebnisse der 4. Welle der sog. BIBB/IAB- Erhebung, die erstmalig unter Beteiligung der Bundesanstalt für Arbeitsschutz und Arbeitsmedizin durchgeführt wurde und die durch einen Umfang von 0.1% der in der Bundesrepublik Erwerbstätigen repräsentativ ist (ebd.: 5).

läßt sich sogar in Hinblick auf einzelne Diagnosegruppen fortschreiben. Einer Studie des nordischen Rats zufolge, in der der Anteil der Arbeitsbedingtheit am allgemeinen Krankheitsgeschehen geschätzt wird, kommt Erkrankungen des Bewegungsapparates ein Anteil von 33% zu. Bei Hauterkrankungen liegt er bei 45%, bei Atemwegserkrankungen bei 25%, bei Herzkreislauferkrankungen bei 20%, bei Erkrankungen der Nerven und Sinnesorgane bei 20%, bei psychischen Erkrankungen bei 5% und bei Krebserkrankungen bei einem Anteil von 4% (Kuhn 1996a: 202).[30] Aus diesen Hinweisen läßt sich unschwer ersehen, wie breit die Basis der Quantifizierung volkswirtschaftlicher Kosten zu bestimmen ist.

Die europäische Stiftung zur Verbesserung der Lebens- und Arbeitsbedingungen (1997) hat für die britische Wirtschaft einen entsprechenden Versuch unternommen, die Gesamtkosten von Arbeitsunfällen und arbeitsbedingten Krankheiten des Jahres 1990 zu berechnen. Sie kommt zu dem Ergebnis, daß sich der Schaden auf einen Prozentsatz von 2 bis 3% des Bruttoinlandprodukts bzw. einer typischen jährlichen Wachstumsrate beläuft. Diese Kosten beinhalten den der Industrie entstandenen Sachschaden, den Verlust des möglichen Produktionsausstoßes aufgrund der geringeren Zahl an verfügbaren Arbeitskräften, die Kosten für die medizinische Behandlung und die den Unternehmen, Versicherungsgesellschaften sowie dem Sozialministerium entstandenen Verwaltungskosten (ebd.: 8).[31]

Angesichts dieser hohen Anteile und den dahinter stehenden großen Summen erscheinen die umfassenden Aktivitäten, die mittlerweile von Regierungen und Krankenkassen zwecks Reduzierung hoher Krankenstände unternommen wer-

---

[30] Gleichwohl macht Kuhn (1995b) an anderer Stelle deutlich, daß generell volkswirtschaftliche Kostenrechnungen über die Kosten arbeitsbedingter Erkrankungen letztlich daran scheitern, „[...] daß nicht exakt angegeben werden kann, was eine arbeitsbedingte Erkrankung ist bzw. welchen Anteil die Arbeitswelt an der Entstehung einer Krankheit hat" (ebd.: 96).

Abhilfe an dieser Kritik, verspricht der Abschluß des gegenwärtig noch laufenden Forschungsprojekts „Kosten arbeitsbedingter Erkrankungen", das im Auftrag der Bundesanstalt für Arbeitsschutz und Arbeitsmedizin durch das BKK Team Gesundheit durchgeführt wird. In diesem Projekt soll über Berechnung sog. attributiver Risiken herausgestellt werden, welchen Anteil Arbeitsbedingungen in Bezug auf das Arbeitsunfähigkeitsgeschehen ausmachen.

Bereits vorliegende Ergebnisse aus diesem Projekt lassen erkennen, daß der vermutlich stärkste Zusammenhang zwischen Arbeitsunfähigkeit und Belastung für einen geringen Handlungsspielraum nachzuweisen sein wird (Bödecker et al. 2000: 341).

[31] Unklar in der Schlüssigkeit der Argumentation und m.E. bislang wenig beachtet, ist der Zusammenhang der auf der einen Seite entstehenden krankheitsverursachten Kosten und den auf der anderen Seite im Gesundheitssektor entstehenden Erlösen (Thiehoff 1999: 17). Dabei erscheint die Hypothese nicht abwegig, daß der Transfer der Krankenrisiken positive volkswirtschaftliche Effekte im Gesundheitssektor nach sich zieht.

den, verständlich: Schätzungen zufolge können durch konsequenten Einsatz von Maßnahmen der Gesundheitsförderung Einsparungen in Höhe von ca. einem Drittel der Arbeitsunfähigkeiten erzielt werden (Thiehoff 1999: 18). Grund genug, sich dem Thema zuzuwenden.

Neben den primär gesundheitsbezogenen Aktivitäten, die auf weitgehend präventive Effekte abzielen, sind dabei auch rein fiskalische Beweggründe zu verzeichnen, die primär der Haushaltsentlastung der Staaten dienen, da in vielen Ländern die Entgeltfortzahlung aus dem Sozialetat finanziert wird. Fehlzeiten haben nun einen direkten Effekt auf den Staatshaushalt und somit, vermittelt über die Staatsdefizite, auch auf die Konvergenzkriterien für die europäische Währungsunion (Doukmak 1998: 23). So ist es nicht verwunderlich, daß die Maßnahmen zur Senkung von Fehlzeiten im internationalen Vergleich sehr unterschiedlich ausfallen. Insbesondere Regelungen zur Attestpflicht und zur Lohnfortzahlung[32] unterscheiden sich ebenso gravierend voneinander wie die vorliegenden nationalen Statistiken zu den Fehlzeiten:

> „Internationale Fehlzeitenvergleiche haben mit zwei grundsätzlichen Problemen zu kämpfen: Zum einen ist häufig kein Zahlenmaterial vorhanden, zum anderen ist das vorhandene Zahlenmaterial in der Regel nicht vergleichbar. (...) In Portugal bezieht sich die Statistik nur auf die 2000 größten Unternehmen. In Norwegen wird eine Stichprobe von 700 Unternehmen zugrunde gelegt. In Dänemark und Schweden werden die ersten zwei Wochen einer Fehlzeit nicht berücksichtigt, da diese vom Arbeitgeber bezahlt werden" (Doukmak 1998: 27; Anderson 1995: 169ff.).[33]

Die Aussagen der Arbeitgeberverbände, daß die im internationalen Vergleich hohen Fehlzeiten den Standort Deutschland unattraktiv machen (Husmann 1998: 24), sind aufgrund der unterschiedlichen Systeme und Modelle nur mit entsprechender Vorsicht zu übernehmen. Sie sind vor dem Hintergrund medienwirksamer Präsenz ihrer Partialinteressen zu verstehen und keinesfalls als zuverlässig anzusehen, denn:

> „Ein vorsichtiger Fehlzeitenvergleich, der auch den unterschiedlichen gesetzlichen Rahmenbedingungen und der statistischen Erfassung Rechnung trägt, macht deutlich, daß der deutsche Arbeitnehmer nicht mehr krank ist als der Durchschnitt Europas"

---

[32] Der Einfluß einer Veränderung der Regelung zur Lohnfortzahlung wird dabei häufig in der öffentlichen Diskussion überschätzt. Autoren, die die Fehlzeitenentwicklung bei der Einführung des Lohnfortzahlungsgesetzes 1957 (als Gesetz zur Verbesserung der wirtschaftlichen Sicherung der Arbeiter im Krankheitsfall, Derr 1995: 24) beobachtet haben, kommen allerdings zu dem Ergebnis, daß dies nicht zu einem Anstieg der Krankenstände geführt hat (Derr führt als Beleg die folgenden Untersuchungen an: Kellner 1959; Maib 1981).

[33] Im übrigen dürfen Fehlzeiten nicht losgelöst von dem Bereich der Berufs- bzw. Erwerbsunfähigkeit gesehen werden, da zwischen beiden Bereichen eine starke Wechselwirkung besteht, so daß hier durch unterschiedliche nationale Regelungen zusätzliche Unschärfen berücksichtigt werden müssen (Doukmak 1998: 23).

(Doukmak 1998: 31).

Der Gesundheitsbericht für Deutschland (1998) bestätigt diese Einschätzung im wesentlichen (auch Jaufmann 1999: 339). Er führt eine Studie an, in der die Krankenstände und Erwerbsunfähigkeiten in Belgien, Dänemark, Deutschland (West), Großbritannien, den Niederlanden und Schweden standardisiert über den Zeitraum von 1980 bis 1990 verglichen wurden. Der Bericht kommt zu dem Schluß, daß in allen Ländern, mit Ausnahme Schwedens, das AU-Volumen zurückgegangen sei, wobei Deutschland einen vergleichsweise deutlichen Rückgang zu verzeichnen habe. Insgesamt lag Deutschland gemeinsam mit Dänemark auf einem der mittleren Rangplätze (ebd.: Kap. 3.7).

Zusammenfassend kann festgehalten werden, daß Krankenstände in der aktuellen Diskussion mit einer hohen volkswirtschaftlichen Relevanz in Verbindung gebracht werden, wobei der Unterschied zwischen einzelnen Nationen im internationalen Vergleich deutlich geringer ausfällt, als dies in der öffentlichen Diskussion vielfach den Anschein hat.

Die Diskussion macht aber auch deutlich, daß es bei der Beschäftigung mit dem Thema Fehlzeiten notwendig ist, sehr genau auf die Herkunft und Interpretation der Daten und Aussagen zu achten, denn wie v. Ferber et al. (1995) herausstellen, läßt sich neben der wissenschaftlich-analytischen Sichtweise und Verwendung von Daten und Statistiken auch eine interessenbezogen-werbende ausmachen, bei der eher Verursachungsprinzipien und Verantwortlichkeiten in Verbindung mit dem Fehlzeitenphänomen diskutiert werden (ebd.: 17f.; v. Ferber 1994: 41ff.; Fürstenberg 1995).[34]

Dies scheint zusammengenommen bei der hier nur kurz skizzierten Kostendiskussion mit ihrem starken Fokus auf vermeintlichen Wettbewerbsvorteilen deutlich der Fall zu sein. Vielmehr so scheint es, werden Plausibilitätsannahmen und Alltagstheorien ins Feld geführt, die sich z.T. stark von rationalen Erwägungen unterscheiden.[35] Dieser Eindruck, den die öffentliche Diskussion hinterläßt, setzt sich auch bei einer Betrachtung der Maßnahmen fort, die von den Betrieben als Reaktionsmaßnahmen auf das Problem eingesetzt werden.

---

[34] Fick (1993) referiert diese Unterscheidung anhand der Kategorien Arbeitnehmer- und Arbeitgebersichtweise und stellt unterschiedliche Interpretationen statistischer Zusammenhängen vergleichend dar. Hierbei zeigt sich sehr deutlich, daß die ‚politischen' Positionen hinsichtlich einer wissenschaftlichen Verwendung nur einen zweifelhaften Wert besitzen (ebd.: 89ff.). Vgl. auch Busch (1997) zur politischen Dimension dieser Diskussion (ebd.: 7ff.).

[35] Diese Unterscheidung bzw. die hier zugrundliegenden Konventionen und die im Alltagsgeschäft resultierenden Aushandlungsprozesse werden in der Forschung zum Lernen in Organisationen aktuell diskutiert (vgl. hierzu Wilkesmann 1999).

7. Betriebliche Maßnahmen zur Reduzierung von Fehlzeiten

So vielfältig die Vorstellungen über die Zusammensetzung von Krankenständen und so komplex die vermuteten Gründe ihrer Entstehung im einzelnen auch sind, so vielschichtig sind die Maßnahmen, die Unternehmen ergreifen, um dem Problem Herr zu werden. Dabei fällt auf, daß sie in erster Linie darauf setzen, das Problem über Gespräche mit den betroffenen Mitarbeitern zu thematisieren und anschließend zu lösen.

Salowsky (1991) ermittelte in einer Untersuchung bundesdeutscher Betriebe[36] einen Anteil von 29,4% der Betriebe, die

> „[...] Einzelgespräche allgemein, Einzelgespräche mit Mitarbeitern, deren Fehlzeiten weit über dem Durchschnitt liegen, und eine Verdeutlichung des Zusammenhangs von betrieblichen Kosten und Fehlzeiten [...]"

als Reaktion auf hohe Fehlzeiten durchführen (ebd.: 89). Somit stellen Gespräche am Ende der 80er Jahre die bei weitem populärste Maßnahme der Betriebe zur Reduktion von hohen Krankenständen dar, gefolgt von Vorladungen bei Vertrauensärzten und der engeren Einbindung medizinischer Dienste mit 15,9%. Rund sechs Jahre später werden diese Einschätzungen im wesentlichen anhand von Befragungsergebnissen des IW bestätigt, die sich auf 541 Unternehmen und deren Maßnahmen beziehen (IW 1996; Schnabel 1997; 1998). In dieser Untersuchung werden neben der branchen- und ursachenspezifischen Analyse von Krankenständen auch die Maßnahmen dargestellt, die die Unternehmen zur Korrektur von Fehlzeiten[37] ergriffen haben. Die folgende Übersicht bietet einen Überblick über diese Maßnahmen:

[36] Die Aussagen, die Salowsky (1991) anführt, stammen aus einer Befragung, die er zusammen mit Josef Zipfel bei 380 Unternehmen des Industrie- und Dienstleistungssektors und 3000 Handwerksbetrieben mit insgesamt 3,6 Mio. Beschäftigten durchgeführt hat (ebd.: 9).

[37] Unter Fehlzeiten werden in dieser Untersuchung „[...] diejenigen Zeiten verstanden, in denen ein Mitarbeiter aus persönlichen Gründen seinen Arbeitsverpflichtungen nicht nachkommen kann. Die Fehlzeiten können auf Krankheit, Unfall, Kur, Mutterschutz und sonstiges entschuldigtes Fehlen zurückzuführen sein. Nicht zu den individuell bedingten Fehlzeiten gerechnet wird die Abwesenheit an Urlaubs- und Feiertagen – also an Tagen, an denen das Unternehmen von vornherein keine Anwesenheit des Mitarbeiters erwarten kann" (Schnabel 1997: 26).

Betriebliche Maßnahmen zur Fehlzeitensenkung
(in Prozent der Unternehmen, die überhaupt Maßnahmen ergriffen haben)

Maßnahmen	**Anteil der Betriebe, die eine bestimmte Maßnahme ergriffen haben.**	**Darunter: Anteil der Betriebe mit überwiegend guten Erfahrungen**
Gespräche mit auffälligen Mitarbeitern	93,5	88,1
Verbesserung der Arbeitsbedingungen	69,9	91,9
Verstärkte Unfallverhütung	66,4	95,8
Detaillierte Fehlzeitenerfassung/ -analyse	65,4	95,5
Einbeziehung des Medizinischen Dienstes der Krankenkassen	62,7	53,4
Gezieltere Personalauswahl bei Neueinstellungen	62,1	95,5
Flexibilisierung der Arbeitszeit	60,8	92,8
Regelmäßige Gespräche mit dem Betriebsrat	57,9	85,4
Kündigungen	57,8	78,2
Abmahnungen	56,6	81,3
Vorgesetztenschulungen zu Fehlzeiten	52,8	87,5
Einführung der Attestpflicht ab dem 1. Krankheitstag	50,2	87,1
Information der Mitarbeiter über Kosten und Auswirkungen von Fehlzeiten	46,4	72,2
Gesundheitsüberprüfung durch Betriebsarzt bei Mitarbeitern mit hohen Fehlzeiten	44,1	84,6
Gesundheitsvorsorge	43,3	82,4
Informationen/ Gespräche mit behandelnden Ärzten	40,6	47,9
Arbeitserweiterung/ -bereicherung/ -wechsel	38,1	87,2
Krankenbesuche	36,7	91,5
Rückkehrgespräche nach jeder Fehlzeit	33,7	87,7
Umfrage zu Betriebsklima, Arbeitszufriedenheit etc.	33,2	83,7
Gesundheitszirkel oder –arbeitskreise	21,9	90,0
Berücksichtigung von Fehlzeiten bei übertariflichen Zulagen	15,6	85,5
Einführung einer Erfolgsbeteiligung	12,0	75,0
Zahlung von Anwesenheitsprämien	9,6	67,6
Anschreiben oder Anruf bei Mitarbeitern am 1./2. Tag einer Krankmeldung	9,1	65,8

(aus: Schnabel 1997: 44)

Knapp 78% der antwortenden Unternehmen geben an, bereits Maßnahmen zur Fehlzeitensenkung ergriffen zu haben. Kleinbetriebe mit weniger als 50 Mitarbeitern, die ja meist unterdurchschnittliche Fehlzeiten aufweisen, sind nur halb so oft aktiv.

Faßt man die oben kurz skizzierten Maßnahmen zusammen, so lassen sich nach Kuhn (1998) vier Interventionsformen unterscheiden:

- Präventive, personenorientierte Maßnahmen, die auf ein gesundheits- und sicherheitsbewußtes Arbeitsverhalten abzielen (auch Maßnahmen der Qualifizierung)
- Präventive, arbeitsorientierte Maßnahmen, die auf eine Beseitigung der arbeitsbedingten Ursachen und auf die Reduzierung von Belastungen abzielen
- Verfahrensrechtliche Maßnahmen, die auf eine Erhöhung der Abwesenheitsbarriere abzielen (auch Maßnahmen zur Überwachung und Kontrolle von Fehlzeiten)
- Wiedereingliederungsmaßnahmen, die darauf abzielen, die Wiedereingliederungsbarriere zu senken und die Rückkehr erkrankter Arbeitnehmer zu beschleunigen (ebd.: 48).[38]

Eine Zuordnung der o.a. Untersuchungsergebnisse läßt sich jedoch nicht ohne weiteres vornehmen, denn Maßnahmen wie Vorgesetztenschulungen, Rückkehrgespräche oder auch Gespräche mit dem behandelnden Arzt lassen sich nicht ohne tiefergehende Kenntnis des im Einzelfall zugrunde gelegten Wirkungskonzepts analysieren. So können anreizbasierte Rückkehrgespräche z.B. einen repressiven Charakter durch Anwendung eines Stufenmodells haben (Einbeziehung des nächsthöheren Vorgesetzten, Möglichkeit von Abmahnung und Kündigung). Sie können aber auch eine rein integrative und repressionsfreie Funktion erfüllen. Auch Differenzierungsvorschläge, die Maßnahmen danach zu unterscheiden, ob sie darauf abzielen, die Entstehung von Krankheiten zu verhindern, die Gesundheit zu fördern oder mißbräuchlichen Absentismus zu reduzieren, stehen vor diesem Dilemma (Fick 1993: 102; Oppholzer 1999a: 346ff.). Die Maßnahmen der Betriebe zielen in einem multikausalen Entstehungszusammenhang zumeist auf ein Ursachenbündel ab und lassen sich demnach nicht zweifelsfrei in diese Schemata einordnen, zumal unterschiedliche Wirkungen häufig in einem Instrument, einer Intervention zusammengefaßt werden. Dieses Dilemma wird insbesondere dann augenfällig, wenn die Heterogenität der durchgeführten und empirisch abgebildeten Maßnahmen zum Ausgangspunkt der Betrachtung gewählt wird: Trennscharfe und zielgenaue Konzepte, die sich am Kenntnisstand der Wissenschaft orientieren, fehlen häufig in der betrieblichen Praxis (Breucker 1998b). Diese wird nach wie vor von isolierten Einzelmaßnahmen wie dem Rückkehrgespräch dominiert (Jacques 1999: 116f; Leitner 1999b: 269f.).

---

[38] Liepmann (1997) gliedert ähnlich, verwendet aber die abweichende Terminologie einer ‚präventiv personalen', ‚präventiv strukturalen', ‚kurativ personalen' und ‚kurativ strukturalen' Strategie (ebd.: 32f.).

7.1 Rückkehrgespräche

Von den Unternehmen, die betriebliche Maßnahmen zur Fehlzeitensenkung durchführen, setzen 93,5% der Unternehmen Gespräche mit auffälligen Mitarbeitern ein. 88% der einsetzenden Betriebe haben damit überwiegend gute Erfahrungen gemacht. 33,7% der befragten Betriebe geben an, Rückkehrgespräche nach jeder Fehlzeit durchzuführen und haben damit zu 87,7% gute Erfahrungen gesammelt (Schnabel 1997: 45; Nieder 1991: 162). Bailer und Kuhnert (1994) ergänzen diese Aussagen durch Ergebnisse einer Befragung von Nahverkehrsunternehmen. Sie bestätigen die Verbreitung der Gespräche mit einem Anteil von 35 % und fügen an, daß die nach eigenen Angaben in Punkto Senkung des Krankenstandes erfolgreichen Unternehmen in einem erheblich höheren Umfang Rückkehrgespräche in Verbindung mit Vorgesetztenschulungen einsetzen als dies bei den weniger erfolgreichen Unternehmen der Fall ist (ebd.: 40). Rückkehrgespräche werden nach diesen Ergebnissen in gut einem Drittel der befragten Betriebe genutzt. Ihre Verbreitung kann aber noch höher geschätzt werden, denn die o.a. Differenzierung zwischen Gesprächen mit auffälligen Mitarbeitern und generell geführten Rückkehrgesprächen liegt eine starke definitorische Trennung zugrunde, die im Sprachgebrauch einsetzender Unternehmen und der in der Praxis herrschenden Wahrnehmung nicht gerecht wird.

Bei Rückkehrgesprächen handelt es sich um ein verbreitetes Gesprächs- oder Führungsinstrument, das in Verbindung mit der Rückkehr eines Mitarbeiters aus der Fehlzeit geführt wird.[39] Die Mehrzahl von Gesprächsinstrumenten, die in der betrieblichen Realität angewandt werden und als Rückkehrgespräche geführt werden, halten jedoch das Kriterium der Gesprächsführung nach jeder Krankheit nicht ein. So führen Ausnahmeregelungen bei bestimmten Diagnosen dazu (z.B. Schwangerschaftsbeschwerden, Krebserkrankungen etc.), die betroffenen Personen von der Gesprächsverpflichtung ausnehmen. Diese Ausnahmeregelung führt dazu, das entsprechende Gesprächsinstrumente nicht als Rückkehrgespräche in die Untersuchung aufgenommen wurden. Aus diesem Grund kann davon ausgegangen werden, daß sich hinter dem hohen Anteil der Gespräche mit auffälligen Mitarbeitern auch Rückkehrgespräche mit entsprechenden Ausnahmeregelungen befinden, die so auf den ersten Blick nicht als solche ersichtlich sind. Hinzu kommt die Einschränkung, Gespräche, die ad hoc mit auffälligen Mitarbeitern geführt werden, zweifelsfrei als Ausdruck eines generellen Mittels der Wahl zu identifizieren und mit den anderen eingesetzten Interventionen, die einen deutlichen Maßnahmecharakter aufweisen, gleichzusetzen.

Rückkehrgespräche werden aus diesem Grunde für das wahrscheinlich am häufigsten – allein oder auch im Kontext anderer Maßnahmen – eingesetzte Instru-

[39] Rückkehr- oder allgemein Mitarbeitergespräche unterscheiden sich damit grundlegend von laufenden Führungsgesprächen, die ad hoc und ohne Vorbereitung anberaumt werden und sich situativ ergeben. Zu einer spezifischen Differenzierung vgl. Manella 1996.

ment in der betrieblichen Praxis gehalten, um hohen Krankenständen entgegenzuwirken (Vieth 1997: 37).[40] Es kann allerdings bezweifelt werden, daß der allgemeine Rückgang der Krankenstände in den letzten Jahren allein auf den breiten Einsatz von Rückkehrgesprächen zurückzuführen ist. Vielmehr ist davon auszugehen, daß die umfassende Thematisierung des Problems, die durch das Rückkehrgespräch geleistet wird, dazu beiträgt, den Nährboden für die generelle Wirksamkeit anderer gesundheitsbezogener Maßnahmen zu bereiten.[41]

Im Kern orientieren sich die Gespräche an den Schritten eines einfachen protokollierten Problemlösungsprozesses, in dem versucht wird, Ursachen für die Fehlzeiten zu finden und hieraus Maßnahmen zur präventiven Verhinderung weiterer Fehlzeiten abzuleiten. In diesem Sinne handelt es sich bei Rückkehrgesprächen im Gegensatz zu anderen betrieblichen Gesprächsinstrumenten wie dem regelmäßig stattfindenden Beurteilungsgespräch um ein sogenanntes Anlaßgespräch, das aus Anlaß der Rückkehr aus der Krankheit geführt wird (Piorr/ Taubert 2000: 7; Lohrum/ Müller 1999: 82ff.). Es handelt sich damit nicht um eine Gesprächsmethodik sondern nur um ein Gesprächsinstrument.

Ihren Instrumentencharakter erhalten die Rückkehrgespräche aus ihrer Systematisierung:

- Zum einen bestimmt die Festlegung der einbezogenen Mitarbeitergruppe, ob das Gespräch gleichermaßen allen zurückgekehrten Mitarbeitern unabhängig von der Diagnose zuteil werden soll oder aber bestimmte Diagnosen (z.B. Schwangerschaftsbeschwerden) für eine Durchführung des Gesprächs nicht zu berücksichtigen sind.
- Zum anderen wird durch den Zeitpunkt und die Häufigkeit der Gespräche bestimmt, ob ein solches Gespräch direkt nach der ersten Fehlzeit oder erst nach einer zuvor festgelegten Häufung geführt werden soll.

---

[40] Neben den Rückkehrgesprächen kommt mit Gesundheitszirkeln ein weiteres kommunikationsbasiertes Instrument häufig zum Einsatz. Sie werden zwar nur von 22 Prozent aller Unternehmen zum Einsatz gebracht - bei Großbetrieben fast doppelt so häufig – ihre Zufriedenheitsquote jedoch liegt bei 90 Prozent, so daß aus Sicht von Unternehmen auch von diesem Instrument ein deutliches Erfolgssignal ausgeht.

[41] In diesem Kontext beschreibt Vieth (1997) das Rückkehrgespräch als ein formales Prozedere der Beschäftigung mit einem Thema. Er rückt es damit in die Nähe moderner Steuerungsinstrumente des Qualitätsmanagements, die ebenfalls weniger an den Zielen als vielmehr an den formalisierten Prozessen orientiert sind. Mit diesem Verständnis wird die angestrebte Wirkung zwar nicht inhaltlich präzisiert, der Einsatz des Instruments allein signalisiert jedoch bereits eine breite Handlungsbereitschaft und schafft der Fehlzeitenproblematik damit einen Raum. Hierdurch wird die private Seite der Krankheit in das Licht arbeitsbezogener Ursachen und Wirkungszusammenhänge gerückt und im betrieblichen Kontext besprechbar (ebd.: 42f.).

- Hinzu kommt noch die Regelung des Betrachtungszeitraumes, innerhalb dessen Fehlzeiten zusammenfassend betrachtet werden soll, Bei diesem Zeitraum handelt es sich in der Regel um ein Jahr, es können aber auch längere oder kürzere Intervalle zur Anwendung kommen.
- Schließlich wird eine mögliche Stufung unterschiedlicher Gesprächsformen mit entsprechenden, formalisierten Konsequenzen festgelegt, die bis hin zur Androhung krankheitsbedingter Kündigungen reichen können.

In diesen Strukturvorgaben sehen einige Autoren auch hauptsächlich die Beliebtheit des Rückkehrgespräch als Instrument der Fehlzeitenreduzierung begründet: Die Beschäftigung mit Fehlzeiten sowohl im Kontext des Arbeitsschutzes als auch der Arbeitsmotivation gehört seit jeher zu einer Kernaufgabe der Mitarbeiterführung. Beides liegt damit in der Führungsverantwortung einzelner Führungskräfte und realisiert sich im Rückkehrgespräch. Dieser Aspekt wurde lange Zeit aber, wie Vieth (1996) es nennt, „eher nebenbei und unprofessionell gehandhabt" (ebd.: 51). Das Rückkehrgespräch ermöglicht hingegen eine professionelle Strukturierung und bietet durch diese Struktur Sicherheit in einem schwierigen Gesprächsfeld und übernimmt damit die Funktion eines institutionalisierten Gesprächs- und Führungsinstruments. Darüberhinaus lassen sich Rückkehrgespräche relativ schnell, einfach und flächendeckend einführen (Westermayer/ Stein 1997: 84).

Ein weiterer positiver Bestimmungsgrund für die Beliebtheit des Gesprächs läßt sich in seiner Delegationsfähigkeit finden. Denn durch den Einsatz des Gesprächs wird die Ursache für die Fehlzeit zunächst an die Führungskräfte im Rahmen der Führungsaufgabe delegiert. Damit wird die Verantwortlichkeit für die Fehlzeiten aus dem gesamtbetrieblichen Kontext herausgelöst und auf einzelne Führungskräfte verteilt. In einem weiteren Schritt – mit der Durchführung des Gesprächs - wird die Verantwortlichkeit in der Person des Mitarbeiters personalisiert und damit über individuelle Verhaltensweisen externalisiert (Allmer 1990: 118). Letztendlich werden die Ursachen für eine Fehlzeit dadurch weitestgehend auf die Ebene verhaltenspräventiver Maßnahmen heruntergebrochen,[42] obgleich verhältnispräventive Themen, die auf die Arbeitsbedingungen bezug nehmen, auch eine gewichtige Rolle im Gespräch spielen können. Faßt man diese Überlegungen zusammen, so wird deutlich, daß Rückkehrgespräche dazu dienen sollen, Arbeitsbedingungen im weiteren Sinne besprechbar zu machen. Demzufolge liegt dem Rückkehrgespräch generell die Alltagsvorstellung zugrunde, Gründe von Fehlzeiten und Krankenständen zu thematisieren und

[42] Hurrelmann (1990) diskutiert gesundheitsförderliches Verhalten und spezifische Formen der Bewältigung als Ergebnis gesundheitlicher Sozialisation. Insofern könnten Rückkehrgespräche als Versuch beschrieben werden, die berufliche Sozialisation von Beschäftigten um eine gesundheitsrelevante Verhaltenskomponente zu erweitern.

damit einer bewußten Auseinandersetzung zugänglich zu machen. Aus dieser Annahme wird deutlich, daß den Rückkehrgesprächen damit implizit ein Wirkmechanismus unterstellt wird, der auf ökonomischen Alltagsvorstellungen der Fehlzeit beruht.

7.1.1 Unterschiedliche Zielsetzungen

Rückkehrgespräche verfolgen idealtypisch zwei unterschiedliche Zielsetzungen, obschon sie sich im formalen Rahmen nicht wesentlich unterscheiden müssen (Vieth 1997: 38). Einerseits heben sie darauf ab, über Kontrolle sowie Androhung von Sanktionen einer mißbräuchlichen Nutzung der Entgeldfortzahlung entgegenzutreten. Diese Intention zielt sowohl auf die Ursachen der ‚Inneren Einstellung' (Arbeitsmoral) als auch auf die äußeren Verhaltensweisen (Krankmeldung) ab. Dieses Gespräch folgt der expliziten Annahme, Fehlzeiten als willentlich beeinflussbare, bewußte Entscheidungen über entsprechende Anreizwirkungen beeinflussen zu können. Es thematisiert damit Absentismen und kann als verdinglichtes Instrumentarium eines einfachen ökonomischen Fehlzeitenverständnisses begriffen werden. Dementsprechend kann es als repressives Rückkehrgespräch bezeichnet werden.

Andererseits wird der präventionsorientierte Weg der Gesundheitsförderung beschritten, auf dem der Gedanke des Ressourcenmanagements und der Integration in einen „fürsorglichen Dialog" eingebettet ist (ebd.: 38; Oppholzer 1999a: 346ff.). Ein entsprechendes Gespräch vermeidet weitgehend die Thematisierung willentlich verursachter Absentismen und betrachtet die Verursachung von Fehlzeiten eher am Rande. Es kann demzufolge als integratives Rückkehrgespräch begriffen werden.

Die meisten verwirklichten Konzepte von Rückkehrgesprächen versuchen jedoch jenseits der idealtypischen Ausrichtung, beide Ziele in sich zu vereinen, indem sie den Charakter des zunächst integrativen Gesprächs im Laufe der Abwesenheitshäufung zunehmend in Richtung der Androhung von Sanktionen wandeln (Schumm 1998 bzgl. des Modells bei VW; Baudis 1998 bzgl. des Modells bei Reemtsma; Siebeck 1998 bzgl. des Modells bei Henkel Teroson; Meier 1998 bzgl. des Modells bei Krupp).

Damit vollführen Rückkehrgespräche in der betrieblichen Praxis häufig einen Spagat zwischen Integration und Sanktion. Schmilinsky (1993), Managementberater aus Genf, sieht dies als eine Notwendigkeit, die auf ‚unterschiedliche Typen' von Mitarbeitern zu beziehen sei:

> „Mitarbeiter, die zu motivationsbedingten Fehlzeiten neigen, lassen sich im Hinblick auf den richtigen Einsatz der Fehlzeitengespräche zwei Extrempolen zuordnen:

- Eher ‚zarte‘ Seelen, die sich vor allem durch menschliche Frustrationsquellen belastet und verletzt fühlen und häufig in die Scheinkrankheit flüchten (‚was kränkt, macht krank‘). Hier ist ‚sich kümmern im netten Sinne‘ die richtige Strategie, also ein Mitarbeitergespräch fürsorglicher Art.

- ‚Knallharte Strategen‘, die das soziale Schutzsystem unbedenklich, methodisch ausnutzen. Hier ist ‚sich kümmern im harten Sinne‘ angezeigt, damit verbundene Fehlzeitengespräche sind eher von der ‚rauhen‘ Art“ (ebd., 1993: 104; ders. 1997).

Er pointiert mit dieser Aussage zwar die betriebliche Praxis in unrealistischer Weise, macht aber unmißverständlich deutlich, in welchem Spektrum sich Rückkehrgespräche bewegen. Dies ist auch der Fall bei dem wohl bekanntesten Instrument, dem Rückkehrgespräch der Adam Opel AG, das im Werk Rüsselsheim etabliert wurde und ausgiebig beschrieben ist (Spieß/ Beigel 1996; Beigel 1997). Es stand vielerorts Pate bei der Einführung von Rückkehrgesprächen und kann so gewissermaßen als Prototyp verstanden werden:

Dieses Gespräch ist als Gesprächssystem angelegt, das eine Abstufung von vier unterschiedlichen Gesprächsformen innerhalb eines Gesprächszyklus‘ kennt. Der Zyklus beginnt mit dem „Motivationsgespräch“, das sich an die Rückkehr aus der ersten Krankheit anschließt. Ziel ist es, dem zurückgekehrten Mitarbeiter zu signalisieren, daß man sich freut, ihn wiederzusehen. Das Protokollblatt des „Motivationsgesprächs“ unterstreicht diese Intention in seiner graphischen Gestaltung durch die Abbildung offener Arme.

Nach einer weiteren Fehlzeit folgt diesem Gespräch das „Mitarbeitergespräch“. Es wird über eine gelbe Karte symbolisiert und verfolgt das Ziel, dem Mitarbeiter zu verdeutlichen, daß er mit seiner Fehlzeit den Arbeitsablauf gestört hat.

Kommt es zu einer weiteren Fehlzeit, so wird das „Personalgespräch“ geführt, dessen Intention durch das Symbol des erhobenen Zeigefingers graphisch verstärkt wird und andeutet, daß ein weiteres Fehlen weitergehende Konsequenzen nach sich ziehen wird.

Schließlich wird der Zyklus durch das „Fehlzeitengespräch“ beendet, das ein Paragraph auf rotem Untergrund symbolisiert, um zu signalisieren, daß eine krankheitsbedingte Kündigung im Raum steht.

Die Gespräche werden in diesem Modell immer durch den direkten Vorgesetzten geführt, ab dem zweiten Gespräch wohnt jedoch der jeweils nächsthöhere Vorgesetzte der Unterredung bei und verleiht dem Gespräch einen zunehmend formalen und nachhaltigen Charakter. Beim „Fehlzeitengespräch“ wird dieser Eindruck durch die Anwesenheit eines Vertreters der Personalabteilung noch verstärkt.

Das dargestellte Modell firmiert treffend unter dem Signum „Anwesenheitsverbesserungsprozeß“ (AVP) und wird bei Opel als ein Instrument der Personalpolitik definiert. Im Vordergrund steht das Ziel, die Personalkosten durch eine Verringerung der Fehlzeiten zu reduzieren. Damit wird es als ein Instrument verstanden,

> „[...] mit dem sich die Abwesenheitsraten senken lassen, indem diejenigen identifiziert werden, die die krankheitsbedingte Abwesenheit ausnutzen wollen" (ebd.: 165).

Wesentliches Ziel solcher Rückkehrgespräche ist es,

> „[...] daß der Mitarbeiter erfährt, daß er unter Beobachtung steht und daß man sein Verhalten nicht mehr länger tolerieren wird" (Olesch 1996: 66).

Damit wird den betroffenen und vor allem, den noch nicht betroffenen Mitarbeitern ein deutliches Signal der Ernsthaftigkeit und Nachdrücklichkeit im Umgang mit den Absentisten gegeben (Jork/ Petersdorf 1996: 603; Bitzer 1995: 46).

Vieth (1997) merkt in bezug auf die Wirkung dieser Gespräche an:

> „Der Wirkmechanismus solch ‚hochnotpeinlicher Befragungen', besteht im Kern darin, daß in einem Bereich, in dem eine wirksame externale Kontrolle seitens der Vorgesetzten nicht möglich ist, durch eine subtile Gesprächsführung Mechanismen der Selbstkontrolle installiert werden" (Vieth 1997: 39; Fick 1993: 121).

Andere Autoren weisen darauf hin, daß eine solche Konzeption, die beide Zielrichtungen des Rückkehrgesprächs gleichermaßen in Abhängigkeit von der Fehlzeitenhäufigkeit verfolgt, erhebliche Schwierigkeiten mit sich bringt (Piorr/ Taubert/ Kowalski 2000):

- Das Hauptproblem liegt in der Implikation der Gespräche, stillschweigend anzunehmen, daß die Gründe zur Auslösung der Fehlzeit vollständig kognitiv zu bearbeiten sind, d.h. motivational bedingte Fehlzeiten bewußt herbeigeführt werden sowie im Umkehrschluß über bewußt kognitiv gesteuerte Gespräche beeinflußt werden können.
- Zudem beinhalten Gespräche vom Typus des Opel-Modells Probleme für die Rolle der Führungskraft, die durch die wechselnde Gesprächsform mechanistisch in einen Rollenkonflikt gezwungen wird, der die Beziehung zwischen Führungskraft und Mitarbeiter nachhaltig verschlechtert (Kowalski/ Taubert 1998; Borowiak/ Taubert 1997: 1088ff.).
- Abschließend muß kritisiert werden, daß die Glaubwürdigkeit des integrativen Gesprächsziels durch die Kenntnis von möglicherweise folgenden, sanktionierenden Gesprächen nachhaltig konterkariert und langfristig untergraben wird. Der disziplinarische Effekt des Instruments ist damit als strukturelle Repression in dieses Modell eingebunden und überlagert die integrative Komponente.

Aus Gewerkschaftskreisen und von Betriebsräten wird dieses Gespräch aufgrund des Überlagerungseffekts so stark kritisiert, daß z.T. Verhaltensregeln und –empfehlungen mit Blick auf Rückkehrgespräche aufgestellt werden, wie sie in der Belegschaftszeitung „Kollegen von Daimler informieren" veröffentlicht sind (1997, zit. nach Analyse und Kritik Nr. 420; Schmitthenner et al. 1996; Bueren 1999; Bueren/ Wompel o.J.).

Folgerichtig wird von Wissenschaftlern darauf hingewiesen, daß das Rückkehrgespräch nicht allein einen disziplinarischen Charakter haben dürfe, sondern auch einen - im Sinne gesundheitsgerechter Personalführung - unterstützenden und helfenden Weg verfolgen müsse. Damit zeigt sich, daß Rückkehrgespräche hohe kommunikative Anforderungen an die Führungskräfte stellen (Nieder 1997: 564; Vieth 1997: 41).

7.1.2 Leistungsspektrum der Gespräche

Trotz der weiten Verbreitung von Rückkehrgesprächen herrscht vielfach Unklarheit darüber, was sie leisten können (Taubert et al. 1999). Ihre Wirksamkeit scheint je nach verfolgter Zielsetzung beschränkt:

Werden sie repressiv geführt, dann nehmen sie in erster Linie Einfluß auf das Anwesenheitsverhalten, sie können aber nur geringfügig auf der Ebene gesundheitspräventiven Verhaltens wirken, da sich eine solche Verhaltensmodifikation nur in einem entsprechenden Vertrauensklima realisieren läßt. Dieses wiederum kann Gegenstand und Ergebnis nicht-repressiver Gespräche sein (Westermayer/ Stein 1997: 84; Piorr/ Taubert/ Kowalski 2000). Im Rahmen dieser integrativen Gespräche können sowohl Aspekte der Verhaltens- als auch der Verhältnisprävention erörtert werden. Ein direkter und unmittelbarer Einfluß auf den Gesundheitszustand läßt sich jedoch auch aus ihnen nicht ableiten. Chronische Erkrankungen des Bewegungsapparates können zwar z.B. auf die Arbeitsbedingungen zurückgeführt werden, eine Heilung erscheint aber ausgeschlossen, selbst wenn die Arbeitsbedingungen umfassend optimiert würden: Rückkehrgespräche sind also keine „Heilgespräche", sie dienen der Gesundheit, tun dies aber nur mittelbar, indem sie gesundheitsschädigende Arbeitsweisen und –bedingungen thematisieren. Um einer Verschlimmerung akuter Beschwerden und somit weiterer, möglicherweise sich im Zeitverlauf verlängernder Arbeitsausfälle vorzubeugen, erscheint hingegen häufig nur eine Versetzung an einen "Schonarbeitsplatz" angebracht. Der betrieblich bedingte körperliche Verschleiß des betroffenen Mitarbeiters kann so wenigstens zum Stillstand gebracht und die Arbeitsbedingungen seines Nachfolgers ergonomisch präventiv verbessert werden. Rückkehrgespräche eröffnen damit prinzipiell eine Perspektive der Verhältnisprävention.

Diese Überlegungen machen deutlich, daß anreizbasierte Gespräche einen kurzfristigen Wirkungshorizont anstreben, während rein integrative und nicht-repressive Rückkehrgespräche auf eine langfristige Wirkung hin konzipiert werden können. Kurzfristige Effekte schlagen sich jedoch lediglich aus der ‚Angst' vor Sanktionen in reduzierten Fehlzeiten nieder, verlagern die Probleme jedoch dabei und nehmen möglicherweise einen negativen Einfluß auf die Gesundheit der Mitarbeiter (Kuhn 1997: 50; Keller/ Müller 1999: 65). Denn wenn die Hemmschwelle, körperliche Beschwerden als Warnsignal eines schlimmeren Übels anzusehen und gründlich auszukurieren, durch Androhung von Sanktionen heraufgesetzt wird, dann schlagen die Effekte zeitlich versetzt und massiv zurück.

Generell läßt sich festhalten, daß Rückkehrgespräche als isolierte Einzelmaßnahmen nur dann zu einem verbesserten Kommunikationsklima beitragen können, wenn strukturell keine Repressionen angelegt sind und die Gespräche nichtrepressiv geführt werden. Werden sie hingegen von dem Anspruch begleitet, sowohl integrierend als auch sanktionierend zu wirken, so beschränkt sich ihre Perspektive allein auf die mögliche Verbesserung des Anwesenheitsverhaltens, wohingegen die gesundheitliche Zielsetzung aus dem Fokus gerät. In Hinblick auf ihre Wirksamkeit insbesondere auf der Ebene verhältnispräventiver Maßnahmen kann jedoch davon ausgegangen werden, daß in isolierter Anwendung der Gespräche nur geringe Chancen bestehen, auch organisationsbezogene Interventionen zu realisieren. Dies ist nur dann zu erwarten, wenn entsprechende Maßnahmen im Verantwortungsbereich der gesprächsführenden Führungskraft liegen. Gehen sie aber darüber hinaus, fehlen die entsprechenden Strukturen, diese Anstöße weiter zu verfolgen und in Maßnahmen umzusetzen.

Zusammengefaßt entfalten Rückkehrgespräche also generell ihre größte Wirkung, wenn sie es vermeiden, Fragen der Verursachung und Verantwortlichkeit von Fehlzeiten explizit zu stellen. Die Annahme eines ökonomisch erklär- und beeinflußbaren Entstehungskontextes sollte damit zumindest nach dem gegenwärtigen Stand dieser Untersuchung nicht unmittelbar thematisiert werden, um negative Nebenwirkungen zu vermeiden, denn bei einer entsprechenden Ausrichtung des Gesprächs erfolgt zwangsläufig eine Fokussierung auf Abwesenheiten, der Aspekt der Gesundheit hingegen verliert an Gewicht.

Ob und inwieweit sich ein anreizbasiertes Gespräch positiv auf sogenannte motivationale Fehlzeiten auswirken kann, bleibt nach wie vor offen. Ebenfalls zu klären bleibt damit die Frage, inwieweit bewußte Mechanismen der Fehlzeitenentstehung eine Rolle bei diesen motivationalen Fehlzeiten spielen und in welchem Maße diese über ein entsprechendes Gespräch zu reduzieren sind. Die Klärung dieses Sachverhaltes wird an späterer Stelle vor dem Hintergrund der motivationstheoretischen Erweiterung des hier präferierten Modells der Fehlzeit erfolgen. Unabhängig davon kann aber auch an dieser Stelle schon die Empfehlung ausgesprochen werden, Rückkehrgespräche in größere Wirk- und Interventionszusammenhänge zu integrieren, wie dies im Arbeits- und Gesundheitsschutz, in der betrieblichen Gesundheitsförderung und im Gesundheitsmanagement der Fall ist, deren Konzepte im folgenden kurz umrissen werden.

7.2 Arbeits- und Gesundheitsschutz

Unter dem Aufgabengebiet des klassischen Arbeits- oder Gesundheitsschutzes lassen sich sowohl präventive personenorientierte als auch präventive arbeitsorientierte Maßnahmen verorten, die im wesentlichen von den gesetzlichen Bestimmungen des Arbeitsschutzes (Arbeitsschutzgesetz, Arbeitssicherheitsgesetz, Chemikaliengesetz, diverse Verordnungen und Unfallverhütungsvorschriften; Bullinger/ Schmauder 1998: 43) bestimmt werden:

> „Die Hauptaufgabe des Gesundheitsschutzes ist die gesundheitsgerechte und sichere Gestaltung von materiellen Arbeitsbedingungen. Durch eine entsprechende Arbeitsgestaltung, das heißt Gestaltung von Arbeitssystemen, wird ein Beitrag zum Gesundheitsschutz geleistet. Dies bezieht sich auf die Gestaltung von Werkzeugen ebenso wie auf die Gestaltung von Mensch-Maschine-Schnittstellen und Arbeitsplätzen" (ebd.: 40).

Neben der rein materiellen gesundheitsgerechten Gestaltung der Arbeitssysteme umfaßt der Gesundheitsschutz auch das sach- und gesundheitsgerechte Verhalten im Umgang mit Gefahrstoffen und Maschinen sowie die Berücksichtigung von Wirkungszusammenhängen von Arbeit und Gesundheit. Die Veränderung der Arbeitsverhältnisse bzw. der Betriebsstrukturen, Arbeitsplätze und –inhalte wird in diesem Kontext als Verhältnisprävention bezeichnet, während Programme und Maßnahmen, die auf das mutmaßlich gesundheitsschädliche Verhalten und auf eine Verhaltensänderung des einzelnen abzielen, unter dem Begriff der Verhaltensprävention subsummiert werden (ebd.: 37).[43] Der Arbeits- und Gesundheitsschutz orientiert sich hierbei im wesentlichen an einem naturwissenschaftlich-medizinischen Krankheitsmodell. Er hat in der Vergangenheit insbesondere bei den eindeutig zuordbaren und messbaren gesundheitlichen Risikofaktoren über die Erlassung von Schutzbestimmungen dazu beigetragen, daß die Arbeitsbedingungen sicherer geworden sind und die Häufigkeit anerkannter Berufskrankheiten eingegrenzt werden konnte (Husmann 1998: 25).

Diese Einschätzung wird vielfach in der Literatur bestätigt (Schnabel 1997; 1998; Wynne 1998: 16ff). Auch in der bereits zitierten Untersuchung des IW zählten diese Aktivitäten zu den häufigsten und gleichzeitig erfolgreichsten Maßnahmen. Zwei Drittel der Unternehmen haben hiernach ihre Unfallverhütungsmaßnahmen verstärkt, wobei die Zufriedenheitsquote mit knapp 96 Prozent höher liegt als bei jeder anderen Maßnahme zur Fehlzeitensenkung (ders. 1997: 48). Doch so erfolgreich diese Maßnahmen auch auf den ersten Blick erscheinen, die Betrachtung psychosozialer Arbeitsbedingungen findet in diesem Konzept keine Berücksichtigung.[44] Ein Blick auf die Struktur der gesundheitlich be-

---

[43] „Durch Maßnahmen der Verhaltensprävention werden eher die Kurz-AU reduziert, Maßnahmen der Verhältnisprävention haben langfristige Effekte und leisten damit eher einen Beitrag zur Senkung der Langzeit-AU" (Bullinger/ Schmauder 1998: 37).

[44] Adler (1999) weist auf noch nicht veröffentlichte Abschätzungen der 'Forschungsgruppe

dingten Fehlzeiten zeigt zudem, daß die Arbeitsunfälle, die durch einen erfolgreichen Arbeitsschutz verhindert werden können nur ca. ein Zwanzigstel aller Arbeitsunfähigkeitszeiten ausmachen (Thiehoff 1999: 16): Verstärkten Initiativen im Arbeitsschutz kommt damit nur eine relativ geringe Bedeutung in bezug auf das Thema der Krankenstände zu.

Gemessen an einem weitergehenden Gesundheitsbegriff, der Gesundheit über die Abwesenheit von Krankheit hinaus als Zustand des vollkommenen körperlichen, seelischen und sozialen Wohlbefindens faßt, greifen Maßnahmen dieses Ansatzes zudem deutlich zu kurz, da sich in diesem Kontext nur begrenzte Effekte auf die ganzheitlich betrachtete Gesundheit von Mitarbeitern ableiten lassen. Entsprechend begrenzt sind damit auch die Erfolgsausichten von Rückkehrgesprächen, die sich allein auf die Perspektive des Arbeits- und Gesundheitsschutz beschränken. Sie beziehen sich thematisch eng auf die Anliegen des Arbeitsschutzes und erschöpfen sich damit in sicherem Arbeitsverhalten respektive in der Umsetzung von Arbeitsschutzvorschriften.

7.3 Gesundheitsförderung

Im Konzept des Arbeits- und Gesundheitsschutzes bleibt ausgeklammert, daß Arbeit auch einen Beitrag zur Gesundheit und Gesunderhaltung leisten kann. Im Konzept der Gesundheitsförderung hingegen wird Gesundheit als individuell erlebtes physisches, psychisches und soziales Wohlbefinden definiert (Bullinger/Schmauder 1998: 40). Im Fokus dieses Ansatzes stehen die individuell verfügbaren Ressourcen, die notwendig sind, um Gesundheit als einen reflexiven, kontinuierlich reproduzierten psychisch-physischen Zustand zu erleben. Unter dem Begriff der Gesundheitsförderung wird also nicht danach gefragt, was Mitarbeiter krank macht, sondern diskutiert, was ihre Gesundheit erhält und mehr noch, was ihren Gesundheitszustand ausbaut (Rosenbrock 1996; Metz 1998: 73ff.).

Konzeptionell lassen sich die Maßnahmen der Gesundheitsförderung wiederum in die Aspekte der Verhaltens- und der Verhältnisprävention untergliedern.

Rückkehrgespräche lassen sich hier als Gesprächssort gesundheitsgerechten Verhaltens in gesundheitsförderlichen Arbeitsbedingungen ansiedeln, in denen die individuelle Gesundheit aus der Perspektive sowohl der Verhaltens- als auch der Verhältnisprävention betrachtet werden kann. Doch auch hier zeigt sich,

---

Streß' der Universität Heidelberg hin, wonach sich ein Großteil der betrieblichen Gesundheitsmaßnahmen nur auf den Ausschnitt gut erforschter Ursache-Wirkungs-Zusammenhänge beziehen. Bei diesen gut dokumentierten Zusammenhängen, die häufig Gegenstand der Bemühungen des Arbeitsschutzes sind, sind entsprechende Erfolge zu vermelden, gleichzeitig ist aber ein abnehmender Grenznutzen zusätzlicher Maßnahmen mit gleicher Zielrichtung zu befürchten (ebd.: 318f.). Adler begründet mit diesem Argument seine Einschätzung, daß die ungünstige Kosten-Nutzen-Relation herkömmliche Bemühungen des Arbeitsschutzes auszeichnet.

ähnlich wie in der Untersuchung von Schnabel dargestellt, daß den verhaltenspräventiven Maßnahmen das Hauptaugenmerk der betrieblichen Aktivitäten gebührt (Breucker 1998b: 37; Badura et al. 1999a: 17; Bamberg 1999: 53).

In einer Untersuchung von Rebmann und Wittig (1997), die 489 Unternehmen umfasst,[45] zeigt sich, daß Informationen über „gesundheitsförderndes Verhalten am Arbeitsplatz" mit 69,9% an der Spitze der Maßnahmen liegen, gefolgt von Bewegungsprogrammen (35,2%), Streßbewältigung (21,5%), Entspannungsprogrammen (12,7%) und aktiven Bewegungs- und Entspannungspausen mit 9,6% (ebd.: 64).[46] Die Mitarbeiter und ihr Arbeits- und Freizeitverhalten werden damit als primärer Ansatzpunkt für Veränderungen begriffen, während gleichzeitig der Zusammenhang von strukturellen Bedingungen, unter denen die Arbeit geleistet wird, und der Effekt auf die prospektive Gesundheit der Mitarbeiter unterrepräsentiert bleibt (Angestelltenkammer Bremen 1993: 120). Verhältnispräventive Maßnahmen können jedoch als die wirksamsten Interventionsformen angesehen werden, da sie vielfach erst die strukturellen Voraussetzungen für Wirksamkeit von Verhaltensprävention begründen (Merboth et al. 1999). Verhältnisprävention ist allerdings aus Kostengründen unattraktiv und kommt deshalb nicht mit Priorität zum Einsatz; außerdem kann sie einen Eingriff in die unternehmerische Dispositionsfreiheit darstellen und darüber hinaus die strukturelle Ordnung des Betriebes hinterfragen (Fick 1993: 116; Westermayer 1996: 70). Verhaltensprävention stellt somit eine verhältnismäßig bequeme Lösung dar, die sowohl in den Verursachungsgründen als auch in der Konzeption von Maßnahmen auf externalisierte Zusammenhänge zurückgreift. Weitergehende Maßnahmen, die ein umfassenderes Interesse verfolgen, haben nur dann eine Chance,

> „[...] wenn damit nicht lediglich Krankheits- und Fehlzeitenkosten reduziert werden können, sondern die Effektivität der Arbeit wenigstens gesichert, wenn nicht erhöht wird" (Oesterreich 1998: 94).

Die Beweggründe zur Konzeption und Durchführung von verhältnispräventiven

---

[45] Innerhalb dieser Untersuchung hat das Fraunhofer Institut für Arbeitswirtschaft und Organisation (IAO) in einem fast zweijährigen Forschungsprojekt Ergebnisse zum Stand der betrieblichen Gesundheitsförderung und des betrieblichen Gesundheitsmanagements zusammengetragen und in Form einer Implementierungsstrategie zusammengefaßt (Rebmann/ Wittig 1997). Dies scheint von großer Wichtigkeit für die Zukunft der Gesundheitsförderung zu sein. Denn Badura et al. (1999a) weisen darauf hin, daß die Gesundheitsförderung trotzt vielfältiger positiver Ergebnisse einen geringeren Professionalisierungs- und Institutionalisierungsgrad erreicht hat. Sie vermuten, daß dies auf das Fehlen eines gemeinsamen, allgemein anerkannten Konzeptes zurückzuführen ist (ebd.: 16). Gröben (1999) führt Ergebnisse einer Untersuchung mittelständischer Unternehmen in Bayern an, nach der nur 12% der untersuchten Betriebe nennenswerte Aktivitäten der Gesundheitsförderung aufweisen können. 62% der Betriebe erreichen hier nur ungenügende Ergebnisse (ebd.: 129).

[46] Zu einem Beispiel eines umfangreichen verhaltenspräventiven Programms in der betrieblichen Umsetzung vgl. Mülken/ Treixler 1998.

Maßnahmen sind also an hohe ökonomische Erwartungen der betrieblichen Entscheider geknüpft.

Breucker (1998b) argumentiert jedoch in seiner retrospektiven Bewertung durchgeführter Programme der Gesundheitsförderung abweichend: Er führt eine Arbeit von Gründemann und van Vuuren (1997) an, in der die Autoren zum Abschluß eines Forschungsprojekts über Absentismus in Europa zu dem Ergebnis kommen, daß das Absentismusproblem von den Betrieben weder systematisch aufgegriffen noch hinreichend fokussiert wird. In der von ihnen vorgefundenen betrieblichen Praxis stehen statt umfassender Projekte der Gesundheitsförderung eher Sanktionen und Kontrollstrategien zur Verhinderung von Abwesenheiten im Vordergrund (Kesten 1997: 204; Bitzer 1994: 158; Landau 1998: 3). Hier sind es nicht so sehr Bequemlichkeitsgründe oder Effektivitätsüberlegungen als vielmehr tradierte Strukturmuster und Vorstellungen von Arbeit und Organisation, die weiterhin durch die eingesetzten Maßnahmen sichergestellt werden sollen.

Die Angestelltenkammer Bremen (1993) relativiert dieses Ergebnis. Sie berichtet aus ihrer Befragung der Bremer (Umland-)Bevölkerung, daß zwar nur eine Minderheit von 3-5% der Befragten über häufige Sanktionen oder Abmahnungen gegenüber krankgeschriebenen Arbeitnehmern klagt, gleichzeitig wird dort aber auch herausgestellt, daß jeder Fünfte über gelegentliche Vorkommnisse dieser Art zu berichten weiß. In derselben Befragung wird mit bezug auf die Erwartungen der Arbeitnehmer hinsichtlich von Maßnahmen der Gesundheitsförderung deutlich, daß sie vor allem Wert auf eine ausbalancierte Mischung von verhaltens- und verhältnispräventiven Maßnahmen legen und sich insbesondere von organisatorischen und arbeitsgestaltenden Interventionen eine Verringerung ihrer Belastungen erhoffen (ebd.: 70ff.).[47]

7.4 Gesundheitsmanagement

Während der Arbeits- und Gesundheitsschutz Gesundheit als Resultat der Vermeidung von Unfall und Krankheit begreift, wirft die Gesundheitsförderung insbesondere einen potentiellen zukunftsgerichteten und prospektiven Blick auf den Faktor Gesundheit. Im Konzept des Gesundheitsmanagements werden diese beiden Sichtweisen integriert und strukturell in der Organisation abgebildet (Taubert/ Piorr 1997; 1998a; Fromm 1996: 426f.). Während sich der Gesundheitsschutz lediglich auf die (präventive) Verhinderung von Berufskrankheiten bezieht und versucht, arbeitsbedingte Erkrankungen zu vermeiden, vereint das Gesundheitsmanagement die präventive Perspektive mit der salutogenetischen Perspektive der Gesundheitsförderung im Gedanken eines systematischen Ge-

[47] Badura et al. (1999b) begreifen diese Erkenntnis als eine Art integrativer Notwendigkeit modernen Gesundheitsmanagements, in dem Erfolge in der Wechselwirkung von gesundheitsgerechtem Verhalten in gesundheitsförderlichen Verhältnissen erzielt werden (ebd.: 36).

sundheitsmanagements, das sowohl die gesundheitsförderliche Gestaltung von Arbeit, Organisation als auch das Verhalten am Arbeitsplatz zum Gegenstand hat und neben positiven Effekten für die Gesundheit der Beschäftigten auch einen ökonomischen Nutzen verspricht (Badura et al. 1999a: 17; Schultetus 2000). Dieser Ansatz, der sich formal eng an die Erfahrung mit Qualitätsmanagementsystemen anlegt, ist beispielhaft in den Ansprüchen des Gesundheitsmanagements der VW AG abgebildet:

> „Als ganzheitliches, projektiv ausgerichtetes und nachhaltig wirksames Instrument der MitarbeiterInnenbetreuung ist Gesundheitsmanagement ein integraler Bestandteil der Personalpolitik und eingebunden in die allgemeine Unternehmenspolitik. Gesundheitsmanagement ist ein ständiger, der regelmäßigen Erfolgskontrolle unterliegender Prozeß. Es erstreckt sich bei Volkswagen auf den einzelnen Mitarbeiter (z.B. Gesundheitsverhalten, Motivation), auf die organisatorische Einheit (z.B. Arbeitsbedingungen, Führung, Betriebsklima) und auf das gesamte Unternehmen, auf die Produkte sowie auf das Unternehmensumfeld (z.B. Ökologie, Sozialsystem)“ (Marschall/ Brandenburg 1998: 12; Brandenburg 1999).

Konzeptionell zielt das Gesundheitsmanagement damit auf die Etablierung organisationaler Strukturen und Routinen ab, die darauf ausgerichtet sind, Aspekte der Gesundheitsförderung in die Abläufe zu integrieren. Integrative Rückkehrgespräche in solch systematischen Ansätzen versprechen eine vergleichsweise hohe Wirksamkeit, denn sie ermöglichen den Transfer und die Diffusion gesundheitsbezogener Informationen in die Organisation. Damit bekommt die Perspektive der Verhältnisprävention innerhalb des Gesundheitsmanagements eine kollektiv gestaltende Bedeutung.

Von betrieblicher Seite wird bei diesem ganzheitlichen Anforderungspaket auch auf die ökonomische Seite von umfassenden Maßnahmen fokussiert. Langjährige, flächendeckend durchgeführte arbeitsmedizinische Untersuchungen haben z.B. bei Audi aufgezeigt, daß rund 40% der untersuchten Belegschaftsmitglieder aufgrund verschiedener gesundheitlicher Probleme nicht mehr in jeder Hinsicht voll leistungsfähig und damit nicht mehr allen Anforderungen gewachsen sind. Für die meisten dieser eingeschränkt leistungsfähigen Personen ist ein problemloser Arbeitseinsatz aus werksärztlicher Sicht jedoch nach wie vor möglich. Durch eine entsprechende arbeitsmedizinische (Einsatz-) Beratung, ggf. durch den Einsatz arbeitsplatzbezogener Maßnahmen und nicht zuletzt durch ein geändertes Verhalten und den Einsatz gesundheitsfördernder Maßnahmen kann der größte Teil dieser Mitarbeiter so eingesetzt werden, daß keine arbeitsbedingten Gesundheitsbeeinträchtigungen befürchtet werden müssen. Ein aktuell diagnostizierter Leistungswandel muß sich so nicht in einer dauerhaften Leistungsminderung oder in einer Arbeitsunfähigkeit niederschlagen (Tiller 1998: 172). Die durchgängige Implementation eines Gesundheitsmanagements verweist also auf erhebliche positive Effekte, sowohl auf gesundheitlicher als auch auf ökonomischer Ebene.

Mit Blick auf die Realisierung solcher Ansprüche stellt Brandenburg (1998) jedoch auch ernüchternd fest, daß der Schwerpunkt der meisten Präventions- und Gesundheitsmanagementprogramme auf der individuellen Ebene zu suchen ist und die einzelnen Maßnahmen weit vom Gedanken eines Managementsystems entfernt sind (Gröben 1999: 129; Gröben/ Bös 1999). Ziel ist es hier, das Gesundheitsbewußtsein sowie das Gesundheitsverhalten der Mitarbeiter positiv zu beeinflussen, individuelle gesundheitliche Risikofaktoren zu erkennen und zu beseitigen und auch die allgemeine ‚Fitneß' zu erhöhen. Die Verhältnisse und Arbeitsbedingungen samt ihrer Veränderung bleiben in den meisten Fällen ebenso ausgeklammert wie die Interdependenzen zwischen Verhalten und Verhältnissen (Brandenburg 1998: 107f.). die Vorherrschaft verhaltenspräventiver Interventionen läßt sich somit auch mit Blick auf die Inhalte von Gesundheitsmanagementprogrammen bestätigen, da verhältnispräventive Maßnahmen nur rund ein Drittel der Aktivitäten ausmachen (Sonntag 1999).[48]

Betrachtet man nun die verbreitete Praxis betrieblicher Einzelmaßnahmen mit verhaltenspräventiver Ausrichtung, so stellt sich die Frage, ob personenbezogene Präventions- und Gesundheitsförderungsprogramme tatsächlich so wirksam sind, wie ihre Verfechter behaupten (Badura et al. 1997: 47).[49] Den Belegen zumeist betrieblicher Veröffentlichungen für positive Effekte stehen jedenfalls auch (wissenschaftliche) Studien gegenüber, die Zweifel an der Wirksamkeit bestimmter Maßnahmen wecken (Brandenburg 1998: 108; die dort angegebene Literatur). So stellt Breucker (1998b) lapidar mit Blick auf die europäische Ebene fest

> „[...] the procedure in many organisations is still limited to the implementation of individual health projects which follow the life style approach. These are often insular solutions which are not embedded in the company's daily routine. The result: Many well-intentioned programmes and initiatives are implemented as model projects and ended when they are over" (ebd.: 6).

Gesundheitsmanagement, so läßt sich festhalten, stellt einen interessanten, weitreichenden und in weiten Teilen auch erfolgversprechenden Ansatz dar, die Ge-

48 Karasek (1992) kommt in einer Metaevaluation zu internationalen bedingungsbezogenen Streßpräventionsprogrammen zu der Feststellung, daß bei vom Management initiierten Programmen zwar personale Probleme (Führungsprobleme) als Hauptursache angesehen würden, diesen werde aber überwiegend mit verhaltenspräventiven Maßnahmen begegnet. In diesem Zusammenhang vermutet Niehoff (1993), daß solche Präventionskonzepte zum Spiegel von Ideologien, Ordnungen und sozialen Modellen werden, die nicht unerheblich über den Mechanismus der sozialen Kontrolle gefestigt würden (ebd.: 125). Vgl. hierzu auch Rosemaier (1997), der Prävention als psychosoziale Kontrolle diskutiert.

49 Jacob (1995) diskutiert die Wirksamkeit von Verhaltens- und Verhältnisprävention auf der Ebene chronisch-degenerativer Krankheiten wie AIDS oder Krebs und kommt zu dem Ergebnis, daß die Schwerpunktsetzung auf verhaltenspräventive Maßnahmen von zweifelhafter Wirksamkeit gekennzeichnet ist (ebd.: 30ff.).

sundheitsquoten der Betriebe langfristig zu erhöhen. Es setzt aber eine grundsätzliche Entscheidung voraus, Strukturen und Routinen zu verändern und sich dauerhaft dem Ziel einer gesundheitsgerechten Produktion zu kommitieren und sich zu einem ganzheitlichen und aufeinander abgestimmten Maßnahmenpaket zu bekennen.

8. *Zwischenresümee*

Faßt man die dargestellten Ergebnisse über Form und Verbreitung betrieblicher Maßnahmen als Reaktion auf das Fehlzeitenproblem zusammen, so entsteht der Eindruck, daß sie in erster Linie darauf abzielen, Abwesenheiten durch personenorientierte Maßnahmen zu senken. Im wesentlichen werden Alltagsvorstellungen eines ökonomischen Modell der Fehlzeitenerklärung verfolgt, demzufolge eine Fehlzeit aus rationalistischem, willentlichem und vor allem bewußtem Kalkül entsteht. Vor diesem Hintergrund erklärt sich z.B. auch die Attraktivität von Rückkehrgesprächen mit fehlzeitenauffälligen Mitarbeitern: Sie bieten die Möglichkeit, unterschiedliche Zielvorstellungen durch eine differenzierte Ausrichtung in einem Gesprächsinstrument zu bündeln und Signale auf der Ebene der Verhaltensprävention auszusenden. Kernanliegen in dieser Perspektive ist die Beeinflussung sowohl des Gesundheits- als auch des Anwesenheitsverhaltens. Es wird hierbei überspitzt pointiert, davon ausgegangen, daß Ärzte und Mitarbeiter darüber ‚entscheiden', ob es zu einer Fehlzeit kommt oder nicht: Der Arzt entscheidet deshalb, weil er die (vermeintlichen) Beschwerden des Mitarbeiters durch seine medizinische Expertise wissenschaftlich und formal objektiviert und der Mitarbeiter insofern, als daß er mit seinem Anliegen einen Arzt aufsucht und damit die Fehlzeit einleitet. Dieser Annahme zufolge bietet das Rückkehrgespräch die Möglichkeit, präventiv sowohl auf das Konsultations-, als auch auf das Krankheits- bzw. Gesundheitsverhalten der Mitarbeiter einzuwirken.

Alltagsvorstellungen über die betriebswirtschaftliche Relevanz von Fehlzeiten begleiten zudem auch das wirtschaftliche Kalkül der Betriebe, sich mit dem Thema Fehlzeiten zu beschäftigen. Betriebswirtschaftlich begründete Entscheidungen führen in der Praxis nur relativ selten und dann auch nur unpräzise zu einer Ableitung gesundheitsbezogener Maßnahmen. Weder Gesundheitsschutz noch Gesundheitsförderung bzw. Gesundheitsmanagement können als Programme mit eindeutig gegenwärtigem Nutzenversprechen aufwarten. Ihre Auswirkungen auf Krankenstände und Fehlzeiten sind aus einzelwirtschaftlicher Sichtweise, zumindest aus einer generellen Perspektive heraus umstritten. Erst die erweiterte Wirtschaftlichkeitsperspektive neuer Produktions- und Managementmodelle rückt die ganzheitliche Gesundheit von Belegschaften ins Zentrum weiterführender, auch ökonomischer Betrachtungen. Bei einer Bewertung von betrieblichen Maßnahmen kann es nicht allein um die Reduktion von Fehlzeiten oder die alleinige Verbesserung der Anwesenheit gehen. Der Fokus auf das Problem der Krankenstände muß vielmehr im engeren Sinne auf die Leistung(-sfähigkeit) von Mitarbeitern gerichtet werden:

> „Nimmt man z.B. Fehl-Zeit als Bezugseinheit, dann unterstellt man implizit, daß die physische (oder lediglich: die dokumentierte) Anwesenheit, nicht aber die produktive

> Leistung im Mittelpunkt steht, und man läßt unberücksichtigt, daß es womöglich nicht nur Kosten der Fehlzeit gibt, sondern auch einen erheblichen Nutzen. Betrachtet man es als Aufgabe [...], den Beitrag des ‚Faktors Arbeit' zur Wertschöpfung zu ermitteln und zu optimieren, dann ist es nicht ausreichend, das Fehlen als solches zu untersuchen" (Neuberger 1997: 402).

An diesem Punkt setzen die weiteren Überlegungen innerhalb dieser Arbeit an. Rückkehrgespräche sind aus betriebswirtschaftlicher Sicht nur dann erfolgreich, wenn sie sich jenseits der verbesserten Anwesenheit auch positiv auf die Produktivität auswirken. Sie treffen damit genau die impliziten Nutzenannahmen betrieblicher Anwender, die sich in ihrer ausgesprochenen Nutzenerwartung häufig nur unpräzise auf die Reduktion von Abwesenheiten begrenzen. Weitergehende Analysen des Leistungshandelns und anderer (leistungs-) verwandter Phänomene wie die Innere Kündigung und die Erlernte Hilflosigkeit gewinnen somit in einem umfassenden Begründungszusammenhang der an der Fehlzeitengenese beteiligten Prozesse an Bedeutung und erfordern eine Erweiterung des ökonomischen Modells um nutzenorientierte Annahmen psychologischer Motivationstheorien. Denn erst vor diesem Hintergrund läßt sich die immer noch ungeklärte Frage beantworten, ob sogenannte motivationale Fehlzeiten als bewußte Entscheidungen begriffen werden können. Mit Beantwortung dieser Frage läßt sich dann auch abschließend klären, ob und wie Fehlzeiten und die leistungsverwandten Phänomene über ein entsprechend gestaltetes Rückkehrgespräch zu reduzieren sind.

Zweiter Teil:

Motivation und Leistung – Anwesenheit und Abwesenheit

9. Vorgehen im zweiten Teil

Um abzuklären, ob und wie Rückkehrgespräche unter dem erweiterten Erkenntnisinteresse der „Leistungsneutralität" wirken, muß der traditionelle ökonomische Erklärungsansatz von Fehlzeiten durch Zuhilfenahme motivationstheoretischer Betrachtungen ergänzt werden. So wird ökonomische Perspektive auf Fehlzeiten um Aspekte der (Minder-)Leistung erweitert. Entsprechende Hinweise, daß sich Maßnahmen der Gesundheitsförderung und des Gesundheitsmanagements über einen verbesserten Gesundheitszustand auch aus der ökonomischen Perspektive rechnen, lassen sich mit diesem Vorgehen zudem in einem erweiterten ökonomischen Modell integrieren. Damit wendet sich die vorliegende Arbeit grundlegend dem dynamischen Gesundheitsbegriff der WHO zu, der nicht mehr über die Abwesenheit von Krankheit bestimmt werden kann. Das gesundheitliche Potential des Prozesses der Gesunderhaltung wird damit im betriebswirtschaftlichen Kontext zu einem wirtschaftlich bedeutsamen Potential.

Gegenstand des anschließenden Kapitels wird es zunächst sein, darzustellen, daß auch Unternehmen implizit ein deutlich weitergehendes Interesse an der Thematik haben, als es die vielfach betriebene Begrenzung auf Fehlzeiten vermuten läßt: Sie sind an der Verhinderung jedweder Form verminderter Leistung interessiert, unabhängig davon, ob sie sich in Krankenständen niederschlagen oder aber in einer leistungsvermindernden Anwesenheit.

Damit eröffnet auch der betriebspraktische Umgang mit dem Thema eine ökonomisch-motivationale Perspektive, ergänzt um den Gedanken daraus resultierender Leistung, womit die Fragestellungen des zweiten Teils umrissen wären:

Welchen Einfluß nehmen motivationale Faktoren auf Anwesenheit, Gesundheit und Leistung? Welche Reaktionsformen bestimmen den Einfluß der Motivation auf die Leistung, und unter welchen Bedingungen tun sie dies?

Grundlage dieser Überlegung wird die Betrachtung von **Arbeitszufriedenheit** sein. Sie hat ihren Ursprung in psychologischen Motivationstheorien, greift aber auf explizite Nutzenannahmen eines Soll-Ist-Vergleichs zurück, die entsprechende Modelle in einen größeren ökonomischen Modellzusammenhang stellen lassen. Unzufriedenheit gilt als Auslöser spezifischer Handlungs- und Verhaltensmuster, wobei zu beachten ist, daß nicht die absolute Größe der Differenz zwischen Soll und Ist über die Reaktion befindet. Vielmehr entscheiden persönliche Variablen wie die **Frustrationstoleranz** darüber, wie die Unzufriedenheit empfunden wird und welche Reaktionsmuster ausgelöst werden. Mögliche Folgen im Arbeits- und Leistungsverhalten sind sowohl bewußte Handlungsstrategien als auch dem **Bewußtsein** nur bedingt zugängliche Reaktionen. Sie werden im wesentlichen bestimmt durch die **Situationskontrolle** als Parameter der äußeren Wahlfreiheit und dem **Handlungskontrollmodus** als Parameter der inneren Wahlfreiheit. Beide Variablen sind von erheblicher Bedeutung. So zeigt die

Situationskontrolle der Person die „objektiven“ Rahmenbedingungen an, während der Handlungskontrollmodus die Handlungsaufnahme bzw., Umsetzung einer Intention wesentlich beeinflußt. Das bedeutet in bezug auf die Fehlzeitenproblematik, daß die Situationskontrolle die Auswahl von Reaktionen auf der Ebene bewußter Entscheidungsprozesse beeinflußt, während der Handlungskontrollmodus die Durchführung bestimmt. Im Kontext motivationstheoretischer Überlegungen gelangen damit auch unbewußte Aspekte des Sich-Verhaltens und der Durchführung von spezifischen Handlungen und deren Folgen in den Blickpunkt der Betrachtung.

Abb. 12: Motivationstheoretische Komponenten der Unpassung

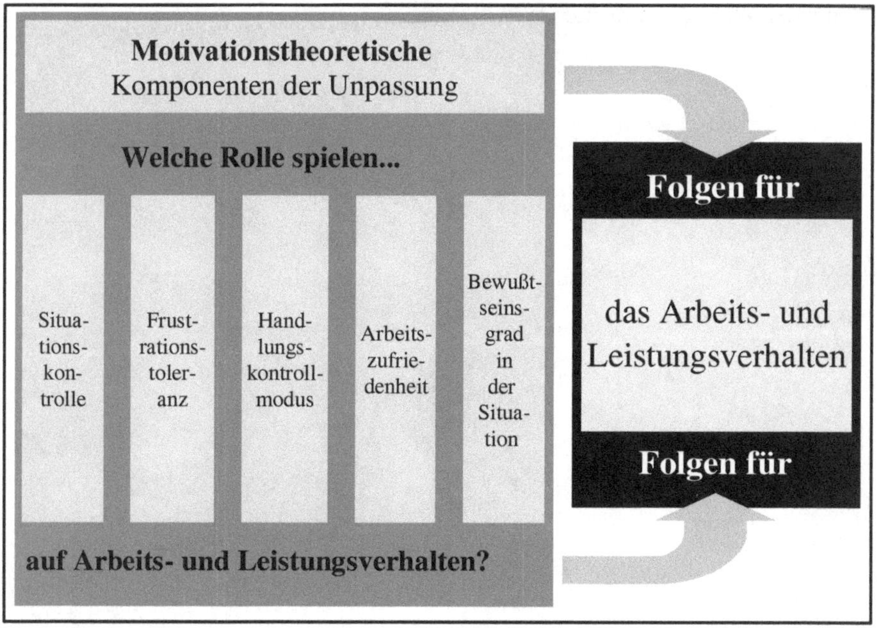

(eigene Darstellung)

In Bearbeitung dieser Fragestellungen werden Ergebnisse motivationstheoretischer Überlegungen ebenso Gegenstand der Betrachtung sein wie die Beschäftigung mit den Phänomenen der Inneren Kündigung sowie der Erlernten Hilflosigkeit. Beide Phänomene sind in bezug auf „Leistungsneutralität" eines Rückkehrgesprächs von besonderer Bedeutung, da sie können als nicht fehlzeitenrelevante Reaktionsformen mit hohem Einfluß auf das betriebliche Leistungsgeschehen angesehen werden. Sie dienen damit dem Aspekt der Abschätzung von negativen Nebenfolgen des Einsatzes des Gesprächsinstruments. Das Zwischenresümee dieses Teils schließlich wird kurz die wichtigsten Ergebnisse in ihrem Zusammenhang mit Rückkehrgesprächen replizieren und zudem erörtern, ob diese vor dem Hintergrund motivational bedingter Minderleistung als geeignetes Mittel der Wahl zu betrachten sind.

10. Krankheit versus Gesundheit – Abwesenheit versus Anwesenheit

Faßt man die Darstellungen und Überlegungen aus den vorangegangenen Kapiteln zusammen, so entsteht der Eindruck, daß Unternehmen in erster Linie aus diffusen Kostengründen ein Interesse an dem Bedingungsgefüge Arbeit/ Krankheit entwickelt haben (Rosenbrock 1997: 41; ders. 1999; Kuhn 1998). Das offensichtliche Interesse vieler Betriebe, soviel kann bereits gefolgert werden, bezieht sich dabei primär auf die kostenintensiven Zeiten der Arbeitsunfähigkeiten und nur sekundär auf die Gesundheit bzw. Krankheit der Mitarbeiter. Somit liegt den meisten Maßnahmen die implizite Zielsetzung zugrunde, die dem Betrieb arbeitsvertraglich zugesicherte und durch Arbeitsunfähigkeit verlorene Arbeitszeit zu vermindern. Die Gesundheit der Mitarbeiter steht bei dieser Perspektive nicht an der ersten Stelle betrieblicher Bemühungen, erst in der letzten Zeit gewinnt sie als produktives Kapital gerade in Ansätzen der Gesundheitsförderung und des Gesundheitsmanagements an Bedeutung. Der eigentliche Beweggrund der Betriebe für ihr Engagement ist darin zu sehen, dem Unternehmen die voll erwartete Leistungsfähigkeit der Mitarbeiter zukommen zu lassen: Ein an Diabetes erkrankter Mitarbeiter, der in vollem Umfang seinen Pflichten nachkommt, stellt für das Unternehmen i.d.R. keine Handlungsnotwendigkeit dar, ein wiederholt arbeitsunfähiger, an Atemwegserkrankungen leidender Mitarbeiter hingegen macht sehr wohl einen Ansatzpunkt betrieblicher Bemühungen aus (Taubert/ Piorr 1998b; Thiehoff 1999: 19). Während die Leistungsfähigkeit und die tatsächlich verausgabte Leistung im ersten Beispiel durch die Krankheit nicht beeinträchtigt wird, zeichnet sich im zweiten Fall direkt ein Einfluß der Erkrankung des Mitarbeiters auf die Leistungsverausgabung und somit letztlich auf die Produktivität des Unternehmens ab. Neuberger (1997) macht folgerichtig auch weniger rationale, ökonomische Überlegungen als vielmehr pragmatische Gründe und die normativen Weltbilder der Beteiligten für die Fokussierung auf Krankenstände verantwortlich:

> „Weil man sich schnell darauf verständigen kann, wie die Anwesenheit des Arbeitsvermögens im Betrieb zu erfassen ist, verzichtet man auf die Schwierigkeit der Messung seiner Verausgabung in Arbeitsleistung. Warum kapriziert sich die Diskussion auf Anwesenheitszeiten oder sogar noch enger: auf den Krankenstand? Zum einen, weil er quantitativ ins Auge fällt. Zum anderen, weil er so leicht zu operationalisieren ist und weil Krankheit ein dehnbarer Begriff ist – was für alle beteiligten Seiten Vorteile hat. Und schließlich, weil er das Problem personalisiert und auf die Arbeitskräfte – weg vom Unternehmen – lenkt. Das Unternehmen spricht sich von seiner Verantwortung für gesunde Arbeitsbedingungen und interessante, erfüllende Arbeit frei und richtet Krankheit (Krankfeiern!) als moralisches Problem (mangelnde Arbeitsdisziplin, gestohlene Zeit) ein" (Neuberger 1997: 393).

Diese generelle Kritik verdichtet Neuberger dahingehend, daß er der Diskussion um hohe Krankenstände eine generell mißverständliche und unscharfe Fokussierung vorwirft. Die Konzentration auf Krankenstände definiert das Problem seiner Ansicht nach innerhalb eines engen semantischen Feldes. Dieser Vorwurf ist in bezug auf einige Maßnahmen und Programme sowohl der betrieblichen Gesundheitsförderung als auch der wissenschaftlichen Beschäftigung mit dem Thema durchaus angebracht. Implizite Grundlage betrieblicher Gesundheitsprogramme[50] – die im wesentlichen also an der erbrachten Leistung interessiert sind – ist hierbei die Vorstellung, Krankenstände als den bestimmenden Indikator für nicht erbrachte Leistung heranziehen zu können. So wird

> „[...] die Höhe des Krankenstandes [...] in vielen Unternehmen als Indikator für die Qualität des Unternehmens verwendet. Hohe Qualität heißt nicht nur hohe Qualität des Produktes sondern auch der Organisation und unterstellt damit auch eine hohe Motivation der Mitarbeiter“ (Jeiter 1998: 4f.).

So kurz und verlockend präzise es Wolfram Jeiter in seinem Begrüßungsreferat zur Fachtagung des Gesundheitswesens der Volkswagen AG[51] unter dem Titel „Verbesserung der Anwesenheit im Betrieb“ formulierte, so mißverständlich und verkürzt stellt diese Formel den Sachverhalt dar, wenngleich sie den Ausgangspunkt vieler betrieblicher Gesundheitsprogramme trefflich skizziert.

Der Krankenstand ist sicherlich ein Indikator für betriebliche Mißstände. Er ist aber in erster Linie bei hoher Ausprägung Indikator für ein geringes oder doch verringertes Leistungsaufkommen. Seine geringe Ausprägung im Umkehrschluß aber als Qualitätssiegel der Organisation – im Sinne einer leistungsfähigen Organisation - anzusehen, wäre ein Trugschluß (Pfaff 1998: 17; Susen 2000: 190). Die negativen selektiven Anreize, eine Krankheit nicht in einer Arbeitsunfähigkeitszeit zu kurieren, müssen nur hoch genug sein, um einen hohen Krankenstand zu brechen - sicherlich kein Indiz für die Qualität der Organisation. Die vielfältigen Formen des Leistungsenthalts, wie sie z.B. im Symptom der Inneren Kündigung diskutiert werden, sprechen viel eher dafür, daß der Krankenstand nur **eine** Ausprägung des Phänomens verminderter Leistungsverausgabung darstellt.

Die Annahme, daß ein geringer Krankenstand auch für eine hohe Qualität der

---

[50] Der Begriff ‚Gesundheitsprogramme‘ findet hier als ein nicht präzise definierter Sammelbegriff für sämtliche unter anderen Programmen (Gesundheitsförderung, Arbeits- und Gesundheitsschutz u.ä.) subsumierte Maßnahmen Verwendung und bezieht sich dementsprechend auf die Gesamtheit betrieblicher Maßnahmen.

[51] An dieser Stelle sei angemerkt, daß die VW AG sich intensiv mit der Problematik auseinandersetzt und ihr Gesundheitsmanagement, das in weiten Teilen in Kooperation mit dem WZB entstanden ist, als vorbildlich angesehen werden kann. Das gilt auch, wenn man den kritischen Indikator der Krankenstände mit konkurrierenden Automobilproduzenten vergleicht.

Organisation bürgt, ist also keinesfalls zwingend – noch viel weniger zwingend ist der Rückschluß auf die hohe Motivation der Mitarbeiter in einer Organisation, die geringe Krankenstände aufweist. Es ist zwar davon auszugehen, daß die Anwesenheitsmotivation bei einem geringen Krankenstand hoch ist, hieraus aber auch auf die Arbeitsmotivation und womöglich auf das Leistungsverhalten der Mitarbeiter zu schließen, verbietet sich aus motivationstheoretischer Sichtweise, wie noch eingehend zu zeigen sein wird. Auf diesem Fehlschluß basiert eine Vielzahl betrieblicher Maßnahmen, wie sie weiter oben in der Summe ihrer Verbreitung diskutiert worden sind. So verkürzen sie die Wirkungszusammenhänge und verleugnen das ureigene Interesse der Betriebe, indem sie die eigentlich relevante Fragestellung nach einem verminderten Leistungsaufkommen unpräzisiert lassen.

Will man also der Problematik in ihrer ganzen Bandbreite gerecht werden, dann gilt es, diese Hinweise aus der betrieblichen Praxis im Umgang mit diesem Themenfeld zu berücksichtigen, die Komplexität aufzugreifen und den Betrachtungshorizont entsprechend zu erweitern.

Die Fragestellung, die sich hinter den Anstrengungen betrieblicher gesundheitsfokussierter Maßnahmen versteckt, ist also nicht allein die Reduktion von Fehlzeitenkosten, sondern vielmehr auch die Gewährleistung einer möglichst kontinuierlichen Leistungserbringung durch die Mitarbeiter (Friczewski 1996). Hiermit erweitert sich der Horizont der handlungsrelevanten Zusammenhänge deutlich. Nicht mehr die Krankheit, respektive Arbeitsunfähigkeit mit ihren direkten oder indirekten Kosten, rückt ins Blickfeld der Betrachtung, sondern ein verringertes Leistungsaufkommen allgemein (Taubert/ Piorr 1999). Die alles umfassenden Fragen lauten also nicht mehr: ‚Wie kommt Krankheit zustande?' und ‚Wie kann dieser Erkrankung präventiv begegnet werden?' oder ‚Wie können Fehlzeiten allgemein verringert werden?' Sie leiten sich vielmehr aus dem Leistungsverhalten der Mitarbeiter ab: ‚Wie kommt Leistung im Betrieb zustande?' respektive ‚Wie wird sie dem Betrieb z.B. durch Arbeitsunfähigkeiten vorenthalten?' und ‚Wie kann hier durch das Rückkehrgespräch entgegengewirkt werden?'

Dieser weiter präzisierten Fragestellung soll im Verlauf der vorliegenden Arbeit zentral nachgegangen werden.

Der Zugang zu diesen Fragen eröffnet sich von zwei Seiten. Auf der einen Seite steht das Leistungsversprechen der Arbeitnehmer und die Leistungserwartung insbesondere der Unternehmen. Damit ist es Gegenstand mikroökonomischer Vertragstheorien, die den Tausch von Leistungen thematisieren. Auf der anderen Seite stehen die Leistungsbedingungen, unter denen Mitarbeiter die vertraglich erwartete Leistung in voller, d.h. möglicher Höhe erbringen – also der im wesentlichen motivationale Aspekt des Leistungsverhaltens. Beide Perspektiven auf das Leistungsverhalten werden nachfolgend ergänzend zueinander entwickelt.

10.1 Arbeitsvertrag und Arbeitsleistung

Nähert man sich dem Phänomen der Leistungserbringung innerhalb eines Arbeitsverhältnisses, so bietet es sich zunächst einmal an, die formalen Bedingungen zu bestimmen, unter denen dieses Leistungshandeln geschieht. Diese sind in erster Linie Rechtswerke wie der Arbeitsvertrag, der die Einbindung in die Leistungskette einer Organisation formell abbildet. Er stellt lediglich die rechtlichen Rahmenbedingungen dar, innerhalb derer die eigentliche Leistung erbracht werden soll, wobei die Leistungserbringung im engeren Sinne nicht näher spezifiziert wird (Sesselmeier 1994: 141):

> „What the worker exchanges is not directely his work, but the ability to work. What is exchanged is not a specified level of effort nor a predetermined set of results but a worker's ability in a return for an agreed initial rate of pay, and sometimes, unspecified rewards in the form of expectations of an ex-post review of pay or promotion. The contract is incomplete, neither the content of work, nor the future conditions under wich it will take place, can be anticipated. The quality of effort is outside the contract. The link between pay an effort can not be specified: the firm sets pay and the worker chooses effort" (Cartier 1994: 183).

Der Arbeitsvertrag ist bezogen auf den tatsächlichen Tausch von Arbeitsleistung unspezifisch und inhaltsleer. Der Arbeitsvertrag präzisiert die Transaktion zwischen Arbeitgeber und Arbeitnehmer nur insofern, als daß er das arbeitsvertragliche Versprechen fixiert, eine Leistung im Sinne der Vertragserwartungen zu erbringen (Offe/ Hinrichs 1977: 20). Zu ihrer Nutzung bedarf es aber der Transformation des Arbeitsvermögens in Arbeitsleistung (Neuberger 1997: 19).[52]

> „Die Kooperierenden treten zwar freiwillig der Organisation bei, weil sie erwarten, daß sie damit ihre persönlichen Ziele, z.B. den Erwerb von Einkommen, Prestige, Erfahrungen, Streben nach guten Arbeitsbedingungen und Freizeit, besser verwirklichen können. Daraus folgt aber nicht, daß sie ihre individuellen Wünsche gerade dann optimal befriedigen, wenn sie sich am ‚Organisationsziel' orientieren" (Laux/ Liermann 1993: 8).

Der Arbeitsvertrag regelt zwar z.B. die Anwesenheitszeit am Arbeitsplatz, wie lange aber die Neueinrichtung einer Maschine dauert, ob sie herausgezögert wird, um sich eine Pause zu verschaffen, regelt er nicht. Er läßt Freiräume, innerhalb derer sich beide Vertragsparteien bewegen können. Diese Freiräume resultieren nicht allein aus der Tatsache, daß eine komplette Überwachung unmöglich erscheint (Wieland 1997: 40). Kontrolle erscheint auch nicht als sinnvoll, da sie eine flexible Anpassung der Austauschbeziehungen an sich ändernde Anforderungen erschweren würde (Bickenbach/ Soltwedel 1996: 34f.). Deshalb sind Freiräume vielmehr in weiten Teilen notwendig und erwünscht.

---

[52] Müller-Jentsch (1986) sieht in diesem Problem die zentrale Aufgabe des Managements, „[...] die auf dem Arbeitsmarkt gekaufte Arbeitszeit in tatsächlich verausgabte Arbeit, in Arbeitsleistung umzusetzen und Leistungszurückhaltung zu verhindern" (ebd.: 206).

sind Freiräume vielmehr in weiten Teilen notwendig und erwünscht. Strati und Nicolini (1997) sprechen sogar davon, daß diese Ambiguität „the glue of organization" sei (ebd.: 415). Denn in der Praxis der Organisationen ist

> „[...] keine Führungskraft [...] in der Lage, so perfekt und lückenlos vorzuplanen und Strukturen bzw. Verhalten zu steuern, daß sie nicht auf die Verantwortung der Mitarbeiter (Ausfüllen von Regelungslücken und Bewältigung der Unbestimmtheit) angewiesen wäre" (Trebesch 1998: 104).

Sprenger (1997) faßt diese individuellen Handlungsweisen auf einem kollektiven Handlungsniveau zusammen, indem er von einer „äußerst loyalen Reparaturintelligenz von unten" spricht, die durch die „Kleinkunst konstruktiven Ungehorsams" (ebd.: 146) den immer kurzlebigeren Managementmoden noch zu positiven Effekten verhelfen würde. Mit anderen Worten: Die kontinuierliche Spezifizierung des unspezifischen Arbeitsvertrages gehört unabdingbar zur Erledigung arbeitsbezogener Aufgaben. Sie erfolgt ebenso kontinuierlich durch die Interaktion von Mitarbeiter und Führungskraft und kann so als ein Abgleich von den arbeitsvertraglichen und individuellen Erwartungen verstanden werden.

Somit besteht aber generell die Gefahr des *moral hazards*, des nachvertraglichen Opportunismus beider Vertragsparteien, das im Arbeitsvertrag fixierte Versprechen im nachfolgenden Arbeitsvollzug den eigenen Interessen entsprechend zu modifizieren (Faller 1993: 10).

Das Problem des nachvertraglichen Opportunismus wird in der Literatur im wesentlichen auf zwei Ebenen dargestellt:

- In der labour-process-debate, die diesen Konflikt in der gesellschaftlichen Makroperspektive problematisiert und
- in den Theorien der politischen Ökonomie, die dieses Thema im wesentlichen aus der Mikroperspektive betrieblicher Aushandlungsprozesse diskutieren.

In der *labour-process-debate* wird der nachvertragliche Opportunismus als eine Widerstandshandlung lohnabhängiger Beschäftigter diskutiert, die den gesellschaftlich konstituierten Gegensatz von Arbeit und Kapital betrifft, der ein generelles Konfliktpotential im Arbeitsvollzug birgt. Managementmodelle werden im Kontext der Debatte als Kontroll- und Unterwerfungsinstrumente angesehen (Braverman 1974).

Im Rahmen der neuen politischen Ökonomie, insbesondere in der *principal-agent-theory*, wird dieser Gegensatz hingegen als eine individuelle Differenz sich widersprechender Interessen vor dem nutzenorientierten Kalkül zweier rational handelnder Individuen (Arbeitnehmer versus Arbeitgeber) diskutiert. Das principal-agent-problem entsteht deshalb, weil Unsicherheit über die Folgen menschlichen Handelns unvermeidbar ist und Wissen, Wollen und Können zwischen den Menschen ungleich verteilt sind.

Die principal-agent-theory untersucht,

> „[...] inwiefern institutionelle Regelungen dazu beitragen können, die Auftraggeber-Auftragnehmer-Beziehung im Sinne einer möglichst effizienten Aufgabenerfüllung zu verbessern“ (Picot 1987: 1589).

Hier wird im wesentlichen ein Koordinationsspiel divergierender Interessen vor dem Hintergrund unvollkommener Informationen und begrenzter Informationsverarbeitungskapazitäten als Grundlage des nachvertraglichen Opportunismus angeführt.[53]

Zentral in beiden Modellen ist das Konzept der Kontrolle. In der *labour-process-debate* dient es der Stabilisierung der kapitalistischen Gesellschaftsordnung. In diesem Ansatz ist der nachvertragliche Opportunismus als ein generelles, in den Strukturen der kapitalistischen Wirtschaftsordnung angelegtes Problem auf der gesellschaftlichen Makroebene zu begreifen, das grundsätzlich ein hohes Maß an Konfliktizität beinhaltet und dies beständig auf die Mikroebene des Arbeitsvollzuges überträgt. Die Kontrolle geht in erster Linie vom Management aus und zielt darauf ab, opportunistisches Verhalten zu unterbinden und eine Ausnutzung der Unspezifität des Arbeitsvertrages zugunsten des Lohnempfängers zu unterbinden. Die Kontrollbestrebungen werden durch Widerstandshandlungen der Arbeitnehmer beantwortet, die sich prinzipiell gegen die als ausbeutend empfundene Mehrwertschöpfung auflehnen.[54] Die Arbeitnehmer versuchen somit ihrerseits, ihre Kontrolle über die Arbeitskraft zu erhalten. Unterstellt wird in dieser Sichtweise, daß die vermachteten Produktionsbeziehungen Grundlage rein strategischer herrschaftsstabilisierender Kontrollerwägungen sind.

Abweichend hierzu wird das Kontrollkonzept in der neuen politischen Ökono-

---

[53] Ob es im Laufe dieses Aushandlungsprozesses zu einem koordinativen oder zu einem diskoordinativen Spiel kommt, hängt im wesentlichen von der Machtausstattung der Akteure und ihrem Geschick ab, der jeweiligen Variante zur Geltung zu verhelfen (Wilkesmann 1999: 140ff.).

[54] Eine umfassende Kontrolle ruft aber nicht nur den Effekt von Widerständen hervor. Im Rahmen der Arbeiten der Führungsforschung wird jenseits der widerständig willentlichen Verhaltensweisen immer wieder darauf hingewiesen, daß ein hoher Kontrollanspruch von Führungskräften ein entsprechendes Menschenbild und entsprechende Erwartungen auf die Mitarbeiter projiziert und diese langfristig die entsprechend erwartungskonformen Verhaltensweisen zeigen. Die Mitarbeiter sind langfristig nicht mehr in der Lage, ohne entsprechend klare und später nachkontrollierte Anweisungen mit hoher Qualität und Quantität zu arbeiten (Nieder 1997: 60ff.; Comelli/ v. Rosenstiel 1995: 100).

mie als Koordinationsinstrument unterschiedlicher Interessen diskutiert.[55] Kontrolle ist demzufolge notwendig, um individuell-opportunistisches Handeln bei grundsätzlich divergierenden Interessen innerhalb einer bestehenden – an sich unstrittigen - Kooperationsbeziehung zu vermeiden. Der principal ist in der *principal-agent-theory* generell daran interessiert, das gesamte Arbeitsvermögen des Agenten für einen zuvor vereinbarten Preis zu nutzen. Diesem erscheint es aber opportun, unter den gegebenen Umständen weniger zu leisten und dennoch den Gegenwert für die volle Leistung einzustreichen.

Ist der Leistungstausch nicht vollständig in seinen Bedingungen zu kontrollieren, so besteht für ihn der Anreiz, Leistungen zurückzuhalten „Faulheit mit Pech", also ungünstigen Rahmenbedingungen zu entschuldigen (Manz et al. 1994: 50ff.). Das Kontrollproblem wird damit als ein funktionales Problem verstanden. Die Chance des nachvertraglichen Opportunismus wird in diesem Fall darauf zurückgeführt, daß die zu berücksichtigenden Arbeitsbedingungen einerseits zu komplex sind, als daß sie in einem effizienten Verfahren dezidiert angeführt und kontrolliert werden könnten, und andererseits, daß sie dynamischen Veränderungen[56] und unspezifischen Rahmenbedingungen unterworfen seien, die einen lückenlosen Anweisungskatalog beständig ad absurdum führten (Berg 1981: 84 ff.; Trebesch 1998: 104).[57]

---

[55] Auch wenn Frey (1997) angibt, daß *principal-agent-theories* „[...] sich beinahe zwanghaft mit den Bemühungen des Prinzipals [beschäftigen, R.P.], die Agenten zu kontrollieren" (ebd.: 87).

[56] Diese Sichtweise wird u.a. in der Transaktionskostentheorie ausführlich diskutiert. Komplexe Umweltsituationen zeichnen sich demnach durch unvollständige Informationen und eine begrenzte Informationsverarbeitungskapazität der Akteure aus, so daß es unmöglich wird, sämtliche Unwägbarkeiten einer Transaktion zu überschauen. Dies impliziert Spielräume opportunistischen Verhaltens, die nur schwer kontrolliert werden können und deren Kontrollkosten höher als der Nutzen der Kontrollen ausfielen. Daß die durch die prinzipielle Möglichkeit des Opportunismus geprägten Beziehungen nicht abgebrochen bzw. ersetzt werden, wird durch die hohen Transaktionskosten (z.B. Anbahnungs- und Suchkosten) erklärt, die mit einem Wechsel des Bezugspartners verbunden wären (Williamson 1985; 1993).

[57] Gleichwohl reagieren tayloristische Produktionskonzepte auf diese Schwierigkeit mit umfassenden Kontrollanstrengungen und zergliedern die Arbeit in leicht kontrollierbare Tätigkeiten. Unterstellt wird hierbei ein opportunistisches Menschenbild, das es rechtfertigt, eine „Mißtrauensorganisation" (Müller-Jentsch 1998: 577) zur Sicherstellung der Produktivität aufzubauen.

Im Gegensatz hierzu zeichnen sich die aktuellen Produktionskonzepte vor dem Hintergrund globaler dynamischer Entwicklungen der Umwelt dadurch aus, daß sie Flexibilität und eigenständige Reaktionsfähigkeit dort erwarten, wo der Taylorismus Konformität durch Dirigismus zu sichern sucht. An die Stelle der (Tayloristischen) ‚Mißtrauensorganisation' soll die postbürokratische ‚Vertrauensorganisation' treten (Müller-Jentsch 1998: 577). Springer (1999) spricht in diesem Zusammenhang von einem z.T. selbstregulierenden marktwirtschaftskonformen Typus der „Arbeiterkontrolle", die tayloristische Kontrollkonzepte abgelöst habe (ebd.: 198). Bickenbach und Soltwedel (1996) hierzu:

Der Arbeitsvertrag bleibt aber nicht allein im Hinblick auf die Verausgabung von Arbeitsleistung unspezifisch. Implizit stehen sich die Vertragspartner des Arbeitsvertrages mit vielfältigen Erwartungen gegenüber, die vertraglich nicht fixiert und rechtlich nicht abgesichert werden können und die über den reinen Tausch monetär bewerteter Leistung und Gegenleistung hinaus gehen (Faller 1993: 32). So erwarten Unternehmen z.B. ein weitergehendes Engagement, insbesondere nicht antizipierbaren Umständen im Sinne des Unternehmens zu begegnen und die Leistungskraft flexibel in Einklang mit den aktuellen Notwendigkeiten einzusetzen. Arbeitnehmer erwarten im Gegenzug hierfür neben z.B. einer gerechten Entlohnung auch die Chance zur Entwicklung und Entfaltung ihrer Persönlichkeit, Zufriedenheit sowie gesundheitsförderliche Arbeitsbedingungen.

Fokussiert auf den Leistungsbegriff im Arbeitsvertrag bedeutet dies, daß im engeren Sinne nicht eine konkrete Leistung festgeschrieben werden kann, sondern, daß vielmehr ein unspezifischer Ergebnisbeitrag zum organisationalen Ziel angestrebt wird. Diese unspezifische Komponente des Arbeitsvertrages wird durch den sich immer wieder erneuernden „psychologischen Arbeitsvertrag" (Schein 1980: 24ff.; Schanz 2000: 195)[58] komplementär geschlossen (Staehle 1999: 574ff.). Dieser psychologische Arbeitsvertrag beinhaltet neben den Annahmen, wieviel Arbeit für welches Entgelt zu leisten ist, auch Annahmen über Übereinkünfte darüber, wie Rechte, Pflichten, Privilegien etc. zwischen Arbeitgeber und Arbeitnehmer zu handhaben sind.[59] Er ist somit ein Konstrukt über die Akzeptanz der gegebenen Arbeitsbedingungen zur Erfüllung arbeitsvertraglich festge-

---

„Hohe Leistungsbereitschaft und individuelles Engagement – als Ausdruck hoher intrinsischer Motivation oder Moral der Mitarbeiter – sind keine tragenden Bausteine dieser [tayloristischen; R.P.] Konzeption; explizite Verträge und extrinsisches Motivieren stehen im Vordergrund" (ebd.: 32).

[58] Hilb (2000) spricht sich in diesem Zusammenhang für sowohl psychologische als auch formale Partnerverträge aus. In ihrer psychologischen Variante entspräche dieser einer nicht formalen, aber bewußten Abmachung zwischen den Leistungspartnern und erübrige damit verdeckte leistungsschädigende Ausgleichsmechanismen. Er weist dabei darauf hin, daß es unter der Prämisse als ungerecht empfundener traditionell fixer legalistischer Arbeitsverträge häufig dazu führe, Engagement im Rahmen der Inneren Kündigung zurückzuschrauben (ebd.: 219ff.).

[59] Richter (1999) weist darauf hin, daß es sich beim psychologischen Vertrag um ein individuum-bezogenes Konzept handelt, das eine eigene Qualität von Beziehung zwischen Organisationsmitglied und Organisation neben dem Arbeitsvertrag umreißt und somit von einem Komplement zu unterscheiden sei (ebd.: 119). Wird das Konzept allerdings in dieser Richtung ausgeweitet, verliert es die spezifische Bindung an den Arbeitgeber bzw. das Unternehmen. Denn wenn die Gesamtheit der Wünsche und Erwartungen unter dem psychologischen Arbeitsvertrag zusammengefaßt werden, bekommen Erwartungen z.B. an das Verhältnis zu den Kollegen etc. Relevanz, die nur mittelbar in der Gestaltungsmacht der anderen Vertragspartei liegen, gleichwohl aber wichtige Erwartungen an die Arbeit repräsentieren können.

haltener Vorstellungen des Leistungstausches.[60]

> „Der Mitarbeiter erhält für seine Unterordnungsbereitschaft und seinen Leistungsbeitrag an die Unternehmung als Gegenleistung finanzielle und psychologische Sicherheit" (Faller 1993: 34).

Der Blick auf diese (psychologische) Mikroebene betrieblicher Leistungskultur verdeutlicht auch, daß Kontrolle nicht notwendigerweise unter strategischen Erwägungen auf den Gegensatz von Arbeit und Kapital abzielt und somit per se dynamisch konflikthaft ist. Er betont auch, daß Kontrolle nicht notwendigerweise ein Instrument zur Verhinderung von Opportunismus sein muß, sondern daß der Kontrolle durchaus auch eine neutrale Funktion der Koordination zukommen kann. Kontrolle hat auch ein statisches Element der gemeinsam geteilten Sinnhaftigkeit, Orientierung und Strukturierung, da ihr innerhalb des Arbeitsvollzuges eine Dualität von Struktur sowohl als Verhinderung von opportunistischem Handeln als auch als der Erstellung eines gemeinsam vereinbarten, bindenden kollektiven Interesses zukommt (Wilkesmann 1999: 45f.).[61]

Die Beziehung zwischen Macht in ihrer Auftretensform als Kontrollbestrebung und ihrer Auswirkung auf mögliche Konflikte ist also durchaus kontingent (Giddens 1984: 135ff.). Sie ist, wenn sie im Kontext sozialer Kommunikation gesehen wird, wie dies bei dem Konzept des psychologischen Vertrages geschieht, durchaus auch als konsensorientiert aufzufassen (Ortmann et al. 1990:

---

[60] Wie wichtig in Unternehmen die Kompatibilität der psychologischen Arbeitsverträge mit den organisationalen Erwartungen sind, zeigen allein die elaborierten Systeme der Personalauswahl, in denen „passende" Mitarbeiter aus der Menge der Bewerber selektiert werden. So führt z.B. Schnabel (1997; 1998) die gezielte Personalauswahl als eine verbreitete Reaktionsstrategie der Unternehmen auf das Fehlzeitenproblem an.

In diesem Sinne stellt auch die punktuelle Leistungsverweigerung einzelner Personen die Wirtschaftsordnung und den Gegensatz von Arbeit und Kapital keineswegs in Frage, sie zementiert ihn vielmehr. hierzu Burawoy (1979), der dies in seinem Beitrag zur *labour-process-debate* anhand der Spielmetapher skizziert und festhält, daß man ein Spiel (z.B. die Korrektur eines psychologischen Arbeitsvertrages) nicht spielen könne, wenn man die Regeln nicht grundsätzlich anerkennen würde. Die Anpassung des psychologischen Arbeitsvertrages ist somit keinesfalls als eine Widerstandshaltung gegenüber dem Beschäftigungsverhältnis zu begreifen, sondern sie ist vielmehr als eine nachträgliche Spezifizierung und Aktualisierung der vertraglichen Bindung anzusehen.

[61] Siewers (1999) merkt allerdings trotz dieser offensichtlichen Funktionalität von Vertrauen an, daß Führungskräfte trotzt der vielfältigen Hinweise auf die Nützlichkeit und Notwendigkeit einer vertrauensbasierten Unternehmenskultur vielfach immer noch von Mißtrauen und umfassenden Kontrollen getrieben seien, d.h. von einer Wahrnehmung, die von gegensätzlichen Sichtweisen und nicht von verbindenden Standpunkten geprägt ist (ebd.: 32).

Neuberger (1997b) spricht in bezug auf die Dualität von Strukturen in Organisationen davon, daß sie eine „Verlebendigung" durch Redefiniton der Organisationsmitglieder erfahren müßten, die hierdurch erst ihre Einbindung in die Organisation erlebten (ebd.: 502).

40f.). Die Sichtweise der *labour-process-debate*, die in den widersprüchlichen Interessen von Arbeit und Kapital ein generell latentes Konfliktpotential ausmacht, wird auf der Ebene des psychologischen Vertrages stark relativiert. Hier stehen sich Konflikt und Kontrolle gleichberechtigt mit Sicherheit und Konsens gegenüber. So wird auch darauf hingewiesen, daß Kontrolle auf der Mikroebene durchaus auch Konsensmomente in sich trägt und daß Leistungszurückhaltung auf dieser Ebene nicht generell als Widerstandshandeln betrachtet werden muß (Weitbrecht/ Braun 1999: 87). Darüberhinaus kann die Akzeptanz von Kontrolle auch als eine Form sozialer Anpassung begriffen werden, die dem Gerechtigkeitsgefühl der Beschäftigten entspringt und ihnen einen verbindlichen Orientierungspunkt liefert (Schienstock 1993: 242). Insofern kommt dem psychologischen Vertrag eine starke Erwartungskomponente zu, die durch das Vertrauen darauf gekennzeichnet ist, daß sich einerseits die vertraglich festgelegten Erwartungen in der Zukunft realisieren und andererseits die Rahmenbedingungen der Arbeit der Möglichkeit den Raum öffnen, nicht-spezifizierte Erwartungen zur Zufriedenheit der Vertragsparteien im Vertragsvollzug zu realisieren.

Diese subjektivistische langfristige Sichtweise bleibt sowohl in ökonomischen Ansätzen als auch in der *labour-process-debate* ausgeblendet. Lorenz (1999) weist darauf hin, daß Vertrauen als Gestaltungskomponente in klassischen ökonomischen Theorien keine Rolle spielt. Die oben vorgetragene Kritik der *labour-process-debate* stellt dar, daß der generellen (makrosozialen) Auseinandersetzung nur (noch) eine untergeordnete Bedeutung zukommt. Stattdessen prägen heute gestaltende, vielfach individuell motivierte Aushandlungen innerhalb des bestehenden Regelwerks sehr viel stärker die betrieblichen Arbeitsbeziehungen als es früher der Fall war. Lorenz argumentiert weiter, daß prozedurale Regeln, die aufgrund positiver Erfahrungen aus der Vergangenheit hervorgegangen sind, dazu dienen, Unsicherheiten und Unspezifitäten über gemeinsam getragene Abstimmungsmodalitäten handhabbar zu machen (ebd.: 305). Die Bewältigung alltäglicher Probleme rückt somit die individuelle Perspektive komplexer, psychologischer Arbeitsverträge in den Blickpunkt. Diese Verträge sind sehr viel stärker aus ihrer biographischen Genese heraus zu interpretieren und sehr viel nachdrücklicher auf Stabilität hin ausgelegt, als dies in den dargestellten Diskussionen der Fall ist.

Mit Blick auf die neue politische Ökonomie läßt sich aus dieser Betrachtung ein weiterer Kritikpunkt ableiten. Im allgemeinen beschäftigen sich die Ansätze auf der agent-Seite mit prädeterminierten und ex ante nicht aktualisierten Nutzenmaximierungsmustern. Die generelle Gelegenheit, das Leistungsversprechen im Vollzug der vertraglichen Vereinbarungen zu spezifizieren, ermöglicht es, eine Nutzenmaximierungsstrategie jenseits der Vertragsvereinbarung durchzusetzen. Variabel ist hierbei das realisierte Endergebnis einer Tauschbeziehung, wobei die Theorie annimmt, daß die Ausgangsbedingungen der vorvertraglichen Verhandlung im Zuge des Tauschs konstant bleiben. Eine Entwicklungs- und Veränderungsperspektive innerhalb der Nutzenordnung wird nicht angenommen. Pirker (1997) kritisiert die ökonomischen Ansätze am Beispiel der Transaktionskostentheorie, die er als ignorant gegenüber Produktions- und Wandlungsrealitäten beschreibt (ebd.: 77ff.).

Im Gegensatz zu den Ansätzen der neuen politischen Ökonomie zielt das Konstrukt des psychologischen Vertrages auf eine längerfristige Entwicklungsperspektive ab, da hier Optionen erst im Vertragsvollzug entwickelt werden. Während sich die neue politische Ökonomie mit den Effekten nachvertraglichen, aber bereits angelegten Opportunismuses beschäftigt, erlaubt es das Konzept des psychologischen Vertrages, die Veränderungen der Nutzenstrukturen in ihren Auswirkungen auf den leistungsrelevanten Teil des Arbeitsvertrages hin zu untersuchen. Erwartungsabweichendes Verhalten der Mitarbeiter wird unter dieser Perspektive nicht mehr ausschließlich mit dem Willen opportunistischer Nutzenmaximierung unter gegebenen Umständen erklärt. Das Problem stellt sich vielmehr aus der Sicht veränderter Interessen und neu entstandener Entwicklungsperspektiven dar: Die Vertragsvereinbarung und die Strukturen, innerhalb derer die Erwartungen der Vertragspartner umrissen worden sind, halten den aktuellen Entwicklungen nicht dauerhaft stand. Sie müssen informell ergänzt oder formell kontinuierlich - mit bescheidenem Erfolg und unter hohen Transaktionskosten - redefiniert werden (Bickenbach/ Soltwedel 1996: 32). Die Unspezifität des formalen Arbeitsvertrages ermöglicht und erzwingt so die Ausformung des psychologischen Arbeitsvertrages in einem rekursiven Prozeß, oder wie Wieland (1997) es formuliert:

> „Die Unvollständigkeit formaler Verträge verleiht impliziten Verträgen Bedeutung, die aber selbst wiederum unvollständig sind" (ebd.: 53; Reinwald 1999: 37).

10.2 Vertrauen in psychologischen Arbeitsverträgen

In neueren Arbeiten zu kooperativen Managementsystemen wird darauf hingewiesen, daß es unter den Bedingungen einer wissensbasierten Produktion sogar notwendig wird, gänzlich auf eine rigide Struktur der Anweisungen und Kontrollen zu verzichten und diese durch eine Kultur des Vertrauens zu ersetzen (Steinle et al. 2000; v. Rosenstiel 1999: 14ff.; Neubauer 1999: 93; Haueisen 2000: 254). Hier wird Vertrauen damit als ein zentraler Baustein bei der Überwindung der Lücke formaler Verträge identifiziert, der unter optimalen Bedingungen zu einem „Arbeitsengagement aus freien Stücken" beiträgt (Bierhoff/ Herner 1999; Rohmann et al. 2000).[62] Vertrauen beinhaltet darüberhinaus auch

[62] Die Autoren gehen davon aus, das Stimmung, Bildungsstand, Zufriedenheit, unterstützendes Führungsverhalten, prosoziale Vorbildung und Kommunikation, Arbeitsethik und Fairneß die Determinanten eines solchen Arbeitsengagements aus freien Stücken sind (ebd.: 69).

eine zukünftige, dynamische Komponente, unvorhergesehene Situationen innerhalb des formal abgesteckten Rahmens zu re-interpretieren (Gebert 1995). Damit wird es möglich, der Intention der ursprünglichen Abmachung aktuelle Geltung zu verleihen.[63] Vertrauen wird damit zu einer Grundkomponente bei der Erfüllung formaler Arbeitsverträge. Zudem wird deutlich, daß der Interaktionsbeziehung im Rahmen des psychologischen Arbeitsvertrags eine zentrale Bedeutung zukommt. Führungskräfte, deren Aufgabe es ist, eine „[...] zielorientierte soziale Einflußnahme zur Erfüllung gemeinsamer Aufgaben [...]“ (Picot 1987: 1583) vorzunehmen, spielen in diesem Verständnis eine wichtige Rolle, da sie nicht zuletzt die Anforderungen des Unternehmens im Alltag des betrieblichen Leistungsgeschehens repräsentieren,[64] denn:

> „Wenn Aufgaben komplex sind, wenn sich Bedingungen rasch wandeln, wenn die Organisationsform dezentralisiert ist und schwierige ‚intelligente‘ Technik bedient werden muß, wenn Mitarbeiter hoch qualifiziert sind und – sozial abgesichert – selbständige und herausfordernde Arbeit erwarten, dann wird ein Vorgesetzter, der mit pedantisch reglementierenden Zwangsmaßnahmen ‚durchgreifen‘ will, Schiffbruch erleiden. Es würden ihm die für das Funktionieren moderner Unternehmen so entscheidenden Beiträge der Mitarbeiter vorenthalten werden, die nicht zu befehlen sind: Mitdenken, Innovationsfreude, Flexibilität, Verantwortungsbereitschaft, Kooperation!“ (Neuberger 1993: 40; Strümpel 1989: 54).

Über den informellen und dynamischen, sich immer wieder spezifizierenden Charakter der impliziten Verträge wird die kontinuierliche Anpassung und Veränderung analog zu organisatorischen und persönlichen Entwicklungen erst möglich und notwendig. Nicht zuletzt ist mit diesem flexiblen Moment die Sicherstellung der Produktion auf Dauer erst gewährleistet. Dementsprechend kommt dem psychologischen Arbeitsvertrag einerseits eine dynamische, auch widerständliche Komponente zu, andererseits kommt ihm aber auch eine generell stabilisierende Funktion, die arbeitsvertraglichen Intentionen generell zu erfüllen. Dieser Vertrag stellt damit einen verläßlichen Rahmen dar, innerhalb dessen das (Leistungs-)Verhalten der Vertragspartner im Ergebnis konsensual auf das Organisationsziel auszurichten ist (Benz 2000). Vertrauen ist in diesem Zusammenhang als die Investition zu begreifen, vertraglichen Vereinbarungen Verbindlichkeit zukommen lassen zu wollen.[65] Auf einer vom konkreten Indivi-

---

[63] Entsprechend definiert Luhmann (1989) Vertrauen auch als eine riskante Vorleistung (ebd.: 23; auch Koller 1992: 100; Williamson 1993: 463).

[64] Krystek (1995a) weist darauf hin, daß Vertrauen in diesem Sinne eine Determinante von Führungserfolg darstellt und eindeutige Vorteile gegenüber mißtrauensbasierten Kontrollmodellen besitzt.

[65] Williamson (1993) verweist im Rahmen der Transaktionskostenökonomie darauf, daß das entsprechende Vertrauen über ein stabiles kulturelles Arrangement darauf wirkt, diese Investitionen abzusichern (ebd.: 479). Er überträgt diesen Gedanken allerdings nicht konsequent auf die individuelle Ebene, auf der die Gültigkeit dieser Abmachung immer wieder neu durch

duum abstrahierten Ebene werden die hieraus abgeleiteten Erwartungen unter dem Konstrukt der *organizational citizenship behavior* diskutiert. Dieses beschreibt ein Verhalten, das über die Erfüllung der formalen Arbeitsanforderungen hinausgeht und positive Auswirkungen sowohl auf die Zufriedenheit als auch auf die Leistung nimmt (Staufenbiel 2000). Staehle (1999) charakterisiert es anhand der folgenden fünf Dimensionen:

- „Altruistisches Verhalten im Arbeitszusammenhang (Hilfestellungen für Kollegen oder Vorgesetzte bieten);
- aufgabenbezogenes Verantwortungsbewußtsein und Engagement (freiwillige Übernahme von Aufgaben außerhalb einer formalen Rollenzuweisung);
- ‚Sportsgeist' und Frustrationstoleranz (Akzeptieren von vorübergehenden Belastungen ohne ‚Groll', kein nachtragendes Verhalten);
- höfliches und umsichtiges, vorausschauendes Verhalten (Umsicht in der Behandlung von Kunden und Lieferanten, keine starre Regelbefolgung);
- organisationsbezogenes Verantwortungsbewußtsein und Engagement (freiwillige Übernahme von Aufgaben oder Handlungsweisen, die der Organisation als Ganzes dienen, z.B. Teilnahme an Veranstaltungen im Interesse der Unternehmung, Einsatz für Belange der Unternehmung über Abteilungs- oder Funktionsgrenzen hinweg)" (ebd.: 572).

Zusammenfassend können die Diskussionen der *labour-process-debate* und der neuen politischen Ökonomie im Sinne der hier behandelten Fragestellung dahingehend interpretiert werden, daß der (Interessen-) Gegensatz zwischen Arbeit und Kapital zwar generell ein hohes Konfliktpotential beinhaltet, dieses aber auf der Mikroebene des Arbeitsvollzuges bei weitem nicht so stark auf Konfrontation ausgerichtet ist, wie die Diskussion der Makroebene dies erscheinen läßt.

Auf der Mikroebene wird diese Divergenz insbesondere durch die Unspezifität des Arbeitsvertrages aufgeweicht und durch Abschließen eines psychologischen Arbeitsvertrages im Unternehmenskontext gehandhabt. Dieser psychologische Arbeitsvertrag übt auf der Gegensatzebene von Arbeit und Kapital eine hohe Konsenswirkung aus und ermöglicht die konstruktive Bearbeitung dieses Gegensatzes auf der Ebene des täglichen Arbeitsvollzuges. Unspezifisch bleibt jedoch in dieser Diskussion auch der Leistungsbegriff. Unter ihm sind generell sowohl Leistungsabsicht als auch -ergebnis subsumiert, wobei stillschweigend angenommen wird, daß die Leistungsabsicht auch zu einer zielgerichteten Leistungsverausgabung führen wird (Kesten 1997: 205). Das Leistungshandeln wird in den dargestellten Diskussionssträngen als zentraler Verhandlungsgegenstand behandelt. So entsteht der Eindruck, daß die Sicherstellung innerbetrieblicher Leistungsabsichten allein schon Garant für den Erfolg von Organisationen sei

---

entsprechende Handlungen – auch kulturell - bestätigt werden muß.

und die Erhaltung dieser Leistungsabsichten die zentrale Aufgabe bei der Integration von Personen in Organisationen darstelle. Leistungsabsichten sind aber nicht mit letztendlich verausgabter Leistung gleichzusetzen.

Sie spielen zwar die zentrale Rolle in den referierten ökonomischen Vertragstheorien, bleiben in ihrer Reichweite damit aber auch begrenzt, wobei sich diese Theorien allein auf den Auswahlaspekt von Handlungsalternativen beschränken; über den Vollzug von Handlungen oder die Realisierung von Verhaltensmustern reflektieren sie nur wenig. Vielmehr diskutieren sie Anreiz- und Beitragserwägungen in unterschiedlichen situativen Kontexten und antizipieren Ergebnisse über rationale Erwägungen. Warum aus Absichten, rationalen Erwägungen und Entscheidungen allerdings häufig nicht die geplanten, rationalen Handlungen mit dem entsprechenden Ergebnis erwachsen, thematisieren sie hingegen zumeist nicht. Dies wird meist unvollkommenen Informationen, Entscheidungen unter Unsicherheit und wechselhaften Rahmenbedingungen zugeschrieben, der Prozeß der Leistungshandlung selbst bleibt dabei außen vor. Dieser ist jedoch bei weitgehend konsistenter Annahme eines impliziten Nutzenprinzips Gegenstand motivationstheoretischer Überlegungen, die es erlauben, Folgen im Arbeits- und Leistungshandeln auch jenseits der bewußt angestrebten Wahlhandlung zu erfassen. Im folgenden sollen deshalb vor allem die Momente betrachtet werden, die die Integration von Personen in das betriebliche Leistungsgeschehen betreffen. Dabei gewinnen Überlegungen zum Leistungshandeln, zur Motivation sowie zu den Folgen, wie z.B. zur Erneuerung des psychologischen Vertrages in Form der Inneren Kündigung an Bedeutung. Diese Überlegungen sollen im Fortschreiten der Arbeit umfassend dargestellt werden.

Zunächst wird es aber darum gehen, den Begriff der Leistung auszudifferenzieren. Anschließend werden die Phänomene Minderleistung bzw. Leistungszurückhaltung abgeleitet, denen im Sinne möglicher negativer externer Effekte eine hohe Bedeutung bei der Abschätzung der Wirksamkeit von Rückkehrgesprächen zukommt.

11. Leistung

Leistungshandeln ist eine Voraussetzung der Zielerreichung, aber keinesfalls als organisationaler Selbstzweck zu begreifen, da Leistung für den (ökonomischen) betrieblichen Kontext erst im Lichte der Ergebnisorientierung relevant wird (Prochaska 1998: 6; Kesten 1997: 204).[66] Dementsprechend scheidet hier ein Rückgriff auf den physiologischen Leistungsbegriff aus, der jegliches Handeln unter dem Aspekt der Leistung begreift und damit die menschliche Existenz per se an Leistung bindet (Schlie, F. 1988: 63). Auch die Anlehnung an das alltagssprachliche Konstrukt, Leistung als Kontinuum ihrer unterschiedlich starken Ausprägungen zu begreifen, wirkt im Interesse der vorliegenden Arbeit konturenlos (Hondrich 1988: 9). Der Leistungsbegriff, der an dieser Stelle im ökonomischen Kontext präzisiert und durch eine trennscharfe Definition operationalisiert werden soll, muß dem Anspruch genügen, Handeln in Leistungshandeln und Nicht-Leistungshandeln zu unterteilen. Mit Schlie (1988) läßt sich eine solche Definition ableiten, wobei sie dabei die folgenden vier Bedingungen erfüllen muß:

1. Der Begriff der Leistung weist auf die Zielgerichtetheit eines Handelns hin, unabhängig davon, wie das Leistungsziel zustande gekommen ist, d.h. ob es eigenem oder fremdem Antrieb entstammt.
2. Der Begriff der Leistung impliziert, daß die Erreichung des Leistungszieles mit einer Anstrengung verbunden ist, d.h. zur Erreichung des Ziels ist ein entsprechender Aufwand vonnöten.
3. Der Begriff der Leistung impliziert eine zielgerichtete Anstrengung, die zu einem Ergebnis führt. Dieses ist sowohl an den Zielen als auch an den Anstrengungen zu messen. Leistung ist hiermit im engeren Sinne nicht mit einem Ergebnis gleichzusetzen - auch wenn dies im alltagssprachlichen und betrieblichen Kontext vielfach gleichgesetzt wird. Leistung kennzeichnet die Handlung zur Zielerreichung, und nur dann, wenn das Ziel erfolgreich erreicht wurde, kann Leistung als ein mit dem Ergebnis verschmolzener Prozeß gesehen werden.
4. An dem Ergebnis wird in aller Regel der Maßstab der Anstrengung angelegt. Hieraus wird die Angemessenheit der Leistung in bezug auf Effektivität und Effizienz abgeleitet (ebd.: 63ff.).

Sind diese Bedingungen erfüllt, kann von einem Leistungshandeln gesprochen

---

[66] Schanz (2000) bezeichnet Arbeitsleistung sogar als personalwirtschaftliches Basiskonzept, um die Diskussion hierüber entsprechend zu würdigen (ebd.: 196). Zu einem Überblick über unterschiedliche Verständnisse des Leistungsbegriffs Becker 2000.

werden:

> „Eine Leistung ist demnach aus der Klasse aller möglichen Handlungen und Handlungsaspekte ein solches Handeln, dessen Ergebnis im Hinblick auf die Ziele des Handelns und/oder im Hinblick auf die dazu gemachten Anstrengungen (und die eingesetzten Mittel) als gut und erfolgreich bewertet wird“ (ebd.: 64).

Kernpunkt dieser Definition ist eine Ziel-Mittel-Relation, die dazu verhilft, zwischen Leistung und Nicht-Leistung zu unterscheiden. Damit steht ein generelles Konstrukt zur Verfügung, um das Zustandekommen verminderter Leistung zu fassen.[67] In bezug auf die Fragestellung dieser Arbeit fokussiert sich die präzise Betrachtung also auf Handlungen, deren Ergebnis im Hinblick auf die (extern vorgegebenen) Ziele des Handelns **nicht** als gut oder erfolgreich zu bewerten sind. Diese Perspektive wird an späterer Stelle wieder aufgenommen und entsprechend vertieft werden. Zuvor wird jedoch noch zu klären sein, wovon das Zustandekommen einer Handlung beeinflußt wird, die den Bedingungen einer Leistungshandlung genügt, denn die definitorische Gewißheit, auf einen trennscharfen Leistungsbegriff zurückgreifen zu können, läßt zwar erkennen, welche Handlungen hierunter zu fassen sind, sie verhilft aber keineswegs dazu, eine Erklärung über ihre Entstehung oder ihre Unterlassung abzugeben.

Die Arbeitsleistung, die durch den Arbeitsvertrag annäherungsweise umrissen wird, hängt im wesentlichen von vier Voraussetzungen ab (Hofmann 1997: 10ff; Comelli/ v. Rosenstiel 1995: 3ff.):[68]

- Von der Leistungsfähigkeit, also dem „Können“ einer Person,
- von der Leistungsentfaltungsmöglichkeit, also dem „Dürfen“,
- von der Leistungstransparenz, also dem „Wissen“, und schließlich
- von der Leistungsbereitschaft, also dem „Wollen“.

Unter Leistungsvoraussetzungen sind alle fachlichen und außerfachlichen Kom-

---

[67] Es sei mit Becker (2000) darauf verwiesen, daß zwischen den Begriffen Leistung in dem o.a. Verständnis und dem Leistungsergebnis deutlich unterschieden werden muß, da der Zusammenhang zwischen großen Anstrengungen, die im Leistungshandeln repräsentiert sind und dem Leistungsergebnis keinesfalls zwingend ist (ebd.: 324). Große Anstrengungen führen nicht automatisch zum Erfolg – ihre Unterlassung beeinflußt hingegen sehr viel wahrscheinlicher ein schlechteres Leistungsergebnis. In sofern kommt der Leistungsunterlassung eine wesentlich stärkere Bedeutung in bezug auf das Ergebnis zu.

[68] Wenn im folgenden über Leistung gesprochen wird, werden im wesentlichen die Voraussetzungen von Leistungshandeln in einem theoretischen Rahmen diskutiert. Eine umfassende Spezifizierung der Erbringung eines Leistungsergebnisses kann an dieser Stelle nicht geleistet werden. „Leistung ist wesentlich mehr. Aber es kann eben keiner sagen, was sie letzten Endes ausmacht“ (Breisig 1999: 30; umfassend: Becker 1998).

petenzen des Mitarbeiters zu verstehen (Hacker 1978: 39; Brandstätter 1993: 219ff). Leistungsvoraussetzungen bestimmen somit die Leistungsfähigkeit einer Person und umfassen somit auch die ausgiebig diskutierten Sozial- und Methodenkompetenzen. Die Leistungsfähigkeit einer Person ist hierbei nicht statisch zu fassen, sondern als prozessual veränderlich zu begreifen. Sie ist als das Produkt des Leistungsangebots und des Zeitraums zu verstehen, in dem eine Person die Leistung anbieten kann (Hornung 1997: 962). Sie kann im Laufe der Zeit erfahrungsgebunden ansteigen oder auch z.B. altersbedingt zurückgehen. Dieses „Können" des Mitarbeiters führt aber nur dann zum Erfolg, wenn sich den Fähigkeiten ein (soziales) „Dürfen"[69] anschließt. Die Leistungsentfaltungsmöglichkeiten des Mitarbeiters werden bestimmt durch die Arbeitsinhalte, die -situation und –bedingungen, sowie vor allem durch den Handlungsspielraum, der das variable Einsetzen und Verknüpfen der Fähigkeiten ermöglicht (Hein 1995: 255). Dem „Können" und dem „Dürfen" kann der Mitarbeiter aber nur entsprechen, wenn ihm die Anforderungen klar sind.[70]

Unter Anforderungen werden sowohl die des Unternehmens als auch die der konkreten Tätigkeit verstanden. Erst wenn die Mitarbeiter die Leistungsziele des Arbeitsbereichs kennen und im Sinne von Leistungstransparenz auch akzeptieren, können sie ihre Leistungsfähigkeit effektiv zur Erreichung der Ziele einsetzen.[71] Sind diese Bedingungen erfüllt, entscheidet die Leistungsbereitschaft des Mitarbeiters darüber, ob die Leistung zustandekommt. Unter Leistungsbereitschaft versteht man somit das „Wollen" des Mitarbeiters, sich der Arbeit hinzuwenden, um seinen unspezifizierten Arbeitsvertrag zu erfüllen.

Während die Faktoren der Leistungsentfaltungsmöglichkeit und der Leistungstransparenz im wesentlichen strukturelle Anforderungen an die Arbeitsorganisation und somit an das Unternehmen stellen, sind die Faktoren Leistungsfähigkeit und Leistungsbereitschaft stärker personengebunden. Dabei stehen externe Faktoren wie Leistungsentfaltungsmöglichkeit und Leistungstransparenz sowie interne Faktoren wie Leistungsfähigkeit und Leistungsbereitschaft einander gegenüber. Unmittelbar vom Mitarbeiter beeinflußbar sind aber nur die Leistungsfähigkeit und die Leistungsbereitschaft:

[69] „Das soziale Dürfen umfaßt die geschriebenen und ungeschriebenen, die bewußten oder als Selbstverständlichkeiten kaum bedachten Regeln und Normen unseres Verhaltens" (Comelli/ v. Rosenstiel 1995: 3).

[70] Diese Thematik ist Gegenstand der Zielsetzungstheorie, in der die Bedingungen spezifischer Zielformulierungen auf das Leistungsverhalten empirisch breit erforscht wurden (Locke/ Latham 1990 und zum Überblick: Wegge 1998b: 75ff.).

[71] Wissen beinhaltet hierbei auch das Wissen über die eigenen Leistungsmöglichkeiten in bezug auf die Aufgabe (Selbstwirksamkeit). Insofern gehört das Wissen, das über Rückmeldungsprozesse gespiegelt wird, unmittelbar zu diesem Wissen.

Abb. 13: Faktoren der Leistung

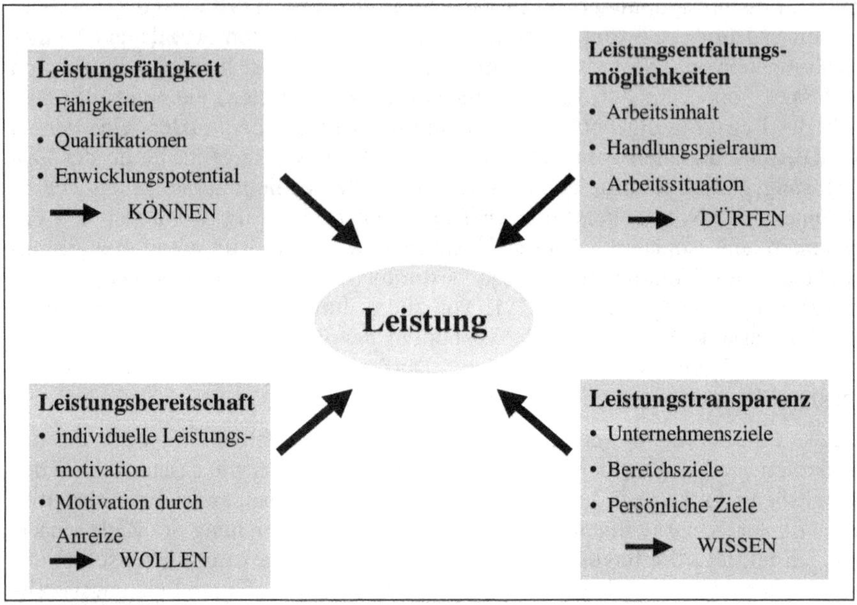

(aus: Hofmann 1997: 10)

Insbesondere die Leistungsbereitschaft nimmt beim Zustandekommen der Leistung eine zentrale Rolle im Sinne der hier bearbeiteten Fragestellung ein. Leistungsbereitschaft ist immer auch als ein individueller Reflex auf die Arbeitsbedingungen zu sehen, die in diesem Modell durch Leistungsentfaltungsmöglichkeiten und Leistungstransparenz ansatzweise skizziert sind.[72] Hierunter werden mit Löhnert (1990) folgende Faktoren verstanden:

- „Betriebliche Umgebungsbedingungen wie Licht, Lärm, Luftverunreinigungen, Raumverhältnisse,

[72] Eine Trennung der Arbeitsbedingungen in gesellschaftlich-ökonomische Arbeitsbedingungen wie beispielsweise der Arbeitsmarktlage versus betrieblicher Arbeitsbedingungen, wie sie bspw. Hacker (1986) vornimmt, werden hier nicht weiter verfolgt (ebd.: 36 ff.; Orendi 1978: 192). Sie bleiben vor dem Hintergrund der hier zu bearbeitenden Fragestellung konturenlos und erweisen sich zudem bei näherer Betrachtung als eine eher willkürliche Kategorie. So führt der Autor an anderer Stelle eine Unterteilung betrieblicher Arbeitsbedingungen in arbeitstätigkeitsspezifische und arbeitsplatzspezifische Arbeitsbedingungen ein (ders. 1978: 36ff.). Diese Liste ließe sich z.B. durch soziale und strukturelle Arbeitsbedingungen m.E. endlos fortsetzen.

- arbeitsorganisatorische Bedingungen wie Arbeitszeit, Pausen, Entlohnungsformen,
- Arbeitsplatzbedingungen wie fester oder wechselnder Arbeitsplatz, technische Einrichtungen, Werkstoffe,
- tätigkeitsspezifische Arbeitsbedingungen wie Arbeitsauftrag, Handlungsspielraum, Einzel- oder Gruppenarbeit" (ebd.: 84).

Die individuelle Interpretation dieser Arbeitsbedingungen in bezug auf die eigenen Erwartungen entscheidet nun in weiten Teilen darüber, ob sie als leistungsförderlich angesehen werden oder nicht (Schlie/ Stegbauer 1988: 142). In dieser Bewertung wird abgewogen, ob sich die Verausgabung von Leistung lohnt oder nicht.

Unter einer ökonomisch-rationalistischen Betrachtung des Anreiz-Beitrags-Schemas ist die Erfüllung des rechtlichen Arbeitsvertrages dann lediglich eine Frage rationaler Erwägungen. Bei den Individuen stellt sich eine hohe Motivation, den Arbeitsvertrag zu erfüllen, erst dann ein, wenn die zu erreichenden Nutzenzahlungen, die sich aus der erwartungskonformen Organisationsmitgliedschaft ergeben, die individuellen Beiträge übersteigen (March/ Simon 1976; Marr 1996: 24). In diesen Fällen wird das arbeitsvertragliche Versprechen durch eine allgemeine Nutzenannahme des Mitarbeiters ergänzt, der sich dafür entscheidet, entsprechende Leistungsbeiträge auch tatsächlich zu erbringen, solange es für ihn vorteilhaft erscheint. Der Schlüsselbegriff der Leistungsbereitschaft ist in diesem äußerst knapp skizzierten ökonomischen Modell die Motivation des Mitarbeiters selbst, denn:

> „[...] von der Motivation hängt es ab, wie und auf was gerichtet die verschiedenen Funktionstüchtigkeiten eingesetzt werden" (Heckhausen 1980: 25).

Ob der Mitarbeiter sein Leistungspotential bei gegebenen Rahmenbedingungen auch in eine entsprechend hohe Arbeitsanstrengung umsetzen wird, ist dabei zu einem großen Teil abhängig von seiner Arbeitsmotivation, wobei aus motivations- und entwicklungspsychologischer Sicht davon ausgegangen werden kann, daß das Verfügen über Leistungsvoraussetzungen allein Motiv genug ist, sie einsetzen und weiter entwickeln zu wollen (Hacker 1998: 67). Aus dieser Perspektive heraus scheint Motivation wesentlich tiefer zu gründen, als es die Betrachtung der rationalen Wahlhandlung alleine glauben macht. Die nachfolgende Beschäftigung mit wesentlichen Erkenntnissen der Motivationspsychologie wird dies verdeutlichen. Darüber hinaus wird sie auch dazu beitragen, die Grenzen dieser rationalen Wahl zu erkennen und durch Ergänzung motivationstheoretischer Implikationen hinauszuschieben.

12. Motivation

Der Begriff ‚Motivation‘ ist im Laufe seiner Diskussion zu einem Sammelbecken der Gründe und der generellen Energetisierung von Handlungen geworden. Ihm zugrunde liegt das Verständnis, daß Motive Handlungen mit dem Ziel anreizen, Zufriedenheit, Stolz oder, ganz allgemein, positive Emotionen zu realisieren (Wegge 1997: 488ff.; Comelli/ v. Rosenstiel 1995: 32):

> „Unter Motiven versteht man bestimmte Merkmale von Menschen, die als angeborene oder erworbene Dispositionen über längere Zeiträume hinweg konstant bleiben und sich als generalisierte Inhaltsklassen von Wunsch- oder Zielvorstellungen beschreiben lassen, die zur Verwirklichung anstehen“ (Kleinbeck 1998: 58, hierzu auch Schumacher 1994: 72).

Motive stehen als Sammelbegriff für so unterschiedliche Bezeichnungen wie Bedürfnis, Beweggrund, Trieb, Neigung, Streben etc. (Heckhausen 1980: 24). In der Literatur werden das Leistungsmotiv,[73] das soziale Anschlußmotiv und das Machtmotiv[74] als die bei weitem prägendsten Motive angeführt, wobei die Zahl der denkbaren Motive und Motivklassen unbegrenzt erscheint.

Während Motive als Antriebskräfte für spezifische Handlungen verstanden werden können, die darauf abzielen, individuelle Bedürfnislagen zu befriedigen, bezeichnen Motivierungspotentiale oder Motivatoren motivspezifische Gelegenheiten, die sich auf die Wahrscheinlichkeit auswirken, den Motiven entsprechen zu können (Kleinbeck 1997: 262; Prochaska 1998: 12).[75] Dabei haben diese Motivatoren sowohl einen fordernden als auch einen ermöglichenden Charakter im Hinblick auf das Ziel, durch motivierte Handlungen Zufriedenheit zu erzeugen (Deci/ Ryan 1990: 4).

Die Motivierungspotentiale der Arbeit werden dabei über die folgenden fünf Aufgabenmerkmale definiert:

---

[73] Zu einem kurzen Abriß der Forschungstradition um das Leistungsmotiv vgl. Ott 1995. Zur Herleitung und Entwicklung des Leistungsmotivs und der Leistungsmotivation vgl. Müller, B. M. 1997: 19ff. und zur Diagnostik Schmalt 1995.

[74] Menschen, die von diesem Motiv angetrieben werden, suchen insbesondere Situationen auf, in denen sie Entscheidungen für sich und andere Menschen durchsetzen können. So kommt das Management-Modell „Mangement-by-ojectives“, das über konkrete Ziele und Zielvereinbarungen führt, z.B. Führungskräften mit einem hohen Machtmotiv deutlich entgegen, weil es ihnen ermöglicht, Macht über festgelegte Kenngrößen auszuüben (Kehr 1998: 55). Zu einer zusammenfassenden Diskussion unterschiedlicher Definitionen des Machtmotivs vgl. Schneider/ Schmalt 1994: 227ff..

[75] Zur Etymologie der Begrifflichkeit und zu einem kritischen Definitionsversuch Henkel/ Taubert 1990a,b.

- die Anforderungsvielfalt, also das Ausmaß, in dem die Arbeit inhaltlich variiert,
- die Aufgabengeschlossenheit, also das Ausmaß, in dem die Arbeit zur Erledigung einer umfassenden, ganzheitlichen Aufgabe beiträgt,
- die Bedeutsamkeit der Aufgabe, also darüber welchen Stellenwert die Aufgabenerledigung im Leben der Person einnimmt,
- die Autonomie, also die Möglichkeit, die Lösung der Aufgabe weitgehend selbstbestimmt anzugehen, und schließlich
- die Rückmeldung, also das Ausmaß, in dem die Person Informationen über die Effektivität ihrer Arbeitshandlungen erhält (Schmidt/ Daume 1996: 182; Hacker 1998: 66).

Von diesen Motivierungspotentialen gehen Anreize aus, die Motivziele durch entsprechende Handlungen zu erreichen und Zufriedenheit zu empfinden. Sie geben dem Menschen demnach die Möglichkeit, sich in seiner Arbeit dann zu verwirklichen, wenn sich Motive und Motivatoren in den Arbeitsbedingungen zur Deckung bringen lassen, wenn also eine Passung zwischen Motiven und Motivierungspotential erzeugt werden kann (Comelli/ v. Rosenstiel 1995: 9).

Motivation entsteht nun infolge einer Entsprechung von Motiven sowie infolge der Möglichkeiten, eben diesen vorgelagerten Motiven zu entsprechen. Motivation, genauer: intrinsische Motivation,[76] entsteht dabei aus der Transaktion von Person und Umwelt. Im Sinne der Motivation ist diese Transaktion dann als erfolgreich anzusehen, wenn sich die Bedürfnisse, Erwartungen etc. der Person innerhalb und mithilfe der Umweltbedingungen in Deckung bringen lassen. Dieser Zustand kann als allgemeine Grundannahme der Entstehung von Motivation angesehen werden. Er findet unter unterschiedlichen Bezeichnungen eine breite Berücksichtigung in motivationstheoretischen Arbeiten, läßt sich im Kern aber auf eine Korrespondenz von Personenmotiven und Situation zurückführen, die sich in Motivation entlädt.[77] Im weiteren Fortgang der Arbeit soll dieser Zustand

[76] Heckhausen (1989) definiert eine Handlung dann als intrinsisch motiviert, „[...] wenn Mittel (Handlung) und (Zweck) Handlungsziel thematisch übereinstimmen; mit anderen Worten, wenn das Ziel gleichthematisch mit dem Handeln ist, so daß dieses um seiner eigenen Thematik willen erfolgt. So ist z.B. Leistungshandeln intrinsisch, wenn es nur um das zu erzielende Leistungsergebnis willen unternommen wird, weil damit die Aufgabe gelöst ist oder die eigene Tüchtigkeit einer Selbstbewertung unterzogen werden kann“ (ebd.: 459).

[77] Holland (1985) spricht in diesem Fall von einer Person-Umwelt-Korrespondenz, die bei hoher Ausprägung prognostische Schlüsse auf den Berufserfolg zuließe. Er wies in empirischen Studien nach, daß sowohl die Wahl des Arbeitsplatzes, als auch das Verbleiben und der Aufstieg innerhalb einer Organisation über sechs typspezifischen, z.T. über Sozialisation erworbenen Disposition und deren Übereinstimmung zu entsprechenden situativen Kontexten der Arbeitsumwelt erklärt werden kann (hierzu auch Riechers 1999: 12ff.).

in Anlehnung an das später ausführlich diskutierte Modell des person-environment-misfits als Passung bezeichnet werden (v. Harrison 1978).

Diese Passung von Personenmotiv und situativem Motivierungspotential ist hierbei nicht als einmaliger, statischer Zustand zu verstehen. Sie ist vielmehr als ein veränderliches Ergebnis aus der Beziehung zwischen Mensch und Umwelt zu konzipieren, die unterschiedliche Intensitäten und Stärken annehmen kann. Motivation ist weder in einem zeitlichen Ablauf als unveränderlich und stabil anzusehen, noch sind Motive als dahinter liegende Triebfedern in ihrer Triebkraft unverändert stark (Karmasin 1997: 275f.). Gleichwohl sind sie überdauernd und omnipräsent, d.h. sie bedürfen weder der Selbstreflexion noch der Selbstregulation (Spangler/ Zimmermann 1999: 96f.). Sie sind im Verborgenen aktiv und gewinnen erst in der Entstehung der Motivation, also in der Aufgabenerfüllung ihre Gestalt. Letzten Endes sind es damit vielfältige und komplexe Vermittlungsprozesse zwischen den Motiven und den Motivatoren, die das Maß der motivationalen Entsprechung bestimmen, das in einer Situation erreicht werden kann.

Diese Überlegung legt es nahe, den Begriff der motivationalen Passung nicht dichotom als erfüllt oder verletzt anzusehen, sondern ihn vielmehr als einen analogen und veränderlichen Zustand zu begreifen, der sich immer im Spannungsfeld zwischen aktuellen Aufgabenanforderungen und Ansprüchen auf der einen Seite und vergangenem Status auf der anderen Seite aktualisiert (Volpert 1997: 460).

Wird die Umwelt nun als positiv in bezug auf die Verwirklichung der Motive empfunden, ‚paßt' sie also aktuell zu den individuellen Motiven, entsteht Motivation. Motivation ist demnach der Antrieb, sich in einer erfolgsversprechenden Situation so zu verhalten und so zu handeln, daß den Motiven entsprochen werden kann. Motiviertes Verhalten kann damit als Funktion von Personen- und Situationsfaktoren aufgefaßt werden (Schneider/ Schmalt 1994: 253). Die Situationsparameter repräsentieren hierbei die Rahmenbedingungen, die eine positive Passung der eigenen Motive wesentlich beeinflussen (Heckhausen 1980: 153f.; Brandstätter 1993: 217). Insofern können relevante, in diesem Sinne direkt auf die Motive abzielende Parameter Anreize für bestimmte Optionen repräsentieren und entsprechend motivationsfördernd sein.

Sheldan und Kasser (1995) benennen diesen Zustand mit Kohärenzerleben und bezeichnen damit die Deckungsgleichheit von intrinsischen Motiven und Realisierungschancen, die aus der Umwelt resultieren. Sie diskutieren das Konzept in Hinblick auf die Entstehung und Erhaltung psychischer Gesundheit und weisen auf den hohen Einfluß hin, den das Kohärenzerleben als Aspekt der persönlichen Integration auf die Gesundheit nimmt.

Kannheiser (1992) wiederum gibt dieser Passung den Namen der emotionalen Ganzheitlichkeit, die er sowohl auf der Ebene der Motive bzw. Selbstkonzepte als auch auf der Ebene des Erlebens und der resultierenden Emotionen diskutiert (ebd.: 201).

Von Rosenstiel (1975; 1993) hat diese Überlegungen in einem Modell integriert, das motiviertes Verhalten und Handeln in Organisationen über das Empfinden von Zufriedenheit bzw. Unzufriedenheit erklärt. Es skizziert schematisch, wie Motive in den Rahmenbedingungen von Organisationen zu spezifischen (Leistungs-)Handlungen werden:

Abb. 14: Motivation und Zufriedenheit

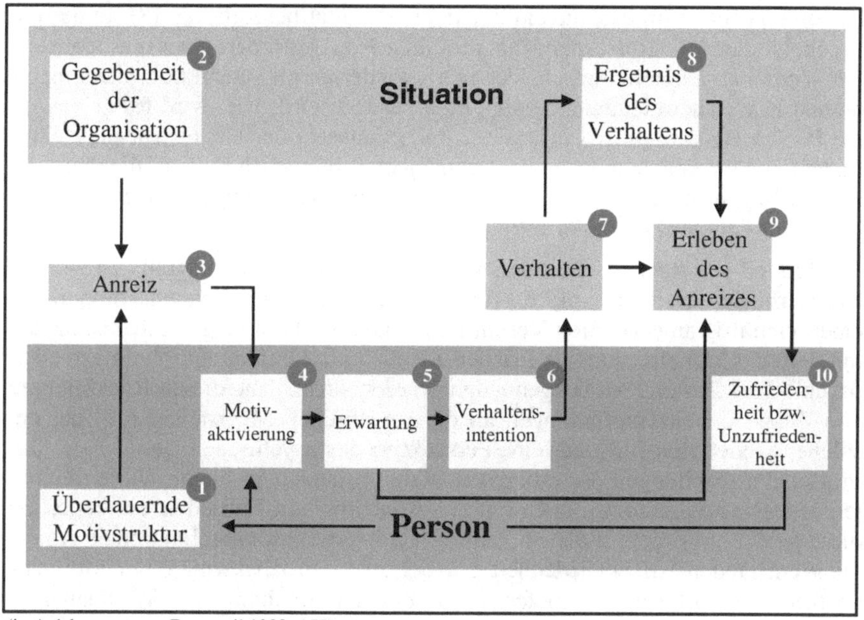

(in Anlehnung an: v. Rosenstil 1993: 157)

Das Modell zeigt, daß das Leistungshandeln einer Person sowohl durch die Gegebenheiten der Situation als auch durch die Eigenschaften der Person bedingt ist.

Hierbei sieht sich eine Person mit überdauernder Motivstruktur (1) den objektiv gegebenen Anforderungen der Situation gegenüber (2). Die Person nimmt diese Anforderungen subjektiv wahr und stellt fest, welche (Teil-) Anforderungen sich mit den eigenen Verhaltensbereitschaften decken und somit zum Anreiz spezifischen Verhaltens werden (3). Konstitutiv für das Modell ist, daß sich dieser Anreiz als eine Interaktion zwischen Person und Situation darstellt. Die Anreizwirkung der Situation geht dabei von einer Korrespondenz von situativen Anreizen und überdauernden, personalen Motivstrukturen aus, die zu einer Motivaktivierung führt (4). In Anschluß daran bilden sich in Abhängigkeit von vorangegangenen Erfahrungen mit vergleichbaren Situationen erfolgs- oder mißerfolgsbezogene Erwartungen, die sich auch auf mögliche Belohnungen oder Bestrafungen, also weitere Anreize beziehen. Die unterschiedlichen Optionen werden gegeneinander abgewogen (5), und danach in einer spezifischen Verhaltensoption abgebildet (6). Diese wird im darauffolgenden Schritt, durch Fertigkeiten und Fähigkeiten moderiert, sowie realisiert und beeinflußt dadurch direkt das Niveau der möglichen Belohnung oder Bestrafung (7). Die Realisierung einer Verhaltensoption durch eine Handlung[78] stellt im weiteren eine Interaktion zwischen Person und Situation dar, die ein konkretes Resultat hervorbringt (8). In diesem Ergebnis, das eine Korrespondenz von situativen Anforderungen und realisiertem Verhalten darstellt, entscheidet sich - wiederum als Interaktionsphänomen - ob und in welchem Umfang belohnt oder bestraft wird. Hier wird festgelegt, ob die Person Befriedigung, Frustration, Zufriedenheit oder Unzufriedenheit empfindet (9). Dieses Erlebnis hat wiederum einen direkten Einfluß auf die überdauernde Motivstruktur und bestimmt die weiteren Bewertungsvoreingenommenheiten der Person (Prochaska 1998: 6ff.).

Das Modell von Rosenstiel hat den Vorzug, umfassend und integrativ zu wirken. Darüberhinaus bietet es mit Berücksichtigung der Zufriedenheitskomponente einen vielfältig anwendbaren Vermittlungs- und Rückbindungsmechanismus an, mit dem das aktuelle situative Erleben auf die ganze Person und ihren aktuellen psychischen Zustand zurückgebunden werden kann. Mit dieser Rückbindung von Zufriedenheitsempfindungen an die psychischen Mechanismen öffnet ein solches Modell den Blick auf eine Perspektive des psychischen Geschehens, das in Modellvorstellungen der rationalen Wahl ausgeblendet bleibt. Diese rationalen Modelle arbeiten zwar auch mit der Annahme von Zufriedenheit, begreifen diese jedoch im Ergebnis als ein Zufriedenheitsurteil, das durch rationale Abwägung entstanden ist. Zufriedenheit gründet aus dem Blickwinkel der Motivationstheorie jedoch sehr viel tiefer als es bei der Betrachtung von Wahlhandlungen scheinen mag. Insofern eröffnet sich aus dieser Differenz eine interessante Perspektive hinsichtlich der Konzeption eines erweiterten ökonomischen Modells der Fehlzeit, dessen ursprüngliche Annahmen wegen der zu geringen Tiefe entsprechend kritisiert wurden. Eine umfassende Diskussion der Zufriedenheitsthematik wird diese Perspektive einer erweiterten Modellannahme zu einem späteren Zeitpunkt noch einmal dezidiert aufgreifen.

Trotz dieser Vorteile und Anschlußmöglichkeiten, teilt das oben skizzierte Modell mit anderen allgemeinen Modellen aber auch den Nachteil, unscharf zu bleiben wie v. Rosenstiel (1975) zu bedenken gibt (ebd.: 34f.). Dies fällt sowohl in bezug auf die Energetisierung des Verhaltens als auch auf die Auswahl von Verhaltens- und Handlungsoptionen auf. Dabei wird lediglich davon ausgegan-

[78] Gemeint ist hiermit auch der bewußte Verzicht auf eine konkrete Handlung, womit dann wiederum nur ein passives Verhalten als eine Haltung gegenüber den situativen Gegebenheiten verbunden wäre.

gen, **daß** Verhalten durch Situationsspezifika angeregt wird und **daß** eine Auswahl unterschiedlicher Optionen vorgenommen wird, während dahinterliegende Annahmen einer motivationalen Bedürfnisstruktur nicht weiter thematisiert werden.

12.1 Inhaltstheorien

Diese Überlegungen sind Grundlagen von sogenannten Inhalts- oder Content-Theorien der Motivation, die explizit auf die Erklärung dessen abzielen, „was" die Menschen zu ihrer motivierten Handlung bewegt (Campell/ Pritchard 1976). Inhalt der Theorien ist demnach die Bestimmung von zugrundeliegenden unbefriedigten Bedürfnislagen und von Zielen, deren Erreichung Zufriedenheit verspricht.

Zu den Content-Theorien gehören z.B. das Maslowsche Modell der Bedürfnishierarchie (1954; 1981), Herzbergs Zwei-Faktoren-Theorie (1959) und McClellands Affekt-Erregungs-Modell (1967) um nur die prominentesten Modelle anzuführen. Als Motivatoren werden in diesen Theorien nur unbefriedigte Bedürfnisse wirksam:

- Bei Maslow (1977; 1981) wird das Postulat der Aktivierung unter der Annahme von Wachstums- und Defizitmotiven diskutiert und genießt trotz vielfältiger empirisch begründeter Zweifel eine gute Reputation in der betriebspraktischen Anwendung.[79]
- Bei Herzberg et al. wird es über die Annahme potentiell zufriedenheitsstiftender oder potentiell unzufriedenheitsstiftender Bedürfnisse konzipiert. Diese Autoren zeigen mit dieser Differenzierung auf, daß Personen auf unterschiedlichen Ebenen sowohl Zufriedenheit als auch Unzufriedenheit empfinden können (Lawler 1977: 95). Einer empirischen Überprüfung hält aber auch dieses Modell nur bedingt stand.
- McClelland et al. haben sich der Frage gewidmet, wie die zugrundeliegenden Motive in den Personen angelegt sind. Sie vertreten in ihrem Affekt-Erregungs-Modell die These, daß Bedürfnisse als Resultat eines situativen sozialen Lernprozesses angeeignet werden. Schneider und Schmalt (1994) kritisieren an diesem Ansatz, daß er keine trennscharfe Bestimmung zwi-

[79] Diese Theorie überzeugt durch ihre Plausibilität und Einfachheit, konnte einer umfassenden empirischen Überprüfung aber nicht standhalten (Nerdinger 1995: 39ff.; Scholz 1993: 419ff.; Fischer 1997a: 268; Staehle 1999: 170f.). Staehle (1999) merkt an, „[...] daß vor allem die Manager bei der großen Uneinigkeit der Wissenschaftler über den empirischen Bestätigungsgrad einzelner Theorien auf dieses Gütekriterium völlig verzichten und nur ***das*** aus der Fülle der Motivationsansätze praktizieren, was ihnen plausibel und mit dem gesunden Menschenverstand vereinbar ist" (ebd.: 219). Er sieht diese Tendenz insbesondere bei dem zitierten Modell von Maslow verwirklicht.

schen einer überdauernden Disposition und einer situativ angeregten motivationalen Tendenz zulasse (ebd.: 252).

- Wunderer und Mittmann (1995) diskutieren Motivation unter dem Aspekt der Identifikation und vermeiden damit den - wie noch zu zeigen sein wird - unscharfen Begriff der Zufriedenheit. Sie nehmen an, daß die Identifikation mit dem Unternehmen in Zeiten des Wertewandels[80] dazu beiträgt, die Motivierungspotentiale sowohl im Hinblick auf persönliche als auch betriebliche Belange auszufüllen (ebd.: 21ff.; Schlie/ Stegbauer 1988: 112).[81] Konzeptionell bietet das Konstrukt der Identifikation jedoch wenig Neuerungen. Es überzeugt vor allem aufgrund der hohen Plausibilität und Praktikabilität seiner Annahmen.[82] Am Ende der Betrachtung steht jeweils die Zufriedenheit, verschränkt mit der Implikation der Leistung.

So einflußreich inhaltstheoretische Vorstellungen auch noch im betrieblichen Alltag sein mögen, so kritisch werden sie im wissenschaftlichen Kontext diskutiert. Doch, so die Kritik, würden zugrundeliegende Motive in ihrem Verständnis als Verhaltensdispositionen an eben diesem (beobachtbaren) Verhalten festgemacht und aus diesem Grunde in empirischen Überprüfungen schnell zu Tautologien führen (Nerdinger 1995; Sokolowski 1993: 122).

---

[80] Klages (1981), auf den diese Diskussion zurückgeht, sieht Wünsche nach autonomer, sinnhafter oder kreativer Tätigkeit zunehmend als relevanter werdende Einflußgrößen für das Arbeitsverhalten an (ebd.: 371). Schmidt (1997) präzisiert diesen Befund mit Verweis auf eine Studie des BAT-Instituts (1992): „Die Arbeitnehmer wollen in ihrer Arbeit nicht nur die bloße Beschäftigung sehen, mehr denn je wollen sie vom Sinn ihrer Arbeit überzeugt sein. Dazu gehört auch, daß das Ergebnis ihrer Leistung ihnen nicht verborgen bleiben darf. Wenn sich diese Entwicklung so fortsetzt, dann kann in Zukunft die Honorierung mit Sinn den gleichen Stellenwert einnehmen wie die Höhe des Einkommens" (Schmidt 1997: 146; Volkholz/ Köchling, A. 1996: 168ff.; Nerdinger 1995: 47; Schumacher 1994: 3). Jaide (1983) weist einschränkend darauf hin, daß „Ersatzbefriedigung durch Freizeitinhalte" weithin an das Bildungsniveau gebunden sei (ebd.: 53). Comelli und v. Rosenstiel (1995) führen an, daß der Wertewandel insbesondere bei jungen und gebildeten Menschen aus dem städtischen Wohnumfeld zu verzeichnen ist (ebd.: 288).

[81] Vgl. auch Zimmerli (1996), der die Kongruenz gewandelter Werte und damit einhergehend verschobener Motivstrukturen mit den betrieblichen Möglichkeiten als entscheidend für die Entwicklung von Arbeitsmotivation skizziert (ebd.: 44f).

[82] Es soll an dieser Stelle bei der vorgetragenen Kritik nicht verschwiegen werden, daß das Konzept der Identifikation für die betriebliche Praxis und die Gestaltung von Arbeitsbedingungen und Anreizsystem gleichwohl von hoher praktischer Relevanz ist (Gidion 1996: 809f.): Es bietet Vorteile in bezug auf eine empirische Erhebung: Die Ergebnisse sind vergleichsweise trennscharf, beziehen sie sich doch auf externe Faktoren, mit denen eine Identifizierung möglich ist. Die Messung von Arbeitszufriedenheit gleicht hingegen immer einem internen Abgleich von Erwartung und Realität und steht vor dem Problem, regelmäßig nur wenige unzufriedene Personen ausmachen zu können. Befragungen zur Identifikation weisen hier jedoch einen Grad der Identifikation aus und bieten damit handhabbarere Ergebnisse an.

„Das Motivkonzept hat die verführerische Eigenschaft, alles zu erklären, und damit nichts: Es definiert nur das Problem, das es zu lösen vorgibt. Dadurch wird auch der relative Stillstand dieser Forschungsrichtung verständlich – da kaum ‚neue' Bedürfnisse und Motive in der Arbeitswelt zu entdecken sind, werden nur immer wieder dieselben Person-Arbeits-Bezüge betrachtet" (Nerdinger 1995: 73).

Brunstein et al. (1999) greifen diese Kritik auf und konzipieren Motive und persönliche Ziele als zwei motivationale Teilsysteme der Persönlichkeit, die aufeinander bezogen, aber dennoch eigenständig und z.T. konkurrierend seien.[83] Während sich Motive auf breite Äquivalenzklassen von Anreizen bezögen, beruhen persönliche Ziele auf ausgewählten Anreizobjekten. Motive werden in der persönlichen Zielsetzung[84] auf konkrete Handlungsergebnisse fokussiert und damit operationalisiert (ebd.: 157ff.). Den Zielen kommt hierbei ein dreifache Funktion zu:

1. Ziele und ihre antizipierte Erreichung aktivieren und veranlaßen Tätigkeiten.
2. Ziele dienen als Modellvorstellung des Ergebnisses, helfen dabei die Tätigkeiten zu organisieren, lenken und bündeln die Aktivitäten zur Zielerreichung.
3. Ziele liefern die Grundlage für den späteren, kontrollierenden Vergleich von Zielvorstellung und erreichtem Ergebnis (Schmidt/ Kleinbeck 1999: 291).

Diese Funktionen sind zwar grundsätzlich auf die dahinterliegenden Motive zu beziehen, da Motive das Handeln grundsätzlich energetisieren. Ziele bilden jedoch einen relativ unabhängigen inneren, kognitiv bestimmten Regelkreis der Motivation und stoßen Handlungen an. Dementsprechend nehmen Brunstein et al. (1999) auch an, daß jedes dieser motivationalen Teilsysteme in der Lage ist, Verhalten zu energetisieren und in Handlungen zu überführen (hierzu kritisch Weinberger/ McClelland 1990). Inhaltstheorien bilden in diesem Verständnis jedoch nur einen der beiden Teile dieses motivationalen Teilsystems ab.

Zusammenfassend ist festzuhalten, daß allen Inhaltstheorien der Erklärungsversuch gemeinsam ist, den Grund motivierten Verhaltens aufdecken zu wollen, wobei sie aber aus der Motivation keine spezifischen Handlungen ableiten. Sie

---

[83] Vgl. hierzu auch McClelland (1987), der Motiven und Intentionen implizit unterschiedliche Kriterien zuordnet und argumentiert, daß die Anzahl unbewußter Motive weit geringer sei und diese von geringerer generellerer Bedeutung seien, als die Menge der bewußten Wünsche und Intentionen, die aus unbewußten Motiven abzuleiten seien (ebd.: 12). Weiter argumentiert er, daß kognitive Faktoren der Intentionsbildung zwar den Impuls zur Handlung bildeten, aber nicht als Teil der eigentlichen (inhaltstheoretischen) Motivdisposition anzusehen seien (auch Kuhl 1987a: 280f.; Nuttin 1987: 313).

[84] Zu einem kurzen Abriß zu Grundlagen und Anwendungen der Zielsetzungstheorie vgl. Wegge 1998a.

erklären zwar, **daß** gehandelt werden soll, sie verschweigen dabei aber „**wie**" die Intention handlungswirksam werden kann. Unter welchen Bedingungen aus der Motivation ein (Leistungs-)Handeln wird, erklären die Inhaltstheorien also nicht. Sie beschränken sich somit auf das „**was**" der Motivation und versuchen zu erklären, welche Motive durch Handlungen befriedigt werden. Sie vernachlässigen dabei aber das Zustandekommen motivierten Verhaltens, das ausschlaggebend für die Ausführung von Handlungen ist. Vor allem aber geben sie keinen Anhaltspunkt dafür, welche konkrete Handlung aus einem Set möglicher und vorstellbarer Handlungen ausgewählt wird, um letztlich zu einer angestrebten Bedürfnisbefriedigung zu kommen.

Dennoch ist die Popularität von Inhaltstheorien vor allem im betrieblichen Kontext ungebrochen. Dort wird Motivation häufig deutlich verkürzt dargestellt und in Inhaltstheorien diskutiert. Sogenannte Incentivemodelle mit entsprechenden Anreizfunktionen haben nach wie vor Hochkonjunktur (Schlicksupp 1995; Evers 1993). Nicht zuletzt läßt sich hieraus auch die hohe Beliebtheit des Rückkehrgesprächs ableiten, die wie o.a. einem entsprechenden Alltagsverständnis der Fehlzeit folgt. Eine geringe Arbeitsmotivation oder –moral wird dabei auch häufig für hohe Fehlzeiten, schlechte Qualität und Unzuverlässigkeit verantwortlich gemacht. In diesem Kontext wird auch undifferenziert über den hohen Anteil motivationaler Fehlzeiten gesprochen (Jeiter 1998: 6). Verantwortlich für Fehlzeiten sind in dieser verkürzten Sichtweise in erster Linie „schlecht motivierte" Mitarbeiter, die eine geringe Motivation „beinhalten". Ausgeblendet bleibt der wechselseitige Entstehungszusammenhang von Arbeitsmotivation, der hier zugrunde gelegt werden soll, wie Kleinbeck (1998) es definiert:

> „Arbeitsmotivation entsteht normalerweise durch das Zusammenwirken der persönlichen *Motive* mit den spezifischen *Motivierungspotentialen* des Arbeitsplatzes" (Kleinbeck 1998: 58; Hervorhebung im Original).

Sie entsteht aus der Passung von Mitarbeitern und den unternehmensinternen Anforderungen. Erst dann, wenn diese sich mit den Erwartungen des Mitarbeiters in Deckung bringen lassen, entsteht motiviertes Verhalten.

12.2 Prozeßtheorien – Erwartungs-Mal-Wert-Modelle

Diese Aspekte werden in den Prozeßtheorien der Motivation in Form von Rahmen- und Handlungsbedingungen wie Instrumentalitäten in den Mittelpunkt der Überlegungen gerückt. Prozeßtheorien konzentrieren ihr Interesse auf die Erklärung, „wie" ein Verhalten energetisiert und gerichtet wird (Weinert 1987: 272). Sie erklären also auch die Wahl spezifischer gerichteter Handlungen.

Diese Theorien betonen insbesondere die kognitiven Aspekte[85] menschlichen Handelns und legen rationale Anreiz-Beitrags-Erwägungen zugrunde. Dabei wird die Annahme getroffen, Personen hätten **bewußte**, kognitive repräsentierte Erwartungen bezüglich des zu erreichenden Ziels sowie der Relation von Anreiz und Beitrag. Aufgrund dieser Abwägung sind sie auch in der Lage, den output ihrer Anstrengungen innerhalb der Arbeit auf den outcome ihrer individuellen Bedürfnisse (außerhalb der Arbeit) zu übertragen.

Die Motivation wird dabei in der betrieblichen Praxis vielfach extern, zumeist über finanzielle Stimulans angereizt. Monetäre Entlohnung wird zu einem wesentlichen Transferträger zwischen intrinsischem Bedürfnis und externer Ermöglichung.[86] Treffen sich Anreize und Beiträge in einem subjektiv als gerecht angenommenen Verhältnis, so resultiert daraus die motivationale Verhaltensintention, die in Aussicht gestellte Belohnung durch ein spezifisches Verhalten zu erhalten.

Hackman und Oldham haben zur Erklärung des Zustandekommens von Arbeitsmotivation bereits 1976 ein überzeugendes und empirisch gehaltvolles Mo-

---

[85] Der Begriff der Kognition soll hier in Anschluß an Schneider und Schmalt (1994) Verwendung finden, die ihn sowohl in seiner funktionalen Eigenschaft der Informationsverarbeitung sehen als auch in phänomendeskriptiver Weise verwenden, um der erlebnismäßigen Komponente der Kognition gerecht werden zu können (ebd.: 55).

[86] Eine differenzierende Darstellung von extrinsischen und intrinsischen Motivationsansätzen, die Frey (1997) aus konzeptioneller Sichtweise für fruchtlos und diffus hält, soll in dieser Arbeit nicht weiter vorgenommen werden (ebd.: 21; Bickenbach/ Soltwedel, R. 1996: 34). Dies erscheint gerechtfertigt, da das Entstehen von Motivation in dieser Arbeit nur sekundär interessiert, während das Ausbleiben von Motivation bzw. Prozesse der Demotivation mit einhergehender geringerer Leistungsverausgabung in seinen Folgen primär für den Fortgang der Arbeit ist. Mit McClelland (1989) läßt sich die Differenz zwischen extrinsischer und intrinsischer Motivation im Hinblick auf die hier angesprochene Fragestellung lapidar zusammenfassen: „[...] whatever the reasons for discordance between implicit and explicit motives, it can certainly lead to trouble" (ebd.: 700).

Springer (1999) weist zudem mit Blick auf die aktuellen Entwicklungen in der Automobilindustrie darauf hin, daß die Diskussion um extrinsische und intrinsische Ansätze in der gegenwärtigen Praxis eine „[...] neue, vielfach spannungsreiche Verbindung miteinander" eingehen (ebd.: 197). So daß auch in diesem Feld praktischer Anwendung eine analytische Trennung zwischen intrinsischer und extrinsischer Motivation zunehmend fraglich ist.

dell vorgestellt, in dem sowohl die motivierende Wirkung von strukturellen Rahmenbedingungen als auch individuelle Dispositionen der Motivation abgebildet werden können (hierzu auch dies. 1977). Das „Job-Characteristics-Model of Work-Motivation“ der beiden Autoren baut auf den drei Dimensionen Qualifikation, Identifikation mit der Tätigkeit und persönliche Bedeutsamkeit der Tätigkeit („Skill Variety, Task Identity, Task Significance“) auf, die zur erfahrenen Sinnhaftigkeit der Arbeit („Experienced Meaningfulness of the Work“) führen sollen. Durch einen entsprechenden Grad von Autonomie („Autonomy“) wird die erfahrene Verantwortlichkeit für die Hervorbringnisse der Arbeit („Experienced Responsibility for Outcomes of the Work“) gebildet, während durch ein konstruktives Feedback auf die Arbeitstätigkeit schließlich eine Rückmeldung über die aktuellen Ergebnisse der Arbeitstätigkeit („Knowledge of the Actual Results of the Work Activities“) erreicht wird.

Diese Faktoren führen zu hoher intrinsischer Arbeitsmotivation („High Internal Motivation“), hoher Arbeitsqualität („High Quality Work Performance“), hoher Arbeitszufriedenheit („High Satisfaction with the Work“), zu einem geringen Krankenstand und zu geringer Fluktuation („Low Absenteeism and Turnover“) (ebd.: 256).

Als zusätzlichen Faktor, der die Stärke der Motivation in einer bestimmten Situation erklärt, führen Hackman und Oldham eine langfristige Entwicklungsperspektive an („Employee Growth Need Strength“). Diese Perspektive kann als eine individuelle (Grund-) Disposition verstanden werden, nach der Arbeitssituationen auf ihren Herausforderungs- und Entwicklungsgehalt hin überprüft werden („Was kann ich dieser Situation abgewinnen?“). Motivation entsteht im Modell von Hackman und Oldham demzufolge als Reflex einer Person auf eine Situation. Die Stärke der Motivation wird dabei zu einem großen Teil von der Entwicklungsperspektive („Employee Growth Need Strength“) vorgegeben.

In einer späteren Arbeit (1980) hat Hackman zusätzlich zu der Entwicklungskomponente zwei weitere, individuelle Voraussetzungen angeführt, die einen Einfluß auf das Leistungsverhalten nehmen: Kenntnisse und Fähigkeiten (Knowledge and Skills) sowie die Zufriedenheit mit den Kontextbedingungen (Context Satisfaction) (ebd.: 82ff.), wobei die Kontextbedingungen als die notwendige Autonomie verstanden werden, die es Personen mit unterschiedlichen Dispositionen ermöglicht, eine allgemeine Zufriedenheit durch ein motiviertes Verhalten zu erreichen.

Diese Autonomie wird als eine entscheidende Voraussetzung für die Entstehung von intrinsischer Motivation diskutiert, die wiederum für positive Ergebnisse verantwortlich zeichnet. Intrinsische Arbeitsmotivation entsteht in diesem Modell folglich als eine Attribuierung von wahrgenommener Autonomie, die in Abhängigkeit von dem zur Verfügung stehenden und genutzten Handlungsspielraum konzipiert ist (Ulich et al. 1989: 24ff.). Ist das Ausmaß des Handlungsspielraums hoch, so besteht die Option, externe Anforderungen und interne Bedürfnisse durch entsprechendes persönliches Verhalten in Deckung zu bringen.

Das Job-Charakteristic-Model gilt für den ursprünglich angestrebten Forschungskontext als empirisch gehaltvoll, lassen sich innerhalb der Modellvorstellungen doch auch externe Anreize theoretisch abbilden. Es setzt allerdings die Annahme voraus, daß Zufriedenheit über eine extern angereizte Attribution in einen tätigkeitsabstrahierten Raum übertragen werden kann. Dieser Gedanke läßt sich theoretisch zwar durchaus in das Modell von Hackman und Oldham einfügen, originär entstammt er aber den sogenannten Erwartungs-Mal-Wert-Modellen, in deren Kontext er elaboriert wurde.

Diese Modelle folgen explizit rationalen Überlegungen und lassen die Unterscheidung zwischen intrinsischer und extrinsischer Motivation obsolet erscheinen (Semmer/ Udris 1993: 140). Sie legen den Gedanken nahe, intrinsische und extrinsische Motivation als ein sich wechselseitig beeinflussendes Konstrukt, als zwei entgegengesetzte Pole eines Kontinuums zu begreifen, das sich in Abhängigkeit der Realisierungschancen reflexiv aktualisiert (Wilkesmann 1994: 148; Frey 1997; Deci/ Ryan 1993: 226).

In Erwartungs-Mal-Wert-Modellen – es handelt sich dabei gewissermaßen um die psychologische Variante ökonomisch fundierter Wahlhandlungsmodelle - wird die Entstehung von Motivation als ein Verrechnungsprozeß erklärt, bei dem sämtliche Erwartungen und Anreize in Verhältnis zu den jeweiligen Handlungsergebnissen und ihren Folgen gesetzt werden. In einer spezifischen Situation wird also dasjenige Handlungsziel[87] ausgewählt, das individuell einen hohen Wert besitzt, also dem Motivziel möglichst nahekommt, und dem gleichzeitig die hohe Wahrscheinlichkeit unterstellt wird, auch erreicht werden zu können (Heckhausen 1987a, b; Vroom 1964; Wegge 1998b: 29).

Erwartungs-Mal-Wert-Theorien erklären somit den Auswahlprozeß alternativer Muster des Arbeitsverhaltens:[88] Über die Valenzen der unterschiedlichen Hand-

---

[87] Oesterreich und Volpert (1987) definieren ein Ziel als „[...] ein vor dem Handeln antizipierter Zustand, der durch Handeln erreicht werden soll" (ebd.: 45). Hacker und Richter (1990) gehen über diese Funktion deutlich hinaus und begreifen die Funktionen von Zielen in einer individualpsychologischen Perspektive sowohl als Antizipation als auch als Retrospektive: „Die Schlüsselrolle der Ziele ergibt sich aus ihren fünf Funktionen in der Tätigkeitsregulation: Sie sind Antizipation des künftigen Resultats; sie aktivieren, veranlassen und sichern als Intentionen (Vorannahmen) zur Ergebnisherbeiführung durch eigene Anstrengung nach dem Entschluß, der den Tätigkeitsspielraum aufhebt; sie sind Gedächtnisrepräsentationen des antizipierten Ergebnisses, welches dem rückkoppelnden Soll-Ist-Vergleich dienten; sie sind Ansatzstellen von tätigkeitsspezifischen stabilisierenden Emotionen sowie des persönlichkeitsrelevanten Selbstwerterlebens zufolge des Erreichens oder Verfehlens ich-naher Absichten der Persönlichkeit" (ebd.: 136).

[88] Diese Theorien machen damit keine Aussage über die meßbaren Leistungsergebnisse der Handlung (Semmer/ Udris 1993: 141). Sie machen aber deutlich, wie Leistungsverhalten

lungsergebnisse wird diejenige Handlung ausgewählt, die den größten Nutzen verspricht (Nerdinger 1995: 96ff.).[89] Letztendlich liefern Erwartungs-Mal-Wert-Theorien in dieser eher rudimentären Urform damit ein einfaches und plausibles Modell, mit dem die Abwesenheit vom Arbeitsplatz als Entschluß gegen eine Anwesenheit bzw. als eine Entscheidung für attraktivere Alternativen angesehen werden kann. Wenn sich das Fehlen am Arbeitsplatz günstig oder neutral auf das Erreichen der individuellen Motivziele auswirkt und von den Instrumentalitäten kein entsprechender Anreiz zur Aufrechterhaltung der Anwesenheit ausgeht, wird die motivationale Passung zwischen Mitarbeiter und Betrieb respektive Arbeit so gering, daß sogenannte motivationale Fehlzeiten in den Bereich der Handlungsalternativen kommen. Nieder und Janssen (1996) präzisieren die entsprechenden Entscheidungen mit deutlich praktischem Anreizbezug:

„Ein Arbeitnehmer wird daher um so eher fehlen:

- je unangenehmer die Arbeit ist und je weniger Erfolge in der Arbeitssituation erlebt werden;
- je weniger er negative Konsequenzen des Fehlens erwartet (Vorhaltungen seitens Vorgesetzter und Arbeitskollegen, Kündigung);
- je mehr er negative Konsequenzen bei Nichtfehlen erwartet (die subjektive Wahrscheinlichkeit einer Krankheitsverschlimmerung);
- je angenehmer andere Beschäftigungen sind (z.B. Erfolgserlebnisse bei Nebentätigkeiten);
- je mehr er negative Konsequenzen erwartet, wenn er andere Verpflichtungen nicht erfüllt (z.B. Hausarbeit, kranke Kinder)“ (ebd.: 59).

Fehlzeiten werden in diesen Vorstellungen analog zu den oben skizzierten prozeßtheoretischen Annahmen als **bewußt** durch **Abwägung** herbeigeführte Reaktionen beschrieben, die vermeintlich geringe Passung zwischen Person und Arbeit durch eine alternative Passung außerhalb der Arbeit wiederherzustellen. Diese Anwendung des Erwartungs-Mal-Wert-Modells scheint sich unmittelbar

---

durch Anreize im Prinzip gesteuert werden kann.

[89] Bandura (1977) weist in seinem Konzept der Selbstwirksamkeit darauf hin, daß die Erwartungen nur dann einen handlungsleitenden Charakter haben, wenn sich die Person in Einklang mit den Erwartungen auch eine reelle Erfolgschance verspricht, die Person also davon überzeugt ist, die Situation auch tatsächlich durch die eigene Handlung für sich gestalten zu können (vgl. zusammenfassend Deci/ Ryan 1990: 223ff.).

Siegrist (1996) ergänzt, daß neben der Perspektive der Selbstwirksamkeit auch Aspekten der Selbstbewertung und –einbindung eine wichtige Rolle im Modus „höher entwickelter Selbstregulation“ zukommt (ebd.: 87) aus den Modellvorstellungen abzuleiten. Zudem fundiert sie ökonomische Annahmen eines Fehlzeitenmodells im Zuge motivationstheoretischer Überlegungen. Doch gerade die zugrundeliegenden Modellvorstellungen von Erwartungs-Mal-Wert-Modellen sind nicht ohne begründeten Widerspruch geblieben und fordern eine tiefere Diskussion motivationstheoretischer Implikationen. Zusammenfassend stellt sich die Kritik wie folgt dar:

- **Emotionale** Faktoren werden nur in der Valenz der Folgen, nicht in der Tätigkeit selbst berücksichtigt.
- Die Theorien nehmen die **Unabhängigkeit ihrer Komponenten** an, die in der Praxis jedoch häufig miteinander korrelieren.
- Sie betrachten nur **kognitiv bewußte** Auswahlprozesse, die jedoch im alltäglichen Arbeitsleben eher selten sind.
- Der Fokus der Modelle liegt auf **Handlungsentscheidungen**, nicht jedoch auf Handlungen selbst (Trimpop 1999: 69).

Diese Hauptkritikpunkte werden in den nachfolgenden Abschnitten umfassend zu berücksichtigen sein, denn die Konzentration auf Handlungsentscheidungen, hat dazu geführt, daß bewußten Entschlüssen zur Handlung ein ungebührlich hohes Gewicht in der theoretischen Diskussion zugekommen ist. Dabei beschränken sich Erwartungs-Mal-Wert-Theorien im wesentlichen auf bewußte und vor allem **willentlich** herbeigeführte Handlungsabsichten und vernachlässigen einerseits den Aspekt unbewußt ausgelöster und vorgenommener Handlungen und andererseits die Umsetzung einer Handlungsintention in eine Handlung (v. Cranach 1994: 70ff.). Gerade dieser Aspekt ist aber in bezug auf eine geschlossene Vorstellung vom Entstehungsgefüge der Fehlzeiten von erheblicher Bedeutung. Die bislang erarbeiteten Ergebnisse lassen bereits erahnen, daß bewußten Fehlzeitenentscheidungen nur eine vergleichsweise geringe Relevanz zukommt. Darüberhinaus wird vermutet, daß der Betrachtung tiefgründiger psychischer Prozesse in diesem Zusammenhang ein entscheidender Beitrag zufallen wird. Aktuelle Ergebnisse der Motivationspsychologie zeigen hinsichtlich dieser Perspektive den Weg, rationale und willentlich bewußte Abwägungsprozesse um Aspekte vor- und unbewußten Verhaltens zu ergänzen. Darüberhinaus ermöglichen sie es auch, emotionales Empfinden in seinen (Reaktions-)Folgen in ein Gesamtkonzept zu integrieren, was letztlich die Grundlage für ein Verständnis der Genese gesundheitlicher Befindensbeeinträchtigungen darstellt.

12.3 Wille und Motivation

Kuhl (1987b) widmet sich dieser Spannung zwischen motivational aktiviertem und willentlich gerichtetem Handeln. Er unterscheidet in der Differenz zwischen der Motivation und dem Wollen zur Handlung. Damit nimmt er zwei unterschiedliche Tendenzen der Motivation an, die er im (Aus-)Wählen, also in der Entscheidung, ein Motiv realisieren zu wollen und in dem Vermögen, eine Motivationstendenz in einem stabilen Handlungsplan realisieren zu wollen, konzipiert. Er benennt diese Tendenzen mit den Begriffen ‚Selektionsmotivation‘ und ‚Anstrengungsmotivation‘ (ebd.: 113), wobei die Selektionsmotivation die Entscheidung beschreibt, eine Abwägung von Motiven und Realisierungschancen in einem kognitiven Prozeß vorzunehmen. Gegen Ende des Prozesses steht dann die Wahl, ein Motiv vorrangig verfolgen zu wollen, woraufhin eine entsprechende Handlung begonnen wird. Der kognitive Selektionsprozeß wird damit abgeschlossen und geht durch Zielbindung in die Realisierung über.

Um den Motiven in Form von Handlungszielen nun wirklich nachkommen zu können, ist es notwendig, die ausgewählten Ziele mehr oder weniger nachhaltig zu verfolgen. Diese Funktion übernimmt der **Wille**, der die Bedürfnisbefriedigung nach abgeschlossener Selektion tatsächlich durch **einen** entsprechenden Handlungsvollzug herbeizuführen sucht. Willensprozesse dienen somit der Abschirmung aktueller Handlungsabsichten gegenüber konkurrierenden, nicht optionalisierten Motivationstendenzen (ebd.: 104).[90] Handeln wird in der Terminologie Kuhls somit als ein gerichtetes Verhalten durch die Anstrengungsmotivation auf das Ziel hin ausgerichtet, während die Bildung der Intention von der hiervon zu unterscheidenden Selektionsmotivation geleitet wird. Die Anstrengungsmotivation übernimmt somit die Funktion einer motivationalen Stabilisierung.[91]

Die Thematik des Auswählens und des Ausführens wird von Heckhausen (1987b) in das sogenannte Rubikonmodell des Handelns integriert. Es ist von besonderem Interesse, obschon oder gerade weil es, wie es Gollwitzer (1991) lakonisch beschreibt, „[...] ernst mit der Trennung zwischen Motivation und Volition“[92] macht (ebd.: 50). Es bietet die Möglichkeit, die beiden Grundfragen der

---

[90] Sokolowski (1993) relativiert diese Annahme mit dem Hinweis, daß eine volitionale Handlungssteuerung nur dann nötig ist, wenn „[...] die Tätigkeiten zur Erreichung eines gesetzten Zieles keine oder zu wenig motivationale Unterstützung haben [...]“ (ebd.: 120ff.).

[91] Eine Antwort auf die Frage, wo genau der Übergang dieser konkurrierenden Motivationstendenzen zur vollständigen Handlungsabsicht zu suchen ist, ist allerdings keinesfalls in Sicht (ebd.: 109). Schneider und Schmalt (1994) weisen aber darauf hin, daß dies nur vor dem Hintergrund des eigenen Selbstkonzeptes und seiner biographischen Entstehung zu erklären ist (ebd.: 183).

[92] Kuhl (1996) definiert Volition wie folgt: „Die Begriffe *Volition* und *Wille* bezeichnen eine Kategorie kooperierender psychischer Funktionen, welche bei Vorliegen von näher zu bes-

Motivationspsychologie nach der Wahl und der Realisierung von Handlungsalternativen zu beantworten (Nerdinger 1995: 75). Es integriert damit den ökonomischen Auswahlprozeß von Handlungsalternativen in ein weiterreichendes Handlungsmodell. Das Modell sieht vier Phasen vor, die zugleich das Entstehen, Heranreifen und Vergehen von Motivation vor, während bzw. nach einer Handlung umfassen (Gollwitzer 1991; 1996; Hoyos, C. Graf 1989: 83). Kennzeichnend für die Modellvorstellung ist hierbei, daß motivationale Phasen die Vor- und Nachhandlungsphasen beschreiben, während direkt handlungsbezogene Sequenzen hingegen als willentlich gesteuerte Abläufe, also als Wahlhandlungen begriffen werden.

Hierbei ist es für die Auslösung einer spezifischen Handlung – ganz im Sinne rationaler Wahlhandlungen - entscheidend, daß eine spezifische, eingetretene Situation im Vergleich zu anderen Situationen als erfolgsgünstig betrachtet wird (Längskonkurrenz). Ebenso entscheidend für die Realisierungswahl einer Handlung ist es aber auch, daß nur der Handlungsplan realisiert wird, der die höchste Volitionsstärke aufweist (Querkonkurrenz). Geleitet wird die Handlungsführung nun durch die mentale (willentliche) Repräsentation des intendierten Ziels. Die eigentliche Aktivierung der Handlung erfolgt in diesem Modell also willentlich, währenddessen die Auslösung der Auswahlprozesse motivational erklärt wird.

Mit dieser Annahme berücksichtigt das Rubikonmodell zwar die beiden motivationstheoretischen Handlungsstränge, es ordnet sie jedoch in ein Phasenmodell ein, dessen Wahlhandlungsphasen ‚motivational' eingerahmt werden. Zudem setzt es die willentliche Überführung motivationaler Tendenzen in einen bewußten Handlungsplan voraus und nimmt damit weiterhin eine strenge dichotome Trennung rational-willentlicher und motivationaler Handlungsprozesse vor. Im Kern der Wahlhandlung behält das Modell damit die ökonomische Annahme einer bewußten Entscheidung zur Handlung bei, womit es sich in seiner Reichweite beschränkt, denn das Modell bildet die Ausführung einer Handlung nicht weiter ab. Ist diese erst einmal beschlossen, so erfolgt die Realisierung quasi als Automatismus. Damit beschränkt sich das Rubikonmodell nur auf einen kleinen Teil motivationaler Prozesse, nämlich auf jene, die für die Initiierung einer Auswahl(-entscheidung) und die Wahl von Handlungsplänen von Bedeutung sind (Kuhl 1996: 689). Emotionale Aspekte, die eine resultierende Handlung begleiten und steuern bleiben jedoch außen vor. Sie spielen aber gerade für die Aufrechterhaltung von länger andauernden Handlungsprozessen eine entscheidende Rolle, da Emotionen insbesondere dann auftreten, wenn nicht alles ‚nach

---

timmenden Realisierungsschwierigkeiten die zeitliche, räumliche, inhaltliche und stilistische Koordination einer großen Zahl einzelner Teilfunktionen innerhalb und zwischen verschiedenen Subsystemen und –funktionen wie Wahrnehmung, Aufmerksamkeit, Kognition, Emotion, Motivation, Aktivierung (‚Temperament') und Bewegungssteuerung (Motorik) aufgrund eines einheitlichen Steuerungsprinzips vermittelt, das wir als ‚Absicht' oder ‚Ziel' bezeichnen" (ebd.: 678; Hervorhebungen im Original).

Plan' verläuft. Sie übernehmen damit die wichtige Funktion, andere Teilsysteme des Gehirns in vorausbestimmter Weise an- oder abzuschalten. Westermann und Heise (1996) bezeichnen dies als „Alarmfunktion“, die dazu führen könne, die Abarbeitung bestimmter Pläne zu stoppen oder z.B. Zielhierarchien zu verändern und den veränderten Bedingungen anzupassen (ebd.: 308). Die Auslösung dieser Funktion hängt im wesentlichen davon ab, ob die Handlungsführung mit Schwierigkeiten konfrontiert wird oder aber reibungslos abläuft. Bei auftretenden Hindernissen wird davon ausgegangen, daß Emotionen die Folie darstellen, vor deren Hintergrund eine negative Bewertung von Handlungen stattfindet (Wieland-Eckelmann 1992: 59). Die emotionalen Empfindungen ermöglichen es also erst, im Motivationsverlauf kontinuierlich Stellung zu beziehen und somit eine wertende, summarische Reaktion in bezug auf die Initiation von Handlungen sowie den jeweiligen Grad der Zielerreichung abzuleiten (Schmalt 1996: 243). Ohne den Einbezug von Emotionen kann somit zwar die Wahl einer Alternative erklärt, die Regulierung des Handlungsablaufs hingegen aber nicht hinreichend über einen rein bewußten kognitiven Mechanismus erfaßt werden. Um den gesamten Handlungsablauf von der Initiierung bis hin zur Ausführung darzustellen, sind emotionale Reflexionen angemessen zu berücksichtigen, denn Emotionen informieren nicht nur über den aktuellen Regulationsstatus und – erfolg, sondern sie steuern auch den Handlungsverlauf und entlasten damit das Bewußtsein von der Handlungssteuerung. Handlungen sind damit nicht notwendigerweise kontinuierlich im Bewußtsein repräsentiert, obschon sie ihm fortwährend zugänglich sind. Erst mit einem entsprechenden Behinderungsgrad im Handlungsverlauf werden sie auf der Ebene der Tätigkeit bewußt. Dann werden zugrundliegende Ziele angesichts von Schwierigkeiten konkretisiert und z.T. durch Zusatzvolitionen gestützt (Gollwitzer 1991: 47f.; Vallacher/ Wegners 1985). Die mentale Repräsentation von Zielvorstellungen und davon ausgehenden Handlungsplänen ist damit **nicht notwendigerweise bewußtseinspflichtig,**[93] zumal den Zielvorstellungen selbst kein eigener Wert innewohnt, sondern dieser ihnen erst durch die Zuschreibung erstrebter Gefühlserwartungen beigemessen werden muß (Westermann/ Heise 1996: 305f.; Trimpop 1999: 50).

---

[93] Kannheiser (1992) präzisiert in Anschluß an Hacker (1986) wie folgt: „In diesem Zusammenhang ist noch eine Differenzierung zwischen bewußtseinspflichtigen und bewußtseinsfähigen Vorgängen zu machen“ (ebd.: 171). Er geht davon aus, saß nicht alle Gegebenheiten bewußtseinsfähige Regulationsvorgänge enthielten und daß aus der Menge der bewußtseinsfähigen Vorgänge wiederum nur ein Teil überhaupt dem Bewußtsein zugänglich sei. Der Übergang vom unbewußten in den bewußten Regulationszustand sei wiederum daran gebunden, daß emotionale Prozesse erforderliche Eingriffe anzeigten.

Weiterhin nimmt er die Unabhängigkeit, aber rekursive Bezogenheit eines emotionalen (i.d.S. nicht bewußten) und eines kognitiven (i.d.S. bewußten) Systems an. Diesem Vorschlag soll an dieser Stelle jedoch nicht weiter gefolgt werden, um die angesprochene Rekursivität deutlich herauszustellen. Stattdessen wird der o.a. Literatur gefolgt, die von unterschiedlicher bewußtseinsmäßiger Repräsentanz der Kognitionen ausgeht.

Aus diesem Aspekt leitet sich die entscheidende Kritik an Erwartungs-Mal-Wert-Modellen ab, die allein auf einen rationalistischen und damit auch bewußtseinspflichtigen Entscheidungsprozeß begrenzt sind. In der aktuellen Diskussion wird deshalb darauf verwiesen, daß Kognitionen allein darauf beschränkt sind, sensorischen Einstrom zu transformieren, zu verdichten, zu elaborieren sowie bewußt zu machen und schließlich zu bewerten:

> „Unangemessen erscheint es daher, die von der Umgangssprache nahegelegte Gleichsetzung von Kognition und bewußtem Erleben auch in der psychologischen Theoriebildung nachzuvollziehen" (Schmalt 1996: 242).

Sokolowski (1993; 1996) führt diesen Gedanken fort, indem er Motivation und Volition grundsätzlich voneinander unterscheidet und sie sowohl als unabhängig voneinander energetisierende als auch gleichberechtigte Bewußtseinslagen charakterisiert:

> „Unter Motivation wird [...] eine Steuerungslage verstanden, die von einer anderen Steuerungslage, der volitionalen, unterschieden wird. Beide Lagen leisten Zielausrichtungsvorgänge, jedoch werden nur die volitionalen Steuerungsvorgänge als bewußtseinspflichtig angesehen. Allerdings gilt die Annahme der Bewußtseinspflichtigkeit nur für bestimmte Volitionsprozesse, nämlich solche, welche Zielausrichtungskonflikte einseitig durch Abschirmung eines gewählten Ziels gegenüber konkurrierenden Zielen ‚lösen'„ (ders. 1996: 486).

Das zentrale Differenzierungsmoment ist demnach in der Frage zu suchen, ob das energetisierte Verhalten unbewußt, also motivational, oder aber bewußt, also dementsprechend volitional, ausgelöst wird. Letztendlich repräsentiert dieses Kriterium auch die entscheidende Frage, ob Fehlzeiten oder leistungsfremdes Verhalten in jedem Fall Ausdruck bewußter Prozesse darstellen.

Beckmann (1996) greift diese generelle Differenzierung zwischen unbewußter, motivationaler und bewußter, volitionaler Initiierung auf, indem er zu bedenken gibt, daß nicht jedes Verhalten und nicht jede Handlung einen Entschluß zur Handlung voraussetzt. Er differenziert hierbei deutlich die Begriffe **Entscheidung** und **Entschluß**, wobei der Entschluß die Umsetzung einer bereits getroffenen Entscheidung in die Tat bezeichne, während die Entscheidung den Wahlakt zwischen unterschiedlichen Optionen bedeutet. Entschlüsse sind aber nur dann vonnöten, wenn dadurch Widerstände in der Handlungsausführung überwunden werden müssen und die begonnene Handlung gegen ad hoc auftretende Alternativen abgeschirmt werden soll. Während die Entscheidung als regulärer Bestandteil des Handlungsprozesses aufgefaßt werden kann, ist der Entschluß ein besonderer Prozeß, der dann einsetzt, wenn Schwierigkeiten mit der Festlegung selbst oder bei der Umsetzung der Handlung auftreten. Er wird dann in Gang gesetzt,

- wenn der zur Verfügung stehende Zeitrahmen der Entscheidungsfindung vor Auswählen der optimalen Alternative eine Entscheidung erzwingt;
- wenn eine Situation keinen adäquat handlungsrelevanten Aufforderungscharakter besitzt, so daß eine Handlung verschleppt wird oder unterbleibt;
- wenn ad hoc konkurrierende attraktive Alternativen situativ das Entscheidungsszenario bereichern (Beckmann 1996: 412ff.).

Sokolowski (1996) differenziert das Auftreten von Hindernissen, die eine bewußte Handlungsstrategie erfordern, in innere und äußere Widerstände:

> „Äußere Widerstände finden sich z.B. bei ausführenden komplizierten ungewohnten Aufgaben oder bei unerwarteten Reizen, Hindernissen oder Unterbrechungen, die sich im Tätigkeitsverlauf einstellen. Innere Widerstände treten dann auf, wenn starke habituelle Reaktionstendenzen unterdrückt werden müssen, wenn von der Tätigkeitsausführung ablenkenden Versuchungen widerstanden werden soll oder wenn in Situationen, die als gefährlich eingestuft werden, gehandelt werden soll" (ebd.: 507).

Wird unwillkürlich motiviertes Verhalten nun im Ablauf nicht oder nur geringfügig gestört oder behindert, so wird weiter angenommen, daß unterschiedliche Kognitionsinhalte gewissermaßen automatisch prozessiert werden, die allesamt darauf ausgerichtet sind, das Ziel des motivierten Verhaltens zu erreichen. Die wahrscheinlichste Lösung des Problems wird dann ebenso unwillkürlich - „[...] weil die Motivation ja stimmt [...]" - umgesetzt (ebd.: 489; Kannheiser 1992). Die zugrundeliegende Motivation richtet also alles Tun unwillkürlich und ‚automatisch' auf das Ziel hin aus. Dies ist im Verständnis motivational energetisierten Verhaltens der Fall.

Wird Verhalten aber volitional fokussiert und gelenkt, muß die Richtung des Verhaltens kontinuierlich gegen plötzlich auftretende Alternativen abgeschirmt werden, wie auch beim Auftreten von Behinderungen und Erschwernissen. Volitional gesteuertes Verhalten ist in diesem Verständnis immer dann als Handlungsimperativ gefordert, wenn Widrigkeiten einer Handlungsausführung entgegenstehen (Kuhl 1996: 666). Dies ist insbesondere in der Arbeitswelt häufig der Fall, in der das Arbeits- und Anwesenheitsverhalten in diesem Sinne häufig volitional gegen konkurrierende motivationale Tendenzen abgeschirmt werden muß.

Diese Überlegungen bleiben nicht ohne Bedeutung in bezug auf das Leistungsverhalten und die Leistungsverausgabung von Personen, denn kognitiv bewußte Vorgänge, also volitional energetisiertes Verhalten, sind durch niedrige Verarbeitungsgeschwindigkeit, serielles Prozessieren, begrenzte Kapazität und einen weiten Anwendungsbereich gekennzeichnet. Unbewußte, in Anschluß an die vorgestellte Argumentation also motivational gerichtete Vorgänge zeichnen sich durch hohe Verarbeitungsgeschwindigkeit, paralleles Prozessieren, hohe Kapazität und einen engen Anwendungsbereich aus (Sokolowski 1996: 489f.; Brainscombe 1988; Baars 1988). Bei dieser Form der Verhaltenssteuerung spielen

„[...] subkognitiv instantierte Bedürfnisse und ihre kognitiv-affektiven Repräsentationen (Motive) eine wesentliche Rolle: Aktuelle Bedürfnisse beeinflussen (‚modulieren') im selbstorganisierten Modus die Aufmerksamkeit und auch das Handeln, ohne daß es einer zentralen Koordinationsfunktion bedarf" (Kuhl 1996: 671; Hervorhebung im Original).

Zusammenfassend soll diese Kritik an der kognitions- und bewußtseinslastigen Schwerpunktsetzung von Erwartungs-Mal-Wert-Theorien folgendermaßen auf die Frage nach dem Bewußtseinsgrad von Fehlzeiten bezogen werden:

Motivationale Prozesse beschränken sich auf den Bereich motivationalen und somit unbewußt angeregten, aber dennoch dem Ursprung nach zielgerichteten Handelns.[94] Die Gegenstände des Motivationsprozesses sind somit - im Gegensatz zu volitional angeregten Prozessen - in der Regel nicht bewußt. Nur in letzteren sind Mitteleinsatz und Zweck Ergebnis einer kognitiv bewußten Auseinandersetzung.[95]

Vor dem Hintergrund dieser Erkenntnisse erscheint es nur begrenzt ratsam, Arbeitsbedingungen und Handlungen durch kognitive Anreizfunktionen oder Sanktionsmechanismen über das Bewußtsein steuern zu wollen. Verfolgen Maßnahmen zur Verbesserung des Anwesenheitsverhaltens also Kontroll- oder Sanktionsbestrebungen, besteht die Gefahr, daß motivationale und damit unbewußte Unpassungen ins Bewußtsein gezogen und auf der bewußtseinspflichtigen Ebene der Volition bearbeitet werden. Damit wird zwar das von dem Unternehmen erwartete Verhalten im Gegensatz zum Gezeigten reflektiert, der Rekurs auf die Ebene motivational energetisierten Verhaltens bleibt damit aber unberücksichtigt. Lediglich symptomatisch kommt es zu einer bewußten Steuerung von Anwesenheits- und Leistungsverhalten, nicht jedoch zu einer ursächlichen Gestaltung motivational förderlicher Arbeitsbedingungen, d.h. die verletzte mo-

[94] Simon (1994) diskutiert in diesem Zusammenhang Emotionen als handlungsauslösende Brücke zwischen motivationaler Aktivation und kognitiver Repräsentanz bewußter Zielsetzungen. Den Emotionen kommt in seinem Beitrag damit eine vermittelnde Funktion zu, die ihnen auch im Fortgang dieser Arbeit zukommen wird.

[95] Schneider et al. (1993) fassen diese Diskussion wie folgt zusammen: „Das Fazit aus allen diskutierten Erklärungsansätzen und Befunden ist, daß motivationale Faktoren im Leistungshandeln nur durch die Analyse verschiedener Regulations- und Kontrollprozesse, die hierarchisch miteinander verkettet sind, aufgeklärt werden können: angefangen (1) bei der Analyse von globalen und bewußten Zielsetzungen in Abhängigkeit von überdauernden Motiven und Situationswahrnehmungen über (2) volitionale Kontrollprozesse zu (3) unbewußten Anpassungen der Anstrengung an Merkmale der Aufgabensituation und letztlich zu (4) nur noch in einem psychophysiologischen Modell erklärbaren Veränderung von Funktionszuständen in Untereinheiten des psychophysischen Systems". Letztendlich spiegelt dieses Zitat einerseits weite Teile des immer noch aktuellen Forschungsstandes auf diesem Feld wider, andererseits skizziert es aber auch die dringlichen offenen Fragen, die es gilt sowohl in entsprechende Heuristiken zu fassen als auch anhand empirischer Forschung weiter zu präzisieren gilt (ebd.: 123).

tivationale Passung wird über diese Anreizmechanismen nicht wiederhergestellt, sie wird lediglich aus dem offensichtlichen Fokus der Fehlzeiten gedrängt.

12.4 Motivation und Fehlzeit

Bezieht man diese motivationstheoretischen Überlegungen nun auf den Entstehungszusammenhang von Fehlzeiten, so wird deutlich, daß bewußte Entschlüsse, der Arbeit aufgrund geringer Motivation fernzubleiben, nur einen kleinen Teil des Fehlzeitengeschehens ausmachen. Der weitaus größte Teil geringer Motivation wird sich demnach bei geringer Passung in entsprechend geringer Aktivation entladen und in einer verminderten Anstrengung, respektive Leistung, niederschlagen. Er wird sich jedoch nicht direkt im Entschluß zum bewußten Absentismus äußern.

Dieser bewußte Entschluß ist erst dann zu erwarten, wenn die routinisierten, über entsprechende Motivation hinreichend aktivierten Handlungsmuster entweder durch das massive Angebot konkurrierender Alternativen oder aber durch das Setzen wirksamer Sanktionen gestört werden. Erst in diesem Fall nimmt die Beeinträchtigung der Handlungsvollzüge so weit zu, daß eine Entscheidung fällig wird. Nur dann kann auf Grundlage der möglicherweise vorliegenden Beschwerden der Entschluß gefaßt werden, der Arbeit und der bewußt gewordenen Unpassung durch eine Fehlzeit oder durch eine Verringerung der Leistung zu entfliehen. Aus motivationstheoretischer Perspektive bedeutet dies aber, daß Fehlzeiten nur eine Möglichkeit der Reaktion auf eine geringe motivationale Passung darstellen. Weitere Reaktionsformen, eine verlorengegangene motivationale Passung wiederherzustellen, wie z.B. die Innere Kündigung, gelangen damit aus motivationstheoretischer Perspektive unmittelbar in das Interessenfeld der Fragestellung, da es Ziel fehlzeitenfokussierter Maßnahmen sein muß, sowohl Fehlzeiten als auch verwandte Reaktionsformen mit leistungsgemindertem Bezug im Auge zu behalten.

Bevor diese Perspektive leistungsverwandter Phänomene der Fehlzeit jedoch weiter verfolgt werden kann, empfiehlt es sich, einen bereits angerissenen Kritikpunkt von Erwartungs-Mal-Wert-Modellen zu vertiefen. Es wurde an unterschiedlichen Stellen herausgearbeitet, daß die Entscheidung und der Entschluß zur Handlung nicht mit seiner Aufnahme oder gar mit dem Handlungsverlauf gleichzusetzen sind. Sie sind lediglich jeweils mögliche Voraussetzungen der Handlungsaufnahme. Ähnliches wurde auch in bezug auf andere Leistungsvoraussetzungen herausgestellt. Auch sie stellen notwendige Bedingungen zur Handlung dar, liefern aber für sich genommen weder eine hinreichende Begründung des Handlungsverlaufs noch des Resultats.

Trotz gleicher Ausgangsbedingungen, also gleicher Anreiz- und Rahmenbedingungen und möglicherweise auch identischer Motivlagen, unterscheiden sich Menschen in ihrer Handlungsfähigkeit. Selbst hochgradig motivierte und fähige

Menschen können in der Bewältigung einfacher Aufgaben zuweilen versagen, indem sie die Erledigung ihrer Aufgaben nicht beginnen. Eine innere Disposition scheint die Realisierung von Motiven in Handlungen damit grundsätzlich zu beeinflussen.

Bezogen auf die Fragestellung der Entstehung von Fehlzeiten läßt sich ebenfalls ein entsprechender Unterschied annehmen. Ob und inwieweit die Personen in der Lage sind, ihre verlorengegangene motivationale Passung durch entsprechende Reaktionen wiederherzustellen, hängt ebenfalls von dieser Disposition, dem sogenannten Handlungskontrollmodus ab, der in den folgenden Abschnitten erläutert wird.

12.5 Motivation und Handlungsfähigkeit

Kuhl widmet sich dem Themenkomplex unterschiedlicher Handlungsfähigkeiten. Im Modell der Handlungskontrolle faßt er seine Ergebnisse zusammen und verweist darauf, daß Handlungsfähigkeit einerseits als eine über Sozialisation geprägte soziale Disposition zur Handlung begriffen werden könne, andererseits aber immer vor dem Hintergrund der jeweils aktuellen Situation zu erschließen ist (ders. 1995: 315; Beckmann 1999: 172f.).[96] Unter der Fähigkeit zur Handlungskontrolle versteht er die Fähigkeit, die Koordination von psychischen Prozessen derart zu leisten, daß aus der Handlungsabsicht eine Handlung erfolgt (Kuhl 1995: 304). Er differenziert Personen danach, ob sie entweder eher eine Tendenz zur Handlung ergreifen oder eher dazu tendieren, in ihrer augenblicklichen (noch unentschiedenen) Lage zu verharren.[97] Personen, die sich durch eine hohe Handlungsfähigkeit auszeichnen, nennt er handlungsorientiert. Sind Personen in einer bestimmten Situation nicht handlungsfähig, weil sie

> „[...] wie gebannt auf die eingetretene Lage [schauen; R. P.], ohne daß sie überhaupt darauf kommen, an Handlungsmöglichkeiten zu denken, die sie aus dieser Lage wieder herausbringen könnten [...]",

dann werden diese Personen als lageorientiert bezeichnet (ebd.: 303; auch

---

[96] Belege hierzu lassen sich auch aus Ergebnissen der bindungstheoretischen Forschungstradition ableiten. Es gilt als belegt, daß Kleinkinder mit einer engen Elternbindung zu einem explorativeren Verhalten und zu größerer Ausdauer bei ihren 'Entdeckungen' neigen. Spangler und Zimmermann (1999) weisen darauf hin, daß in bezug auf das spätere Leistungsverhalten von Kindern weniger eine Beeinflussung der Intelligenzentwicklung als vielmehr eine positive motivationale und emotionale Disposition für ein hohes Leistungsverhalten verantwortlich zu machen sei (ebd.: 89ff.; Trudewind et al. 1999: 105).

[97] Andere Veranlagungen wie die bekannte Differenzierung der Disposition zur Erfolgssuche bzw. Mißerfolgsvermeidung seien an dieser Stelle benannt, aber nicht weiter ausgeführt. Vgl. hierzu Schmalt 1995; Schneider/ Schmalt 1994; Kleinbeck 1996. Diese Erklärungen leiten sich in erster Linie aus der Forschungstradition um das Leistungsmotiv ab, lassen sich in bezug auf korrektive, fehlzeitenverwandte Reaktionen jedoch nur begrenzt anwenden.

Beckmann 1999: 172). Vergleicht man handlungs- und lageorientierte Personen miteinander, so kommt man zu folgenden Feststellungen: Lageorientierte Personen zeichnen sich im Gegensatz zu handlungsorientierten Personen dadurch aus, daß sie eine längere Zeit der Intentionsbildung in Anspruch nehmen, mehr Informationen zur Entscheidungsgenerierung heranziehen und zu komplexeren Entscheidungsvorgängen neigen (Kuhl 1995: 303ff.; ders. 1987: 289; Prochaska 1998: 27f.; Spangler/ Zimmermann 1999: 95f.). Als generelle Kennzeichnung der Lageorientierung führt Kuhl eine überproportional ausgeprägte Kontrollorientierung an (ders. 1995: 304f.; Kuhl/ Beckmann 1994, Kap. 2). Das Defizit zur Ausführung einer Handlung bei lageorientierten Personen bleibt aber nicht allein auf die Ausführungsentscheidung einer Handlung beschränkt. Vielmehr zieht sich dieses Defizit durch den gesamten motivationalen und volitionalen Prozeß, denn die Fähigkeiten zur Selbststeuerung sind bei lageorientierten Personen dabei stärker auf die eigene ‚Lage' hin ausgerichtet, während sie bei handlungsorientierten Personen stärker in der Ausgestaltung einer Situation durch Handlung gebündelt sind.

Somit neigen lageorientierte Personen stärker zur Verharrung in ihrer Lage als handlungsorientierte Menschen. Das bedeutet, daß die vorliegenden Fähigkeiten und Kompetenzen weniger effizient im gesamten Handlungsprozeß gesteuert werden, daß die motivationale Intention also weniger erfolgreich und erst nach einer unangemessen aufwendigen Evaluation in eine Handlung überführt werden kann.

Handlungsorientierte Personen greifen hingegen häufiger zu willentlichen Abschirmungsstrategien, schließen die Intentionsbildung schneller ab und setzen die Abschirmungsstrategien effizienter ein. Deshalb können sie ihre Intentionen besser, häufiger und schneller umsetzen als Lageorientierte.[98]

---

[98] Es sei an dieser Stelle darauf verwiesen, daß das Konzept der Handlungskontrolle keinesfalls als ein normatives Konzept verstanden werden sollte, das die Handlungsorientierung als positiv und erstrebenswert ansieht, während Lageorientierung als negativ und zu vermeiden erachtet wird. Das Konzept ist in der Modellvorstellung wertfrei als ein Dispositionsmodell zur Handlung zu verstehen, der Eindruck einer Rangfolge der Orientierungen beruht lediglich auf einem zeitgenössischen Verständnis, das Handlung und Dynamik derzeit positiver bewertet als Bedachtsamkeit und Bewahrung. Kuhl (1995) weist explizit darauf hin, daß sich die unterschiedlichen Dispositionen für die Bewältigung ganz unterschiedlicher Aufgaben z.B. in der Arbeitswelt eignen. Spangler und Zimmermann (1999) führen explizit Vorteile der unterschiedlichen Orientierungen in Abhängigkeit von den Aufgaben an: „Während Handlungsorientierung eine angemessene Regulationsform bei komplexeren Aufgaben darstellt, welche unterschiedliche Perspektiven und Handlungsmöglichkeiten erfordern, scheint die Lageorientierung bei kurzfristigen Aufgaben mit hohem spezifischen Energieaufwand günstig zu sein" (ebd.: 94; auch Beckmann 1999; zu einem Überblick über Arbeiten, die auf eine empirische Überprüfung des Modells abzielen vgl. Sack 1994).

Brunstein et al. (1999) weisen darauf hin, daß die hohe Entschlossenheit, ein Ziel zu verfolgen, nur eine notwendige, aber keinesfalls hinreichende Bedingung für die tatsächliche

Interessanterweise hat die Disposition zur Handlungsorientierung aber nicht unter allen Bedingungen eine abschirmende Funktion, vielmehr ist der ‚Schirm‘ nur unter der Prämisse ‚aufgespannt‘, daß die Personen die Aufgabe für kontrollierbar und somit ausführbar halten, da sie nur dann ihre Aufmerksamkeit ausschließlich auf aufgabenrelevante Stimuli richten. Kämen sie jedoch während der Entscheidungsfindung oder Handlungsausführung zu der Überzeugung, daß die Aufgabe unkontrollierbar werde, also in ihrer Ausführung gefährdet sei, dann würden sie die Aufmerksamkeit im Sinne einer metakognitiven Kontrollstrategie verstärkt auf Alternativhandlungen fokussieren (Kuhl 1983: 199). Eine ausgeprägte Disposition zur Handlungskontrolle sei also auch als Garant dafür anzusehen, Mißerfolge frühzeitig abzusehen und Gegenmaßnahmen bzw. Alternativen zu entwickeln.

Diese Erkenntnisse lassen sich unmittelbar auf das Zustandekommen von Fehlzeiten bzw. leistungsverwandten Reaktionsformen anwenden, denn diese Entscheidung ist derartig riskant und von so erheblicher Tragweite, daß sie entsprechend sorgfältig getroffen werden muß. So ist vor dem Hintergrund der oben skizzierten Überlegungen weniger zu fragen, wie die Entscheidung zur Fehlzeit getroffen wird, als vielmehr, ob überhaupt eine bewußte Absentismusentscheidung erfolgen kann. Bei einer ausgeprägten Neigung zur Lageorientierung steht nämlich zu befürchten, daß weder der Entschluß zur Abwesenheit noch eine alternative Entscheidung als Reaktion auf eine tiefgreifende motivationale Unpassung gefällt wird. Vielmehr erscheint es wahrscheinlich, daß sich der gesamte, höchst komplexe Entscheidungsprozeß in der für lageorientierte Personen so typischen aufwendigen Informationssuche verstrickt. Eine verminderte aufgabenbezogene Leistung wäre in der Tat auch in diesem Szenario festzustellen, sie wäre aber lediglich auf den ressourcenbindenden Entscheidungsprozeß zurückzuführen.

Aber auch bei stark handlungsorientierten Personen ist eine bewußte Abwesenheitsentscheidung nicht in jedem Fall zu erwarten. Aufgrund der gegebenen zumeist recht klar ausgerichteten Anreiz- und Sanktionsbedingungen kann eher erwartet werden, daß prioritär alternative Reaktionsmuster jenseits der Abwesenheit bevorzugt werden.

Faßt man diese Ergebnisse zusammen, so lassen sich auf zwei Ebenen Schlüsse ziehen. Auf der allgemeinen motivationstheoretischen Ebene zeigt sich, daß die Fähigkeit, aus der vorhandenen Motivation heraus auch Handlungen durchzuführen, stark vom Modus der Handlungskontrolle abhängt und sich anschließend

---

Erreichung des Ziels darstelle. Sie vertreten mit Blick auf die Handlungsergebnisse die Ansicht, daß zur Erreichung gerade besonders herausfordernder Ziele die Ausstattung mit Ressourcen eine wichtige Rolle spiele, um mögliche Schwierigkeiten zu meistern (ebd.: 156). Insbesondere Personen, deren Ressourcen durch hohe soziale Unterstützung vergrößert seien, machen bei der Verfolgung ihrer Ziele hierbei vergleichsweise größere Fortschritte (Brunstein 1993).

unmittelbar auf der Ebene einer Erklärung des Zustandekommens der Fehlzeit niederschlägt. Der vorliegende Handlungskontrollmodus beeinflußt auch hier die Möglichkeit, die ‚passende' Reaktionsmöglichkeit auf eine verlorengegangene motivationale Passung zu realisieren. Daß diese Reaktion eine bewußte Abwesenheitsentscheidung ist, ist nach dieser Diskussion allerdings in der Regel nicht zu erwarten.

13. Motivation und Leistung

Motivationstheorien beschäftigen sich in erster Linie mit dem Antrieb zur Handlung, mit der Auswahl einer Handlung aus der Vielzahl von Handlungsoptionen und damit wie aus einer Intention heraus Handlungen realisiert werden.[99] Der umgekehrten Blickrichtung samt der Frage, warum nicht gehandelt wird, wenden sie sich im allgemeinen nicht zu. Diese Fragestellung steht jedoch vorrangig im Zentrum dieser Arbeit und kann aus den referierten Überlegungen unmittelbar abgeleitet bzw. transferiert werden. Ziel dieses Kapitels ist es somit, anhand der motivationstheoretischen Überlegungen generelle Aussagen darüber zu treffen, wie es zur verminderten Verausgabung von Leistung kommt.

Fassen wir also die dargestellten motivationstheoretischen Überlegungen in Hinblick auf die Fragestellung nach motivational verringerter Leistung zusammen: Aus der Betrachtung eines formalen Erwartungs-Mal-Wert-Modells (Motivation = Bewertung X Instrumentalitätserwartung X Ergebniserwartung) läßt sich formallogisch ableiten, wie es auf der Grundlage einer rationalen Entscheidung zu einer bewußten Leistungsenthaltung kommt. Geht nur einer der Faktoren gegen 0, so wird es nicht oder nur in einer geringen Ausprägung zu motiviertem Verhalten und somit auch nicht zur Umsetzung in ergebnisorientiertes Leistungshandeln kommen. Die Situation, die diesem Modell zugrunde liegt, steht hier nicht zur Disposition. Die Entscheidung wird *ceteris paribus* getroffen.

Stellt man der inhaltstheoretischen Perspektive in Rechnung, daß (konkurrierende) Motive in spezifischen Situationen entsprechend angeregt werden, wird deutlich, daß der Situation ein komplexer Anregungsgehalt innewohnt. So können hiervon jeweils unterschiedliche Motive mit unterschiedlicher Intensität betroffen sein.

Zusammenfassend wird aus motivationspsychologischer Sicht klar, daß verringerte Leistung zumindest zwei Facetten hat:

- die **bewußte**, also **willentliche** Unterlassung einer leistungsrelevanten Handlung durch entweder das Zurücknehmen von Anstrengungen und Bemühungen auf das erzwingbare Maß (wie dies z.B. im sogenannten „Dienst nach Vorschrift" der Fall ist) oder die **bewußte** Vorenthaltung von Leistungspotential. Entsprechende Verhaltensweisen sind über ökonomische Erklärungsmodelle ohne weiteres abzubilden.

[99] Es wurde deutlich, daß selbst das Zustandekommen von Arbeitsleistung als ein höchst komplexer Prozeß zu verstehen ist, der abschließend nach fast einem Jahrhundert intensiver Forschung immer noch nicht umfassend dargestellt werden kann (Kleinbeck 1996).

- die **unbewußte** Wahl alternativer motivational befriedigenderer Handlungsmuster jenseits der Erwartungen des Unternehmens bzw. die Modifikation der eigenen Beiträge in bezug auf diese Erwartungen bei geringer Anregung der Motive. Diese Verhaltensweisen hingegen lassen sich nur unter der hier vorgenommenen motivationstheoretischen Erweiterung integrieren.

Dieses Ergebnis verdichtet sich in einer Betrachtung der Bedingungen, unter denen Leistung erbracht wird, denn in beiden Modellvorstellungen läßt sich eine geringe Leistungsverausgabung als Reflex einer Person auf gering motivational wirkende Effekte der Handlungsbedingungen verstehen. Daraus zu schließen, daß die Ausgestaltung der Rahmenbedingungen Leistung garantiere, ist jedoch nicht zulässig.[100] Sprenger (1995) weist darauf hin, daß die ‚motivationsgerechte' Gestaltung der Arbeitsbedingungen allenfalls als notwendige, keinesfalls aber als hinreichende Bedingung angenommen werden könne (ebd.: 29).

Motivation entsteht in diesem Sinne zwar aus der Entsprechung von Motiv und Motivierungspotential, nicht jedoch aus der Entsprechung von Organisationsziel und Motivierungspotential, wie dies die sogenannten ‚Motivierungsstrategien' vieler Unternehmen mit ausgefeilten Incentive- und Anreizstrukturen vermitteln (hierzu ausführlich: Sprenger 1995; Neugebauer/ Gosser 1996).[101] Motivation von Mitarbeitern ist nämlich nicht als das Ergebnis eines abgeschlossenen Prozesses (bei stabilen Rahmenbedingungen) anzusehen, sondern ist Voraussetzung zur Realisierung des Motivziels, eines zugrundeliegenden Bedürfnisses. Erst diese Bedürfnisbefriedigung stellt das gewünschte Ergebnis aus Sicht des Mitar-

[100] Diese Konzentration auf die Ausgestaltung leistungsförderlicher Bedingungen ist Thema vielfältiger Veröffentlichungen der einschlägigen Management- und Beratungsliteratur (vgl. hierzu z.B. Hugo-Becker/ Becker 1997). Der Entstehungsprozeß von Motivation wird hierbei häufig unisono verkürzt. Es wird der Eindruck erweckt, daß motivierte Mitarbeiter Garanten sowohl einer hohen Leistungsfähigkeit als auch einer effektiven Leistungskultur seien (Wollert 1989). Unterstellt wird, daß Motivation quasi als personelle Eigenschaft an den Mitarbeiter gebunden sei. Die Tatsache, daß Motivation lediglich Ausdruck einer Entsprechung individueller Motive sowie Reflex auf die Motivierungspotentiale ist, wird hierbei vielfach übersehen (Straka/ Nieder 1999: 56). Diese – immer noch aktuelle - Rezeption steht in Widerspruch zu dem Forschungsstand gegen Ende der 80er Jahre. Dort wurde z.B. durch Prestel (1988) vorgeschlagen, nicht mehr von einem übergreifenden Leistungsmotiv auszugehen und aus diesem Grunde stärker den Anreiz-Aspekt einzelner Situationen als Handlungsauslöser zu betrachten (hierzu die kurze Zusammenfassung von Ott (1995), in der er die Forschungsphasen um das Leistungsmotiv skizziert). Dies ist ein Hinweis darauf, daß die betriebs- und personalwirtschaftliche Beschäftigung mit den Ergebnissen der Motivationspsychologie nur schleppend Einzug in die betriebliche Praxis gefunden und zudem in ihrer Adaption eine stark alltagsverständliche Rezeption erfahren hat.

[101] Daß die Zahlung von Anwesenheitsprämien einen positiven Effekt auf das Anwesenheitsverhalten nimmt, wie Reinwald (1999) exemplarisch nachweist, soll nicht in Abrede gestellt werden, die Schlußfolgerung hingegen, daß damit auch ‚automatisch' ein positiver Leistungsbeitrag für ein Unternehmen entsteht, hingegen schon.

beiters dar. Das Streben hiernach ist aber im betrieblichen Kontext das eigentliche Leistungshandeln, nicht so sehr das Ergebnis des erreichten Zieles, der erfolgreich beendeten Bedürfnisbefriedigung. Arbeitsmotivation muß also immer wieder neu und kontinuierlich in der Auseinandersetzung mit der Arbeitstätigkeit entstehen. Sie muß sich permanent selbstreferentiell entwickeln. Somit stellt sie hohe wechselvolle Anforderungen an die Motivierungspotentiale der Unternehmen, die auf motivierte Mitarbeiter setzen.

Nicht zuletzt sind motivierte Personen nicht nur potentiell leistungsfähige, sondern auch anspruchsvolle Mitarbeiter, die entsprechende Anforderungen an die Gestaltung der Arbeitsbedingungen und somit an die Motivationspotentiale der Arbeit stellen (Löhnert 1990: 100; Müller-Jentsch 1993: 261).[102] Im Umkehrschluß bedeutet dies auch, daß motivierte Mitarbeiter eher und empfindlicher auf veränderte und gewandelte Arbeitsbedingungen reagieren als weniger motivierte.

13.1 Motiviertes Handeln und Leistungsergebnisse

Wie in den letzten Abschnitten dargestellt ist weder die Anwesenheits- noch die Arbeitsmotivation mit einem zielorientierten Leistungshandeln gleichzusetzen, beide sind vielmehr Voraussetzung für diese Handlung, welche wiederum Voraussetzung für den Handlungserfolg ist.

Im Rahmen der Diskussion um den Handlungskontrollmodus wurde darauf hingewiesen, daß der Antrieb allein, eine Handlung im Sinne der Motivrealisation auszuwählen, nicht ausreicht, um das resultierende Leistungshandeln bestimmen zu können. Selbst wenn man die konkurrierenden Motivationstendenzen zu einer resultierenden Motivationsstärke zusammenfaßt, läßt dies keinesfalls einen Rückschluß auf das prognostisch zu erwartende Leistungsergebnis zu. Die Leistungsgüte ist, wie gezeigt wurde, von weiteren Faktoren, wie der Fähigkeit, dem Handlungskontrollmodus, aber auch von den Arbeitsbedingungen abhängig.

> „Unproblematisch erscheint die [...] unangefochtene Vorstellung, daß mit der resultierenden Motivationsstärke auch die Intensität und die Ausdauer der Aufgabenbemühungen ansteigen. Problematisch ist dagegen die Vorstellung, mit Intensität und Ausdauer der Aufgabenbemühung steige auch automatisch Güte und Menge des Leistungsresultats“ (Heckhausen 1980: 429).

Wegge (1998b) kleidet die Reichweite einer prognostischen Nutzbarkeit motivationstheoretischer Erkenntnisse in bezug auf das zu erwartende Leistungsergebnis in die rhetorische Frage:

---

[102] Hacker (1998) steuert zu dieser Diskussion Ergebnisse bei, mit denen er zeigt, daß Tätigkeiten, die die vorhandenen Leistungsvoraussetzungen ausschöpfen und sogar gelegentliches Hinzulernen verlangen, auch mehr zu motivieren scheinen als andere Tätigkeiten (ebd.: 67; vgl. auch Kleinbeck 1996, der explizit von einem Aneignungs- oder Lernmotiv spricht).

„Warum sollte ein Verhaltensmodell, das mit einigem Erfolg bei der Erklärung der Wahl eines Handlungsziels angewandt wurde, gleichzeitig auch in der Lage sein, die anschließende Handlungsausführung und das Resultat der Handlungen beschreiben zu können“ (ebd.: 31)?

Für weitergehende Rückschlüsse in bezug auf die Formulierung von Leistungsprognosen fehlt nach wie vor eine Leistungsprozeßtheorie, d.h. eine Theorie über das Zustandekommen von Leistungsergebnissen bei gegebenen Aufgabenanforderungen (Heckhausen 1980: 428).[103] Um mit Breisig (1999) zu sprechen:

„Die Wahrheit ist: Wir wissen trotz eines Jahrhunderts intensiver Forschung immer noch nicht, wie man Arbeitnehmer/innen zur Arbeit motiviert“ (ebd.: 30).

Wenn also im folgenden Erklärungsmuster unbewußter Minderleistung und bewußter Leistungszurückhaltung auf der Grundlage motivationstheoretischer Annahmen entwickelt werden, dann geschieht dies zunächst einmal aus explikativem Interesse. Diese Erklärung läßt unter keinen Umständen den Rückschluß zu, daß eine Verhinderung von Leistungszurückhaltung durch Berücksichtigung von Erkenntnissen der Motivationstheorien mit einem gesteigerten organisationalen Output gleichzusetzen sei. In bezug auf das progressive Leistungsverhalten von Mitarbeitern wird es also nicht ausreichen, die Begriffe Krankheit und Abwesenheit (als Synonym für geringe Leistung) durch die umfassenderen Begriffe Anwesenheits- und Arbeitsmotivation (als Synonym für Leistung) zu ersetzen. Diese Ersetzung ist nur die notwendige Bedingung, Leistungszurückhaltung einzudämmen bzw. nicht aufkommen zu lassen, sie erklärt aber keinesfalls hinreichend das Entstehen und die Steigerung von Leistungshandeln und Ergebnissen.

13.2 Motivationale Fehlzeiten und Rückkehrgespräche

In den vorhergegangenen Abschnitten wurde herausgestellt, welch zentrale Bedeutung das Beziehungsgefüge zwischen Motiven, Motivationspotentialen und Motivation in bezug auf die Leistungsbereitschaft von Personen und deren Handeln einnimmt. Von ähnlicher Relevanz ist dieses Kausalgeflecht auch im Hinblick auf die Erklärung betrieblicher Fehlzeiten. Mit einem Wort: Es ist die motivationale Entsprechung zwischen der Person des Mitarbeiters und den Motivierungspotentialen der Arbeit als einer Form von Arbeitsbedingungen, die zum

[103] Schneider et al. (1993) greifen diesen Gedanken auf und skizzieren die Anforderungen an eine Aufgabentaxonomie, mit der Aussagen über den Zusammenhang von Motivation und Leistung getroffen werden können. Sie führen hierbei neben den Merkmalen der Person und den Merkmalen der Aufgabe auch die involvierten Informationsverarbeitungsprozesse an (ebd.: 102). Ansätze weiterer Aufgabentaxonomien finden sich auch bei Beckmann (1999), eine Verdichtung zu einer Leistungsprozeßtheorie, wie sie Heckhausen gefordert hat, ist aber nach wie vor m.W. nicht in Sicht.

Willen einer hoher Leistungsverausgabung führen. Wird diese motivationale Passung auf lange Sicht nicht erreicht bzw. verschlechtert sie sich, so resultiert daraus ein Ungleichgewicht zwischen individuellen Ansprüchen (repräsentiert in den Motiven) und den Anforderungen bzw. Angeboten (Motivierungspotentialen) der Arbeit. Diese motivational bedingte Unpassung kann so groß werden, daß sie unmittelbar Fehlzeiten im Sinne von Arbeitsunfähigkeiten bedingt:

> „Aufgrund der gegenwärtigen motivationspsychologischen Erkenntnisse und Theorien darf [...] angenommen werden, daß nahezu das gesamte ‚**Spektrum**' der betrieblichen Fehlzeiten – also nicht nur kurzfristige, eher willentlich gesteuerte Fehlzeiten, sondern auch krankheitsbedingte, längere Abwesenheiten – durch motivationale Prozesse **mit**bestimmt wird“ (Wegge/ Kleinbeck 1993: 452; Hervorhebung im Original).[104]

Allein 20% der individuellen Fehltage konnten in einer Fallstudie von Wegge und Kleinbeck (1993) ursächlich durch einzelne Kombinationen leistungs- bzw. anschlußthematischer Größen erklärt werden. Janssen (1998) geht sogar davon aus, daß knapp 50% der Fehlzeiten durch einen motivationsbedingten Absentismus verursacht werden und durch Aktivitäten im Bereich der Arbeitssituation beeinflußt werden können (ebd.: 16).

Es wurde in den vorangegangenen Abschnitten deutlich herausgestellt, daß Motivation zwar eine große Rolle im Zusammenhang von Fehlzeiten spielt, es wurde bei der Kritik von Erwartungs-Mal-Wert-Modellen aber auch eindringlich darauf verwiesen, daß Motivation nur in wenigen Fällen Auslöser bewußter Entschlüsse zu Handlungen ist. Dies ist nur bei Hindernissen in der Umsetzung von Intentionen in Handlungen zu erwarten. Mit anderen Worten: Die Bewußtseinspflichtigkeit motivationaler Vorgänge ist äußerst beschränkt, so daß diese bewußten, rationalen Entscheidungsszenarien nur auf den geringen Anteil bewußt herbeigeführter Absentismen anzuwenden sind: Motivationale Fehlzeiten sind nur zu einem äußerst geringen Teil mit kognitiv bewußt herbeigeführten Handlungen gleichzusetzen. Ob die Wahrnehmung von motivationaler Unpassung überhaupt im Modus der Bewußtseinspflichtigkeit prozessiert wird, ist zudem noch weitgehend unklar. Als weitgehend geklärt hingegen gilt der Zusammenhang von bewußten und unbewußten Zuständen der Unpassung in ihrer Bedeutung für das Entstehen psychischer Beeinträchtigungen und manifester

---

[104] Pohen und Esser (1995) führen als Beleg für den Zusammenhang von Arbeitsmotivation und Fehlzeiten einen Vergleich der Fehlzeiten pflichtversicherter und freiwillig versicherter Personen an. Nach Berechnungen des Bundesverbandes der Betriebskrankenkassen waren danach pflichtversicherte Arbeitnehmer für 20,4 Tage pro Jahr krankgemeldet. Bei den freiwillig Versicherten lag der Krankenstand hingegen nur bei 8,9 Tagen (ebd.: 22f.). Die Autoren nehmen dabei an, daß freiwillig Versicherte unter weniger reglementierten Bedingungen arbeiten, die ihnen eine stärkere motivationale Hinwendung zu ihrer Aufgabe ermöglichen. Obschon dieser Schluß nicht ausschließlich mit motivationalen Erklärungen in Deckung gebracht werden kann, liefert er dennoch Hinweise dafür, daß ein großer Anteil der Fehlzeiten nicht unmittelbar zwingend ist.

Krankheitsbilder (v. Eckardstein et al. 1995; Mohr 1986). Mit der Erkenntnis, daß motivationale Fehlzeiten nicht mit bewußtseinspflichtigen Handlungen in Verbindung gebracht werden können, ergibt sich ein wichtiger Hinweis auf die Wirkperspektive von anreizbasierten Rückkehrgesprächen, deren häufige Implikation die Beeinflussung von kurzzeitigen, häufig als motivational bezeichneten Krankheiten ist:

Rückkehrgespräche können nicht unmittelbar dazu beitragen, motivational bedingte Krankheiten über kognitive Bewußtseinsprozesse zu vermindern. Sie können dies bestenfalls indirekt über die Perspektive der Gestaltung von Verhältnissen und damit über die Gestaltung motivierender Bedingungen erreichen. Sie verlassen in diesem Fall aber den kurzfristigen Wirkungshorizont und zielen auf den langfristigen Abbau demotivierender Arbeitsbedingungen.

Anreizbasierte Rückkehrgespräche laufen unter der Annahme der ‚Bewußtseins-Unpflichtigkeit' zudem Gefahr, nicht-bewußte motivationale Vorgänge auf die Ebene bewußter Kognitionen zu transferieren und die Fehlzeit damit im Gespräch als bewußt zu apostrophieren. Mit der Annahme bewußt herbeigeführter motivationaler Fehlzeiten wird dem Mitarbeiter damit signalisiert, daß sein unbewußtes Krankheitsverhalten als Ausdruck bewußter Abwägungen begriffen wird. Diese Unterstellung wird aus motivationstheoretischer Sicht dazu beitragen, das Vertrauensverhältnis der Gesprächspartner zu untergraben. Sie wird Reaktanz erzeugen und dazu beitragen, in diesem Rahmen zunehmend andere, dann bewußte Ausgleichsstrategien für erlittene Unbill einzusetzen (Kuhn 1997: 50; ders. 1996: 99).

Zusammenfassend kann damit aus der Blickrichtung motivationaler Erkenntnisse festgestellt werden, daß Rückkehrgespräche nur dann Aussicht auf Erfolg haben, wenn sie von ihrer Anlage her nicht-repressiv, also integrativ sind. Dann wirken sie aber langfristig und setzen ihren Fokus verstärkt auf gestaltende Maßnahmen der Verhältnisprävention. Andernfalls werden repressive Gespräche dazu beitragen, das Problem der Fehlzeiten in der Lesart verminderten Leistungsaufkommens dann auf andere, tatsächlich bewußte Reaktionsformen zu transferieren. Eine Begrenzung der Aussagen motivationaler Effekte auf empirisch erfaßte Fehltage erscheint bei Zugrundeliegen dieses Wirkungszusammenhanges jedoch nicht notwendig. Die angeführten Einschätzungen legitimieren jedwede Art des individuellen Arrangements mit aversen Situationen. So scheint die Ausweitung auf andere passungsgenerierende Handlungs- und Reaktionsformen geboten, denn die Untersuchung von Motivation und Fehlzeiten ist voraussetzungsvoll: Der massiv wahrgenommene Zustand der Unpassung tritt nur dann als Fehlzeit respektive Teil des Krankenstandes in Erscheinung, wenn die Unpassung von einer krankhaften Symptomatik begleitet wird. Diese Überlegung legt es nahe, daß bei (minderschweren) Formen von Unpassung, die ohne Krankheitsbezug auftreten, andere Ausgleichsmechanismen und Handlungen zur Anwendung kommen können.

Die in der Literatur häufig vorzufindende Beschränkung auf empirisch erfaßte Fehltage scheint m.E. in erster Linie von Gründen methodischer Operationalisierbarkeit und leicht zugänglichen Datenmaterials herzurühren. Andere Auftretensformen verminderter Arbeitsmotivation, in denen den Betrieben produktive Zeiten verloren gehen, wie z.B. das Ausdehnen von Pausen oder das frühzeitige Verlassen des Arbeitsplatzes etc., werden hierbei nicht berücksichtigt.

> „Es wird dabei außer acht gelassen, daß Fehlzeiten nur **eine** Reaktion auf Belastungen sind. Sie entstehen nur dann, wenn sie zum Repertoire der verfügbaren Verhaltensmöglichkeiten des Individuums gehören" (Theis 1985: 103; Hervorhebung im Original).

Keller und Müller (1999) beschreiben die Fokussierung auf Krankenstände folgerichtig mit der Metapher des Eisbergs, wobei der Krankenstand nur den kleinen **sichtbaren** Teil entgangener und ungenutzter Leistung beschreibt (ebd.: 64). Aus betriebswirtschaftlicher Perspektive und der hier bearbeiteten Fragestellung sind andere Formen des Ausgleichs und verminderter Leistung somit nicht weniger interessant. Die Datenlage begründet dementsprechend auch vielfach die wissenschaftliche Beschränkung auf das Fehlzeitenproblem im engeren Sinne, also auf die Fehlzeiten, die durch Arbeitsunfähigkeitsbescheinigungen dokumentiert sind (Neuberger 1997: 307).

Auf betrieblicher Seite mündet die Fokussierung auf Zeiten der Arbeitsunfähigkeit in Maßnahmen der Anwesenheitsverbesserung. Diese perspektivische Einengung spiegelt sich in der Gestaltung der Maßnahmen unmittelbar wider, wie eingangs bereits skizziert worden ist. Die Konzentration der betrieblichen Kräfte auf die Bekämpfung von Fehlzeiten basiert in ihrer Wirkung auf der Gestaltung von Anreizen respektive Instrumentalitäten. Diese scheinen im betrieblichen Kontext die gestaltbaren Größen zu sein, von denen eine verhaltenssteuernde Wirkung erwartet wird. Hier wird auf all die Fehlzeiten abgezielt, die vermeintlich willentlich, wie weiter oben skizziert, gesteuert werden. Es geht in diesen Maßnahmen und Programmen also darum, die Grauzone „vermeidbarer" Arbeitsunfähigkeiten in Anzahl und Dauer zu begrenzen. Reduziert wird aber tatsächlich nur die Anzahl der dokumentierten Arbeitsunfähigkeiten. Die Symptome der Unpassung, die zu den Fehlzeiten geführt haben, bleiben nach wie vor unbeeinflußt. Sie verlagern sich lediglich durch die Ausgestaltung der Instrumentalitäten auf andere Reaktionsformen und Ausgleichsmechanismen.

Fehlzeiten sind aber nur ein möglicher Indikator dafür, wie motivationale Unpassungen zu einem Leistungsenthalt im Unternehmen führen können. Sämtliche Formen der inneren Kündigung gehören ebenfalls in dieses Szenario. Es kann plausibel angenommen werden, daß eine entsprechend rigide und ausschließlich instrumentalistische Ausgestaltung der Anreizmechanismen dazu führt, die Anwesenheitsmotivation zu erhöhen. Die Arbeitsmotivation wird hierbei jedoch nicht positiv berührt. Stattdessen geht sie durch den Einsatz von Sanktionen verloren, denn bei einer solchen ‚harten' Regulierung der Anwesenheit wird die Selbstbestimmung und das Selbstwertgefühl der Personen berührt, wenn nicht gar verletzt. In der Folge verlagert sich der Kontrollbereich der Personen nach außen, was nach Frey (1997) einen motivationalen Verdrängungseffekt begünstigt: Intrinsische Motivation wird durch die Sanktionsmacht der Kontrolle nachhaltig verdrängt und durch reine Anwesenheitsmotivation ersetzt (ebd.: 37; Frey/ Osterloh 2000; Deci/ Ryan 1993: 226). Mangelhafte motivationale Passung kann so nur noch unter der Inkaufnahme von möglichen Sanktionen in Form von Fehlzeiten korrigiert werden. So geraten andere Formen des Ausgleichs wie die Innere Kündigung in den Blick. Fehlzeiten und Innere Kündigung sind somit in weiten Teilen als substituierbare Formen motivationaler Unpassungen anzusehen.

Zusammenfassend wird unmittelbar deutlich, daß sich eine Beschäftigung mit den Formen verminderter Leistungsverausgabung nicht auf bewußte Strategien der Leistungszurückhaltung beschränken darf, sondern unbewußte, motivationale Effekte weitgehend zu berücksichtigen hat.

13.3 Minderleistung

Minderleistung kann das Ergebnis bewußter Leistungszurückhaltung sein. Sie kann aber auch Ergebnis einer unbewußten (suboptimalen) Adaption an die vorherrschenden Arbeitsbedingungen sein, die wiederum in eine verminderte Leistungsverausgabung, die Leistungsenthaltung, mündet. Im Zusammenhang mit motivationstheoretischen Überlegungen ist Minderleistung somit immer Ergebnis einer Leistungsenthaltung, keinesfalls aber notwendigerweise einer bewußten Leistungszurückhaltung, wie v. Rosenstiel (1995) definiert:

> „Von Leistungszurückhaltung bzw. Leistungsrestriktion wird dann gesprochen, wenn man interpretativ das Phänomen einer geringen Leistung nicht auf unzureichende Fähigkeiten und Fertigkeiten der Arbeitenden oder hinderliche bzw. unzureichende Bedingungen der Arbeitssituation zurückführt, sondern auf – meist informelle – Normen innerhalb einer Arbeitsgruppe oder eine spezifische Motivation des einzelnen Arbeitenden“ (ebd.: 1320).

Die motivationstheoretischen Überlegungen der vorangegangenen Kapitel legen abweichend zu Rosenstiel eine Präzisierung **bewußt** und damit **willentlich** gesteuerter Leistungszurückhaltung und **unbewußter**, **motivational** verminderter Leistungsverausgabung nahe. Leistungszurückhaltung ist damit nur Teil von Minderleistung, die in einer ersten Annäherung folgendermaßen definiert wird: Minderleistung äußert sich darin, daß ein dauerhafter Leistungsabfall gegenüber der individuell festgelegten und erbringbaren Dauerleistung auftritt, der nicht auf eine Veränderung der Arbeitsbedingungen zurückgeführt werden kann, sondern durch ein verändertes Leistungsverhalten gekennzeichnet ist. Diese Leistungsenthaltung resultiert demzufolge aus einem lang anhaltenden, veränderten Leistungsverhalten und ist gegenüber einer technisch, organisatorisch oder persönlich bedingt niedrigen Produktivität des Mitarbeiters abzugrenzen. Sie hebt sich damit auch von der grundsätzlich reversiblen Ermüdung ab.[105]

Entscheidend für die nähere Bestimmung von Minderleistung ist der Zugang über die individuellen Leistungsbedingungen der Person, also über die Leistung, die zuvor unter gleichen Bedingungen kontinuierlich erbracht worden ist. Dieser individuelle Leistungsbegriff weicht fundamental von dem Normalleistungsbegriff der REFA-Methodenlehre ab, die Normalleistung auf eine kollektive Grundgesamtheit bezieht, eine Aufgabe oder Tätigkeit in einem entsprechend durch Zeitaufnahme zu ermittelnden Leistungsgrad zu verrichten.[106] Minderleistung ist dementsprechend nicht anhand eines Leistungsgrades zu erfassen, der sich an der möglichen allgemeinen Normleistung orientiert, sondern bezieht sich immer auf einen individuellen Leistungsabfall über einen längeren Zeitraum hinweg, der mit dem jeweiligen Dauerleistungsniveau zu vergleichen ist.

Minderleistung schlägt sich im engeren Sinne grundsätzlich in fehlenden Zeiten für das Unternehmen nieder, unabhängig davon, ob sie in Arbeitsunfähigkeit respektive Krankheit resultiert, sich in partieller Leistungsverweigerung wie z.B. innerer Kündigung oder einfach nur in verringerter Leistungsmenge oder –güte äußert (Wegge 1998b: 11). Entscheidend für ihr Entstehen ist dabei die Verminderung der Leistungsverausgabung infolge von i.w.S. motivationaler Differenzen zwischen Individuum und organisationalen Bedingungen.

Weisen individuelles Motivziel und Organisationsziel Deckungsgleichheit zueinander auf, so wird ein Leistungshandeln wahrscheinlich, das die Erreichung dieser Ziele anstrebt. Daraus entwickelt sich Anwesenheitsmotivation als Voraussetzung für Arbeitsmotivation, die wiederum notwendig für die Zielerreichung ist.[107]

---

[105] Hacker (1989) definiert Ermüdung wie folgt: "Ermüdung bezeichnet einen Zustand vorübergehender Beeinträchtigung von Leistungsvoraussetzungen durch andauernde Tätigkeitsanforderungen, welche die Möglichkeiten der laufenden Wiederherstellung von Leistungsvoraussetzungen überschreiten" (ebd.: 209). Oppholzer (1999b) ergänzt: "Sollen Leistungsfähigkeit und Gesundheit des Menschen erhalten bleiben, muß die Summe der Erholungsprozesse der Summe der Beanspruchungen entsprechen" (ebd.: 26).

[106] Zu umfassender Kritik an der Systematik der REFA-Methodenlehre und den zugrundeliegenden Leistungsbegriff vgl. Spitzley, H. 1980: 108ff. Zur Kritik am arbeitsmedizinischen Normleistungsbegriff, der in enger Beziehung zum REFA-Begriff steht, vgl. Behrens/ Müller 1995: 92ff.

[107] Die Ziele müssen dabei nicht notwendigerweise den Motiven der Person entsprechen, sie können auch den akzeptierten und individuell als geltend empfundenen sozialen Normen oder übernommenen Werten folgen. Divergiert ein z.B. durch soziale Normen und Werte geformter Handlungsvorsatz (dies läßt sich mühelos auf die Bedingungen bei der Verausgabung von Arbeitskraft übertragen) bei einer Gelegenheit, diesen Normen und Werten durch Handlungen zu entsprechen, dann ist es nach Sokolowski (1993) wahrscheinlich, daß die Handlung nicht ausgeführt wird (ebd.: 122). Trotz dieses interessanten Hinweises präzisiert er aber nicht, ab

Wird diese Passung, von der angenommen wird, daß sie eine stabile Handlungsbedingung darstellt, nachhaltig verletzt, so entsteht ein Anreiz, diese Entsprechung – oder eine andere Form der Entsprechung - wieder herzustellen. Mit anderen Worten: Es besteht ein hoher Anreiz, die Transaktion zwischen Arbeit und Individuum beharrlich auszugleichen. Dies kann als intendierte und bewußte Strategie oder als unbewußte, nicht intendierte Reaktion geschehen.

So wird auf der einen Seite Leistungspotential enthalten, auf der anderen Seite wird Leistung ganz konkret verweigert. Hier distanziert sich der Mitarbeiter von den Anforderungen, dort verweigert er sich ihnen. Beide Reaktionsformen werden später umfassend dargestellt und unter Zuhilfenahme der Theorien der Erlernten Hilflosigkeit und der Inneren Kündigung erläutert. Beiden Reaktionsmustern ist dabei gemein, daß sie zwar mental vermittelt, aber keineswegs immer bewußt kognitiv repräsentiert sind. Leistungszurückhaltung ist demzufolge immer eine mental vorbereitete Reaktion mit der die Passung zwischen Person und Umwelt wiederhergestellt werden soll.

Grundlage für eine solche Reaktion ist hierbei immer die Wahrnehmung einer dauerhaft aversen Empfindung gegenüber der aktuellen Einpassung der Person in den situativen Kontext, die nicht konstruktiv durch entsprechende Handlungen aufgelöst werden kann.[108] Reaktionsauslöser und Passungsindikator ist hierbei die als unangenehm apostrophierte Empfindung von Streß,[109] d.h., erst wenn die Unpassung in einer Streßempfindung resultiert, wird der Anreiz, die Entsprechung wiederherzustellen, so groß, daß eine regulative Handlung notwendig wird. Die Streßempfindung ist in diesem Zusammenhang als eine vermittelnde Empfindung zwischen Person und Umwelt anzusehen, die dem Individuum individuell Unpassung und Aversität anzeigt. Diese unangenehme, bedrohliche Empfindung bzw. der hiermit einhergehende Zwangscharakter und die hiermit vermittelte Dringlichkeit sind die Auslöser von Minderleistung.

---

welcher Relevanz und bei welchen Bedingungen der Entscheidung mit konkurrierenden Anreizen dieser Antriebsmomente zu rechnen ist.

[108] Dieser Gedanke macht deutlich, daß grundsätzlich auch konstruktive Reaktionsformen auf das Gefühl der Unpassung denkbar sind. So kann eine Steigerung der Anstrengung oder die Teilnahme an Qualifizierungsmaßnahmen möglicherweise dazu beitragen, die Passung wieder herzustellen. Da diese Reaktionsformen nicht in Zusammenhang mit der Fragestellung stehen, werden sie hier nur kurz skizziert.

[109] Streß soll hier in einer ersten Annäherung als eine hochgradig averse Empfindung mit dem Potential der körperlichen und psychischen Schädigung begriffen werden. „Streß ist [...] in der Regel speziell auf Leistungs- oder Verhaltenserwartungen bezogen und auf irgendeine äußere oder innere Drucksituation und Imbalance zwischen Anforderungen und Möglichkeiten" (Greif 1991: 12). Die hiermit umrissene averse Empfindung ist nach Bless und Fiedler (1999) grundsätzlich von einer negativen Stimmung zu unterscheiden, denn sie beinhaltet im Gegensatz zur Stimmung einen handlungsunterbrechenden oder -korrigierenden Charakter (ebd.: 10).

14. Innere Kündigung

Das Phänomen der Inneren Kündigung ist in der Managementliteratur vielfach beschrieben und mit unterschiedlichen Vorzeichen, wie beispielsweise als sprichwörtlicher „Dienst nach Vorschrift“, diskutiert worden (Nuber 1988: 11; Heinrich 1992: 9; Rischar 1992: 43). Krystek et al. (1995) extrahiert aus einer empirischen Untersuchung, in der 92 Personalverantwortliche um ihre Definition des Phänomens gebeten wurden, folgende Definitionsbestandteile. Unter Innerer Kündigung versteht man:

- „[...] die stille, mentale Verweigerung engagierter Leistung. Sie vollzieht sich als lautloser Prozeß und ist deshalb für Vorgesetzte und Unternehmensführung schwer zu erkennen und rechtzeitig einzudämmen.

oder

- [...] den bewußten Verzicht auf Eigeninitiative und Engagement eines Mitarbeiters in der Unternehmung. Er will zwar seine Stellung behalten, beabsichtigt aber, sich aufgrund der von ihm als frustrierend empfundenen Arbeitssituation in keiner Weise mehr zu engagieren“ (ebd.: 11).

Diese Kriterien skizzieren m.E. nach sehr gut, wie stark die Innere Kündigung in der betrieblichen Realität bei Personalverantwortlichen als abbildbarer Zustand wahrgenommen wird (Krenz-Maes 1998: 48). In der ersten Definition wird insbesondere der Zustand der Inneren Kündigung herausgestellt, während die zweite Definition stärker die Entstehungsseite beschreibt. Unter Berücksichtigung beider Perspektiven definiert auch Löhnert (1990) das Phänomen der Inneren Kündigung:

> „Unter der inneren Kündigung von Mitarbeitern in der Arbeitssituation wird die Einstellung, die sich in Wechselwirkung zwischen Meinungen und Erwartungen der Mitarbeiter herausbildet, und zugleich ein auf dieser Einstellung beruhendes Verhalten verstanden. Unterschiedliche Ausprägungen der inneren Kündigung führen jeweils in letzter Konsequenz zu einer dauerhaften bewußten Verweigerung gegenüber Arbeitsaktivitäten, die über die von der Unternehmung aufgrund von Sanktionen durchsetzbaren Minimalanforderungen hinausgehen. Charakteristisch für den zur inneren Kündigung führenden Prozeß ist ein Verhalten, welches sich zunehmend an der Vermeidung von negativen Konsequenzen orientiert. Dies geht einher mit einer sich im Laufe der Zeit immer mehr verringernden Bereitschaft ehemals aktiver Mitarbeiter, sich über die noch als kontrollierbar empfundenen Bereiche hinaus für die Arbeit in der Unternehmung zu engagieren“ (ebd.: 39).

Somit zeigt das Phänomen der Inneren Kündigung zumindest die zwei folgenden Perspektiven auf:

- Die Bezeichnung eines innerindividuellen (Kündigungs-)Prozesses mit kognitiver Komponente von hoher individueller Handlungsrelevanz (‚Inneres Kündigen‘).
- Die Bezeichnung eines Einstellungszustandes der Inneren Kündigung, der sich außerhalb des Individuums in der Form verminderter Leistung niederschlägt (‚Innerlich gekündigt sein‘; Faller 1993: 91).

Nieder (1992b) dehnt den Begriff der Inneren Kündigung in seiner Reichweite über den Zustand der Leistungsenthaltung hinaus aus, indem er sie beschreibt als

> „[...] eine Form der resignativen Arbeitsverweigerung. Die aggressive Steigerung ist Sabotage“ (ebd.: 6). [110]

Er greift damit eine Perspektive auf, die den Prozeß der Inneren Kündigung über unterschiedlich generierte Handlungen der Mitarbeiter in zwei Formen differenziert: Eine aktive, in der der Mitarbeiter versucht, sich für subjektiv erlittene Ungerechtigkeiten zu rächen, und eine passive Form, die dem Zustand der Erlernten Hilflosigkeit gleicht und in eine angepaßte Dienst-Nach-Vorschrift-Mentalität mündet (Raidt 1993: 74). Dabei kann davon ausgegangen werden, daß in der aktiven Variante eine energetisch aufwendige Form des gleichwohl aktiven wie destruktiven Widerstandes geleistet werden kann, der zu einem späteren Zeitpunkt möglicherweise in Kündigung, Abwanderung oder in eine passive Duldungshaltung mündet, die Innere Kündigung im engeren Sinne.

Handlungsformen, die über das Phänomen der Erlernten Hilflosigkeit (Seligman 1995) abgebildet werden können, werden in der folgenden Betrachtung nicht diskutiert, sondern erst im Anschluß an die folgenden Abschnitte gesondert behandelt und von der Inneren Kündigung grundsätzlich unterschieden.[111] Die Symptome eines reduzierten betrieblichen Engagements sind zwar weitgehend identisch mit den Auftretensformen Innerer Kündigung, jedoch unterscheiden sich die beiden Handlungen in einem wesentlichen Punkt: Während der Inneren Kündigung eine bewußte kognitive Auseinandersetzung vorausgeht, die in eine begründete Abwehr- und Ausgleichshaltung mündet, läßt sich die Erlernte Hilflosigkeit als das Ergebnis eines in weiten Teilen unbewußt ablaufenden Attribuierungsprozesses verstehen, der sich durch Resignation und unkalkulierte Passivität auszeichnet (Löhnert 1990: 183). Die Innere Kündigung ist damit vielmehr

---

[110] Vgl. hierzu Marcus (2000), der sowohl Arbeitsunzufriedenheit und Frustration als auch Streß im Zusammenhang mit kontraproduktivem Verhalten – vom Alkoholkonsum über Diebstahl bis hin zu Leistungsverweigerung - diskutiert (ebd.: 114ff.).

[111] Vgl. abweichend hierzu Horsthemke-Becker (1992), die diese Differenzierung aufgrund einer folgeorientierten Betrachtung nicht aufgreift.

als eine wirksame Strategie gegen funktionale und emotionale Hilflosigkeit zu verstehen und somit grundsätzlich von dieser zu unterscheiden.

Innere Kündigung stellt insgesamt betrachtet ein Sammelbecken unterschiedlicher Reaktionsformen einer bewußten Leistungsreduktion dar, die sich durch die Anwesenheit am Arbeitsplatz auszeichnet. Bei einer näheren Betrachtung lassen sich zwei mitarbeitergruppenspezifische Reaktionsformen der Inneren Kündigung unterscheiden: Einerseits läßt sich die Gruppe der Mitarbeiter identifizieren, die unter dem Einfluß geringer Situationskontrolle und gering empfundenen Handlungschancen die Arbeitsleistung frustriert reduziert, andererseits findet sich eine Gruppe von Mitarbeitern, die sich aktiv unter kreativer Nutzung sowie kognitiver Umwidmung der Arbeitsbedingungen ein hohes Maß individueller Zufriedenheit inmitten einer als avers empfundenen Umgebung zu schaffen versucht (Löhnert 1990: 33).[112] Während im ersteren Fall die verlorengegangene Passung noch nicht wiederhergestellt werden konnte, ist dies bei der zweiten Gruppe der Fall. So lassen sich die Handlungen dort dahingehend zusammenfassen, daß diese die Arbeitskraft nicht mehr auf die eigentlichen Ziele der Unternehmung ausrichtet, aus diesem Grunde dem Unternehmen produktive Leistung vorenthält und nur noch die notwendigsten Verrichtungen ausübt, mit dem Ziel Sanktionen zu vermeiden (ebd.: 37).[113] Die Innere Kündigung ist damit im zweiten Fall zu einem neuen motivationalen Gleichgewicht geworden.

14.1 Arbeits-Unzufriedenheit

In Anschluß an die oben skizzierten Überlegungen zu motivationstheoretischen Konzepten läßt sich Innere Kündigung als Reaktion beschreiben, die wiederholt mißglückte passungsgenerierende Aktivitäten mit einer stillen Verweigerung der Leistungsfähigkeit quittiert (Kesten 1997: 304).

> „Ein Entschluß zur 'inneren Kündigung' und darauf basierendes Verhalten sind nicht plötzlich existent; die Bereitschaft, innerlich zu kündigen, steigt bei den Mitarbeitern aufgrund von zum Teil schmerzhaften Erfahrungen in der Arbeitssituation im Laufe der Zeit an. Insofern ist ein Entschluß zur ‚inneren Kündigung' von zyklischen Schwankungen der Motivation zu unterscheiden" (Löhnert 1990: 30).

Richter (1999) ergänzt:

> „Innere Kündigung wird zwar gewählt, aber – wenn man so will – nur aus Verlegenheit,

---

[112] Crozier/ Friedberg (1979) verweisen plastisch darauf, daß sich Menschen selbst in Abhängigkeits- und Zwangssituationen nicht passiv anpassen, sondern versuchen, sich mit Hilfe der geltenden Regeln und Vorschriften Handlungsspielräume offen zu halten (ebd.: 26f.).

[113] Vgl. hierzu Marr (1996), der eine ähnliche Begriffsbestimmung zur Definition von Absentismus heranzieht und diesen auch als eine psychische Distanzierung charakterisiert (ebd.: 21f.).

da eigentlich attraktivere Optionen nur mit hohen Opportunitätskosten zur Verfügung stehen. Innere Kündigung ist eine Ausweichstrategie, in die man durch Bruch des Inneren Vertrages durch den Arbeitgeber/ Dienstherrn 'getrieben' wurde“ (ebd.: 130).

Sie mündet also in andauernde Leistungszurückhaltung des Mitarbeiters und schlägt sich in bewußter Minderleistung nieder. Als Auslöser der Inneren Kündigung wird von einigen Autoren eine mangelnde Arbeitszufriedenheit explizit in Anschluß an motivationstheoretische Annahmen diskutiert (Löhnert 1990; Faller 1993; Nieder 1992b). Während Motivation sich, wie gezeigt, auf Verhaltensdispositionen gegenüber der Arbeit fokussiert, bestimmt Arbeitszufriedenheit die emotionale Auseinandersetzung mit dem Erleben der Arbeitstätigkeit, der Arbeitsbedingungen und der Arbeitsergebnisse in Relation zu den eigenen Erwartungen und Zielen (Weinert 1987: 286). Dieser Zusammenhang wurde bereits weiter oben skizziert.

Die Definitionen von Arbeitszufriedenheit sind dabei vielfältig und hängen von dem Untersuchungsgegenstand ab, über den eine Aussage gemacht werden soll. In dieser Arbeit interessiert insbesondere eine Operationalisierung, die über eine Erlebenskomponente Aussagen über Motivation und Befindlichkeiten der Personen tätigen läßt:[114]

> „Mit Arbeitszufriedenheit bezeichnen wir die innere Disposition, die ein Arbeitnehmer als Resultat eines wertenden Vergleichs der erwarteten mit den wahrgenommenen Erlebnissen und Ergebnissen seiner Arbeit gewonnen hat und die als prägende Größe seinem Verhalten und seinen Einstellungen gegenüber Arbeit, sozialem Umfeld und Betrieb sichtbaren Ausdruck verleiht“ (Richter 1994: 186).

Arbeitszufriedenheit nimmt in dieser Definition eine vermittelnde und wertende Funktion zwischen subjektiven Erwartungen und individuellem Erleben ein und läßt sich – wie dies bei fast all den vielfältigen und unterschiedlichen Meßansätzen der Fall ist - als eine Soll-Ist-Differenz bestimmen (Gebert/ v. Rosenstiel 1989: 71). Ist diese Differenz klein und die motivationale Entsprechung somit hoch, so ist auch die Arbeitszufriedenheit hoch (Schanz 2000: 200ff.). Ist die Differenz jedoch groß, dann ist auch der Grad der Unzufriedenheit hoch (Staehle

---

[114] Damit bleibt der Motivbezug jedoch nur implizit. Eine Integration von motivationaler Disposition und der Erlebniskomponente des Tätigkeitsbezuges liegt in der gegenwärtigen Diskussion der Arbeitszufriedenheit nicht vor. Im wesentlichen spiegelt sich hier ein Dilemma wider, das auch den Stand der Integrationsbemühungen der Motivationsforschung zwischen einer inhaltstheoretischen und prozeßtheoretischen Sichtweise wiedergibt. Büssing (1989) kritisiert zusammenfassend die Defizite der Arbeitszufriedenheitsforschung: „1. Es fehlt ein theoretisch fundierter Begriff von Arbeitszufriedenheit, der sowohl Motiv- als auch die Tätigkeitsbezogenheit einschließt, 2. Es mangelt an einer interaktionistischen Sicht von Arbeit und Arbeitendem, und – damit verknüpft – es wird 3. Der Prozeß der Arbeitszufriedenheitsentwicklung und verbunden damit auch die Unterscheidung verschiedener Typen von Arbeitszufriedenheit vernachlässigt“ (Büssing 1989: 1399). Zu Leistungsfähigkeit von Untersuchungen der Arbeitszufriedenheit vgl. auch Fischer 1997a: 267; ders. 1997b: 272).

1999: 255). Der Grad der motivationalen Entsprechung von „innen“ und „außen“ wird also über das Empfinden von Zufriedenheit abgebildet. Die unterschiedlichen Bedürfnisse, Ansprüche, Erwartungen etc. sind hierbei aber von individuell unterschiedlicher Bedeutsamkeit. Ein und dasselbe Ereignis kann so bei unterschiedlichen Personen sowohl Zufriedenheit als auch Unzufriedenheit auslösen, es ist von unterschiedlicher Bedeutsamkeit. Weiterhin stellt das Ausmaß der Soll-Ist-Differenz neben der individuellen Bedeutsamkeit desselben Ereignisses ein wichtiges Kriterium zur Erklärung von Unzufriedenheit dar (Locke 1976). Die als gleich hoch empfundene Differenz bei unterschiedlichen Personen kann wiederum einerseits zu Zufriedenheit, andererseits zu Unzufriedenheit führen. Arbeitszufriedenheit resultiert demnach, formal betrachtet, aus der multiplikativen Verknüpfung des Zufriedenheitswertes mit dessen Bedeutungswert (ebd.: 1304ff.). Wird die Soll-Ist-Differenz als hoch wahrgenommen und wird sie zusätzlich als bedeutsam empfunden, so resultiert eine negative emotionale Reaktion, die gleichzeitig einen hohen Anreiz zu ihrer Nivellierung darstellt, wobei hiermit keinesfalls die Umsetzung in eine Handlung einhergehen muß, wie oben ausführlich behandelt wurde.

Faller (1993) skizziert anhand der Arbeitszufriedenheitskonzeption von Bruggemann et al. (1975) die Entstehung von Arbeitsunzufriedenheit als Auslöser Innerer Kündigung. Das Modell von Bruggemann et al., das den „Endpunkt der theoretischen Arbeitszufriedenheitsforschung“ (Frese 1990: 285; Temme/ Tränkle 1996: 278) setzt, eignet sich in besonderem Maße für eine solche Analyse, weil es entsprechend der Inneren Kündigung nicht statisch, sondern dynamisch konzipiert ist und sowohl die zeitliche Komponente als auch die Entstehung bzw. Vermittlung von Arbeitszufriedenheit berücksichtigt.[115] Die fortgesetzte Nichtbefriedigung von Bedürfnissen hat zur Folge, daß die eigenen Handlungen, Verhaltensweisen sowie Entscheidungen in Frage gestellt werden, wenn es keine Anhaltspunkte einer Verbesserung der Situation gibt (Bruggemann et al. 1975: 130ff.):

> „Die Situation der Nichtbefriedigung wird durch die frustrierenden Mißerfolgserfahrungen zur Problemsituation, die entweder über die Aufgabe früherer Ziele, Ansprüche, Erwartungen oder über die Suche nach neuen Mitteln und Wegen zu deren Erfüllung zur Lösung drängt“ (Faller 1993: 144; Kesten 1997: 304).

Dieses Unzufriedenheit auslösende Problem ist aber keinesfalls als eine objektive Problemsituation zu verstehen. Die Situation gewinnt ihre motivationale und verhaltensprägende Relevanz erst in Abhängigkeit von der individuell unterschiedlichen Frustrationstoleranz, den individuell unterschiedlichen Anspruchs-

115 Die folgenden Ausführungen beschränken sich im wesentlichen auf die für die Thematik relevanten Formen von verminderter Zufriedenheit und deren Einfluß auf das Arbeitsverhalten. Bruggemann et al. gehen in ihrem Konzept jedoch auch auf progressive Formen der Zufriedenheit ein.

niveaus und der subjektiv wahrgenommenen Situationskontrolle. Ausgangspunkt der Genese der verschiedenen Formen der Arbeitszufriedenheit ist ein Soll-Ist-Vergeich zwischen den Bedürfnissen bzw. Erwartungen und dem Erleben. Als erstes vorläufiges Ergebnis aus diesem Vergleich resultiert in dem Modell von Bruggemann et al. (1975) bei hoher Differenz die **Diffuse Unzufriedenheit.**[116] Aus dieser diffusen Form, die das Zwischenstadium eines noch nicht fest getroffenen Zufriedenheitsurteils bezeichnet, sind jeweils unterschiedliche Zufriedenheitsstadien denkbar, die sich in den weiteren Folgen voneinander unterscheiden (ebd.: 132ff.):

Sind Frustrationstoleranz und Situationskontrolle hoch, zeichnet sich in einer unbefriedigenden Situation eine Erhöhung des Anstrengungsniveaus ab, mit dem Ziel, die averse Situation positiv zu wenden bzw. durch Veränderung der Situation zu bewältigen; das Anspruchsniveau bleibt dabei unverändert. Verfügt der Mitarbeiter hierbei über die notwendigen Bewältigungsressourcen, wird sein Bewältigungsverhalten wahrscheinlich erfolgreich sein. In der Terminologie Bruggemanns erlebt der Mitarbeiter die Situation mit **Konstruktiver Unzufriedenheit**. Die Unzufriedenheit wirkt als Motivator, der ein angemessenes und erfolgversprechendes Verhalten auslöst.[117]

Eine weitere mögliche Reaktionsform auf diese Ausgangssituation stellt die nachträgliche Senkung des eigenen Anspruchsniveaus dar, d.h. eine Senkung des Soll-Wertes bei gleichbleibendem Ist-Wert. Dieses Verhalten wird von Bruggemann et al. mit **Resignativer Zufriedenheit** beschrieben.[118]

---

[116] Die Zufriedenheitsformen, die sich analog aus dem Zwischenstadium der stabilisierenden Zufriedenheit ableiten lassen, sollen an dieser Stelle nicht weiter vertieft werden. Vgl. hierzu Bruggemann et al. 1975: 132ff.

[117] Nerdinger (1995) vermutet, daß gerade Konstruktive Unzufriedenheit und Progressive Zufriedenheit den Wandlungsprozeß von Unternehmen vorantreiben (ebd.: 23). Comelli/ v. Rosenstiel (1995) sehen diese Formen der Arbeitzufriedenheit entsprechend eng verbunden mit einer gesteigerten Leistungsbereitschaft (ebd.: 34ff.).

[118] Es soll an dieser Stelle darauf hingewiesen werden, daß die empirischen Ergebnisse zur Messung von Arbeitszufriedenheit sehr heterogen ausfallen, bedingt durch die vielfältigen Konzeptionen der Untersuchungen und Operationalisierungen der Begrifflichkeiten. (Zu Leistungsfähigkeit von Untersuchungen der Arbeitszufriedenheit Fischer 1997a: 267; ders. 1997b: 272). Die geringe Erklärungskraft des Zusammenhangs von Arbeitszufriedenheit und Arbeitsleistung beruht im wesentlichen darauf, daß sich sowohl die Kategorie Pseudo-Arbeitszufriedenheit als auch die Kategorie Resignative Zufriedenheit unter den sich zufrieden gebenden Mitarbeitern finden läßt (Neuberger 1985a: 213f.; Staehle 1999: 256f.; Büssing 1989: 138f.; Six/ Eckes 1991).

Neuberger (1985b) kritisiert auf Grundlage einer Metaanalyse von Studien zur Arbeitszufriedenheit, daß Arbeitszufriedenheitsforschung mehr Fragen aufgeworfen habe, als sie Antworten habe geben können. Abgrenzungen zu benachbarten Forschungsgebieten seien unzureichend, und Versuche der Typologisierungen hätten wenig zu einem theoretischen Erkenntnisgewinn beigetragen (ebd.: 184ff.).

Wird demgegenüber am ursprünglichen Anspruchsniveau festgehalten, wobei die Situationskontrolle nun aber so gering ist, daß sich eine Lösungsalternative nicht anbietet, resultiert daraus die **Fixierte Arbeitsunzufriedenheit,** falls der Mitarbeiter über ausreichende Frustrationstoleranz verfügt. Die **Fixierte Arbeitsunzufriedenheit** unterscheidet sich von der **Konstruktiven Arbeitsunzufriedenheit** dadurch, daß sich mit der Situationsbeurteilung keine weiterführenden Lösungsmöglichkeiten und –versuche verbinden (Bruggemann et al. 1975: 136). Ein Ausweichen auf intrapsychische Anpassungsleistungen wird in diesem Fall noch durch die Frustrationstoleranz aufgefangen. Die individuell wahrgenommene Aussichtslosigkeit bzw. die geringe Situationskontrolle läßt eine konkrete Handlung aber nicht erfolgversprechend erscheinen.

Ist die Frustrationstoleranz hingegen gering oder sinkt sie im Laufe des fortgesetzt aversen Erlebens der unbefriedigenden Arbeitssituation, so kommt es unter der Voraussetzung einer geringen Situationskontrolle zur **Pseudo-Arbeitszufriedenheit**, die durch Problemverdrängung oder Verfälschung der Situationswahrnehmung gekennzeichnet ist. Dieses Stadium zeichnet sich durch die Latenz von Handlungsunfähigkeit aufgrund der geringen Situationskontrolle, von beibehaltenem Anspruchsniveau und überschrittener Frustrationstoleranz aus. Die Arbeitszufriedenheit wird über die nachträgliche Veränderung des Ist-Wertes wieder hergestellt, so daß die Situation für die Person als vermeintlich erträglich attribuiert werden kann (Festinger 1978).

Bruggemann et al. (1975) bleiben in der Diskussion ihrer Arbeit sowohl in bezug auf die Senkung des Anspruchsniveaus als auch in bezug auf die Verfälschung der Situationswahrnehmung unspezifisch (Büssing 1991: 90f.) Sie weiten das Konzept nicht weiter auf das Feld des resultierenden Verhaltens aus, wie es Nieder fast zwei Jahrzehnte später in Verbindung mit der Diskussion der Inneren Kündigung skizziert.

Auf Grundlage des Konzepts der Arbeitszufriedenheit schlägt Nieder (1992b) ein Modell des Arbeitsverhaltens vor, in dem er die Innere Kündigung als Ergebnis **Resignativer Zufriedenheit** und **Fixierter Unzufriedenheit** beschreibt. Die folgende Abbildung gibt Nieders Anwendung des leicht modifizierten Zufriedenheitskonzepts wieder. Sie verdeutlicht den Einfluß der Arbeitszufriedenheit auf das Arbeitsverhalten sehr anschaulich und ebnet den Weg zu einer Darstellungsform, in der das elaborierte Konzept der Arbeitszufriedenheit nach Bruggemann et al. im Kontext der Inneren Kündigung angewandt werden kann.

Abb. 15: Arbeitsverhalten und Arbeitszufriedenheit

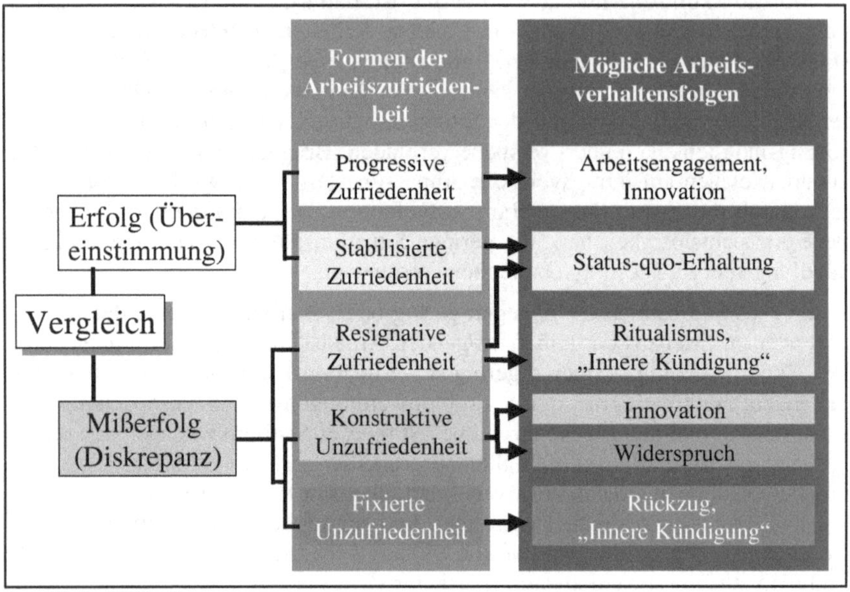

(aus: Nieder 1992b: 5)

Abweichend zum ursprünglichen Konzept übernimmt Nieder jedoch nicht dessen komplette Differenzierung. Auf der einen Seite berücksichtigt er zwar die zwei Zufriedenheitsformen der **Progressiven** und der **Stabilisierten Zufriedenheit** als Ergebnis befriedigender Arbeitsbedingungen, auf der anderen Seite aber verfolgt er die Differenzierung unbefriedigender Bedingungen, wie sie im ursprünglichen Modell vorgeschlagen wird, nicht konsequent weiter. Dort werden mit der **Resignativen** und der **Pseudo-Zufriedenheit** zwei weitere Formen der Arbeitszufriedenheit diskutiert, die aus unbefriedigenden Arbeitsbedingungen resultieren. Nieder subsummiert die letztere Form, vermutlich aus forschungspragmatischen Gründen und der besseren Übersichtlichkeit halber, unter dem Begriff der **Resignativen Zufriedenheit**, während sich im Konzept von Bruggemann et al. beide Formen im psychischen Mechanismus, wenn auch nicht im Ergebnis unterscheiden (ebd.: 135). Bruggemann et al. leiten die **Resignative Zufriedenheit** aus der Senkung des Anspruchsniveaus ab, während die **Pseudo-Zufriedenheit** einer Verfälschung der Situationswahrnehmung gleichkommt. Dabei handelt es sich um eine umweltbezogene Kognition, d.h. der Anspruch läßt sich unter den gegebenen Umständen nicht beibehalten, entsprechend folgt die Resignation. Demgegenüber modifiziert er das Wahrnehmungsverhalten als eine kognitive Wahrnehmungskorrektur, die es ermöglicht, die unveränderte Situation als akzeptabel zu akzentuieren. Bei der Betrachtung des Modells ist zu beachten, daß Nieder in seiner Beschreibung der Folgen des Arbeitsverhaltens etwas unscharf bleibt: So fehlt etwa eine Differenzierung zwischen „Status-quo-Erhaltung“ und „Ritualismus, Innere Kündigung“. Dieses Manko zeigt sich auch bei der Differenzierung zwischen „Arbeitsengagement, Innovation“ und „Innovation allein“ und setzt sich im Unterschied zwischen „Innerer Kündigung“ als „Ritualismus“ und „Innerer Kündigung“ als „Rückzug“ fort.

Neben diesen Unschärfen liegen Unstimmigkeiten in der Auswahl der Kategorien begründet, mit der Nieder das Arbeitsverhalten umreißt: Sie grenzen sich nicht scharf gegeneinander ab. Dies zeigt sich insbesondere in der Auswahl der einander ausschließenden Kategorien „Innovation“ und „Widerspruch“, die durchaus unterschiedliche Zeitpunkte und Zustände eines abschließenden Zufriedenheitsurteils beschreiben können: Anfänglicher Widerspruch kann demzufolge zu späterer Innovation werden. Verfestigt er sich jedoch, kann auch er zu einem endgültigen Urteil, zur Reaktanz werden, allerdings kennzeichnet der Begriff der Reaktanz dann besser das zu erwartende Verhalten, das aus diesem Widerspruch resultiert.

Schließlich ist an der Darstellung Nieders zu kritisieren, daß er Verhaltenskategorien wie „Arbeitsengagement“ mit Zustandskategorien wie „Innere Kündigung“ gleichsetzt. Letzterem sollte aber konsequenterweise entsprechendes Verhalten zugrundegelegt werden, um eine Ableitung von Verhalten auf die Statuskategorie überhaupt erst zu ermöglichen. In Anschluß an Nieder und der hier vorgebrachten Kritik lassen sich die Folgen im Arbeitsverhalten damit auf die vier beobachtbaren Verhaltenskategorien **Innovation**, **Status-Quo-Erhaltung**, **Reaktanz** und **Rückzug** reduzieren, die sich unterschiedlich auf die Zustandskategorie der **Inneren Kündigung** auswirken. Damit kann rituelles Arbeitsverhalten ebenso wie ein gepflegter Ritualismus und ein vollzogener Rückzug aus dem Arbeitsengagement als beobachtbare Verhaltenskategorie beschrieben und als inhaltliche Komponente **Innerer Kündigung** festgehalten werden. Dieser generelle Zusammenhang wird im Rekurs auf die ursprünglichen Kategorien des Bruggemann et al.'schen Konzepts in der nun folgenden Graphik dargestellt:

Abb. 16: Arbeitsverhalten und Innere Kündigung[119]

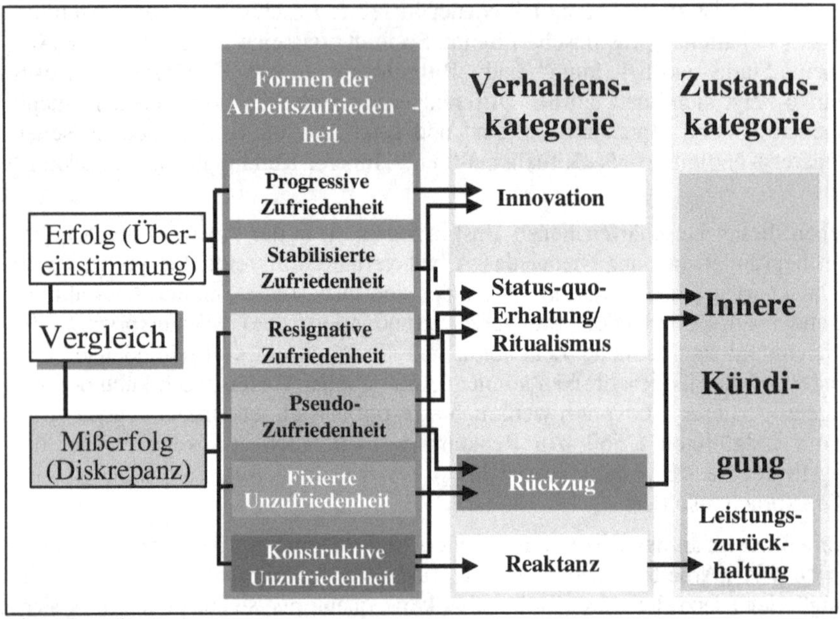

(eigene Darstellung)

Demzufolge lassen sich **Stabilisierte**, **Resignative Zufriedenheit** und **Konstruktive** sowie **Fixierte Unzufriedenheit** als Formen der Arbeits(un-) zufriedenheit begreifen, die sich im Arbeitsverhalten als eher bewußt gesteuerte bzw. unterlassene zumindest aber dem Bewußtsein zugängliche Handlungen äußern. Die **Resignative Zufriedenheit** wird dabei ebenso wie die **Konstruktive Unzufriedenheit** davon getragen, daß Handlungen zwar zur Korrektur der unbefriedigenden Situation zwar prinzipiell möglich sind, aber nicht lohnens- bzw. erstrebenswert erscheinen. Dies trifft in eingeschränktem Maße auch auf die

119 Die Beziehung zwischen Stabilisierter Zufriedenheit und Status-quo-Erhaltung/Ritualismus ist deshalb anhand eines unterbrochenen Pfeils dargestellt, weil zwar ein starker Bezug zwischen diesen beiden Feldern besteht, dieser sich jedoch nicht in der Zustands-Kategorie der Inneren Kündigung fortsetzt.

Status-quo-Erhaltung/Ritualismus können Ausdruck sowohl von Zufriedenheit als auch von organisatorischer Stabilität sein. Eine Beziehung zu Innerer Kündigung ist deshalb aber nicht zwingend, sondern nur dann gegeben, wenn sie ein leistungsgemindertes Verhalten repräsentiert.

Der Verhaltenskategorie „Innovation“ ist aus Gründen der Übersichtlichkeit in der Grafik keine Zustandskategorie „Engagiertheit“ zugeordnet, da ihr im weiteren Fortgehen der Arbeit nur eine geringe Bedeutung zukommt.

Pseudo-Zufriedenheit zu, wenngleich hier innerpsychische Bewältigungsmaßnahmen im Vordergrund stehen. Insgesamt läßt sich für die **Resignative Zufriedenheit**[120] und die **Pseudo-Zufriedenheit** festhalten, daß sie tendentiell der Intention folgen, sich mit der Situation zufrieden zu geben, wobei sich diese bei der **Resignativen Zufriedenheit** aus der rationalen Erwägung eines wenig erfolgversprechenden Ergebnisses ableitet, während sie bei der **Pseudo-Zufriedenheit**[121] aus der Unmöglichkeit zur Handlung resultiert. Aus beiden Formen der Zufriedenheit lassen sich im Ergebnis Bestrebungen zur Status-quo-Erhaltung/Ritualismus ableiten, die als Kennzeichen der Inneren Kündigung gelten. Die Arbeitsaufgaben werden in diesen Fällen den betrieblichen Erwartungen entsprechend ohne besonderes Engagement und ohne besondere Sorgfalt unauffällig erledigt.

Auch äußert sich das Rückzugsverhalten der **Fixierten Unzufriedenheit** in Innerer Kündigung und schlägt sich in einem verminderten, aber ebenfalls kaschierten Leistungsverhalten nieder. Dieses Verhalten unterscheidet sich deutlich von den Verhaltensoptionen, die sich aus der **Konstruktiven Unzufriedenheit**[122] ableiten lassen.[123] In diesem Szenario führt die empfundene Widersprüch-

---

[120] Sie werden von Bruggemann et al. (1975) wie folgt beschrieben: „Erfolgt die Lösung der Problem-Situation durch – mehr oder weniger bewußte – Senkung des Anspruchsniveaus, so kann die Folgeentwicklung zu einer formal positiven Ausprägung von AZ auf eben dieser verminderten Anspruchsebene führen. Diese ‚positive' AZ ist nun nicht mehr Ergebnis eines Vergleichs zwischen dem Ist-Wert und dem ursprünglichen Soll-Wert. Die Frustration aus der Problem-Situation bewirkte hier vielmehr ein Abweichen von den anfänglichen Erwartungen im Sinne einer Soll-Wert-Reduktion. Wir sehen darin eine Art Resignation und sprechen deshalb von Resignativer Arbeitszufriedenheit“ (ebd.: 133).

[121] Die Aussichtslosigkeit weiterer Lösungsmöglichkeiten zur Verbesserung der Passung zwischen Person und Situation kann „(...) Ausgangspunkt für die Entwicklung der sogenannten Pseudo-Arbeitszufriedenheit sein. Diese Form der AZ ist Ergebnis einer unbefriedigenden Arbeitssituation, deren nicht lösbare, frustrierende Bedingungen die gegebene Frustrationstoleranz übersteigen, wenn gleichzeitig eine Senkung des Anspruchsniveaus nicht stattfinden kann. – z. B wegen individuell gegebener Widerstände, die aus der biographischen Entwicklung einer speziellen Leistungsmotivation oder aus situativem sozialen Normendruck verständlich sein mögen. Aus diesem Dilemma führen die (...) ‚psychologischen Lösungen (...) Problemverdrängungen und Verfälschungen der Situation heraus. Sie verhelfen damit zur Entwicklung einer Pseudo-Arbeitszufriedenheit, die dem Individuum gestattet, die Situation noch als erträglich zu empfinden“ (Bruggemann et al. 1975: 136).

Karazman (1996) beschreibt diese psychologische Konstellation mit dem Syndrom „Widerwillen gegen die Arbeit“, das er als gescheiterten Versuch ansieht, dem gestörten Sinngefüge eine neue Bedeutung zu verleihen. Mißlingt dieser Versuch dauerhaft, dann käme es zu einer psychobiologischen Risiko-Situation mit entsprechenden gesundheitlichen Folgen (ebd.: 236).

[122] „Die psychologische Basis der konstruktiven Arbeitszufriedenheit ist einerseits eine ausreichende Frustrationstoleranz, die es gestattet, sich der Situation als unbefriedigend, gemessen am ursprünglichen Ausgangsniveau, bewußt zu bleiben. Andererseits verleihen die verfügbaren Handlungskonzepte dieser Einstellung Zielgerichtetheit im Sinne von Veränderungsmotivation“ (Bruggemann et al. 1975: 133 u. 136.).

lichkeit zu höherer Aktivität, die sich sowohl in innovativen Bestrebungen offenbart, als auch in reaktantem Verhalten entlädt, falls der Weg der Innovation nicht mit Erfolg beschritten wird. Resultat dieses Verhaltens ist dann die bewußte und geplante **Leistungszurückhaltung**, die eine besonders gravierende Form der **Inneren Kündigung** darstellt.

Mit dem vorgestellten Modell können aus der Kategorisierung der Arbeits(un-)zufriedenheit nach Bruggemann et al. Rückschlüsse auf das Arbeits- und Leistungsverhalten gezogen werden. Dementsprechend läßt sich eine Ableitung der Inneren Kündigung als Ergebnis von unbefriedigenden Arbeitsbedingungen vornehmen, so daß diesem Konzept im weiteren Verlauf dieser Arbeit als grundlegender Heuristik eine hohe Bedeutung im Rahmenmodell der an der Fehlzeitengenese beteiligten Prozesse zukommen wird. Durch Hinzuziehung dieser Modellvorstellung der Inneren Kündigung ergibt sich zudem eine Erweiterungsperspektive eines ökonomischen Modells der Fehlzeitenentstehung. Neben der bereits in Rechnung gestellten Betrachtung des vorliegenden Handlungskontrollmodus kommt weiteren psychischen Dispositionen wie der Frustrationstoleranz und der wahrgenommenen Situationskontrolle eine erhebliche Bedeutung bei der Wahl der Reaktionsform zu. Diese Parameter liegen der letztendlichen Entscheidung zu einer Reaktion, zu einer Handlung wie der bewußten Absentismusentscheidung oder dem Vollzug der Inneren Kündigung zunächst einmal zugrunde, dementsprechend müssen sie bei der Erklärung von resultierenden, bewußten oder unbewußten Reaktionsformen auf motivationale Unpassungen vorab in Betracht gezogen werden.

So eng der dargestellte Zusammenhang unterschiedlicher Formen der Arbeitszufriedenheit mit der Ausprägung der Inneren Kündigung und dem Arbeits- oder Leistungsverhalten auch ist, so sehr verliert das Konzept der Arbeitszufriedenheit in Hinblick auf das Leistungs**ergebnis** des Mitarbeiters an Erklärungskraft.[124] Ähnlich, wie an dieser Stelle bereits der Zusammenhang von Motivation

[123] „Die fixierte Arbeitsunzufriedenheit unterscheidet sich von der konstruktiven Arbeitszufriedenheit dadurch, daß sich mit der Situationsbeurteilung keine weiterführenden Lösungsmöglichkeiten und –versuche verbinden. Die Frustrationstoleranz verhindert zwar ein Ausweichen auf psychologische Abwehrmechanismen etwa in Gestalt der Verdrängung oder Situationsverfälschung; der zur Problemlösung erforderliche Aufwand erscheint jedoch jenseits der individuell gegebenen Möglichkeiten. Der entstehende Druck zur Problemlösung wirkt daher nicht motivierend, sondern frustrierend. Der Betroffene ‚bleibt in seinen Problemen stecken'. Falls eine derartige Position nicht gleichsam von außen gelöst wird, ist eine pathologische Weiterentwicklung nicht auszuschließen" (Bruggemann et al. 1975: 136).

[124] Der in quantitativen Korrelationsstudien vielfach ausgewiesene geringe Zusammenhang zwischen Unzufriedenheit und Fehlzeiten, hier verstanden als umfassende Kategorie der Reaktionsformen, läßt sich nach Ziegler et al. (1996) auf methodische Verengungen zurückführen. Die Autoren haben über qualitative Fallstudien einen sehr viel größeren Zusammenhang in einem komplexen Entstehungszusammenhang gefunden, der sich in den quantitativen Studien, zumeist auf bivariate Zusammenhänge zwischen einzelnen Faktoren und deren

und Leistung skizziert und darauf verwiesen wurde, daß motiviertes Handeln kein Garant für ein gutes Arbeitsergebnis ist, verhält es sich mit der Arbeitszufriedenheit. Arbeitszufriedenheit sichert keinesfalls ein hohes Arbeitsergebnis allenfalls ein hohes Engagement. Arbeitszufriedenheit ist bestenfalls gemeinsam mit einer leistungskonformen Verhaltensintention zu konzipieren keinesfalls aber mit realisiertem Verhalten (Faller 1993: 116). Die vorangegangenen Ausführungen zum Handlungskontrollmodus haben diesen brüchigen Zusammenhang eindringlich geschildert.

Unzufriedenheit kann demzufolge zum Auslöser Innerer Kündigung werden, sie muß es aber nicht. Sie kann unter den Bedingungen einer als hoch wahrgenommenen Situationskontrolle und einer entsprechend hoch ausgebildeten Disposition zur Handlungsorientierung sogar zu einer positiven Entwicklung der Arbeitsbedingungen führen. Diese Entwicklung ist dann zu erwarten, wenn das subjektiv hohe Maß der Situationskontrolle mit einem hohen Maß an Gestaltungsoptionen einhergeht. In diesem Fall führt der Widerstand gegen die als avers empfundenen Arbeitsbedingungen konsequent zu einer Verbesserung der Rahmenbedingungen und in einem weiteren Schritt möglicherweise zu einer leistungsförderlichen Ausgestaltung der Organisation.

Das Ergebnis, daß Unzufriedenheit nicht in die Innere Kündigung münden muß, gilt auch in seiner Umkehrung: Innerlich gekündigte Mitarbeiter müssen nicht unzufrieden sein, sondern können sehr wohl zufrieden mit ihrer Arbeitssituation sein, dies ist sogar vielfach der Fall, wenn sie den Weg in die Innere Kündigung als einen Ausgleich für Über- bzw. Unterforderung angetreten haben,[125] d.h.: Nicht das defizitäre Ausmaß von Zufriedenheit entscheidet allein darüber, ob Mitarbeiter den Weg in die Innere Kündigung gehen, sondern auch das realisierte Ausmaß der Inneren Kündigung bestimmt den Zustand der (wiederhergestellten) Zufriedenheit; daß dabei die innerpsychischen Bewertungsprozesse des Zufriedenheitsurteils nur zu einem Teil bewußtseinspflichtig ablaufen und sich stattdessen häufig im Modus der Unbewußtheit vollziehen, wurde bereits ausgiebig diskutiert. Sie gelangen nur in Teilen an die Ebene der Bewußtheit, nämlich genau dann, wenn unbewußte und direkt motivationale Steuerungsversuche an ihre Grenzen geraten (Neuberger 1985a: 209f.).

Auswirkung auf Absentismus abzielen, nicht abbilden läßt (ebd.: 206f.). Vertiefende Hinweise auf diesen vermittelten Zusammenhang leiten sich auch aus der aktuellen Diskussion um die sog. organizational citizenship behavior ab.

[125] Diese Feststellung trifft sich mit den empirischen Ergebnissen der Arbeitszufriedenheitsforschung, die immer wieder darauf verwiesen hat, daß Arbeitszufriedenheit nur in sehr geringem Maße mit der Performance korreliert. Lawler (1977) vertritt sogar die Auffassung, daß eine hohe Zufriedenheit eher zu einer Verringerung der Anstrengungen führt, da der Anreiz zur Leistung aufgrund der hohen Zufriedenheit geringer sei als bei geringerer Zufriedenheit (ebd.: 107).

Innere Kündigung und Zufriedenheit stehen also in einem wechselseitigen Beziehungsgeflecht zueinander, in dem sowohl Zufriedenheit als auch Innere Kündigung die Funktion einer stabilen, emotionalen Reaktion (Zustandkategorie im vorangegangenen Modell) annehmen kann (Faller 1993: 128). Sowohl nachträgliche Ist-Wert-Anhebungen des Anforderungskataloges als auch Senkungen des eigenen Soll-Wertes der Ansprüche kennzeichnen, wie skizziert wurde, unterschiedliche Formen der Zufriedenheit, bzw. Unzufriedenheit und können dementsprechend mit Innerer Kündigung in Zusammenhang gebracht werden. Empirisch ist dies durch Richter (1999) weitestgehend bestätigt worden (ebd.: 128f.). Unzufriedenheit ist somit als das Resultat eines Vergleichsprozesses anzusehen, der sich sowohl auf die innere Anspruchshaltung als auch auf die Anreiz- und Anforderungsstrukturen bzw. die Erlöse der Arbeitsbedingungen bezieht.[126] Hierbei betrachtet sich die Person jedoch nicht nur in bezug auf diese Bewertungsgrundlagen als isoliert, sondern nimmt vielmehr auch die Möglichkeit sozialer Vergleichsprozesse wahr, die als Referenzgrößen des Vergleichs, gewissermaßen als soziale Validierung fungieren. Die Equity-Theorie stellt ein Erklärungskonzept bereit, das das Zustandekommen von Unzufriedenheit als Ergebnis eines sozialen Vergleichsprozesses konzipiert.

---

[126] Eine empirische Arbeit von Schumacher (1994) bestätigt diese Aussage mit dem Ergebnis, daß sich Mitarbeiter mit häufigen Abwesenheiten, dahingehend stabilisieren, daß sie sich im Laufe der Betriebszugehörigkeit den Gegebenheiten anpassen.

Er differenziert drei Gruppen von Mitarbeitern danach, wie ihr Fehlzeitenverhalten mit motivationalen Komponenten (Belastung/ Beanspruchung; Gruppengefühl/ Gruppenklima; Vorgesetztenverhalten; Informationsfluß; soziale Orientierung; Identifikation mit dem Unternehmen) zusammenhängt:

Typ-A-Mitarbeiter (häufige Fehlzeiten über kürzere Zeiträume hinweg) weisen eher rein motivationale Fehlzeiten auf, sie nehmen die Identifikation mit dem Unternehmen, das Gruppengefühl/Gruppenklima und das Vorgesetztenverhalten negativer wahr als die anderen Gruppen. Sie haben darüber hinaus eine 'verantwortungslosere Einstellung' zu Fehlzeiten. Dieselben Zusammenhänge lassen sich bei Typ B finden, sie sind dort allerdings weniger stark ausgeprägt. Insbesondere den ‚sozialen' Komponenten wird mit zunehmender Betriebszugehörigkeit ein höherer Einfluß bescheinigt:

„Weiterhin nehmen im Laufe der Zeit die subjektiven Beeinträchtigungen durch körperliche und/oder Allgemeinbeschwerden ab. Dazu passend, ist gleichzeitig eine Zunahme der emotionalen Stabilität zu verzeichnen. Darüberhinaus werden mit zunehmender Betriebszugehörigkeit die Arbeits- und Berufszufriedenheit, die Belastung/Beanspruchung [...] positiver erlebt. Die Leistungsorientierung hingegen nimmt ab" (Schumacher 1994: 155).

Typ-B-Mitarbeiter (wenige Abwesenheiten über längere Zeiträume hinweg) weisen eher medizinisch bzw. psychosomatisch bedingte Fehlzeiten auf (vgl. auch Nieder 1978).

Typ-C-Mitarbeiter (ohne Fehlzeiten) (Schumacher 1994: 148ff.).

14.1.1 Sozialer Vergleich und Unzufriedenheit

Die in den 60er Jahren entwickelte Equity-(Inequitiy)-Theorie – im folgenden Equity-Theorie genannt - basiert im wesentlichen auf dem Modell der reziproken Tauschsituation von Homans (1968) und der Theorie der kognitiven Dissonanz von Festinger (1957; 1978) und wird mit dem Namen Adams (1963; 1977) verbunden. Sie geht davon aus, daß die Bestrebung nach einem ausgeglichenen Gleichgewichtszustand zu einem menschlichen Grundbedürfnis zählt, das sich wiederum im Gefühl der Zufriedenheit niederschlägt (Weinert 1987: 280).[127] Ist dieser Gleichgewichtszustand in der individuellen Wahrnehmung verletzt, wird ein motivationales Potential freigesetzt, das auf die Nivellierung des Gleichgewichts abzielt (Staehle 1999: 239). Dabei wird

> „[...] das Sozialverhalten [...] in der Equity-Theorie als vom Gleichheits- oder Gerechtigkeitsprinzip geleitet angesehen" (Faller 1993: 135).

Die Arbeitssituation wird von den Personen als ein Tauschverhältnis zwischen Arbeitgeber und Arbeitnehmer gesehen. Die Person erbringt einen Einsatz (Input) und erwartet hierfür einen Ertrag (Outcome).

Sowohl die Bewertung des Inputs als auch die Bewertung des Outcomes unterliegen hierbei einer subjektiven Perspektive, die durch die Heranziehung einer Referenzperson- oder gruppe objektiviert wird (Weinert 1987: 281).[128] Entsprechen sich Inputs und Outcomes in der individuellen Bewertung, so liegt Zufriedenheit vor. Entwickeln sich hier jedoch Asymmetrien, geht die Zufriedenheit verloren:

> „Inequity exists for Person whenever he perceives that the ratio of his outcomes to inputs and the ratio of Other's outsomes to Other's inputs are unequal" (Adams 1977: 113).

Die ungleichen Quotienten in den Input/ Outcome-Relationen erzeugen Spannungen, die wiederum zu Handlungen motivieren, um diese Ungleichheiten abzubauen (Faller 1993: 136; Gebert/ v. Rosenstiel 1989: 70). Diese Spannungen

---

[127] Akerlof und Yellen (1987) beschreiben in ihrem Fair-Wage/ Effort-Modell auf Grundlage der Equity-Theorie die Relevanz der empfundenen Gerechtigkeit der Entlohnung für die Motivation von Arbeitnehmern. Eine als ungerecht empfundene Unterbezahlung wird hierbei als Auslöser der Reduktion der Arbeitsanstrengung begriffen.

Experimentell konnte diese These mehrfach bestätigt werden. Eine Leistungsverminderung konnte als Konsequenz einer als zu gering empfundenen Entlohnung nachgewiesen werden, während bei relativer Überbezahlung selten mit einer Steigerung der Arbeitsanstrengung reagiert wird (Greenberg/ Leventhal 1976). Walster et al. (1976) erklären dies damit, daß es für überbewertete Personen verlockender und leichter sei, ihren Input höher zu bewerten.

[128] Unbeantwortet ist hierbei nach wie vor, von welchen Kriterien die Auswahl der Referenzperson bzw. –gruppe abhängt (Weinert 1987: 283).

sind im Rahmen der Equity-Theorie als averse Emotionen zu verstehen, die Handlungsrelevanz auslösen. Outcomes und Inputs werden in der Equity-Theorie summativ berücksichtigt und auch in ihrer Beziehung zueinander subjektiv interpretiert. Aus welchen Einzelbestandteilen diese Summe gebildet wird, obliegt hierbei jedoch der Interpretation des einzelnen.

Die Perzeption der Inequity verhält sich nun proportional zum Ausmaß der empfundenen Inequity und führt letzten Endes dazu, Anstrengungen zu unternehmen, um zu einem ausbalancierten Verhältnis von Input und Output zu kommen. Somit unterliegt auch der Equity-Theorie die Annahme der Homöostase, die bereits als gemeinsame Grundlage der inhaltstheoretischen Motivationskonzepte herausgestellt worden ist. Die Bewertung von Equity wird immer auch von emotionalen Reaktionen begleitet, wobei diese emotionalen Reaktionen als die eigentlichen Signalgeber motivierten Verhaltens angesehen werden können.[129] Hieraus resultieren die Handlungsentwürfe, die zu einem Ausgleich der durch Aversität empfundenen Situationen beitragen sollen. Diese Ausgleichshandlungen sind nun als ein motiviertes Handeln zu betrachten, wobei

> „[...] die Motivationsstärke zur Wiederherstellung von Equity proportional zum Spannungszustand ist" (Faller 1992: 138; Adams 1963: 427; dies. 1977: 115).

Bevor im weiteren die möglichen Reaktionsmuster auf die empfundene Inequity erläutert werden, soll an dieser Stelle kurz das Entstehen von Emotionen skizziert werden, das als dem Empfinden von Ungerechtigkeit zugrundeliegend erachtet werden kann.

14.1.2 Interaktion und Emotion

Der Emotionssoziologe Theodore D. Kemper hat gezeigt, daß die emotionale Attribuierung an situative Kontexte geknüpft ist (Frese 1990: 289ff.). In der Emotionsforschung ist dies mittlerweile allgemeiner Konsens: Primäremotionen werden i.d.R. durch soziale Situationen ausgelöst, die wiederum durch Interaktivität gekennzeichnet sind (Kemper 1978; 1981; 1990a; b; Wallbott 1991: 58). Soziale Interaktionen werden heute in Ergänzung zu dem oben vorgestellten Konzept Adams als wechselseitige Orientierung des eigenen Handelns an den Handlungen des anderen verstanden und spiegeln sich in emotionalen Empfindungen wieder (Gerhards 1988: 125). Diese dienen wiederum der Verhaltenssteuerung auf der Basis der Einschätzung von Umweltbedingungen, innerorganismischen Zuständen und Handlungsneigungen (Spangler/ Zimmermann 1999: 87; Temme/ Tränkle 1996: 283):[130]

---

[129] Zu Wechselwirkungen zwischen Emotionen, Stimmungen und Reaktionen des Immunsystems vgl. Kastner/ Vogt 1998 415f.

[130] Vgl. hierzu auch Weiner (1987), der den Versuch unternimmt, Emotionen in ein motivati-

„Emotion is a relatively short-term evaluative response essentially positive or negative in nature involving distinct somatic (and often cognitive) components" (Kemper 1978: 128f.).

Emotionen sind im wesentlichen das Resultat realer bzw. vorgestellter Interaktionsbeziehungen, ihre subjektive Bewertung entscheidet hierbei über deren Relevanz. In den Interaktionsbeziehungen werden die vier Grundemotionen Angst, Ärger, Depression und Glück erzeugt (ders. 1990b: 227),[131] die auch in unterschiedlichen Mischformen auftreten können. Diese Grundemotionen lassen sich auf zwei zentrale Interaktionsbeziehungen zurückführen: **Status**, in der Lesart von Wertschätzung und **Macht**, wobei sich beide durch den Grad der Freiwilligkeit voneinander unterscheiden. Status wird, anders als Macht, freiwillig vergeben. Treffen nun zwei Personen in einer Situation aufeinander,[132] so verhandeln sie immer auch ihre Beziehung zueinander. Sie können sich wechselseitig Status zuschreiben oder auch versuchen, Macht aufeinander auszuüben. Entscheidend für die emotionale Abbildung dieser Interaktionsbeziehung ist hierbei aber der soziale Vergleich, ob die eigene Macht- und Statusposition als überhöht, adäquat oder als unterrepräsentiert wahrgenommen wird, ob der Akteur sich die Handlung selbst zentral zuschreibt oder ob er seinen Gegenüber hierfür verantwortlich macht. Aus dieser subjektiven Bewertung entstehen die unterschiedlichen Gefühle. Wilkesmann (1994) illustriert dies beispielhaft:

„Interpretiert Ego seine Macht als adäquat und er selbst ist der Agent der Handlung, dann empfindet er Sicherheit. Interpretiert Ego hingegen seine Macht als insuffizient und Alter ist der Agent der Handlung, dann empfindet Ego Angst und Ärger. [...] Interpretiert Ego seinen eigenen Status als adäquat, empfindet er Glück, egal ob er selbst oder Alter der Agent ist. Apathie und Depression treten dann auf, wenn Ego seinen Status als insuffizient bewertet und Ego selbst Agent ist. Ist hingegen Alter der Agent, empfindet Ego aufgrund seiner Hilflosigkeit Ärger und Depression" (ebd.: 141f.; auch Schneider/ Schmalt 1994: 51f.).

---

onstheoretisches Modell zu integrieren. Er argumentiert, „[...] that [emotions; R.P.] provide a synopsis of the past while at the same time directing the future. Hence, emotions are synapses of motivational life, joining thinking with acting" (ebd.: 22). Die Brücke von emotionstheoretischen zu motivationstheoretischen Vorstellungen schlägt er also über die kognitive Vermittlung und Begründung von Emotionen: „[...] the most prevalent and salient human emotions are determined by thougts about causuality" (ebd.: 26).

[131] Eine inhaltliche Präzisierung erfolgt bei Kemper nur über Synonyme (Gerhards 1988: 131). Über die Definition der vier Grundemotionen herrscht jedoch weitgehend Einigkeit in der Emotionsforschung (Vester 1991: 33ff.)

[132] Diese Betrachtung gibt schon einen wertvollen Hinweis darauf, wie zentral die Bedeutung von Führung als eine besondere Form der Interaktion in Hinblick auf die emotionale Befindlichkeit von Mitarbeitern ist, denn treffen Führungskraft und Mitarbeiter aufeinander, so handeln sie im Arbeitsvollzug immer auch den Geltungsbereich des psychologischen Arbeitsvertrags aus.

Der soziale und subjektive Vergleich in der z.T. durch sozialen Tausch vermittelten Interaktion löst also die Empfindungen der Personen aus. Die Aversität negativer Emotionen wiederum entlädt sich in der Motivation, die negativen Emotionen durch eine Handlung zu kompensieren, zu bewältigen oder erträglich zu gestalten.[133]

---

[133] Abele (1999) weist darauf hin, daß sich die resultierende Motivation in einem negativen emotionalen Zustand stark auf das Ziel der Emotionsbewältigung ausrichtet und das Ziel einer Aufgabenbewältigung nachrangig und als Mittel zum Zweck angesehen wird. Negative Stimmungen führen hierbei folgerichtig auch zu häufigeren Aufgabenwechseln, die entstehende Motivation ist also in erster Linie als nach innen gerichtet zu verstehen (ebd.: 34).

Mit Beginn der 80er Jahre erwachte ein stärkeres Interesse, Emotionen intensiver im Zusammenhang mit (kognitiven) Motivationstheorien zu diskutieren (Weiner 1987: 22ff.). Insbesondere schwache prognostische Erfolge auf Kognition zurückgreifender informationstheoretischer Modelle führten zu einer verstärkten Hinwendung der Motivationstheorie auf das Feld der Emotionen (Sokolowski 1993: 29).

Interessanterweise verweisen neuere empirische Ergebnisse darauf, daß nicht - wie hier skizziert - allein die Gefühlszustände das Denken und das Handeln beeinflussen, sondern daß in umgekehrter Richtung auch eine Einflußnahme des Denkstils auf Emotionen anzunehmen ist (Otto 1999: 60). Diese Diskussion hat sich aber erst in jüngster Zeit etabliert, so daß abschließende Ergebnisse erst für die Zukunft zu erwarten sind.

14.1.3 Massive Aversität – Reaktionsformen und Auswirkungen

Prinzipiell sind drei mögliche Reaktionsmuster[134] auf die Empfindung von massiver Aversität denkbar (Thierry 1989: 298):[135]

1. Handlungen im Rahmen des Status quo der Arbeitssituation und der vorherrschenden Arbeitsbedingungen. Diese Handlungen werden bewußt konzipiert und beinhalten auf der Grundlage dezidiert rationaler Entscheidungen entsprechende Handlungspläne. March und Simon (1976) teilen hierbei mögliche Handlungsoptionen idealtypisch in drei Klassen auf:

   - das Verlassen der Organisation, also die offene Kündigung oder der Absentismus,
   - die Reaktion mit einem vermehrten Leistungseinsatz, der aber nicht auf die eigentlichen Leistungsziele des Unternehmens ausgerichtet ist, sondern vielmehr darauf abzielt, die vermeintlichen Gründe für die Unzufriedenheit zu korrigieren,
   - die bewußte Intensivierung leistungsfremden Verhaltens, also Verhaltensformen der sog. Inneren Kündigung (ebd.: 51ff.).

2. Bewußt initiierte Handlungen zur Veränderung der Rahmenbedingungen, z.B.:

   - Durchsetzen einer höheren Entlohnung (unmittelbare Steigerung des Outcomes),

---

[134] Die folgende Aufzählung geht im wesentlichen auf Adams (1977) zurück. Sie führt neben der Veränderung von Input und Output eine kognitive Korrektur des Vergleichsbildes, ein Verlassen des Feldes, eine Beeinflussung der relevanten Vergleichsgruppe und den Wechsel der Vergleichsgruppe an. Die Darstellung berücksichtigt damit die psychischen Bewältigungsformen des assimilativen und akkomodativen Modus, die im Entwicklungsregulationsmodell von Brandstätter (1989; Rothermund/ Brandstätter 1997) diskutiert werden. In diesem Modell wird jedoch der Fokus auf innerpsychische Bewältigungsformen abgestellt. In der folgenden Darstellung ist abweichend zu Adams und Brandstätter allerdings eine differenziertere Kategorisierung in bezug auf die Folgen für die Organisation gewählt worden.

[135] Bei der Wahrnehmung nur geringer Equity wird die Unzufriedenheit nach Bruggemann et al. (1975) dadurch abgebaut, daß Inputs und Outcomes noch einmal gegeneinander abgewogen werden, so daß durch geringfügige Korrektur der ersten Bewertung weitere (kostspielige) Reaktionen entfallen können (ebd.: 44); Adams (1977) bleibt hierzu unspezifisch, nimmt aber auch eine Abhängigkeit vom empfundenen Ausmaß der Inequiety an (ebd.: 122).

- gezielte Beeinflussung der Vergleichsperson oder –gruppe, auf daß diese ihren Outcome reduziert (mittelbare Steigerung des Outcomes),

3. unbewußte Änderung von Verhaltensweisen zur Korrektur von Wahrnehmungs- und Bewertungsmustern, z.B.:[136]

   - Verzerrung des Verhältnisses der eigenen Inputs und Outcomes,[137]
   - Wechseln der Bezugsperson oder -gruppe.[138]

Bezogen auf ein ökonomisches Modell der Fehlzeitenerklärung bedeutet dies, daß sich sowohl bewußt herbeigeführter Absentismus als auch die bewußt herbeigeführte Leistungsverweigerung im wesentlichen auf die gleiche rationale Grundlage zurückführen lassen. Hinsichtlich der Einwirkungsmöglichkeit von Rückkehrgesprächen, bedeutet dies zunächst einmal, daß diese Entscheidungsprozesse grundsätzlich einer bewußten Thematisierung zugänglich sind. Dennoch ist diese Erkenntnis mit erheblichen Einschränkungen zu versehen: Der geschätzte Anteil bewußt herbeigeführter Absentismen am gesamten Fehlzeitenaufkommen ist nur sehr niedrig. Er wird, wie o.a., auf weniger als 10% der Fehlzeiten geschätzt, wohingegen der hohe Anteil motivationaler Fehlzeiten, wie ausgiebig diskutiert wurde, einer solchen Thematisierung nicht zugänglich ist. Damit ist die Einwirkungsperspektive eines anreizbasierten, möglicherweise repressiven Gesprächs auch aus dieser Perspektive als sehr gering einzuschätzen. Darüberhinaus besteht die Gefahr, daß die zugrundeliegenden rationalen Entscheidungsmuster einer Fehlzeit sich auf das Gebiet der Inneren Kündigung verlagern. Sie verschwinden damit zwar aus der Fehlzeitenstatistik, betreffen die Produktivität des Unternehmens aber gleichermaßen, wenn nicht sogar dauerhafter.

---

[136] Rothermund und Brandstätter (1997) fassen abweichend zu der hier vorgestellten Auffassung die beiden ersten Punkte unter dem Modus assimilativer Aktivitäten zusammen und definieren diesen dritten Punkt als Gegenstand akkomodativer Prozesse. Die dort vorgenommene Taxonomie widerspricht der hier gewählten Form nicht, enthält aber einen geringeren Detaillierungsgrad in bezug auf Handlungsfolgen, so daß ihrem Vorschlag hier nicht gefolgt wird.

[137] So berichten Krenauer und Schönpflug (1980) von Untersuchungen, in denen Personen angesichts erwarteter Leistungsbeeinträchtigungen das Anspruchsniveau senken und so zwar zu einem schlechteren Leistungsergebnis, aber zu einem besseren Verhältnis von Aufwand und Ertrag kommen.

[138] Kubon-Gilke (1990) ordnet diese Möglichkeiten abweichend wie folgt: Variation des tatsächlichen Inputs bzw. Outcomes; Nutzung eines Bewertungsspielraumes hinsichtlich der Inputs und/ oder Outcomes in bezug auf sich selbst oder die Referenzperson(en); Wechsel des Bezugspartners (ebd.: 74f.; Adams 1963: 427ff.)

Faßt man die skizzierten bewußten und unbewußten Reaktionsformen zusammen, so ergeben sich Auswirkungen auf den Input, den Outcome und das mentale verhaltensbestimmende Modell der betroffenen Personen, wie die folgende Übersicht darstellt:

Abb. 17: Reaktionsformen Innerer Kündigung im Handlungskontext

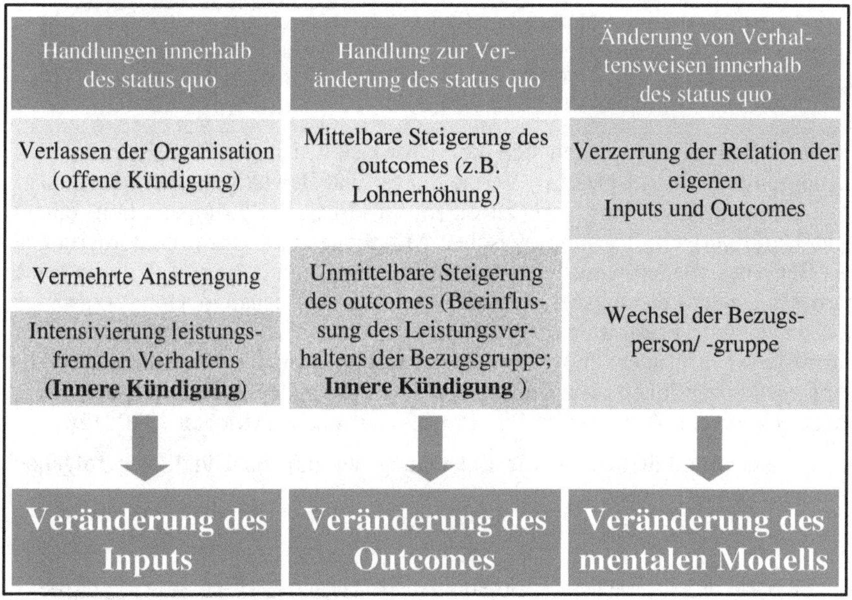

(eigene Darstellung)

Dieser Befund macht deutlich, daß Innere Kündigung im Reaktionsprozeß als ein leistungszurückhaltendes Verhalten keinesfalls Ausdruck von Demotivation ist, wie im betrieblichen Kontext allzu schnell angenommen wird. Innere Kündigung ist lediglich im Ergebnis ein Extrakt eingebrochener Motivation (Comelli/ v. Rosenstiel 1995: 111). Es kann also generell herausgestellt werden,

> „[...] daß es sich hier um einstmals leistungswillige und engagierte Mitarbeiter handelt, die jetzt resigniert haben und mit dem freiwilligen Leistungsverzicht auf eine Entwicklung reagieren, mit der sie auf andere Weise nicht fertig werden konnten" (Höhn 1989: 23).

Innere Kündigung ist somit eine Folge dessen, daß innerhalb der betrieblichen Strukturen keine motivationale Entsprechung im betrieblichen Leistungshandeln gefunden werden kann. Und genau hier setzen die Ausgleichshandlungen eines leistungszurückhaltenden Verhaltens an:

> „Will jemand [...] den endgültigen Schritt nicht tun, dann bietet sich für solche Mitarbeiter [...] die psychische Flucht an. Diese vollzieht sich über den Mechanismus der sogenannten resignativen Anpassung. Hierbei senkt der Mitarbeiter einfach sein bisheriges Anspruchsniveau und unterzieht die für ihn unausweichliche Arbeitssituation einer erneuten Bewertung. [...] Er wird versuchen, das „Normalmaß zu erfüllen, und zukünftig sehr darauf achten, sich nicht unnötigerweise und übermäßig zu engagieren. Das bedeutet: Nachdem er sich über einen resignativen Anpassungsmechanismus mit den negativen Unausweichlichkeiten arrangiert hat, bleibt er in seiner Position, sucht alle Vorteile mitzunehmen und übermäßige Anstrengungen zu vermeiden. Innere Kündigung heißt: Ein Mitarbeiter hat endgültig beschlossen, die Firma nicht zu verlassen [...]" (Comelli/ v. Rosenstiel 1995: 115).

In dieser Beurteilung spiegelt sich die Sichtweise wider, den Prozeß der Inneren Kündigung als ein Ausgleichs-, Vermeidungs- und Bewältigungsverhalten anzusehen. Innere Kündigung wird zu einem Ausdruck der Kompensation, einem Mittel, die verletzte Passung zwischen Mitarbeiter und Umweltanforderungen des Betriebes wieder herzustellen. Der Mitarbeiter immunisiert sich durch seine zurückhaltende Leistungsbereitschaft soweit gegen negative Gemütszustände und andauernde Frustration, daß die Arbeitssituation im Sinne der eigenen Bedürfnisse so redefiniert und zu erneuter Passung gebracht wird. Innere Kündigung ist konzeptionell somit auch nicht als ein finaler Zustand zu begreifen, sondern vielmehr als ein reversibler Prozeß zu verstehen (Richter 1999: 126).

Dabei sind grundsätzlich für die Entstehung der Inneren Kündigung folgende Bedingungen festzuhalten:

- „Einerseits das Ausmaß des Defizitwertes zwischen dem subjektiven Anspruchsniveau (Soll-Wert) und der subjektiv wahrgenommenen Situation (Ist-Wert) und
- andererseits die als gering wahrgenommene Situationskontrolle. Dabei spielt die subjektiv konstruierte geringe Situationskontrolle die entscheidende Rolle im Entstehungsprozeß" (Hilb 1992: 8).

Innere Kündigung kann somit auch als ein Prozeß verstanden werden, den unkompletten institutionellen Arbeitsvertrag um eine individuelle und subjektiv konstruierte Ergänzung der – verminderten - Leistungsbereitschaft zu vervollständigen, wenn eine Komplettierung durch Leistungshandeln aus der individuellen Perspektive ausscheidet: Der psychologische Arbeitsvertrag wird nachträglich auf ein individuell als gerecht empfundenes Maß zurechtgestutzt. Die Option, ‚Dienst nach Vorschrift' zu verrichten, ist damit nicht notwendigerweise als eine Rückzugsstrategie anzusehen, sondern sie kann durchaus Ausdruck eines kurzfristigen Bewältigungsverhaltens im Rahmen des Arbeitsvertrages darstellen. Insofern ist die kurzfristige Zurückhaltung von Leistung – zur Wiederherstellung und Aufrechterhaltung der allgemeinen Leistungskraft – nicht zu Formen der Inneren Kündigung zu zählen, was eine empirische Bestimmung anhand von beobachtbarem Verhalten erschwert.

Innere Kündigung ist demnach im engeren Sinne als eine zugrundeliegende und generelle Handlungen regulierende Einstellung zu begreifen, die sich direkt auf das Verhältnis Individuum vs. Arbeit bezieht. Sie manifestiert sich unmittelbar im Leistungsverhalten, fokussiert aber im Gegensatz zu dem oben beschriebenen regenerativen Effekt des Pausierens, das auf eine Wiederherstellung der Arbeitskraft abzielt, d.h. auf den ökonomischen Tauschakt der Arbeit ab (Semmer 1984: 71f.).

Betrachtet man die oben skizzierten Optionen, dann wird klar, daß die Innere Kündigung im Rahmen der Equity-Theorie immer auch ein neues Niveau der motivationalen Passung nach sich zieht. Insbesondere der vermehrte Leistungseinsatz zur Korrektur der Unpassung und die Gestaltung der für die Unzufriedenheit verantwortlich gemachten Arbeitsbedingungen läßt sich folgendermaßen interpretieren:

- Während in Zeiten hoher individueller, motivationaler und betrieblicher Entsprechung ein leistungswilliges Handeln zur Motivbefriedigung eingesetzt wird, wird bei hoher Unzufriedenheit nur dann leistungsbezogen gehandelt, wenn Aussicht auf Wiederherstellung der zerstörten Passung besteht. Der handlungsauslösende Reiz liegt dann aber nicht mehr in der Erreichung eines Leistungszieles, sondern wird Ausdruck der Bestrebungen, ein verletztes Gleichgewicht wiederherzustellen. Statt ein Leistungsziel zu erreichen, wird aus der Unzufriedenheit heraus die Notwendigkeit einer bedingungskorrigierenden Handlung abgeleitet, die darauf ausgerichtet ist, die Leistungsbedingungen im Einklang des subjektiv gerechten ökonomischen Tausches von Betrieb und Individuum zu rekonstruieren.

Die Betrachtung der oben angeführten Optionen macht aber auch klar, daß sich die Handlungen der Inneren Emigranten nicht allein, wie zumeist angenommen, auf die Regulation des eigenen Arbeitsverhältnisses beziehen, sondern sich auch unmittelbar auf das direkte Leistungsumfeld fokussieren:

- Wenn Unzufriedenheit als Auslöser von Innerer Kündigung im wesentlichen im sozialen Vergleich identifiziert wird, dann kann angenommen werden, daß eine Korrektur im sozialen Umfeld für eine Wiederherstellung der Input/Outcome-Relation ebenso hinreichend sorgen kann wie eine Korrektur der eigenen Aufwendungen. Diese Handlungsoption ist aber nur unter der Bedingung anzunehmen, daß eine hohe soziale Situationskontrolle vorliegt. Diese Option wird aber nur dann im Rahmen von Innerer Kündigung und

Leistungszurückhaltung relevant, wenn die Leistung bewußt im Kollektiv versagt werden kann. Sozial einflußreiche Innere Emigranten tragen so eine individuelle Anpassung schnell in kollektive Zusammenhänge.

Legen wir die Annahme zugrunde, daß es sich bei den Mitarbeitern, die innerlich gekündigt haben, um vormals sehr motivierte Mitarbeiter handelt, möglicherweise auch um Vorgesetzte mit Vorbildfunktion, dann wird klar, daß Innere Kündigung nicht allein als Individualphänomen betrachtet werden kann. Jeder einflußreiche Mitarbeiter, der sich zum Vollzug der Inneren Kündigung entschieden hat, nimmt einen negativen Einfluß auf die Vergleichsmaßstäbe innerhalb sozialer Vergleichsgruppen. Letztendlich kommt der Inneren Kündigung einzelner Personen damit eine umfassende Rolle in bezug auf das Leistungsklima in sozialen Räumen zu.

Das Phänomen der Inneren Kündigung in seinem Auftreten allein auf die Austauschbeziehung zwischen Mitarbeiter und Unternehmen zu beziehen, greift jedoch zu kurz. Denn Innere Kündigung ist nicht nur als ein mikrosoziales Phänomen zu verstehen, das sich allein in einer individuellen, innerbetrieblichen Verhaltensänderung niederschlägt. Sie ist vielmehr auch vor dem Hintergrund insbesondere gesamtwirtschaftlicher Rahmenbedingungen zu betrachten (Gross: 91f.). So determiniert die Arbeitsmarktlage, also die Chance, die eigene mißliche Lage durch eine offene Kündigung entscheidend zu verbessern, wesentlich das Arbeitsverhalten in bezug auf das Auftreten Innerer Kündigung.[139] Im Anschluß an oben erläuterte rationale Entscheidungsparadigmen kann die Lage auf dem Stellenmarkt den Charakter von Instrumentalitäten einnehmen, mittels derer auf eine offene Kündigung verzichtet und ein Arrangement in der Inneren Kündigung bevorzugt wird.[140] Demzufolge wäre das Ausmaß resigniert zufriedener Mitarbeiter in Innerer Kündigung direkt durch die Lage am Arbeitsmarkt bestimmt. Diese Vermutung wird durch die Anzahl der von Arbeitnehmerseite ausgesprochenen Kündigungen bestätigt. So sind die tatsächlichen Kündigungen angesichts einer angespannten Arbeitsmarktlage in den ersten fünf Jahren dieser Dekade auch fast um die Hälfte gesunken (Müller, R. M. 1997), gefolgt von

---

[139] Kuhmann (1994) berichtet über ein Stufenexperiment, in dem die Probanden die Möglichkeit hatten, das Experiment jederzeit abzubrechen. Bei steigenden Anforderungen brachen sie dann das Experiment ab, wenn sie den Eindruck erlangten, daß der erreichbare Erfolg nicht mehr ‚nennenswert' sei. Probanden ohne Abbruchsmöglichkeit arbeiteten weiter, reduzierten aber als Reaktion ihren energetischen Aufwand (ebd.: 175). Dies wurde mit den motivationalen Aspekten zunehmenden bzw. abnehmenden Erfolgs begründet. An diesem Experiment zeigen sich Analogien zur Inneren Kündigung: Hat eine Steigerung der Anstrengung keinen Erfolg und ist eine offene Kündigung nicht möglich, werden andere Regularien bemüht.

[140] Semmer und Baillod (1993) kommen zu dem Ergebnis, daß Arbeitszufriedenheit generell im Durchschnitt zwischen 0,2 und 0,4 je nach Operationalisierung mit der Fluktuation korreliert (ebd.: 181; vgl. hierzu auch Lawler 1977: 107).

„[...] der Verlagerung der gravierendsten Kündigungswirkungen auf die innere Kündigung", wie Wunderer und Mittmann (1995: 27) befinden. Die Arbeitsmarktlage moderiert somit das individuelle Verhalten.

Festzuhalten bleibt, daß Innere Kündigung als Handlungsperspektive eine Reaktion auf einen akuten Zustand der Unzufriedenheit darstellt, der dann zu Innerer Kündigung werden kann, wenn alternative Regulationswege ausscheiden. Innere Kündigung bleibt dabei keinesfalls auf die einzelne Person begrenzt, sondern kann unter der Bedingung ausreichender Situationskontrolle im engen betrieblich-sozialen Umfeld dazu führen, daß das Leistungsklima durch einen komplexen Reinterpretationsprozeß nachhaltig geschädigt wird.

15. Erlernte Hilflosigkeit

In den vorangegangenen Abschnitten wurde neben der Frustrationstoleranz eine geringe Situationskontrolle als eine der Determinanten Innerer Kündigung herausgearbeitet. Es wurde zuvor schon kurz angeführt, daß die Phänomene der Inneren Kündigung und der Erlernten Hilflosigkeit voneinander zu unterscheiden seien. Dieser Gedankengang soll an dieser Stelle weiter ausgeführt werden. Innere Kündigung stellt ein Bewältigungsverfahren dar, daß darauf ausgerichtet ist, eine verletzte Passung durch Redefiniton von Person und Situation wiederherzustellen. Erlernte Hilflosigkeit hingegen ist als eine mentale Veränderung zu verstehen, die gescheiterte Bewältigungshandlungen über eine Verhaltens- und Einstellungsänderung letztendlich generell zu kompensieren sucht. Die Ausgangssituation hierbei ist in weiten Teilen synonym: Eine durch massive Unpassung charakterisierte Situation wird als hochgradig avers, als unkontrollierbar erlebt. Hieraus resultiert die Motivation, erneut Passung zu generieren. Gelingt dies nun nicht, so verbreitet sich das Gefühl der Frustration. Dieses Gefühl kann mit der subjektiven Erkenntnis verbunden sein, keinen Einfluß auf die Situation nehmen zu können, also keine Situationskontrolle ausüben zu können.[141] Hat sich diese Erkenntnis erst einmal durchgesetzt, tritt eine zunehmend kausale Attribuierung auf, in der die nicht vorhandene Situationskontrolle als normaler Status angenommen wird (Schneider/ Schmalt 1994: 281). Die Folge ist das Gefühl, einer spezifischen Situation hilflos ausgeliefert zu sein.

Der Mensch lernt in und für diese Situation, sein Verhalten und dessen Konsequenzen in der Umwelt voneinander unabhängig zu sehen (Eckardstein, D. v. et al. 1995: 36). Er erlernt Hilflosigkeit in dieser Situation. Dieser Attributionsprozeß läuft dabei unbeeinflußt von der vorhandenen Situationskontrolle ab und wird als generalisierte Erwartung[142] auf ähnliche Situationen übertragen, ob-

---

[141] Heckhausen (1980) weist darauf hin, daß dieser Effekt nur dann zu erwarten sei, wenn die Kontingenz der Situation nicht in Frage gestellt wird (ebd.: 500ff.hierzu auch Deci/ Ryan 1990: 72). Wichtig in diesem Zusammenhang ist also die Überzeugung, daß generell eine kausale Abhängigkeit zwischen der Situation und der Person besteht und deren Option zur Situationskontrolle lediglich am individuellem Unvermögen der Person scheitert. Winefield et al. (1985) weisen zusätzlich darauf hin, daß die Hilflosigkeitseffekte eher durch die wahrgenommene Nicht-Kontrollierbarkeit determiniert ist als durch vorangegangene Mißerfolgserfahrungen (ebd.: 193).

[142] Anfänglich orientierten sich Seligman et al. an Rotters "locus of control" Konzept, auf dessen Grundlage Menschen danach unterschieden werden können, ob sie internal oder external attribuieren. Rotter (1966) konzipiert diese generalisierten Erwartungen als Kontrollüberzeugungen, die über die generelle Handlungsfähigkeit entscheiden. Kontrollüberzeugung kann hierbei mit Weiner (1994) folgendermaßen definiert werden: „Bei der Kontrollüberzeugung handelt es sich um die Überzeugung, die Erreichung eines Handlungszieles unabhängig von dessen Natur beeinflussen zu können. Die Stärke dieses Einflußes ist von der Neuheit und Mehrdeutigkeit sowie vom Ausmaß der Verstärkungen, die die Person in dieser

schon diese neuen Situationen möglicherweise durch entsprechende Aufwendungen zu kontrollieren wären (Brunstein 1996: 850). Dieser Status der Erlernten Hilflosigkeit führt nun zu negativen Auswirkungen sowohl auf die Motivation als auch auf die Kognition und darüber hinaus auf die Emotionalität des Individuums (Seligman 1995: 34ff.; 42ff.). Die motivationalen Effekte lassen sich darauf zurückführen, daß es keinerlei Anlaß für die Person gibt, aufgrund einer konkreten Handlung eine Verbesserung der Situation zu erwarten. Ohne einen solchen Anreiz erscheint eine Handlung aber wenig erfolgversprechend (ebd.: 47).

Braukman und Fillip (1981) kritisieren, daß es sich bei dem Phänomen des Kontrollverlusts nicht ausschließlich um die Erfahrung der Nichtkontrolle von Ereignissen handelt, sondern auch um den Grad der anfänglichen Kontrollmotivation und der Bedeutung des Ereignisses:

> „Die Kontrollmotivation selbst wird entscheidend davon beeinflußt, inwieweit ein Individuum ein belastendes Ereignis als Herausforderung wahrnimmt. Bei nicht kontrollierbaren Ereignissen wird die Kontrollmotivation solange aufrechterhalten, wie Unsicherheit über die Kontrolle des Ereignisses besteht. Gelangt ein Individuum zu der Überzeugung, daß das Ereignis nicht kontrollierbar ist, stellt sich als Folge Kontrollverlust oder Hilflosigkeit ein" (Braukmann/ Fillip 1981: 241).

Kuhl (1983) greift diese Perspektive auf. Er geht davon aus, daß primär nicht motivationale Defizite, sondern kognitive Hemmnisse im Rahmen empfundener funktionaler Hilflosigkeit verantwortlich für einen Leistungseinbruch sind. Sie können sich in dem Gefühl der emotionalen Hilflosigkeit äußern und sich schließlich im Zustand motivationaler Hilflosigkeit verfestigen.

Funktionale Hilflosigkeit verkörpert dabei einen Zustand, in dem eine Person von der Situation aktuell überfordert und nicht mehr in der Lage ist, intendierte Handlungen auszuführen. Motivationale Hilflosigkeit hingegen bezieht sich auf die Wahrnehmung funktionaler Hilflosigkeit. Sie äußert sich in einem generalisierenden Aufgeben von Handlungen. Sie ist somit als mögliche, aber keinesfalls zwingende Folge der funktionalen Hilflosigkeit anzusehen (Kuhl 1983: 193f.). Kuhl nimmt ähnlich den vorgestellten Reaktionsformen auf empfundene Unzufriedenheit an, daß das Mißerfolgserleben zunächst einmal zu einem Anstieg der Motivation und der Anstrengungen führt. Ist dies nicht erfolgreich und ist einer Verringerung der Erfolgsbewertung kein Erfolg beschienen, so ent-

---

Situation direkt erfahren hat, abhängig" (ebd.: 195).

In der 1978 gemeinsam mit Abrahamson und Teasdale vorgenommenen Reformulierung der Theorie lehnen sich die Autoren jedoch an das Selbstwirksamkeitskonzept Banduras (1977) an, nachdem sie festgestellt haben, daß sowohl internal als auch external attribuierende Menschen gleichermaßen zum Erlernen von Hilflosigkeit neigen können und dies nur über den Begriff der Selbstwirksamkeit erklärt werden kann.

scheidet die Beurteilung eines angenommenen Handlungserfolges über eine weitere Handlungsausführung. Mit anderen Worten: Es findet keine Übertragung des situativen Erlebens auf das Selbstkonzept der Fähigkeit statt, Ergebnisse kontrollieren zu können, wie dies im ursprünglichen Konzept Seligmans vorgesehen war. Es findet vielmehr eine Attribution auf den Handlungsstil statt, die Kontingenz der Situation generell zunehmend stärker in Frage zu stellen (Brunstein 1996: 860ff.).

Kuhl (1983) nimmt also abweichend zu Seligman an, daß nicht eine Übertragung der Selbstwirksamkeitserfahrung auf ähnliche situative Kontexte unter der Annahme der Situationsähnlichkeit stattfindet (ebd.: 194). Er bindet die Erfahrung der Erlernten Hilflosigkeit an das Modell der Handlungskontrolle an, indem er eine grundsätzliche Veränderung des dispositiven Handlungsstils durch fortgesetzte Mißerfolgserfahrungen diskutiert. Die funktionale Hilflosigkeit, die durch situative Äquivalente gekennzeichnet ist, wandelt sich in eine motivationale Hilflosigkeit, die sich durch eine Veränderung des Handlungsstils auszeichne (ders. 1996: 704.).

Dabei entscheidet das Ausmaß an Handlungsorientierung in Einklang mit den Erwartungen und dem Wert der angestrebten Handlung darüber, ob es zu motivierten Handlungsausführungen kommt oder diese unterbleiben. Zusammenfassend läßt sich festhalten, daß Handlungsorientierung dann vorliegt, wenn alle vier der folgenden Orientierungen gleichermaßen Beachtung finden:

- Der gegenwärtige Ist-Zustand,
- der zukünftige Soll-Zustand,
- die Diskrepanz zwischen diesen beiden Zuständen,
- die Handlungsalternativen, die geeignet sind, Ist-Zustand in den Soll-Zustand umzuwandeln.

Ist nur eine dieser Orientierungen verletzt, bewegt sich die Person auf einem Kontinuum zwischen den Extrempunkten Handlungsorientierung und Lageorientierung in Richtung auf die Lageorientierung, was Auswirkungen auf die Handlungsausführung hat. Kuhl geht nun davon aus, daß Personen mit einer leichten Lageorientierung bei komplexen Handlungsprozessen eine Blockade erleben, bei leichten und routiniert zu erledigenden Aufgaben dies indes nicht erwartet wird (ebd.: 197). Gleichzeitig nimmt er an, daß lageorientierte Personen zu einem Perspektiv- und Aufgabenwechsel nicht in dem Maße fähig sind wie handlungsorientierte Personen (Kuhl 1995). Er erklärt dies mit einer in der Tendenz abnehmenden Selektivität der Wahrnehmung, die sich umgekehrt proportional zur Komplexität der Aufgabe verhält: Das Informationsverarbeitungsverhalten richtet sich bei lageorientierten Personen zunehmend auf aufgabenirrelevante Informationen, die in ihrer Komplexität eine Handlungsausführung behindern, weil sie die möglichen Handlungsstränge verwässern. Kuhl (1983) faßt zusammen,

> „[...] daß das auf der metakognitiven Ebene angeregte Ausmaß an Handlungs- bzw. Lageorientierung eine Funktion der Interaktion zwischen einer persönlichen Disposition zur Handlungs- oder Lageorientierung und situativen Determinanten – wie Unkontrollierbarkeit des Ergebnisses bzw. Anweisungen, die auf die Person Druck zum Ausführen einer Handlung ausüben – sein sollte“ (ebd.: 201).

Das Ausmaß der Lageorientierung entscheidet nun im Zusammenwirken mit der individuellen Situationsbewertung darüber, ob sich das wiederholte Erleben von Mißerfolgen in einer bestimmten Situation weiterhin in einer bestätigten Lageorientierung und somit einer partialisierten Erlernten Hilflosigkeit niederschlagen wird.

16. Innere Kündigung und Erlernte Hilflosigkeit

Der Prozeß der Ausbildung von Handlungs- oder Lageorientierung ist also gewissermaßen als ein Schatten der Vergangenheit im Sinne geronnener Mißerfolgserlebnisse anzusehen, die die aktuellen Handlungschancen nachhaltig beeinflussen. Werden nun Personen mit einer ausgeprägten Lageorientierung mit komplexen Anforderungen konfrontiert und scheitern sie bei geringer Situationskontrolle in dem Glauben, die Situation durch ihr Handeln beeinflussen zu können (Annahme von Nicht-Kontingenz), attribuieren sie dieses Verhalten generell: Sie erlernen die Hilflosigkeit und verzichten auf (Leistungs-)Handeln. Dieser Rückzug aus der Leistung bedeutet nun bei den genannten Merkmalen nicht, daß er Ausdruck einer bewußt intendierten und initiierten Handlungsstrategie ist, denn Erlernte Hilflosigkeit ist konzeptionell deutlich von Innerer Kündigung als der bewußten Form der Leistungszurückhaltung zu trennen.

Handlungsorientierte Personen, die sich in Kenntnis einer hohen Situationskontrolle wähnen, verhalten sich grundsätzlich anders: Erleben sie aufeinanderfolgende Mißerfolge, in der Terminologie Kuhls also funktionale Hilflosigkeit, und empfinden sie die Situation somit als unkontrollierbar, so versuchen sie zunächst einmal, die Kontrolle über stärkere Aufwendungen wiederzuerlangen. Gelingt dies nicht und gelangen diese Personen zu der Überzeugung, daß ihre Anstrengungen erfolglos bleiben, wenden sie ihre Aufmerksamkeit anderen Aufgaben zu, zunächst einmal innerhalb, später auch in zunehmendem Maße außerhalb der Arbeit. Sie verlagern somit ihr Interesse und ihr motiviertes Handeln in den außererwerblichen Bereich, sie kündigen innerlich, um der Gefahr einer emotionalen Hilflosigkeit und damit auch der drohenden motivationalen Hilflosigkeit zuvorzukommen.

Innere Kündigung ist somit eine bewußte Handlungsstrategie, die darauf abzielt, sowohl funktionale als auch in besonderem Maße emotionale Hilflosigkeit zu verhindern.[143]

---

[143] Die Wahl, sich dem Erlernen der Hilflosigkeit zu entziehen, kann mit Blick auf Forschungsergebnisse von Wiedemann et al. (1994) auch als ein gesundheitlicher Schutzmechanismus angesehen werden, denn die (erworbene) Disposition zur Lageorientierung ist eng mit depressiven Verhaltensformen verbunden. Unterstellt man den Erwerb der Lageorientierung als Ergebnis eines spezifischen Sozialisationsprozesses, der von selbstreflexiver Wahrnehmung begleitet wird, so kann plausibel angenommen werden, daß frühe Beeinträchtigungen des psychischen Wohlbefindens die Wahl nahelegen, sich diesem unheilvollen Prozeß nach Möglichkeit zu entziehen und die Situation, die für diesen Prozeß verantwortlich gemacht wird, zu verlassen oder z.B. durch Innere Kündigung zu einem Abschluß zu bringen.

„Durch bewußte Veränderungen in persönlichen Zielsystemen, einer darauf basierenden Neu-Generierung von Intentionen und schließlich durch ein die Intentionalisierung anstrebendes Handeln wird ein – andernfalls drohender – emotional hilflos machender Kreislauf durchbrochen“ (Löhnert 1990: 200).

Abb. 18: Kreislauf der Hilflosigkeitsempfindung

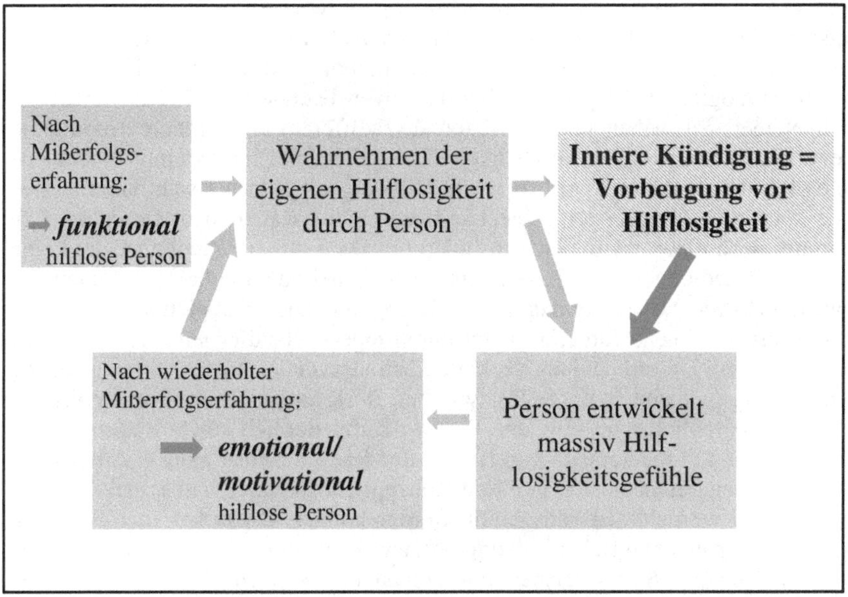

(in Anlehnung an Löhnert 1990: 199)

Sowohl Innere Kündigung als auch Erlernte Hilflosigkeit können somit für ein leistungsminderndes Verhalten verantwortlich gemacht werden, wobei sich aus der betrieblichen Leistungsperspektive heraus plausibel annehmen läßt, daß Innere Kündigung als bewußter Entschluß, wie oben beschrieben, weitaus schwerwiegendere Folgen zeitigen kann – insbesondere dann, wenn aus der vollzogenen Inneren Kündigung eine Einflußnahme auf informelle Leistungsstandards in sozialen Bezugsgruppen hervorgeht.

Innerlich kündigende Mitarbeiter spielen gewissermaßen mit verdeckten Karten, sie lehnen sich durch ihre Innere Kündigung subversiv gegen die nicht mehr passenden Arbeitsbedingungen auf. Sie besetzen somit in ihrem Interesse bewußt die Peripherie zwischen Betrieb und außerbetrieblicher Umwelt. Emotional und motivational hilflose Mitarbeiter hingegen sind in ihrer Attribuierung deutlich auf den Betrieb fixiert, obgleich nicht in der Lage, dort ihre Leistung zu erbringen. Ihre Intention spielt keine weitere Rolle mehr; ihre Intentionalität ist im Gefühl des machtlosen Ausgeliefertseins aufgegangen. Insofern sind diese

Mitarbeiter, zumindest was den betrieblichen Planungsrahmen anbelangt, sichere, wenn auch minderproduktive Kräfte, die sich in hierarchischen Strukturen klaren, dezidierten Anforderungen unterordnen.

Innere Kündigung und Erlernte Hilflosigkeit stehen also in einem engen kausalen Zusammenhang zueinander, sind aber von ihrem Bewußtseinsstatus nicht miteinander zu verwechseln. Die verminderte Leistungsfähigkeit erlernt hilfloser Personen ist der bewußten Steuerung entzogen, während die bewußte Minderleistung den innerlich kündigenden Personen als bewußtes Korrektiv dient. Diese Differenzierung zwischen Innerer Kündigung und Erlernter Hilflosigkeit macht es möglich, Rückschlüsse über das zuvor diskutierte und verbesserte Modell Nieders zu ziehen und es weiter auszudifferenzieren: Innere Kündigung geht mit der prinzipiellen Möglichkeit zur handelnden Einflußnahme einher, die lediglich nicht realisiert wird. Erlernte Hilflosigkeit zeichnet sich dadurch aus, daß korrektive Handlungen schlechterdings nicht möglich sind. Im ersten Fall kommt es zu einer externalen Attribuierung: Die Umstände rechtfertigen keine weiteren Handlungen bzw. lassen deren Erfolg mehr als fraglich erscheinen. Im zweiten Fall liegt eine internale Attribuierung vor: Die prinzipiell als beeinflußbar wahrgenommene Situation kann durch eigene Handlungen nicht gesteuert werden. Diese Unterscheidung deckt deutliche Parallelen zu der Differenzierung auf, die Bruggemann et al. (1975) zwischen **Resignativer** sowie **Konstruktiver (Un-)zufriedenheit** einerseits und **Pseudo-Zufriedenheit** sowie **Fixierter Unzufriedenheit** andererseits treffen. Letztere Formen der Arbeits(un-)zufriedenheit zeichnen sich in ihrem Konzept genau dadurch aus, daß korrektive Handlungen nicht mehr ausgeführt werden können. Die betroffenen Personen greifen zu „psychologischen Lösungen", wie Bruggemann et al. (1975) es formulieren (ebd.: 136). Sie erleben damit einen andauernden Widerspruch und erlernen in diesem Kontext Hilflosigkeit. Diese weitergehende Differenzierung ist wiederum in der folgenden Abbildung dargestellt, die damit das zuvor diskutierte Modell ergänzt.

Abb. 19: Arbeitsverhalten, Innere Kündigung und Erlernte Hilflosigkeit

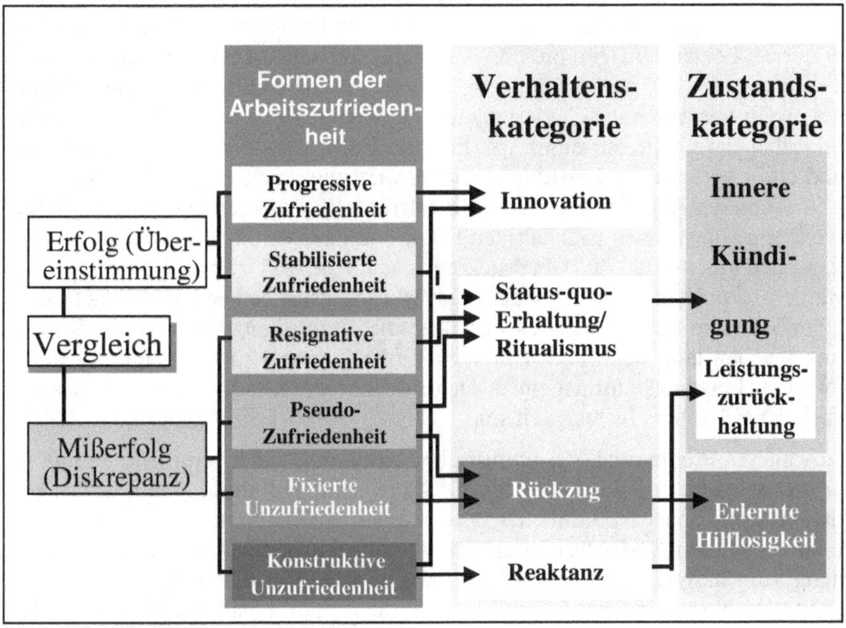

(eigene Darstellung)

Persönlichkeitsfaktoren wie Ängstlichkeit, Depressivität, mangelnde Selbstachtung, Unsicherheit, Neigung zu Irritationen, geringes Ausdrucksvermögen sowie Übererregbarkeit bestimmen hierbei zudem den Prozeß der Entstehung von Innerer Kündigung bzw. Erlernter Hilflosigkeit mit. Treten zu diesen personalen Risikofaktoren auch noch betriebliche Verstärker hinzu wie Visionslosigkeit des Unternehmens, Mißtrauenskultur und eine geringe organisationale Flexibilität bzw. ein hohes organisationales Beharrungsvermögen, dann wird die Chance für den Mitarbeiter negativ beeinflußt, innerhalb der Organisation die Passung mit seinen Motiven zu erleben. In der manifesten, von außen wahrzunehmenden Form des Verhaltens und Handelns lassen sich Innere Kündigung und Erlernte Hilflosigkeit jedoch nicht scharf voneinander abgrenzen, so daß sich hinter Schätzungen über das Ausmaß Innerer Kündigung zumeist auch das aufsummierte Maß der erlernt hilflosen Personen verbirgt. Dennoch sind Innere Kündigung und Erlernte Hilflosigkeit konzeptionell deutlich voneinander zu unterscheiden, wenn auch zu dieser Differenzierung bislang keine Daten vorliegen - diese liegen nur für die Innere Kündigung vor - dennoch sollte dieser Hinweis bei der Interpretation vorliegender Daten bedacht werden.

16.1 Innere Kündigung im Unternehmen

Bevor auf die betrieblichen Folgen Innerer Kündigung und auf die Ergebnisse der derzeit beiden einzigen breit angelegten empirischen Untersuchungen eingegangen wird,[144] soll darauf hingewiesen werden, daß die Messung des Phänomens nach wie vor mit Schwierigkeiten verbunden ist. Wird die Innere Kündigung über das Auftreten eines spezifischen Verhaltensmusters erklärt, das anhand eines veränderten Leistungsverhaltens angenommen und beobachtet wird, so subsumieren sich hierunter ebenfalls erlernt hilflos agierende Personen. Beide Phänomene üben einen nachhaltigen Effekt auf das Leistungsgeschehen im Unternehmen aus, so daß der Überblick der nachfolgend skizzierten Untersuchung zwar ein grobes Abbild des Leistungsverlustes nachzeichnen kann, sich aber keinesfalls eine detaillierte Aussage über die Verbreitung der Inneren Kündigung machen läßt, denn beobachtbares Verhalten kann sowohl Ergebnis eines bewußten Leistungsminimalismus, also der Inneren Kündigung als auch Ausdruck der Erlernten Hilflosigkeit sein.

Ein weiteres Problem bei der empirischen Erfassung der Inneren Kündigung über die Beobachtung des Leistungsverhaltens zeigt sich darin, daß die Minderleistung keine objektive Größe darstellt, sondern als individuell-relationale Größe zu verstehen ist. Minderleistung ist, wie oben ausgeführt wurde, die Abweichung vom individuellen Leistungsvermögen und nicht die Diskrepanz zur sogenannten Normalleistung. Insbesondere diese individualistisch prozesshafte Sichtweise der Inneren Kündigung als einer passungsgenerierenden Reaktion verdeutlicht einige weitergehende empirische Schwächen des Konzeptes der Inneren Kündigung: In die Innere Kündigung zu gehen bedeutet, vormals deutlich engagierter gewesen zu sein und das Engagement in der Folge reduziert zu haben. Vergleichsmaßstab des Leistungsniveaus müßte demnach ein explizit in der Vergangenheit gemessenes individuelles Normalleistungsniveau sein.

Der Bezug auf das Leistungsniveau birgt zudem weitere Schwierigkeiten: Analog zur Diskussion des Wertewandels ändern sich die Arbeitseinstellungen der Mitarbeiter möglicherweise unabhängig von der betrieblichen Situation; bzw. ein verändertes Arbeitsverhalten wird möglicherweise durch neue Mitarbeiter in das Unternehmen getragen, ohne das dies eine spezifische Reaktion auf die Un-

---

[144] Es sei ergänzend an dieser Stelle darauf hingewiesen, daß die im folgenden dargestellte Untersuchung von Krystek et al. (1995) nicht die einzige Veröffentlichung von Ergebnissen zur Verbreitung Innerer Kündigung darstellt (so z.B. in einem Artikel der Süddeutschen Zeitung vom 18.09.1998, in Krenz-Maes (1998) oder in Raidt (1993), der zu der Einschätzung kommt, daß auf acht nicht-innerlich gekündigte Personen sieben innerlich-gekündigte kämen (ebd.: 75). Einen Nachweis über die Erhebung, geschweige denn eine Datenquelle bleibt er aber schuldig). In anderen Veröffentlichungen der Untersuchungsergebnisse wird aber das Vorgehen zur Datengewinnung nicht vorgestellt, so daß die Entstehung der Aussagen im methodischen Dunkel bleibt und deren Ergebnisse hier nicht weiter berücksichtigt werden sollen.

ternehmensrealität darstellen muß. Verändertes Leistungsverhalten, das durch Fluktuation von Mitarbeitern und Neu- bzw. Umbesetzung von Stellen möglicherweise ins Unternehmen getragen worden ist, kann in einer solchen Untersuchung nur schwer als Einflußgröße isoliert werden. So bleiben Schätzungen, die den Anteil der Leistungsminderung durch Innere Kündigung angeben, bislang auch eine nachvollziehbare Quelle schuldig.[145]

Eine weitere Schwierigkeit der Erhebung liegt darin begründet, daß der Begriff der Inneren Kündigung ein Sammelbecken der unterschiedlichsten Verhaltensweisen von Leistungszurückhaltung darstellt. Allen Verhaltensbestimmungen gemeinsam ist aber die positive Bestimmung der Anwesenheit im Betrieb. Der innerlich gekündigte Mitarbeiter vollzieht ebensowenig den Schritt einer offenen Kündigung, wie er den Versuch unternimmt, die Unpassung konstruktiv im Sinne einer Win-Win-Strategie sowohl für das Unternehmen als auch für sich selbst zu lösen. Er führt den Ausgleich vielmehr durch eine bewußte Zurücknahme seines Leistungsbeitrags herbei. Der Innere Emigrant ist hierbei häufig eine sehr konforme und unauffällige Arbeitskraft, die versucht, Situationen zu vermeiden, in denen hohe Verantwortungsübernahme und außerplanmäßiges Engagement verlangt werden und die möglicherweise mit negativen Konsequenzen verbunden sind (Hilb 1992: 5; Löhnert 1989: 39). Die Symptome Innerer Kündigung sind vielfältig.

Der Arbeitnehmer

- hat kein Interesse mehr an Auseinandersetzungen,
- ist ein typischer Ja-Sager geworden,
- ist stets bei der Mehrheit zu finden,
- liefert keine Vorschläge, keine Kritik,
- betreibt einen wohldosierten und klug verdeckten Nonkonformismus,
- kommentiert Chef-Entscheidungen gar nicht oder nur zustimmend
- schöpft den gegebenen Kompetenzrahmen nicht mehr aus
- nimmt Eingriffe in den Delegationsbereich ‚gelassen‘ hin
- hat kein Karriere-Interesse mehr
- praktiziert Zurückhaltung im Auftreten
- legt Wert auf einen über-angenehmen Umgang und „läßt sich darüber hinaus befördern“
- fehlt zunehmend wegen familiärer Gründe oder Krankheit (Raidt 1993: 79, auch Nieder 1992: 7b).

---

[145] Vgl. Stegmann (1999), der diesen Schätzwert mit 20% angibt (ebd.: 136).

Die Folgen für die Unternehmen sind vielfältig und zeichnen sich z.B. in folgender Auflistung ab:

- verringerte Innovationsbereitschaft
- Erhöhung der Bearbeitungszeiten
- Verschlechterung der Qualität
- Überschreitung der Pausenzeiten
- geringere Kundenorientierung
- frühzeitiges Verlassen des Arbeitsplatzes
- geringes Interesse an Weiterbildungsmaßnahmen
- hohes Beharrungsvermögen am ‚angestammten' Arbeitsplatz etc.

Die Auswirkungen der Inneren Kündigung im Unternehmen lassen sich zusammenfassend in drei Dimensionen abtragen (Hilb 1992: 13f.):

- der sozialen Unternehmensdimension
- der leistungswirtschaftlichen Unternehmensdimension
- der finanzwirtschaftlichen Dimension

Die Auswirkungen in der **sozialen Dimension** schlagen sich in einem asymmetrischen, opportunistischen (Arbeits-)Verhalten der Kollegen untereinander nieder. Kennzeichen sind ein schlechtes, unkollegiales Betriebsklima, in dem die Aufteilung populärer Aufgaben im Kollegenkreis Vorrang vor der Erledigung der Gesamtaufgabe genießt.

In der **leistungswirtschaftlichen Dimension** zeigen sich die Folgen in qualitativen und quantitativen Einbußen des Leistungsverhaltens. Die Mitarbeiter bleiben hinter ihrer Leistungsfähigkeit zurück.

Die Auswirkungen der Inneren Kündigung in bezug auf die **finanzwirtschaftliche Dimension** zeigen sich im wesentlichen in geringer Innovationsfreude und einer komparativ schlechteren Zukunfts- und Wandlungsfähigkeit. Die Identifikation mit dem Unternehmen und der Arbeitstätigkeit ist gering, der Grad der Entfremdung hoch (Wunderer/ Mittmann 1995).

Zeigt sich der Zustand der Inneren Kündigung erst einmal im Unternehmen, ist die Entwicklung und das Ausmaß von Leistungszurückhaltung aber keineswegs zum Abschluß gekommen. Es ist vielmehr davon auszugehen, daß die Organisation die Leistungszurückhaltung der Mitarbeiter nicht folgenlos akzeptieren wird (Allenspach 1992: 45; v. Rosenstiel 1995). Sowohl Kollegen als auch Vorgesetzte werden auf die leistungsmindernden Symptome reagieren und somit möglicherweise die gerade erst über die Innere Kündigung wieder hergestellte Passung aufzubrechen suchen (Hilb 1992: 14f.). So kann im ungünstigen Fall ein Teufelskreis der Inneren Kündigung angestoßen werden, der bis hin zur ‚äußeren' Kündigung, zu Absentismus oder Sabotage eskalieren kann.[146]

Während sich die oben genannten Auswirkungen auf individuelle Effekte im Arbeitsverhalten beschränken, sind insbesondere kollektive Effekte charakteristisch für einen Masseneffekt der Leistungszurückhaltung im Betrieb: Leistungszurückhaltung kann zu einem (sub-)kulturellen Phänomen werden. Der ‚Dienst nach Vorschrift' kann zur Regel werden, mehr noch: er kann zur notwendigen Bedingung gereichen, Karriere in einer Organisation innerlich gekündigter Mitarbeiter zu machen, in der nicht-innerlich gekündigte Mitarbeiter als unbequem und störend empfunden werden (Höhn 1989).

16.2 Verbreitung Innerer Kündigung

Zur Verbreitung Innerer Kündigung liegen mit einer Studie von Richter (1999) und Krystek et al. (1995) zwei gehaltvolle empirische Untersuchungen vor. Richter hat eine Behörde auf die Verbreitung Innerer Kündigung hin untersucht und kann hierbei auf einen Datenbestand von 408 Fragebögen zurückgreifen.

Krystek et al. greifen in ihrer Studie auf eine Befragung unter Personalverantwortlichen von 92 Unternehmen zurück. Von den Anlagen der Untersuchungen her betrachtet, liefert erstere Ergebnisse über das Aufkommen und die Verbreitung der Inneren Kündigung, während letztere einen wertvollen Beitrag zum tieferen Verständnis des Phänomens der Inneren Kündigung leistet.

Krystek et al. (1995) ermitteln in ihrer Untersuchung eine durchschnittliche Verbreitung des Phänomens der Inneren Kündigung von 24% in bundesdeutschen Betrieben. Dabei wird deutlich,[147]

---

[146] hierzu Manzoni und Barsoux (1998), die den Prozeß der Inneren Kündigung im wesentlichen als eine Reaktion auf eine mißverständliche Beziehung zwischen Vorgesetztem und Mitarbeiter skizzieren, in der ein hohes Maß an Kontrollbedürfnis des Vorgesetzten durch den Mitarbeiter als antizipierte Leistungsschwäche attribuiert wird. In der Folge kommt es zu unkonstruktiven Auseinandersetzungen, die auf der einen Seite in verstärkter Kontrolle münden, auf der anderen Seite in immer stärkerem Rückzug.

Der Rückzug des Mitarbeiters wird von der Führungskraft als Bestätigung des ursprünglichen Kontrollanliegens verstanden. Die zuvor von ihr konstruierte verringerte Leistungsfähigkeit wird zur Realität, und der Mitarbeiter wird zusehends in den Prozeß der Inneren Kündigung abgedrängt.

[147] Dieses Ergebnis läßt allerdings die Entstehungsperspektive der Inneren Kündigung außer acht und setzt außerhalb der Mitarbeiter an, indem die Personalverantwortlichen nach ihrer Sicht des Leistungsverhaltens der Mitarbeiter befragt werden, wobei das Abbild des Zustandes in der Untersuchung nicht objektiviert ist und nur in Form subjektiver Einschätzungen vorliegt. Zur Kritik an dieser Art des methodischen Vorgehens vgl. Gross 1992: 90.

> „[...] daß die Anfälligkeit für eine Innere Emigration innerhalb der Unternehmens-pyramide von oben nach unten erheblich zunimmt" (Krystek 1995b: 47).

Beim Top-Management sind ca. 4% von diesem Phänomen betroffen, während das Ausmaß bei Arbeitern auf 20% ansteigt und bei ungelernten Arbeitern sogar 23% erreicht (ebd.: 47). Aggregierte Hauptursachenbereiche der Inneren Kündigung machen Krystek et al. mit 87% beim Vorgesetzten, mit 65% in der Gesamtunternehmung und mit 64% in der Arbeitsgruppe aus, gefolgt von Ursachen im privat/persönlichen Bereich (55%) und in gesellschaftlichen Entwicklungen. Richter (1999) bestätigt dieses Ergebnis mit zwei Einschränkungen: Er nimmt an, daß Innere Kündigung ein reversibler Prozeß ist und kein Zustand, wie er bei Krystek et al. statisch erhoben worden ist. Weiterhin führt er Belege dafür an, daß es für höhere Statusgruppen offenbar leichter sei, den Zustand (schneller) zu überwinden (ebd.: 128). Eine durch das vorliegende Datenmaterial gestützte Betroffenheit von Innerer Kündigung, wie man sie bei Krystek et al. findet, läßt sich laut Richter somit nicht per se aus seiner Studie ableiten.[148] Dezidiert wird das Vorgesetztenverhalten von Krystek et al. (1995) anhand folgender Punkte für das Auftreten der Inneren Kündigung verantwortlich gemacht:

- Ungenügender Informationsfluß zwischen Mitarbeitern und Vorgesetzten (97%)
- Entscheidungen, die ohne Einbeziehen des Mitarbeiters getroffen werden (95%)
- Mangelnde Bereitschaft des Vorgesetzten zur offenen und sachlichen Diskussion (93%)
- Mißbräuchlicher Einsatz von Information als Machtmittel (90%)
- Entscheidungen, die entgegen Absprachen mit dem Mitarbeiter getroffen werden (85%).

Diese Mängel haben einen starken Einfluß auf das Arbeitsklima innerhalb der Arbeitsgruppe, hier sind

> „[...]die Unfähigkeit des Gruppenführers, schwelende Konflikte zu erkennen und zu lösen, von 82% als größtes Manko anzusehen" (Krystek, U. 1995b: 48).

Im Bereich der Gesamtunternehmung machen Krystek et al. folgende Organisations- und Strukturmängel für die Innere Kündigung verantwortlich, die Werte zwischen 68% und 70% erreichen:

---

[148] Dies ist sicherlich auch auf das feinere Erhebungsinstrumentes zurückzuführen, das die ‚Hintertür' einer erneuten, ‚inneren Anstellung' für ehemals innerlich Gekündigte bereithält.

- Unfähigkeit zur Sinnvermittlung
- Bürokratische Strukturen
- Mangelndes Angebot an Kreativitätsfreiräumen
- Unbefriedigende Arbeitsbedingungen
- Fehlende Vorbildfunktion des Top-Managements
- Fehlende Transparenz der Unternehmenszusammenhänge.

Die vorliegenden Ergebnisse einer hierarchiegebundenen Verbreitung der Inneren Kündigung lassen vermuten, daß Innere Kündigung insbesondere aufgrund der geringeren Handlungsspielräume und der davon beeinflußten geringeren Situationskontrolle eine hierarchiespezifische Verbreitung erfährt.

17. Zwischenresümee

Die vorangegangenen Ausführungen ermöglichen durch die Diskussion von rationalen Anreiz-Beitragsüberlegungen und der Ergänzung durch motivationstheoretische Erkenntnisse eine umfassende Erklärung darüber, welche Umstände sowohl ein unbewußt gemindertes als auch ein bewußt leistungszurückhaltendes Verhalten von Personen herausfordern. Sie erweitern damit die Vorstellung eines ökonomischen Modells der Fehlzeitengenese um vor- und unbewußte motivationale Aspekte. Grundlage diese Verständnisses ist die Annahme eines gestörten homöostatischen Gleichgewichts von individuellen Motiven und ihren Realisierungschancen im betrieblichen Kontext:

Abb. 20: Motivationale Unpassung und Arbeits- und Leistungsverhalten

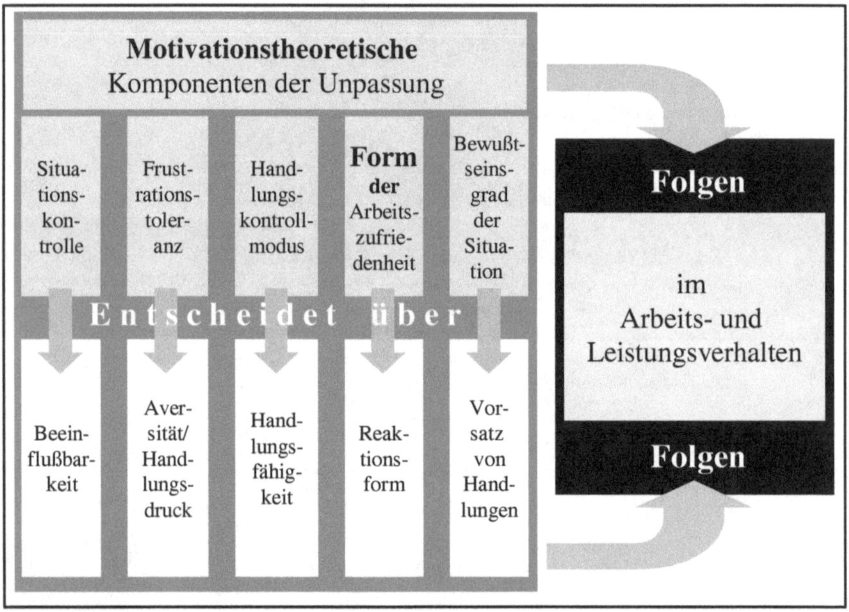

(eigene Darstellung)

Als eine zentrale Erkenntnis aus dieser Betrachtung kann festgehalten werden, daß selbst motivational bedingte Fehlzeiten nur zu einem geringen Teil auf eine **rational** und **bewußt herbeigeführte Handlung** zurückzuführen sind, die sich in bewußtem Absentismus niederschlägt. Motivationale Fehlzeiten sind damit nur bedingt über bewußt anreizsteuernde Prozesse zu beeinflussen, wie sie in anreizbasierten Rückehrgesprächen eingesetzt werden. Diese Erkenntnis spricht dafür, die kurzfristige Wirkperspektive der repressiven Gespräche durch eine langfristige Perspektive integrativer Gespräche zu ersetzen.

Im Zusammenhang weitergehender motivationstheoretischer Überlegungen wurde zudem argumentiert, daß sich die motivationale Unpassung von Individuum und Organisation u.a. im Empfinden von Aversität negativ auf das emotionale Erleben der Personen in Form unterschiedlicher Empfindungen von Zufriedenheit auswirkt und ein korrigierendes Verhalten motiviert.

Ebenfalls wurde dargelegt, daß das **Leistungsverhalten** weder über ökonomische noch über Motivationstheorien zu prognostizieren ist, daß Motivation allein auch kein Garant dafür ist, überhaupt Handlungsrelevanz zu erlangen, denn weder der rationale Entschluß zur Handlung noch die Motivation hierzu ist mit der Handlungsfähigkeit gleichzusetzen. Diese ist vielmehr wesentlich vom **Handlungskontrollmodus** der Person abhängig, der über den Grad der Handlungsfähigkeit entscheidet und nicht allein von der Ausgestaltung der Anreizbedingungen. Dennoch kann herausgestellt werden, daß Motivation als notwendige Bedingung dafür verantwortlich gemacht werden kann, Leistung überhaupt entstehen zu lassen. Darüberhinaus zeigt die Betrachtung motivationaler Unpassung, daß ihre Reichweite deutlich über eine Beeinflussung von krankheitsbedingten Fehlzeiten hinausgeht. Vor dem Hintergrund empfundener Unzufriedenheit entsteht die Motivation, eine verletzte motivationale Passung wiederherzustellen, sei dies nun in Form eines Entschlusses zur Fehlzeit oder aber zur Inneren Kündigung.

Unzufriedenheit ist dabei jedoch nicht als zielgerichteter motivationaler Zustand zu begreifen, der zu einem bestimmten Handlungsergebnis führt. Dieses hängt nämlich unmittelbar von der **Form der empfundenen Zufriedenheit** ab, wobei nur Resignative und Fixierte Unzufriedenheit aufgrund einer als gering wahrgenommenen **Situationskontrolle** in Verbindung mit geringer **Frustrationstoleranz** mit dem Auftreten Innerer Kündigung und damit mit einem reduzierten **Leistungsverhalten** in Verbindung gebracht werden kann. Bei hoher Unzufriedenheit und **averser Situationsbeurteilung** bieten sich unterschiedliche Reaktionsformen an, die einerseits auf eine motivierte Handlung, andererseits aber auch auf eine internale Veränderung des mentalen Modells abzielen. Als Ausweichreaktionen mit unmittelbar leistungsbehindernder Relevanz wurden sowohl Innere Kündigung als auch die Erlernte Hilflosigkeit betrachtet. Hierbei wurden der **Handlungsspielraum** und die empfundene **Situationskontrolle** als wesentliche situative Parameter im Entstehen der Inneren Kündigung respektive der Erlernten Hilflosigkeit herausgestellt. Die Unterschiedlichkeit dieser Reaktionsformen bestimmt dabei den jeweiligen Einfluß auf das Arbeitsverhalten, denn jene entscheiden darüber, ob bewußter Leistungsminimalismus betrieben wird oder ob sich mentale Veränderungen in einem veränderten **Arbeitsverhalten** niederschlagen.

Weiterhin wurden unterschiedliche dispositive Veranlagungen und subjektive Bewertungsvoreingenommenheiten als personelle Determinanten der Zufriedenheit herausgestellt. Innere Kündigung kann im Ergebnis einen gelungenen Versuch darstellen, eine verletzte Passung unter Wahrung konsistenter Persönlichkeitsmuster wiederhergestellt zu haben, während Erlernte Hilflosigkeit mit einer Veränderung des Selbstbildes einhergeht und damit als generell mißlungener Versuch der Passungsgenerierung interpretiert werden kann. Es wird also deutlich herausgestellt, daß Innere Kündigung im Gegensatz zur Erlernten Hilflosigkeit als rationaler Abwägungsprozeß zwischen Anreizen und Beiträgen zu begreifen ist und damit auf die gleichen rationalen Entscheidungsprozesse zurückgeführt werden kann, die für Absentismusentscheidungen angenommen werden. Es wird jedoch deutlich vor dem voreiligen Schluß gewarnt, die Steuerung von Fehlzeiten über Anreize „leistungsneutral" vornehmen zu können. Zwar erzeugt diese Form der Steuerung die Anwesenheitsneigung, sie wirkt sich jedoch gleichermaßen auf einen Anstieg der Inneren Kündigung aus, denn die zugrundeliegende Unzufriedenheit sucht ein Ventil und findet es im leistungsfremden Verhalten.

Anhand empirischer Ergebnisse, die das Ausmaß und den Umfang Innerer Kündigung und Erlernter Hilflosigkeit mit gut ¼ der Belegschaften umreißen, wird deutlich, wie groß das Schädigungspotential durch repressive Rückkehrgespräche ist. Personen, die zu Absentismus und Innerer Kündigung als Reaktion auf erlebte Unzufriedenheit neigen, werden Strategien entwickeln, ihren psychologischen Arbeitvertrag entsprechend der veränderten Rahmenbedingungen zu aktualisieren und Leistung bei immer geringerer motivationaler Passung zurückzuhalten. Repressive Rückkehrgespräche scheinen unter dieser Perspektive zwar anwesenheitsverbessernd aber leistungsschädigend zu sein.

Dritter Teil:

Streß – Konzepte und Handlungen der Bewältigung

18. Vorgehen im dritten Teil

Die voranstehenden Ausführungen stellten unterschiedliche Reaktionsformen auf Unzufriedenheit infolge empfundener Aversität dar. Es wurde im Rahmen eines ökonomischen Verständnisses von Fehlzeiten herausgestellt, daß nur ein geringer Teil der Fehlzeiten in ihrer Entstehung auf rationale Überlegungen zurückgeführt werden kann – der Anteil bewußt herbeigeführter Ausgleichreaktionen scheint im Bereich der Inneren Kündigung hingegen sehr viel höher auszufallen als bei den Fehlzeiten. Ebenfalls wurde herausgestellt, daß motivationale Fehlzeiten in ihrer Entstehung entgegen weit verbreiteter Annahmen nicht Ergebnis bewußter Entscheidungsprozesse sind.

Es wurde zwar darauf verwiesen, daß intersubjektive Bewertungsprozesse das Verhalten der betroffenen Personen ausrichten, die erlebensbegleitenden, psychischen Folgen und ihre Auswirkungen auf den Organismus wurden bislang jedoch ausgeklammert. Dabei kann die These vorausgesetzt werden, daß die Verarbeitung von aversen Situationen in spezifischen Reaktionsformen eine psychische und physische Abbildung im Organismus findet. Die Folgen sind psychische und physische Befindensbeeinträchtigungen, die eine bewußte Auseinandersetzung mit dem Gesundheitszustand anregen. Damit bestimmen sie letztendlich die - wiederum -rationale Entscheidung, einen Arzt aufzusuchen. Die rationale Bewertung des Ausmaßes der Beeinträchtigung wird zur Grundlage der Entscheidung zur Fehlzeit oder aber auch einer anderen Reaktionsform. Damit wird deutlich, daß ökonomische Erklärungen der Fehlzeiten zwar den Schritt in die Fehlzeit erklären können, daß sie aber in der Genese von **motivationalen Diskrepanzen** und **gesundheitlichen Beeinträchtigunge**n durch psychologische Theorien ergänzt werden müssen. In bezug auf **motivationale Diskrepanzen** ist dies bereits im vorangegangenen Teil geschehen. Es wurde deutlich herausgestellt, daß Rückkehrgespräche, die eine bewußte Thematisierung von Fehlzeiten beinhalten, eher Gefahr laufen, den Gegenstand von motivationalen Unpassungen vom Phänomen der Fehlzeiten auf das Phänomen der Inneren Kündigung zu verlagern.

In bezug auf begleitende gesundheitliche Beeinträchtigungen steht diese Betrachtung jedoch noch aus. Die Einwirkung averser Empfindungen und hoch empfundener Unzufriedenheit wurde in der ökonomischen Betrachtung von Fehlzeiten auch unter der Erweiterungsperspektive motivationaler Erkenntnisse lediglich implizit angesprochen. Sie kann unter Zuhilfenahme streßtheoretischer Erkenntnisse in den Gesamtkontext der Fehlzeitenerklärung unter Berücksichtigung der geschilderten motivationstheoretischen Erkenntnisse eingewoben werden. Damit werden die motivationstheoretischen Grundlagen bewußt rationalen und unbewußten Handelns um die Bewältigungsperspektive von aversen Empfindungen ergänzt.

Diese erweiterte Sichtweise ermöglicht ein generelles und übergreifendes Verständnis vom Zusammenhang zwischen aversem, psychischen Erleben motivationaler Unpassungen und seinen unterschiedlichen Bewältigungsformen bis hin zur Ausbildung manifester Krankheitsbilder. Erst die eingehende Betrachtung von zugrundeliegenden psychischen Bewertungs- und Verarbeitungsprozessen läßt erkennen, wie stark ein averses Erleben in der Lage ist, die psychische und physische Gesundheit zu beeinträchtigen. Damit wird es möglich, den unter motivationstheoretischer Perspektive diskutierten Aspekten und Ausgleichsmechanismen der Inneren Kündigung einen gesundheitlichen Stellenwert als Mechanismen der Bewältigungshandlung beizumessen. In bezug auf ein erweitertes Verständnis der Entstehung von Fehlzeiten wird es damit auch möglich, die gesundheitlichen Effekte der diskutierten Reaktionsformen zu skizzieren. Letztendlich ergeben sich aus dieser Diskussion die Bausteine mit denen ein Rahmenmodell der an der Fehlzeitengenese beteiligten Prozesse entworfen werden kann, das es ermöglicht, die Einwirkung von Rückkehrgesprächen auf diesen gesamten Komplex umfassend herauszuarbeiten und auch mögliche negative Effekte im Leistungs- und Gesundheitsverhalten zu berücksichtigen.

Damit schließt diese Betrachtung den Kreis zur grundsätzlich und in letzter Konsequenz ökonomisch zu erklärenden Genese von Fehlzeiten. Diese eröffnet unter Anwendung der zugrundeliegenden motivations- und streßtheoretischen Erkenntnisse damit auch die Möglichkeit, die Einwirkung von Rückkehrgesprächen auf Fehlzeiten und gesundheitliches Befinden unter der Prämisse der Leistungsneutralität abschließend zu untersuchen. In diesem dritten Teil wird zu erörtern sein, welcher Stellenwert motivationalen Unpassungen und ihrer gesundheitlichen Abbildung im Zusammenhang mit anderen Formen der Unpassung (Über- bzw. Unterforderung) zukommt. Darüberhinaus wird zu klären sein, welchen Einfluß sie gemeinsam auf das Leistungsverhalten und die Gesundheit nehmen.

Abb. 21: Streßtheoretische Komponenten der Unpassung

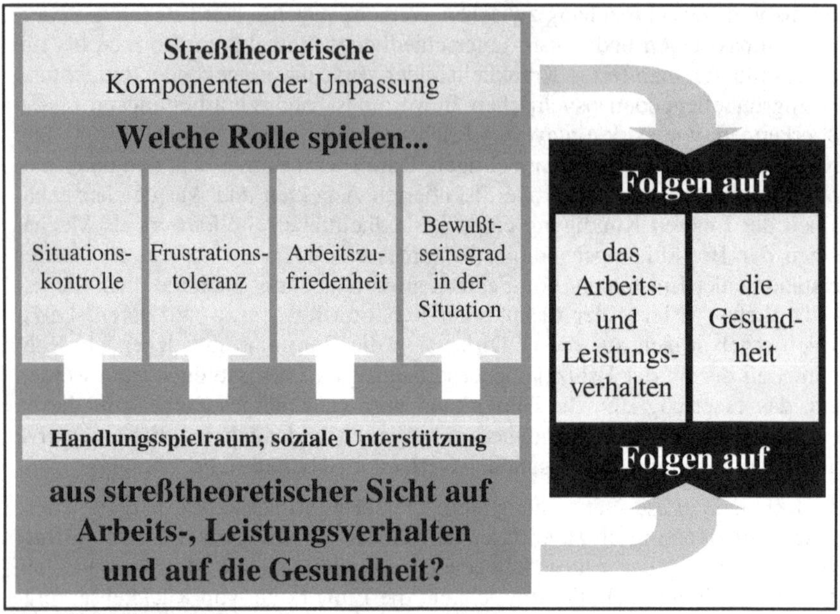

(eigene Darstellung)

Dies geschieht im wesentlichen auf Grundlage der bereits unter motivationstheoretischer Perspektive diskutierten Variablen der **Situationskontrolle**, der **Frustrationstoleranz**, der als Aversität empfundenen **Unzufriedenheit** und dem **Bewußtseinsgrad** in der Situation des konkret durchzuführenden Bewältigungsverhaltens.

Die folgenden Ausführungen beziehen Formen des Bewältigungsverhaltens mit ein und gehen damit deutlich über die Entstehungsperspektive von Fehlzeiten hinaus. So werden darüberhinaus Forschungsergebnisse aus dem Kontext der sogenannten Ressourcenforschung referiert, die die Funktion externer Bewältigungsressourcen wie z.B. die des bereits erwähnten Handlungsspielraums respektive der resultierenden **Situationskontrolle** im Kontext streßtheoretischer Betrachtungen diskutieren. Unter dieser Perspektive kann somit auch der Frage nachgegangen werden, wie positiv auf das gesundheitliche Befinden eingewirkt werden kann und inwiefern das Rückkehrgespräch hierzu einen Beitrag leisten kann.

19. Streß als unspezifisch ausgelöste Reaktion

In der Literatur werden im wesentlichen drei unterschiedliche Streßkonzepte diskutiert.[149] Diese begreifen Streß als

- unspezifisch ausgelöste Reaktion,
- stimulusvermittelte Störungsreaktion, die sich auf einer sozialen, psychologischen und physiologischen Ebene manifestiert,
- ein Beziehungs- oder transaktionales Konzept, das Anpassungsprozesse zwischen Person und Umwelt beschreibt

Diese drei Konzepte sollen im folgenden kurz skizziert werden (vgl. zu einem kurzen Überblick Jerusalem 1990: 1ff.).

Streß wurde zu Beginn der Streßforschung als Begleitreaktion jeglicher Aktivation angesehen, unabhängig davon, ob das begleitende Gefühl von positiver oder negativer Natur war. Hans Selye (1936;1988), Pionier der Streßforschung, beschrieb Streß als eine unspezifische Reaktion des Körpers auf jede Art von Anforderungen.

Er wies darauf hin, daß vom physiologischen Standpunkt her betrachtet sowohl positive als auch negative Erlebnisse Streß auslösen können (Otte 1994: 119ff.). Zwischenzeitlich wurde jedoch die ursprüngliche, rein medizinisch entwickelte Annahme Selyes verworfen, daß sowohl die positive als auch die negative Stimulierung mit derselben Reaktion verbunden ist (McClelland 1987: 14ff.; Semmer 1988: 746). Heute wird die Streßreaktion als eine bedrohende, über das allgemeine Maß der alltäglichen Aktivierung hinausgehende Reaktion aufgefaßt, die entweder durch die Antizipation einer Bedrohung oder durch den aktuellen Zustand einer Schädigung ausgelöst wird (Greif 1991: 13; Dunkel/ Zapf 1986: 16; Greif/ Cox 1989: 435). Damit hat die Streßforschung ausgehend von der medizinischen Indikation eine Wende in Richtung einer psychologischen Streßgenese unter Beteiligung physischer Prozesse vollzogen. Die Streßreaktion, wie sie in neueren Ansätzen konzipiert wird, wird somit immer als avers und negativ empfunden. So wird sie heute sowohl als eine körperliche Anpassungsreaktion als auch als ein Indikator für die Störung einer generellen Homöostase angesehen (Richter 1998: 31ff.; Schwenkmezger 1990: 301ff.; Schug 1990: 13ff.).

---

[149] Zu einer weiter differenzierten Systematisierung vor allem biopsychologischer Aspekte von Streß in Zusammenhang mit emotionalen Reaktionen vgl. Debus/ Erdmann/ Kallus 1995; zu Ansatzpunkten einer stärkeren interdisziplinär ausgerichteten Streßforschung, die neben den nachfolgend getrennt beschriebenen physiologischen und psychologischen Streßverständnissen vgl. Janke/ Wolffgramm 1995.

Eine Streßreaktion infolge einer Aktivation führt deshalb zu Beschwerden und Erkrankungen, weil die chronische Streßexposition einer Person die psychischen und physischen Anpassungsmöglichkeiten des Betroffenen dauerhaft überfordern kann. Es kann zu einer Schädigung des Immunsystems durch eine ständige Überbeanspruchung kommen, die sich in einem Schwellenmodell kumuliert und die generelle Anfälligkeit gegenüber Krankheiten erhöht (Theis 1985: 102; Hacker 1989: 211).[150] So kann es bei länger andauernden Streßexpositionen zu dauerhaften Sollwertveränderungen kommen, die über die aktuelle Exposition hinaus anhalten (Heim 1986: 350ff.; Janke/ Wolffgramm 1995: 320f.). Dies zeigt sich z.B. in einer Erhöhung des Blutdrucks, die wiederum als beanspruchender Reiz Anpassungs- und Regulationsleistungen weiterer physischer Systeme unter Beteiligung psychisch-emotionaler Reaktionen hervorruft. Die hieran anschließenden Wechselwirkungen sind hochkomplex, multifaktoriell verknüpft und keinesfalls ausreichend abgeklärt (ebd.: 293ff.). Die streßbedingten physiologischen Reaktionen sind zwar bekannt, die Mechanismen, die eine hinreichende Erklärung liefern, wie aus der Streßemotion letztendlich Krankheiten entstehen, sind es hingegen nicht (Vester 1991: 58; Janke/ Wolffgram 1995: 320ff. Hien 2000: 28).[151] So bleibt nur festzuhalten, daß bei langfristigen Streßexpositionen mit einer manifesten Erkrankung zu rechnen ist, weil die entsprechenden Anpassungs- und Bewältigungsmechanismen überfordert werden.

Die kurzzeitige, akute Exposition hingegen führt in der Regel zu einer ungefährlichen Stimulation der Immunabwehr (Kastner/ Vogt 1998: 411). Diese wird wiederum als essentiell für die Widerstandskraft zukünftiger Streßepisoden angesehen, denn:

> „Ohne Erfahrung mit Streß und seiner erfolgreichen Bewältigung, aber auch ohne die Erfahrung von Mißerfolgserlebnissen besteht die Gefahr, daß selbst minimale Belastungen nicht mehr ertragen werden können, weil keine Coping-Fähigkeiten ausgebildet wurden und die Frustrationstoleranz zu gering ist" (Semmer 1988: 750).[152]

---

[150] Richter (1999) geht davon aus, daß „[...] eine andauernd als belastend empfundene Arbeitssituation und negative Wahrnehmung der eigenen Person sich langfristig in einer höheren Anfälligkeit für psychosomatische Beschwerden äußern" (ebd.: 130; Döring 1996: 200f.). Hierfür führt er, bezogen auf die Aversität der Inneren Kündigung, erste empirische Ergebnisse an. Aktuell innerlich Gekündigte haben in seiner Studie eine signifikant höhere Zahl von krankheitsbedingten Fehltagen, wobei in seinen Ausführungen offen bleibt, auf welche Symptomatiken sie zurückzuführen sind.

[151] Buske-Kirschbaum et al. (1990) vertreten die These, daß zwischen dem Gehirn und dem Körperabwehrsystem eine neuronale und endokrine Kommunikation besteht, die bislang aber noch nicht bestimmt werden konnte (ebd.: 36; Kastner 1999a: 70ff.; Moser et al. 1998).

[152] Aus diesem Grunde sollen in dieser Arbeit generell streßtheoretische Konzepte diskutiert werden. Diskussionen, die Streß unter dem Konzept „Angst" zusammenfassen wie z.B. bei Schneider und Schmalt (1994) sollen hier nicht verfolgt werden, denn sie klammern positive Effekte von Beanspruchungen und Belastungen aus.

In diesem Zitat wird ein Standpunkt deutlich, der eine dynamische, veränderliche Perspektive der Streßentstehung beschreibt und den Begriff des Stresses in Abhängigkeit sowohl vom Bewältigungsverhalten als auch von den Bewältigungsressourcen definiert (Heim 1986: 369ff.). Er formuliert damit einen homöostatischen Standpunkt in der Betrachtung der Streßgenese, indem er weiterhin annimmt, daß dosierte Streßerlebnisse Lerneffekte bewirken, die zu größeren Bewältigungs-Ressourcen führen können. Andererseits stellt er zur Diskussion, daß die weitgehende Abwesenheit von Streß dazu führen kann, daß selbst kleinen alltäglichen Schwierigkeiten, den *‚daily hassels'*, nicht mehr adäquat begegnet werden kann (Semmer 1984: 20f.; Lazarus 1981: 204).

Der Ansatz, Streß als unspezifische Störungsreaktion anzusehen, hat aufgrund konzeptioneller Probleme ein breites Forschungsinteresse ausgelöst. Insbesondere wird kritisiert, daß Streß als unausweichliche Folge einer (in psychologischen Konzepten veränderlichen) personalen Disposition erklärt wird. Die personalistische Sichtweise verleiht aversen Situationen dabei eine allgemeine Wirksamkeit, die an Beliebigkeit grenzt, und vernachlässigt die Bedeutung und Unterschiedlichkeit situativer Faktoren (Semmer 1988: 745, Greif 1991: 10; v. Eckardstein 1995: 97f.).

Diese Diskussion wird insbesondere von arbeitswissenschaftlichen Ansätzen dahingehend beantwortet, daß Streß nicht allein als eine unspezifische und individuell unterschiedliche Reaktion anzunehmen ist, sondern in hohem kausalen Zusammenhang mit dem Auftreten spezifischer Situationen steht. Dies wird in Konzepten untersucht, die die Stimulusseite der Streßreaktion in ihren Auswirkungen thematisieren.

20. Streß als stimulusvermittelte Störungsreaktion

Stimulusansätze gehen im Gegensatz zu den Reaktionsansätzen davon aus, daß einzelnen isolierbaren situativen Reizen spezifische Reaktionen folgen. Die prominentesten Konzepte, die diesen Ansatz verfolgen, lassen sich einerseits der sog. Life-event-Forschung zuordnen, in der Zusammenhänge kritischer Lebensereignisse[153] mit gesundheitlichen Folgen untersucht werden und andererseits den Belastungs-Beanspruchungs-Konzepten, die sich im Rahmen arbeitswissenschaftlicher Zusammenhänge mit dem Einfluß spezifischer Risikofaktoren beschäftigen.[154]

In seiner ursprünglichen Fassung stellt das Belastungs-Beanspruchungs-Konzept zunächst eine Beziehung zwischen situativen Faktoren und den hierdurch hervorgerufenen Auswirkungen auf die Arbeitenden her (Luczak/ Rohmert 1997: 326). Arbeit, so wird angenommen, habe immer auch eine belastende Wirkung. Dabei sind

> „Belastungen [...] objektiv beschreibbare, von außen auf den Arbeitenden ein- und rückwirkende Faktoren der Arbeit" (v. Eckardstein et al. 1995: 6; Oesterreich 1999: 143; Zapf 1999: 14).

Dieses Konzept geht also davon aus, bestimmte situative Parameter verallgemeinert für die Auslösung von spezifischen Streßreaktionen verantwortlich machen zu können (Richter 1998: 12; Luczak/ Springer 1996: 621). Die Streßempfindung wird individuell in der Person durch den Kontakt mit den Arbeitsanforderungen ausgelöst und als eine Reizreaktion angesehen, wobei die Art, Form und Stärke der Reaktion nicht weiter spezifiziert und lediglich mit unterschiedlichen Dispositionen erklärt wird (Rohmert 1984; Luczak/ Rohmert 1997: 326; Bamberg et al. 1998: 32).

Die Menschen werden in diesem Modell gewissermaßen durch die belastende Situation in die Streßreaktion gestoßen. Streß ist demzufolge in einem gewissen Umfang eine unvermeidliche und mechanistische Reaktion des Individuums auf den Reiz, wobei die Reaktion als Ausdruck des umfeldgebundenen Stresses angesehen wird (Filipp 1981). Dies erscheint bezogen auf physische Einflußfaktoren unmittelbar einleuchtend. So zeitigen die Exposition von z.B. Lärm, schlechter Beleuchtung oder Dämpfe unmittelbar Folgen, die sich in einer Streßreaktion manifestieren können.

---

153 Vgl. hierzu Holmes und Rahe (1980), auf deren Engagement dieser Ansatz im wesentlichen zurückgeht; auch Fillip (1981) und die hierin angegebene Literatur.

154 Bedeutung gewonnen hat dieses Konzept vor allem durch seine Berücksichtigung in DIN- (DIN 33400, DIN 33405) wie auch ISO-Normen (ISO 6385) zur arbeitswissenschaftlichen Gestaltung von Arbeitssystemen (zur Übersicht zu solchen Normen vgl. Martin 1994: 387ff.).

Zielrichtung von Belastungs-Beanspruchungs-Konzepten ist nun vor allem die Identifizierung dieser streßauslösenden Bedingungen, den sogenannten Stressoren. Stressoren sind Situationen und Bedingungen, die für die mehr oder minder heftige Auslösung von Streßreaktionen verantwortlich gemacht werden.

> „Stressoren sind in diesem Zusammenhang hypothetische Faktoren, die mit erhöhter Wahrscheinlichkeit Unbehagen auslösen [...]" (v. Eckardstein et al. 1995: 8).

Als mögliche Stressoren im Rahmen der Arbeit werden folgende Aspekte in der Literatur immer wieder übereinstimmend und in vielfältigen Variationen angeführt:

- Belastung durch die Arbeitsaufgabe selber: quantitative oder qualitative Über- bzw. Unterforderung,[155]
- Belastungen durch Arbeitsorganisation und Organisationsmerkmale,
- Physische Arbeitsbelastungen wie Lärm, Hitze, Unfallgefahr,
- Überforderung durch Rollenanforderungen,
- Belastung durch sozialen Streß (z.B. Rivalitäten),
- Schichtarbeit,
- Sicherheit des Beschäftigungsverhältnisses (Quick/ Quick 1986: 15; Dunkel/ Zapf 1986; v. Eckardstein et al. 1995: 93; für stärker tätigkeitsbezogene Auflistung von Stressoren: Bundesanstalt für Arbeitsschutz 1998: 7ff.).

Zapf und Dunkel (1986) kommen in einer kritischen Betrachtung des Belastungs-Beanspruchungs-Konzepts zu dem Ergebnis, daß sich Stressoren über die kurzfristige, direkt mit der Belastung verbundenen Folge hinaus auch mittelbar und langfristig auf das Leistungsverhalten von Mitarbeitern auswirkten. So führt die Streßexposition u.a. zur Wahl riskanter Arbeitsstrategien, die die Folge eines erhöhten Unfallrisikos in sich bürgen (ebd.: 20; Semmer 1984: 71; Hoyos 1999: 190f.). Die mentale, auch antizipative Konstruktion der Beanspruchung nimmt somit einen direkten Einfluß auf das Arbeitsverhalten und bestimmt damit das Beanspruchungsempfinden jenseits des objektiven Belastungsgehalts der Bedingungen.

Cox und Cox (1996) skizzieren diese Streßvariante eindringlich am Umgang mit potentiell gefährlichen Situationen. Konstituierendes Merkmal des (zunächst subjektiven) Gefühls der Gefährdung in der Gefahrensituation ist die individu-

---

[155] Richter (1998) führt in ihrer Arbeit eine Untersuchung von Udris, Wälti und Fellmann (1983) an, die nachweist, daß das Gefühl, unter Streß zu stehen, mit den Merkmalen für quantitative Überforderung (r=0,66) und mit den Merkmalen von qualitativer Überforderung (r=0,44) korreliert. Gleichzeitig führt sie an, daß das Streßerleben von Schichtarbeitern negativ damit korreliert, ob Kontrolloperationen auszuführen waren oder nicht (ebd.: 29).

ell-subjektive Wahrnehmung. Die Annahme, daß die vorliegende Situation potentiell gefährlich sei, treffen die involvierten Personen unabhängig davon, ob es letztendlich zu einer manifesten Schädigung kommt oder nicht. Die Wahrnehmung der Gefährdung ist an die Intention gekoppelt, ein mögliches gefahrenträchtiges Ereignis zu vermeiden bzw. die Gefahr zu kontrollieren. Somit erfordert diese Intention einen besonderen, nämlich vorsichtigen Umgang in der Gefahrensituation. Dabei kann davon ausgegangen werden, daß nicht allein die objektiv vorliegende Gefährdung, z.B. durch Gefahrstoffe Streß auslöst, da Streßbedingungen auch dann anzunehmen sind, wenn eine Gefährdung als möglich angenommen wird (v. Eckardstein et al. 1995: 104). Sie liegen auch dann vor, wenn Handlungen zur Vermeidung und Kontrolle vermeintlich gefahrenträchtiger Situationen vorgenommen werden.[156]

Diese Ergebnisse lassen sich als generelle Kritik am Belastungs-Beanspruchungs-Konzept formulieren. Die objektiv mit den Arbeitsbedingungen verbundenen Belastungspotentiale bilden nur einen geringen Teil der Beanspruchungen ab, die zudem eindeutig aus den Bedingungen rekonstruiert werden können. Die mentale Rekonstruktion arbeitsbedingter Stressoren bleibt somit weitgehend ausgeblendet. Kuhmann (1994) weist darüber hinaus eindringlich darauf hin, daß insbesondere psychische Beanspruchungen oft durch das Erbringen von Leistungen verursacht werden und nicht unabhängig davon durch die Ausprägung von Anforderungen oder Voraussetzungen bestimmt würden (ebd.: 150). Diese Kritik wird durch den Hinweis ergänzt, daß sowohl eine zu hohe als auch eine zu niedrige psychische Beanspruchung Folgen für den Gesundheitszustand hätte (Ruthenfranz 1981: 387; Dienstbier 1989; Richter 1998: 19). In der ursprünglichen, physikalisch-physiologischen Verankerung des Konzepts spielt der Aspekt der Unterforderung jedoch nur eine geringe Rolle, da die physische Unterforderung im Gegensatz zur psychischen Unterforderung nur einen mittelbaren Einfluß auf die Gesundheit nimmt (Oesterreich 1999: 175).[157]

---

[156] Zu einem ähnlichen Ergebnis kommen auch Pelzmann et al. (1987). So haben sie in ihrer Untersuchung festgestellt, daß der Gesundheitszustand bei von Kündigung bedrohten Personen schlechter ist als in der nachfolgenden Phase der Arbeitslosigkeit. Die Angst vor Arbeitsplatzverlust spielt zudem die größte Rolle innerhalb betrieblicher Ängste, so daß diesem Faktor auch in bezug auf Krankenstände eine hohe Bedeutung zukommt (Stegmann 1999:132ff.).

[157] Kuhmann (1994) definiert hierzu abweichend: „Überfordernde Tätigkeiten sind dabei dadurch definiert, daß die gestellten Anforderungen nicht mehr vollständig erfüllt werden können. Dies kann entweder qualitativ oder quantitativ der Fall sein [...]. Unterfordernd sind solche Aufgaben, die nur in zeitlich großen Abständen Tätigkeiten verlangen, besonders wenn sie dann mit hohem Entscheidungszwang in kurzer Zeit verbunden sind [...]" (ebd.: 26). Der Begrenzung von Unterforderung auf einen reinen Tätigkeitsbezug, wie sie in diesem Zitat aufscheint, wird in der vorliegenden Arbeit explizit nicht gefolgt. Vielmehr wird an dieser Stelle Wert darauf gelegt, daß eine Unterforderung immer auch im Widerspruch von Entwicklungsmotiven und Realisierungschancen gesehen wird.

Übertragen auf die vorangegangenen motivationstheoretischen Überlegungen zeigt sich in bezug auf eine psychische Unterforderung jedoch eine vergleichsweise breite Relevanz. Sowohl bei Überforderung als auch bei Unterforderung geraten die Ansprüche und Anforderungen der Arbeit in Widerspruch zu den Motiven des Mitarbeiters. Dauert dieser Widerspruch an und wird er als dauerhaft avers – also auch in Form wiederkehrender Ärgernisse - erlebt, dann öffnet sich die Schere zwischen Anforderungen und Bedürfnissen als unüberbrückbarer Gegensatz, der z.B. auch nicht im Rahmen einer weitgehend routinisierten Arbeitstätigkeit aufgelöst werden kann: Die dauerhafte Unpassung zwischen Mitarbeiter und Arbeit wird zur Belastung der Arbeitsausführung. Sie beansprucht die Leistungsvoraussetzungen über das Maß der reinen Tätigkeitsausführung hinaus und beeinträchtigt damit nachhaltig die Entwicklung der Arbeits- und Anwesenheitsmotivation mit den bereits dargestellten Folgen. Damit wird der Schwerpunkt der Beanspruchungsentstehung stärker auf das Individuum verlagert und hat deshalb eine Reihe kritischer Rezeptionen hervorgebracht (Günther 1982; Bachmann 1990; Slesina/ v. Ferber 1989).[158] Insbesondere wird kritisiert, daß der subjektivistischen Wahrnehmung in der Entstehung psychischen Stresses eine zentrale, aber bislang unterbewertete Schlüsselstellung zukommt, denn Wahrnehmungs- und Erlebnisprozesse (Coping-Stile, persönliche Streßerfahrung etc.) können interindividuell unterschiedlich ausgeprägt sein. Sie können den Zusammenhang zwischen Stressor und Reaktion erheblich beeinflussen, so daß generelle Aussagen über diesen Bezug lediglich als vorläufige Hypothesen zu betrachten sind, deren differentielle Interpretation zunächst offen bleibt. Neben dieser Kritik zeigen Untersuchungsergebnisse auch, daß Mehrfachbelastungen, also Kombinationen aus einzelnen Stressoren, einen deutlicheren Effekt auf Gesundheit und Wohlbefinden nehmen als einzelne, isoliert betrachtete Stressoren (Dunkel 1991).

Zusammenfassend kann der Beitrag von Belastungs-Beanspruchungs-Konzepten unter Berücksichtigung der vorgetragenen Kritik, sie gehe von einem deterministischen Mechanismus aus, dahingehend gewürdigt werden, daß auf der einen Seite von spezifischen Stressoren deutliche Beanspruchungen mit einer hohen Wahrscheinlichkeit gesundheitlicher Schädigung hervorgehen; daß auf der anderen Seite die kausalen Mechanismen der Streßentstehung insbesondere durch psychische Beanspruchungen infolge individueller Wahrnehmungs- und Bewältigungsmuster moderiert werden.

[158] Bamberg (1999) warnt jedoch, daß diese Berücksichtigung von Bewertungs- und Bewältigungsprozessen sowie die Einbeziehung innerer Belastungen die Gefahr birgt, Belastungen alleine aufgrund der psychischen Prozesse der betroffenen Personen zu sehen. Damit können jedoch bedingungsbezogene Analysen und die Identifikation potentieller Stressoren in hohem Maße an Bedeutung verlieren, und das Konzept könnte Gefahr laufen, in Beliebigkeit zu verfallen (ebd.: 47).

Der Streßbegriff wird deshalb in diesen Konzepten unter Berücksichtigung der psychischen Repräsentation deutlich breiter angelegt und in seiner Entstehungs- und Verlaufsperspektive vor dem Hintergrund der Wechselwirkung von Situation und Individuum konzipiert.

21. Transaktionale Konzepte – *Streß* als Beziehungsphänomen

Im transaktionalen Konzept werden die Schwerpunkte der beiden zuvor kurz skizzierten Ansätze zusammengefaßt. Lazarus und Launier (1981) definieren den Anspruch eines solchen umfassenden Konzepts wie folgt:

> „Wenn unserem Vorschlag nach mit dem Begriff Streß jedes Ereignis gemeint ist, in dem äußere oder innere Anforderungen (oder beide) die Anpassungsfähigkeit eines Individuums, eines sozialen Systems oder eines organischen Systems beanspruchen oder übersteigen, wird Streß zu einem sehr umfassenden Konzept [...]" (ebd.: 226).

Streß wird in diesem Konzept nach wie vor als eine spezifische, aber weder allein situativ noch allein biopsychisch determinierte Reaktion verstanden. So lautet die zentrale These transaktionaler Konzepte auch, daß ein von außen kommender Stimulus von betroffenen Individuen nur durch den Filter der eigenen Wahrnehmung erfaßt werden kann. Jedes Individuum beurteilt hierbei Qualität und Quantität eines Stressors vor dem Hintergrund der jeweils eigenen Motivation und der eigenen Ziele (Peter 1991: 30). An dem Zustandekommen dieser Reaktion ist aus Sicht des Transaktionskonzepts immer auch die individuelle kognitive Bewertung beteiligt. Kognitive Bewertung meint in diesem Zusammenhang einen mentalen Vorgang, Ereignisse in eine Reihe von Bewertungskategorien einzuordnen.[159] In diesem Bewertungsprozeß findet eine Überprüfung der aktuellen Situation anhand dessen statt. Es wird als herausgefunden, ob die Situation geeignet scheint, das Wohlbefinden der Person einzuschränken (primäre Bewertung), und ob die Situation mit den aktuell verfügbaren Bewältigungsfähigkeiten gemeistert werden kann (sekundäre Bewertung). Die primäre Bewertung zielt somit auf eine allgemeine Positionierung der Person in bezug auf eine spezifische Situation, wobei sich die Bewertung auf ihre Relevanz und ihren Bedeutungsgehalt bezieht. Die sekundäre Bewertung hingegen umfaßt die möglichen Handlungs- und Verarbeitungsstrategien, die zur Verfügung stehen, um eine mögliche Beeinträchtigung zu verhindern bzw. eine eingetretene Beeinträchtigung zu bewältigen (Schneider/ Schmalt 1994: 180).

Durch beide Bewertungen werden situative Parameter in Zusammenhang mit individuellen Bewältigungspotentialen gesetzt und somit in einem Ansatz integriert. Determiniert werden primäre und sekundäre Bewertung durch zwei Faktor-Komplexe:

---

[159] Friczewski (1982) weist darauf hin, daß die Wirksamkeit psycho-physischen Stresses jedoch nicht an ein die Streßreaktion begleitendes Bewußtsein gebunden sein muß (ebd.: 323; Fehm-Wolfsdorf 1994: 53). Damit reflektiert und relativiert er eine Kontroverse zwischen Lazarus (1982; 1984) und Zajonc (1980; 1984), die um die Frage entbrannte, ob Emotionen Kognitionen auslösten oder vica versa, wobei Zajonc im Gegensatz zu Lazarus die Unabhängigkeit eines emotionalen Systems von einem Kognitiven annimmt.

- die Stimulus-Struktur und
- die psychologische Struktur des Individuums

Unter der **Stimulus-Struktur** findet die Bilanzierung der schadenserzeugenden Kräfte in Relation zu den entgegenwirkenden Kräften statt. Wird der aversen Situation hilf- und einflußlos gegenübergestanden, steigt und verfestigt sich die Aversität hin zu einer manifesten Bedrohung. Weiterhin findet eine Abschätzung der Aktualität des Bedrohungszustandes statt. Die Relevanz einer möglichen Konfrontation wird dabei im Ergebnis umso geringer eingeschätzt, je weiter entfernt das antizipierte Ereignis in der Zukunft liegt. Dies gilt aber nur für ein scharf konturiertes Szenario. Ist es hingegen unscharf, so erhöht sich die Bedrohung (Faller 1993: 151f.).

Unter der **psychologischen Struktur** des Individuums prägen Struktur und Stärke der Motive einer Person, deren Einstellung zur Umwelt sowie deren Fähigkeiten und Fertigkeiten die primäre Bewertung (Theis 1985: 122f). In diesen Punkten unterscheiden sich Personen deutlich voneinander:

- „Individuen differieren hinsichtlich ihrer allgemeinen Streßtoleranz: das gleiche Ausmaß an zugewiesenen Rollenkonflikten oder -unklarheiten führt beim einen zu kaum wahrnehmbaren Reaktionen, beim anderen zu unübersehbaren Dekompensationen;
- Individuen differieren auch hinsichtlich der Anfälligkeit für spezifische Stressoren [...];
- Menschen unterscheiden sich auch hinsichtlich der Dispositionen für spezifische Gefühlslagen wie Angst, Ärger, schlechtes Gewissen, Resignation;
- Menschen differieren in Art und Wirksamkeit ihrer bevorzugten Coping-Strategie" (Faller 1993: 157).

Während die primäre Bewertung die Sicht des sich selbst wahrnehmenden Individuums weitgehend reaktiv auf die Bedrohlichkeit der Situation fokussiert, sieht sich die Person in der sekundären Bewertung in einer Art Meta-Bewertung als proaktiv handelnder Bestandteil eines Bewältigungssystems unter Einbeziehung des gesamten Bewältigungspotentials.

Abb. 22: Streßentstehung im transaktionalen Modell

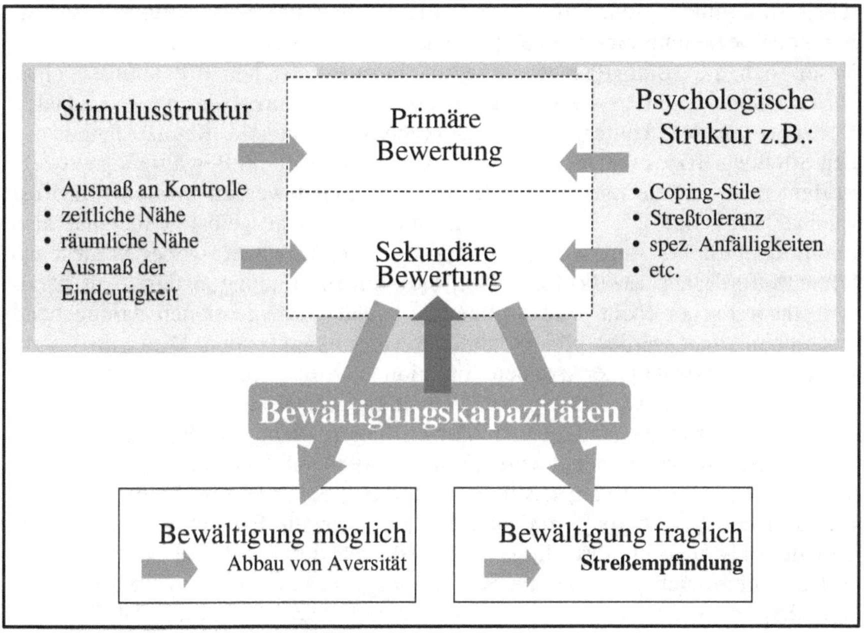

(eigene Darstellung)

> „Diese sekundäre Bewertung [...] antizipiert die Reaktion der Umwelt auf das eigene (Bewältigungs-)Verhalten und somit die subjektive Erfolgswahrscheinlichkeit verfügbarer Bewältigungsalternativen. Als intervenierender Prozeß verbindet sie die Bedrohung mit der Reaktion auf diese Bedrohung" (Theis 1985: 122f.).

Primäre und sekundäre Bewertungen bedingen einander im transaktionalen Konzept. Sie kennzeichnen dabei aber keine Bewertungshierarchie, sondern eine ‚Bewertungsgesamtheit' (Lazarus/ Launier 1981: 233). Die Bewertungen sind dabei als zwei Fragen zu verstehen, die jeweils nach situativer und persönlicher Disposition[160] fragen und die, wenn sie einschlägig beantwortet werden, zur Entwicklung der Streßempfindung führen. Erst wenn beide Analysen die Bedrohung bestätigen, kommt es zur Streßauslösung. Eine einzelne Bestätigung reicht hier nicht aus, denn die positive Bewertung, die bedrohende Situation mittels der vorhandenen Ressourcen meistern zu können, kann z.B. dazu führen, die Bedro-

[160] Krohne (1990) spezifiziert: „Zu den personenspezifischen Antezedenzien von Bewältigungsmaßnahmen gehören die Motivationsmuster einer Person, ihre Überzeugungen im Hinblick auf das Ausmaß persönlicher Kontrolle über streßrelevante Sachverhalte sowie Wissen, Kompetenzen und kognitive Stile" (ebd.: 267).

hung des persönlichen Wohlbefindens zurückzustellen und die Aversität unmittelbar zu kompensieren. Streß wird in diesem Konzept also zu einer Beschreibung der Beziehung zwischen Person und Umwelt (Kuhmann 1994: 12). Damit lassen sich die vorangegangenen motivationstheoretischen Erkenntnisse einer verlorengegangenen motivationalen Passung im Rahmen des transaktionalen Konzepts vor dem Hintergrund der Streßthematik spiegeln. Kennzeichnend für den Streßbegriff des transaktionalen Konzepts ist dabei ein Bewältigungsprozeß, in dem mehr als die normalen Fähigkeiten aktiviert werden müssen (Lazarus/ Launier 1981: 226).[161] Situationen, in denen Streß ausgelöst wird, sind also durch eine erhöhte Anpassungsanforderung gekennzeichnet, wobei es diese erhöhte Anforderung ist, die individuell die Streßempfindung auslöst. Aus handlungstheoretischer Sicht wird argumentiert, daß Streßsituationen dahingehend zusammengefaßt werden können, daß sie Kapazitäten binden. Dies gilt sowohl für die Verarbeitung der aversen Situation als auch für die Bewertung und schließlich für die Ausführung von Bewältigungshandlungen, da die situativen Anforderungen zu zusätzlichen Problemen führen, wenn ohnehin schon an den Kapazitätsgrenzen gearbeitet wird (Semmer 1984: 68). Ist dies der Fall, dann sind neben einem direkten Leistungsabfall durch die hohen Aufwendungen, die die Situationsbewältigung mit sich bringen, sowohl Eskalationen im Streßverhalten als auch unfallträchtiges Fehlverhalten durch riskante Arbeitsformen in Betracht zu ziehen, wobei die Bewältigung einer aversen Situation nicht unmittelbar erfolgreich sein muß, vielmehr gibt es Anzeichen dafür, daß Bewälti-

---

[161] Bewältigung als eine Form der Reaktion meint im transaktionalen Konzept nicht notwendigerweise die Verbesserung oder Bereinigung der beanspruchenden Situation. Sie schließt vielmehr auch alle Maßnahmen ein, die auf eine Veränderung der erlebnismäßigen Komponenten bis hin zur Moderation oder Kontrolle von Emotionen abzielen. Hierzu zählen auch Mechanismen der Selbsttäuschung, Abwehrmechanismen wie Verleugnung, Projektion, Vermeidung und Distanzierung.

„Deshalb besteht die Funktion von Bewältigungsverhalten nicht nur in einer problemlösenden oder instrumentellen Funktion, sondern auch in der Selbstregulation von negativen emotionalen Zuständen“ (Lazarus 1981: 216).

In der vorliegenden Arbeit wird mit Dudda et al. (1999) zwischen Bewältigung, Bewältigungsverhalten, Bewältigungsressourcen und dem Bewältigungsprozeß unterschieden. Bewältigung bedeutet in diesem Verständnis, daß eine widerständige Situation erfolgreich gemeistert wird, sie mithin nach einer Phase der Bewältigung obsolet geworden ist. Sie ist damit das Ergebnis eines Bewältigungsverhaltens, das den Versuch darstellt, interne oder externe Anforderungen zu vermindern, zu meistern oder zu tolerieren (Schwarz/ Salewski/ Tesch-Römer 1997: 1). Für die Konkretisierung eines spezifischen Bewältigungsverhaltens in Form einer Handlung ist die Einschätzung der zur Verfügung stehenden Bewältigungsressourcen im Angesicht einer spezifischen situativen Anforderung notwendig (Schröder/ Schwarzer 1997: 174). Hierzu gehören sowohl interne personale als auch externe situative Ressourcen. Mit Hilfe des Konstrukts Bewältigungsprozeß läßt sich die Beziehung zwischen anfordernden Bedingungen und gefordertem Individuum als Prozeß beschreiben (Schwarz/ Salewski/ Tesch-Römer 1997: 4; Dudda et al. 1999: 246).

gungsversuche unvollständig und ineffektiv ablaufen oder aber nur zu einer kurzfristigen Entlastung führen bzw. das Problem in ein anderes Problemfeld transponieren: Die unmittelbar erfolgte und kurzfristig ausgerichtete Belastungskontrolle wird dann mit einem erhöhten Risiko nachfolgender Streßepisoden erkauft (Zapf 1991: 186ff.). Demzufolge ist Streß im transaktionalen Konzept auch als eine Episodik, ein Prozeß anzusehen, in dem infolge einer aktiven Auseinandersetzung der Person mit den situativen Anforderungen eine Interpretation und individuelle Bewertung der Situation vorgenommen wird. Letztlich zielt sie darauf ab, einen verlorengegangenen Gleichgewichtszustand wieder oder neu herbeizuführen (Semmer 1997: 333).[162] Insofern ist Streß als ein komplexes „dynamisches Beziehungsgeschehen zwischen Person und Umwelt" anzusehen (Busch 1998: 97; Cox/ Cox 1996: 21).

Weitgehend unberücksichtigt im Konzept von Lazarus und Launier bleibt jedoch der Rekurs auf spezifische, die Bewältigung tragende Handlungen und ihrer Genese (Kannheiser 1992: 74). Diese wurden im Laufe dieser Arbeit aber bereits unter der motivationstheoretischen Perspektive entsprechender Reaktionsformen herausgearbeitet und lassen sich, wie noch zu zeigen sein wird, unmittelbar in einem wechselseitigen Bezug zueinander diskutieren.

Über dieses Manko hinaus bleibt die Annahme unbegründet, daß Streß in seiner Zustandsbeschreibung erst mit der sekundären Bewältigung entstehe (Ulich 1998: 433). Ob die Bewertungsprozesse schon zur Genese der Streßempfindung hinzuzuzählen sind oder ob diese im engeren Sinne erst mit Abschluß der Bewertung einsetzt, bleibt ungeklärt: Einen kognitiven Prozeß, wie er oben kurz skizziert wurde, unter den Gegenstandsbereich der Streßentstehung zu fassen und ihn selbst wiederum als belastend zu bezeichnen erscheint m.E. vor dem Hintergrund der motivationstheoretischen Diskussion um unterschiedliche Bewußtseinsgrade plausibel und angezeigt.[163] Auslöser einer solchen kognitiven Beurteilung ist die Wahrnehmung einer außernormalen Situation, der ein – noch – unbekanntes Beanspruchungspotential zugesprochen wird. Diese Situation erfordert einen Bewertungszyklus, der wiederum eine energetische Mehraufwendung erfordert, die über das normale Maß hinausgeht. In diesem Sinne könnte

---

[162] Lazarus (1981) beschreibt sein Prozeßverständnis wie folgt: „In meiner Terminologie umschreibt ‚Prozeß' all das, was über die Zeit und über Situationen hinweg geschieht. Dieser Begriff enthält zwei Elemente, nämlich einmal den aktuellen Austausch zwischen Person und Umwelt und zweitens die Transformation und die Veränderung dieses Austausches über die Zeit hinweg" (ebd.: 205). Hagemann et al. (1999) ergänzen die Beschreibung dieser Parameter, indem sie Streß als Resultat der Wechselwirkungen und Transaktionen der stabilen Anteile der Person (Persönlichkeitsmerkmale), der Anforderungen der Situation und der organisationalen Faktoren (soziales Umfeld etc.) begreifen (ebd.: 288). Diesem Prozeßverständnis wird im weiteren gefolgt.

[163] Eine entsprechende Sichtweise wird in der aktuellen Literatur kritisch im Zusammenhang mit transaktionalen Konzepten diskutiert (Olbrich 1997).

die Bewertung, die ja durch die mögliche Aversität der Situation ausgelöst wird, unmittelbar Gegenstand der Streßempfindung sein.

Abweichend zu dieser Vorstellung ist aber auch denkbar, daß Bewertungszyklen generell zur Alltagsbewältigung zählen und somit in einer wiederum normalen Ausprägung keinen Mehraufwand beanspruchen. Denkbar ist aber auch hier, im Rekurs auf transaktionale Vorstellungen, daß der Bewältigungsprozeß in Abhängigkeit persönlicher Dispositionen als beanspruchend empfunden werden kann, jedoch nicht empfunden werden muß. Müdigkeit z.B. ist nicht per se ein averser Zustand, sondern wird erst dann als avers beurteilt, wenn man gegen sie z.B. am Arbeitsplatz ankämpfen muß (Semmer 1984: 70). Bei der Streßentstehung kommt es also in weiten Teilen auf die situativen Rahmenbedingungen an, d.h. wie weit diese einen Zwangscharakter auf die Person ausüben. Die Notwendigkeit, Situationen und alternative Handlungen zu bewerten, kann z.B. allein unter Berücksichtigung spezifischer Motivdispositionen schon eine hohe Beanspruchung darstellen. In Anschluß an das weiter oben diskutierte Machtmotiv könnte eine hohe Ausprägung dieses Motivs individuell die Schwelle beeinflussen, ab der ein Entscheidungshandeln mit einer Streßempfindung einhergeht: Ist das Machtmotiv bei einem Industriemeister gering ausgeprägt und verlangt die Arbeitsgruppe, die er führt, von ihm, eine Entscheidung in einer Dilemmasituation zu fällen, wird er den Entscheidungszwang dann als sicherlich stark avers empfinden. Ist sein Machtmotiv hingegen hoch ausgeprägt, wird er durch diesen Anspruch in seiner Selbstwahrnehmung bestärkt werden.

Unspezifisch bleibt in der Literatur das ‚normale' Maß eines ‚alltäglichen', nicht streßauslösenden, damit also auch unmittelbar erfolgreichen Bewältigungsverhaltens. In Anschluß an die vorangegangenen Überlegungen kann aber plausibel angenommen werden, daß dieses Maß ebenso individuell – und dies bereits vor Eintritt oder Rezeption einer möglicherweise streßintensiven Situation – über Dispositionen inklusive Vorerfahrungen und Wahrnehmungsmuster festgelegt wird. Ein bestimmtes Niveau an Aktivierung, bezogen auf Länge und Intensität der Reizung, ist also die individuelle Kenngröße, ab der eine Streßempfindung ausgelöst wird. Dieses ‚normale' Maß ist dabei als eine fließende Größe zu verstehen, die sich intraindividuell im Zeitablauf verändern kann.

Die auf den ersten Blick formal überzeugende Lösung, die Streßempfindung über die Bewältigungsanstrengung in der Differenz zum Alltag zu definieren, verliert im Lichte dieses Beispiels an Brillanz. Sie bietet vom analytischen Standpunkt her betrachtet lediglich eine jeweils individuell zu spezifizierende Erklärung an, die sowohl von der Stimulusstruktur als auch von der psychischen Struktur abhängt. Greif (1991) weist folgerichtig darauf hin, daß strikt transaktionale Modelle mit einem ‚Beliebigkeitsproblem' konfrontiert sind, demzufolge grundsätzlich alle Situationen zu Streßreaktionen führen können. Damit ist Streß in der Auslösung auf eine jedwede äußere oder innere Drucksituation und Imbalance zwischen Anforderungen und Möglichkeiten zurückzuführen (ebd.: 10ff.).

In der weiteren Entstehung und im Verlauf der Streßreaktion hängt dies wiederum vom Bewältigungsverhalten der Personen ab (Ulich 1998: 430). Eine Vorhersage, wie interindividuell auf spezifische Streßsituationen reagiert wird, kann damit aber nicht gemacht werden (Greif 1991: 19). Obgleich darauf hingewiesen wird, daß es einen tendentiellen Unterschied im Reaktionsverhalten auf psychische und physische Stressoren gibt, zeigen doch die psychischen Stressoren eher einen Zusammenhang mit psychosomatischen Beschwerden (ebd.: 134).

Transaktionale Vorstellungen, wie sie von Lazarus in einem abstrakten Modell formuliert werden, haben Eingang in eine Vielzahl von empirischen Untersuchungen und spezifischen Konzeptionen gefunden. Im folgenden werden mit dem P-E-Fit-Konzept, dem Modell beruflicher Gratifikationskrisen und dem ‚Streß-Konzept' drei ertragreiche Untersuchungen vorgestellt, die mit ihren Ergebnissen zu einem tiefen und umfassenden transaktionalen Verständnis arbeitsseitiger Beanspruchungen beigetragen haben.

21.1 Das P-E-Fit-Konzept

Die Annahme einer wechselseitigen Beeinflussung von Situation und Person, wie sie in dieser Arbeit in Zusammenhang sowohl mit motivations- als auch streßtheoretischen Überlegungen skizziert wurde, ist Grundlage des Person-Environment-Fit-Konzeptes (P-E-Fit-Konzept), das am Institute for Social Reserach der Universität Michigan entstand (French 1978; v. Harrison 1978; Caplan et al. 1975; French/ Caplan/ v. Harrison 1984). Die vielfach weiterentwickelte und explizierte Grundannahme dieses Konzeptes ist es, jede Art von Unpassung (*misfit*) – sowohl Über- als auch Unterforderung – als Auslöser von Beanspruchungen bzw. Streßreaktionen anzusehen (Udris 1981: 428; Semmer 1984: 49).[164] Im ursprünglichen Modell können misfits zwischen Umwelt und Person, wie bereits im Zusammenhang mit betrieblichem Streß skizziert, einerseits infolge belastender Anforderungen (*strain*) bei unmittelbarer Erledigung einer Arbeitsaufgabe entstehen. Andererseits können sie aber auch infolge mangelnder Angebote zur Bedürfnisbefriedigung der Umwelt hervorgerufen werden (French/ Caplan/ v. Harrison 1984: 28; Gebert/ v. Rosenstiel 1989: 107f.). Das Konzept trifft damit zwei Gesichtspunkte:

---

[164] „Eine qualitative Unterforderung liegt dann vor, wenn durch gleichförmig wiederkehrende einfache Routinetätigkeiten nur ein kleiner Teil des menschlichen Leistungsvermögens beansprucht wird. [...] Die Unterforderung des Leistungsvermögens verursacht also psychische Belastungen in Form von Monotonie, psychischer Sättigung, herabgesetzter Vigilanz und psychischer Ermüdung" (Oppholzer 1999b: 12). „Eine quantitative Überforderung tritt dann ein, wenn aufgrund eines umfangreichen Arbeitspensums und knapper Zeitvorgabe, durch häufigen Zeit- und Termindruck, durch rasches Arbeitstempo und hohe Arbeitsintensität von den Beschäftigten mengenmäßig mehr verlangt wird, als sie unter den gegebenen Bedingungen zu leisten in der Lage sind" (ders.: 13).

> „[...] den Übereinstimmungsgrad zwischen den Bedürfnissen einer Person und den Befriedigungschancen einerseits sowie zwischen den Anforderungen an die Person und den entsprechenden Fähigkeiten andererseits“ (Zimolong 1998: 42).

Dabei unterscheidet das Konzept den Einfluß sowohl objektiv als auch subjektiv empfundener Bedingungen, die in ihrer Wahrnehmung über die Ausprägung der Passung entscheiden. Mit diesem Fokus hat das Konzept eine Vielzahl neuerer Forschungsarbeiten geprägt und zu einer empirischen Überprüfung angeregt (v. Eckardstein et al. 1995: 101). Auch im Kontext dieser Arbeit ist der Aspekt der Bewertung von Bedeutung, denn die zusammenfassende Bewertung subjektiver und objektiver Bedingungen lassen sich unmittelbar als die bewältigungsbezogene Kehrseite einer ‚motivationalen Medaille' betrachten, die sich in einer Diskrepanz von Soll und Ist äußert.

In empirischen Untersuchungen haben French et al. (1984) unterschiedliche, belastende Situationen dahingehend untersucht, ob diese *strain* als Antwort auf eine als belastend und avers empfundene Situation hervorruft und ob dieser hervorgerufene *strain* unmittelbar physiologische Auswirkungen (Hormonausschüttung, Herzfrequenz etc. ebd.: 22ff.) bedingt. *Strain,* im Verständnis einer Reaktion auf eine empfundene Belastung, ist dabei wie folgt definiert:

> „Strain is defined as any deviations from the normal state or responses of the person. These include psychological strain as job dissatisfaction and anxiety, physiological strains such as high blood pressure, and behavioural symptoms of strain such as exessive smoking and consumption of alcohol“ (ebd.: 5).

Als belastende Situationen wurden folgende P-E-Fits untersucht: *Job complexity, role ambiguity, responsibility for persons, workload, overtime, income, length of service, education* (ebd.: 40ff.). Hierbei werden durchgängig Zusammenhänge zwischen dem festgestellten *fit* und dem Auftreten von psychischen und physischen *strains* gefunden. In bezug auf die Veränderung physiologischer Werte zeigen sich allerdings nur sehr geringe Korrelationen (ebd.: 45ff.).

In den 90er Jahren wurde das P-E-Fit-Konzept weiterentwickelt und in empirischen Arbeiten ertragreich angewandt (v. Eckardstein et al. 1995; Lueger 1999). Von Eckardstein und Mitarbeiter (1995) untersuchten beispielsweise 344 Mitarbeiter aus sieben unterschiedlichen Organisationen auf Vorhandensein und Schwere psychischer Befindensbeeinträchtigungen[165] als Folge andauernder Streßeinwirkungen (ebd.: 135). Das Vorhandensein psychischer Befindensbeeinträchtigungen gilt dabei als Indikator für das Vorhandensein langfristiger Stressoren, die sich zwar auf das Gesundheitsempfinden, aber (noch) nicht auf die

---

[165] Psychische Befindensbeeinträchtigungen sind in der Arbeit mit Mohr (1986) folgendermaßen definiert: „Psychische Befindensbeeinträchtigungen sind das kognitiv-emotionale Erleben einer verminderten Lebensqualität als langfristige Folge von vor allem alltäglichen und andauernden Stressoren einer Person, die noch arbeitsfähig ist“ (ebd.: 7).

Arbeitsfähigkeit ausgewirkt haben (v. Eckhardstein et al. 1995: 18).[166] In der Untersuchung von Eckardstein und Mitarbeitern wird einerseits die Verbreitung der Symptomatiken nach der Freiburger Beschwerdenliste für den physiologischen/psychosomatischen Bereich und die Befindensbeeinträchtigungen nach Mohr erhoben, anderseits die subjektive Einschätzung der Beanspruchung auf einigen Ebenen des Arbeitsbereichs und des außerbetrieblichen Lebensbereichs festgestellt.[167] Hierzu wurden misfit-Indikatoren über einzelne Ebenen der Bereiche gebildet, die die wahrgenommene Belastung in Relation zu den individuellen Erwartungen (in den Dimensionen ‚Veränderungswunsch' und ‚Unzufriedenheit' bei der Arbeit) setzen. Parallel dazu wurde die moderierende Wirkung sozialer Unterstützung, eines hohen Handlungsspielraumes (verbunden mit hoher Situationskontrolle) sowie das Gesundheitsverhalten auf die Ausprägung psychischer Befindensbeeinträchtigungen hin untersucht.[168] Die folgende Abbildung skizziert das Rahmenmodell der Untersuchung:

[166] Richter (1998) führt als weitere Indikatoren psychischer Belastung und Beanspruchung auch psychische Ermüdung, Monotonie und psychische Sättigung an, die sie in Rückgriff auf Gedanken des Anforderungs-Belastungs-Konzept dafür verantwortlich macht, die Chancen für eine gesundherhaltende Tätigkeit zu mindern (ebd.: 19). Oppholzer (1999b) spezifiziert:: „Unter psychischer Sättigung versteht man [...] einen Zustand nervös-unruhevoller Unlust mit stark affektbetonter Ablehnung gegenüber einer sich wiederholenden Tätigkeit oder Arbeitssituation. [...] Symptome psychischer Sättigung sind Leistungsabfall, Müdigkeitsempfindungen, Ärger und die Tendenz, sich von der Aufgabe zurückzuziehen. Der Zustand psychischer Sättigung unterscheidet sich vom Monotoniezustand [...] durch ein unverändertes oder gesteigertes psychisches Aktivierungsniveau, das allerdings negativ erlebt wird" (Oppholzer 1999b: 34f.).

[167] Mit diesem Design kommen sie dem Anspruch nach, Streß nicht allein als Wechselbeziehung zwischen Person und spezifischer Situation zu verstehen, sondern ihn als Ausdruck einer umfassenden situativen Einbindung von Personen in inner- und außerbetriebliche Kontexte zu konzipieren (Zapf/ Frese 1991: 170).

[168] Theoretische Implikationen der moderierenden Wirkung von sozialer Unterstützung und Handlungsspielraum werden im Anschluß aufgearbeitet.

Abb. 23: Psychische Befindensbeeinträchtigung im P-E-Fit-Konzept

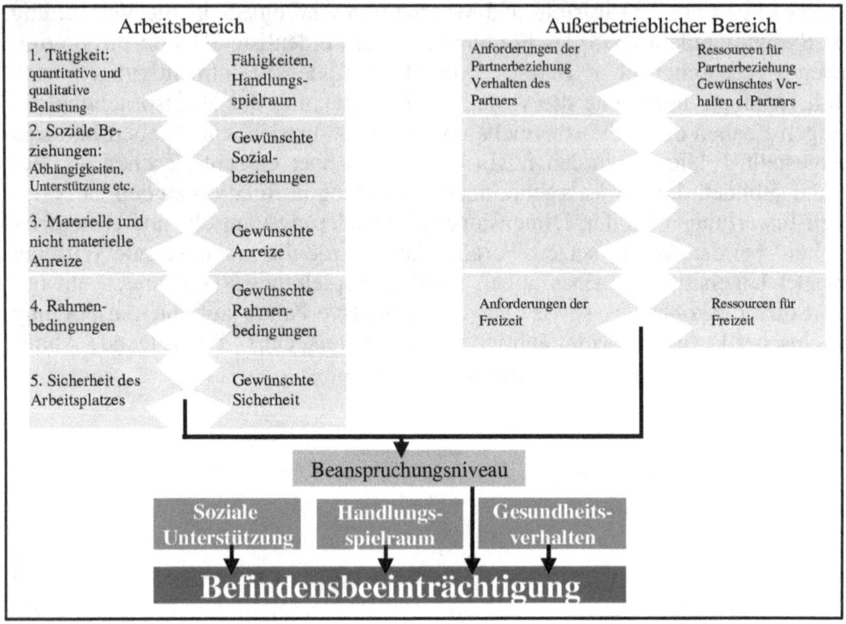

(aus: v. Eckardstein et al. 1995: 106)

> „Von den 329 antwortenden Personen können [...] 32,8% [...] als beeinträchtigt in mindestens einem Bereich bezeichnet werden. Damit ist rund ein Drittel der Befragten von Beeinträchtigungen betroffen" (v. Eckardstein et al. 1995: 177).[169]

Von den beeinträchtigten Personen sind 22,4% in zwei Bereichen und 2,8% in drei Bereichen beeinträchtigt. In bezug auf die Beeinträchtigung durch die Arbeit ergab sich folgendes Bild:

---

[169] „Eine Beeinträchtigung liegt dann vor, wenn der Proband/die Probandin in mindestens einem der Bereiche (Alkohol-/ Medikamentenabhängigkeit, Beschwerdenliste und psychische Befindensbeeinträchtigung) eine Beeinträchtigung aufweist" (v. Eckardstein et al. 1995: 177).

Hacker (1999) schätzt hier einen geringeren Anteil. Er nimmt an, daß die Prävalenz von psychosozial und mental Exponierten in Deutschland bei 10-25% der Beschäftigten liege (ebd.: 87). Jansen (1999) bestätigt die Ergebnisse von Eckardstein und Mitarbeitern im wesentlichen durch die Ergebnisse der BIBB/IAB-Erhebung. Gut ein Drittel der Befragten fühlt sich in drei bis fünf der acht dort abgefragten Dimensionen häufig belastet (ebd.: 20f.).

Zu ähnlichen Ergebnissen kommt auch Paoli (1992). In einer umfassenden Studie zu den Arbeitsbedingungen in der EU sahen 30% der Befragten ihre Gesundheit durch die berufliche Tätigkeit als gefährdet an.

„8,9% der untersuchten Personen geben an, sich durch die Arbeit insgesamt überhaupt nicht belastet zu fühlen, während 35,6% gering und 35% sich mittelmäßig belastet fühlen. 20% liegen über dem mittleren Wert und fühlen sich ziemlich bis sehr belastet" (ebd.: 193).[170]

Ein ähnliches Bild zeigt sich bei den Beanspruchungsindikatoren ‚Veränderungswunsch' und ‚Unzufriedenheit' mit der Arbeit. 43,6% der untersuchten Personen, die eine hohe Arbeitsbeanspruchung reklamieren, äußern zugleich einen hohen Veränderungswunsch,[171] während 12,1% der hoch Beanspruchten hingegen einen niedrigen Veränderungswunsch aufweisen. Bei dieser Personengruppe wird vermutet, daß sie eine passive Haltung gegenüber Veränderungsmöglichkeiten eingenommen hat (ebd.: 194). Mit Rückblick auf die Konzepte und Ergebnisse Innerer Kündigung bzw. Erlernter Hilflosigkeit lassen sich hieraus Hinweise darauf ableiten, daß sich hinter dieser Gruppe Personen verbergen, deren Bewältigungsanstrengungen nicht zum Erfolg geführt haben und die ihre Hilflosigkeit gegenüber Veränderungsmöglichkeiten durch den geringen Veränderungswunsch bei hoch erlebten Beanspruchungen zum Ausdruck bringen.[172] Sie versuchen demzufolge dem Entstehen von Streß vorzubeugen, indem sie Zusatzbelastungen durch Senkungen des Anspruchsniveaus ausgleichen (Krenauer/ Schönpflug 1980: 427).

Aber nicht alle Personen reagieren unter ähnlichen Bedingungen auf diese Art

---

[170] Die höchste Beanspruchungsintensität ist hierbei im Bereich des Arbeitsinhaltes bei der Unklarheit der Aufgabenstellung anzutreffen. Danach folgen persönliche Probleme am Arbeitsplatz, Akkordarbeit, niedriger Handlungsspielraum, organisatorische Veränderungen, zu hohe oder zu geringe Arbeitsintensität (v. Eckardstein et al. 1995: 197ff.). „Wir ziehen daher aus den uns vorliegenden Daten die Schlußfolgerung, daß Unklarheit am Arbeitsplatz in bezug auf das, was zu tun ist, oder in welcher Reihenfolge etwas zu tun ist [...] den zentralsten Einflußfaktor in bezug auf die Auftretenswahrscheinlichkeit von Befindensbeeinträchtigungen darstellt" (ebd.: 221).

[171] Zu etwas abweichenden Ergebnissen kommt Oppholzer (1999c) auf Grundlage einer Untersuchung unter den Angestellten einer öffentlichen Verwaltung. Er sieht folgende wechselseitige Zusammenhänge von Arbeitszufriedenheit, Arbeitsbelastungen und arbeitsbedingten Gesundheitsbeschwerden: „Je häufiger arbeitsbedingte gesundheitliche Beschwerden von den Befragten wahrgenommen werden, umso niedriger ist der Grad der Arbeitszufriedenheit." Weiter folgert er: „Je niedriger die Zufriedenheit mit den Arbeitsbedingungen, um so wichtiger sind für die Befragten Maßnahmen zur Verbesserung" (ebd., 53f.). Dieser gegensätzliche Befund ist auf die abweichende Operationalisierung der Zufriedenheit zurückzuführen. Oppholzer gliedert die Zufriedenheit in die Bereiche Handlungs- und Entscheidungsspielraum, berufliche Entwicklungsmöglichkeiten, berufliche Erfolgserlebnisse und Unterstützung/Kooperation. Die Zufriedenheit bezieht sich in diesem Fall nicht auf das allgemeine Gefühl der Zufriedenheit im Gesamtkontext der Arbeit, sondern beschränkt sich auf einen Abgleich arbeitsrelevanter Gestaltungsmerkmale. Damit wird die Zufriedenheit direkt auf die Ausstattung mit Bewältigungsressourcen bezogen.

[172] Aus diesem Grund bezeichnet Hacker (1999) psychische Befindensbeeinträchtigungen auch als Produktivitätsbarrieren (ebd.: 86).

und Weise. Dies ist sowohl mit dem transaktionalen Entstehungskontext der Streßempfindung zu erklären als mit unterschiedlichen Reaktionen auf Moderatoren der Streßempfindung. Als Moderatoren mit positivem Einfluß auf das gesundheitliche Befinden stellen v. Eckardstein et al. den Handlungsspielraum, die soziale Unterstützung und das individuelle Gesundheitsverhalten heraus. Den sozialen Beziehungen kommt der moderierende Einfluß aber nur dann zu, wenn er sich sowohl aus betrieblichen als auch außerbetrieblichen Lebensbereichen speist. Soziale Beziehungen weisen aber nicht nur eine solche Pufferfunktion auf. Sie können auch eine streßverstärkende Wirkung ausüben, die sich insbesondere dann negativ auf das Befinden auswirkten, wenn bereits ein Defizit hinsichtlich anderer Belastungsfaktoren besteht (v. Eckardstein et al. 1995: 216ff.).

Resümierend kann festgehalten werden, daß auch nach Berücksichtigung der Moderatorvariablen Handlungsspielraum, soziale Unterstützung und Gesundheitsverhalten der *misfit* im Bereich der Arbeit von zentraler Bedeutung bleibt (ebd.: 227; Bamberg 1991: 214). Lueger (1999) expliziert diesen Befund aus motivationstheoretischer Sicht. Er stellt Ergebnisse einer Folgeuntersuchung vor, in der die Beeinträchtigungen von 336 Mitarbeiter im Beratungsbereich einer Non-Profit-Organisation erfaßt werden. In der Untersuchung finden dieselben Befindensdimensionen Verwendung, die Eckardstein et al. 1995 anwandten. Lueger führt fünf unterschiedliche Dimensionen auf der Grundlage des P-E-Fit-Konzeptes an, in denen eine motivationale Entsprechung von individuellen Motiven und Erwartungen in Zusammenhang mit den Anforderungen und den Realisationschancen innerhalb der Organisation unter dem Begriff der Passung diskutiert wird (Levi/ Lunde-Jensen 1998: 15). Passung zwischen den Merkmalen der Arbeitssituation und den Merkmalen der Person kann demnach über die folgenden Dimensionen realisiert werden, über:

- den Anforderungs-Fähigkeits-Fit,
- den Bedürfnis-Anreiz-Fit,
- den Werte-Fit,
- den Zielsetzungs-Fit sowie
- den Person-Gruppen-Fit (ebd.: 455f.)

Während die ersten beiden Ebenen des *fits* dem ursprünglichen Konzept entsprechen, also der Passung von generellen situativen Anforderungen der Arbeit und individuellen Fähigkeiten und Kompetenzen auf der einen Seite und individuellen Bedürfnissen und den situativen Realisierungschancen auf der anderen Seite, reflektieren die weiteren Dimensionen in der Arbeit Luegers verstärkt die aktuellen betrieblichen Anforderungen unter Berücksichtigung neuerer Organisationskonzepte und des Einflusses, den der Wertewandel auf die Mitarbeiter hat (Löhnert 1990; S. 96ff.; Volkholz/ Köchling 1996).

Der Werte-Fit bezieht sich hierbei auf die Passung individueller Werte und den (gelebten) Werten der Organisation. Treffen z.B. die organisationalen Werte wie Stabilität und Sicherheit auf individuelle Risiko- und Experimentierfreude, ist ein Konflikt unausweichlich (Lueger 1999: 455).

Der Zielsetzungs-Fit entspinnt sich zwischen den Zielen und Strategien der Organisation und den Zielsetzungen des Individuums. Ein solcher Fit kann sich z.B. auf die Differenz einer objektiven Laufbahn und einer individuellen Laufbahnprojektion beziehen, die sich auf Dauer nicht in Deckung bringen lassen, durch zeitliche Verzögerungen beeinträchtigt oder durch strukturelle Zäsuren, wie z.B. Reorganisationsentscheidungen des Unternehmens behindert werden (Richter 1999: 133).

Der Person-Gruppen-Fit schließlich

> „[...] bezeichnet die Abstimmung von Merkmalen der Mitarbeiter und Merkmalen der Arbeitsgruppen (Gruppenaufgabe, Gruppenklima/Kultur, Einstellungen und Normen) [...]" (Lueger 1999: 456).

Geraten diese Merkmale in einen dauerhaften Widerspruch, ist eine unangenehme und möglicherweise folgenreiche Unpassung vorherbestimmt, d.h. die Passung erscheint in diesen Beispielen als jeweils gestört. Entscheidend bei dieser Überlegung neben größerer oder geringerer Passung ist aber immer die subjektive Einstellung des Mitarbeiters:

> „Ist beispielsweise ein Mitarbeiter überzeugt, daß die Konkurrenz an seinem Arbeitsplatz unerträglich ist (und daher für ihn nicht oder schwer bewältigbar ist), seine Kollegen sich hingegen einig sind, daß in dieser Abteilung kaum Konkurrenz herrscht, so ist für Leistung und Befinden dieses Mitarbeiters sein subjektives Erleben und weniger die Einschätzung seiner Kollegen wesentlich" (ebd.: 456).

In diesem Fall entscheiden die zur Verfügung stehenden Bewältigungskapazitäten darüber, ob das Maß an Unpassung als problematisch rezipiert wird. Lueger geht dabei davon aus, daß die ‚Toleranz-Zeit' für dergestalte *misfits* nach seinen Erfahrungen mit sechs bis zwölf Monaten festzulegen ist. Das bedeutet, daß die Gewißheit einer überschaubaren Exposition gegenüber der aversen Situation eine Ressource dafür darstellt, mit Belastungen beanspruchungsneutral umgehen zu können.

Zusammenfassend kann herausgestellt werden, daß eine erhebliche Unpassung zwischen Mitarbeiter und Arbeit wiederum in eine leistungsbeeinträchtigende Streßempfindung münden kann. Daher bietet das P-E-Fit-Konzept einen Rahmen an, in dem Streß und Streßtheorien integriert werden können, denn:

> „[...] eine Umwelt, die ein Individuum zu häufig oder zu intensiv vor subjektiv bedrohliche Situationen stellt oder ihm zu häufig oder zu nachhaltig wichtige Bedürfnisbefrie-

> digungen vorenthält, sorgt für Streß, unter Umständen für Dauer-Streß, wenn die (problemlösenden) Bewältigungsversuche immer wieder scheitern" (Faller 1993: 161).

Das P-E-Fit-Konzept bietet so die Möglichkeit, gewissermaßen die Kehrseite der Motivationstheorie, also nicht das Zustandekommen sondern das Einbrechen von Motivation, in seinen Folgen zu antizipieren. Es kann somit dazu beitragen, Leistungszurückhaltung als physisch/psychische Ausgleichsreaktion ursächlich in ihrem Bezug zum Gesundheitsempfinden zu erklären. Es kann aber keinesfalls davon ausgegangen werden, daß Passung zugleich zu einem erhofften Leistungsergebnis führt, wie Lueger (1999) vorschnell annimmt (ebd.: 447).

Ebensowenig, wie Motivation generell und notwendigerweise zu höherer Leistung führen muß, sondern lediglich zu einer höheren Bereitschaft und zu größerer Aktivität in bezug auf Anforderungen und Motive führen kann, ist der Zusammenhang von Passung und Leistung ein zwingender. Gleichwohl kann festgehalten werden, daß Unpassung zu passungsgenerierenden Aktionen und Verhaltensweisen führt, die einen hohen Einfluß auf das Leistungsverhalten von Mitarbeitern nehmen und sich im gesundheitlichen Befinden niederschlagen.

Trotz dieses umfassenden Beitrags zum Verständnis der Thematik gesundheitlicher Beeinträchtigung und verminderten Leistungsaufkommens, unterliegt das P-E-Fit-Konzept in der skizzierten Anwendung einer wichtigen Restriktion: Die skizzierten misfits werden in ihrer Auswirkung insbesondere auf kurz- bis mittelfristige (gesundheitliche) Beeinträchtigungen aufgrund der Summe der sogenannten ‚*daily hassels*', der alltäglichen Ärgernisse bezogen (Krohne 1990: 266; Schwenkmezger 1990: 299). Damit werden somatische Krankheitsbilder, die auf langfristige Expositionen zurückzuführen sind, nur wenig berücksichtigt. Sie werden ergänzend im Modell der beruflichen Gratifikationskrisen abgebildet.

21.2 Das Konzept der beruflichen Gratifikationskrisen

Während sich P-E-Fit-Konzepte im allgemeinen mit direkt tätigkeits- und verrichtungsbezogener Passung von Person und Arbeitsumwelt befassen, wählt Siegrist (1998) zur Erklärung des Zustandekommens der Streßemotion einen Zugang über die Erlangung von Gratifikationen, unter die er neben monetären Gratifikationen auch nicht-monetäre wie Achtung und Anerkennung, Aufstiegschancen und Arbeitsplatzsicherheit zählt (ders. 1999a: 5).[173] Diese Herangehensweise bietet sich als eine streßtheoretisch fundierte Überprüfung von Anreiz-Beitrags-Theorien und als eine weitergehende Spezifizierung der Equity-Theorie insbesondere vor dem Hintergrund langfristiger Exposition an.[174] Siegrist definiert in seinem Forschungsprogramm Streß als den

> „[...] Zustand einer Person, die ein Ungleichgewicht zwischen hoher Verausgabung auf der einen Seite und niedriger Kontrolle oder Belohnung auf der anderen Seite erfährt. Durch eine ungünstige Bilanz zwischen Anstrengung und Ertrag werden nicht nur negative Gefühle (Ärger; Frust u.a.) ausgelöst, sondern auch Erregungen in dem Teil des Nervensystems, der willentlicher Steuerung nicht direkt zugänglich ist" (Siegrist 1999a: 3).

Er argumentiert dabei in der Tradition, die Erwerbstätigkeit als einen globalen, d.h. langfristig ausgerichteten ökonomischen Tausch anzusehen, der unter der Bedingung des Erfolges Auslöser starker positiver Emotionen ist. Ist dies jedoch nicht der Fall, so rufen mißlungene Selbstregulationen starke negative Emotionen hervor. Während motivationstheoretische Modelle, wie sie oben diskutiert werden, auf die Unpassung im direkten Tätigkeitsbezug abzielen und damit auf einen eher engen zeitlichen Horizont beschränkt bleiben, sieht Siegrist Unpassung nicht allein auf die aktuelle Transaktion zwischen Individuum und Arbeit begrenzt. Er hält vielmehr dagegen, daß das Verhältnis von individueller Arbeitsaufwendung und betrieblicher Gratifikation Auslöser einer sich langfristig auswirkenden stressenden Unpassung sein kann, unbelastet davon, ob im unmittelbaren Tätigkeitsbezug sowohl eine motivationale Passung als auch eine Übereinstimmung von Anforderungen und Bewältigungspotential gegeben ist:

---

173 Buttler und Burkert (1998) weisen anhand der Ergebnisse einer Fallstudie darauf hin, daß allein schon die Zufriedenheit mit dem Gehalt die Krankheitshäufigkeit beeinflußt. Personen, die mit ihrem Gehalt sehr zufrieden waren, besaßen eine durchschnittliche Krankheitshäufigkeit von 0,79. Unzufriedene wiesen einen Wert von 1,04 auf (ebd.: 66).

174 Der Vollständigkeit halber sei darauf hingewiesen, daß auch French/ Caplan und v. Harrison (1984) den P-E-Fit vor dem Hintergrund des Einkommens überprüft haben, aber nur einen geringen Zusammenhang finden können (ebd.: 44). Dies ist im Unterschied zu den Arbeiten Siegrists aber darauf zurückzuführen, daß sie Momentaufnahmen des Befindens untersucht haben, während sich Siegrist langfristigen Betrachtungen beim Entstehen einer einzigen physischen Beeinträchtigung vor dem Hintergrund eines Imbalance-Modells gewidmet hat.

„Im Leistungszusammenhang der Erwerbstätigkeit werden positive ebenso wie negative Erfahrungen von Selbstwirksamkeit generiert, und der Belohnungszusammenhang von Erwerbsarbeit gewährt angemessene oder unangemessene Gratifikationserfahrungen (Geld, Anerkennung, beruflicher Aufstieg), von denen starke Wirkungen auf eine positive oder negative Selbstbewertung (Selbstwertgefühl) ausgehen" (ders 1998: 226).

Als Auslöser der andauernden Streßemotionen führt er das Modell beruflicher Gratifikationskrisen an. In diesem Modell wird die Hypothese aufgestellt, daß Schädigungen des Herzkreislaufsystems auf einen lang andauernden, intensiven emotionalen und autonom-endokrinen Aktivierungszustand zurückzuführen sind, der unter der Bedingung lang andauernder hoher Verausgabung und eines niedrigen Entlohnungsniveaus ausgelöst wird.[175] Personen, die sich immer wieder stark verausgaben, ohne im Vergleich hierzu angemessene Belohnungen zu erhalten, sind diesen beruflichen Gratifikationskrisen ausgesetzt (Siegrist 1998: 228ff.).[176] Siegrist (1999b) schätzt anhand einer zusammenfassenden Betrachtung aktueller Untersuchungen, daß Personen, die unter beruflichen Gratifikationskrisen leiden, ein etwa 2,2-faches koronares Erkrankungsrisiko aufweisen (ebd.: 149f.).

Bei den betroffenen Personen äußert sich dieses Mißverhältnis in einer tiefgreifenden Enttäuschung, mit der intensive Emotionen der Verärgerung und Wut einhergehen (Homans 1968: 195). Diese Emotionen führen wiederum zu einer fortgesetzten Aktivierung des autonomen Nervensystems und verschiedener endokriner Streßachsen.

---

[175] Zu einem kurzen Überblick über den Zusammenhang von Herzkreislauferkrankungen und psychischen Belastungen und Erkrankungsrisiken Bolm-Audorf 1999.

[176] Siegrists These wird von anderer Seite aktuell gestützt. Kentner et al. (1999) weisen anhand einer großen nationalen Studie (ca. 34.000 Teilnehmer) über den Zusammenhang von kardiovaskulären Risikofaktoren und Beruf nach, daß Manager gegenüber anderen Berufsgruppen die weitaus höchste Ausprägung des riskanten sog. Typ-A-Verhaltens haben, aber dennoch ein niedrigeres koronares Risiko aufweisen.

Da diese Positionen über gute Gratifikationschancen und hohe Entscheidungsspielräume verfügen, kann dies möglicherweise als weiteres Indiz für die Bestätigung der These der Gratifikationskrisen dienen.

Abb. 24: Modell beruflicher Gratifikationskrisen

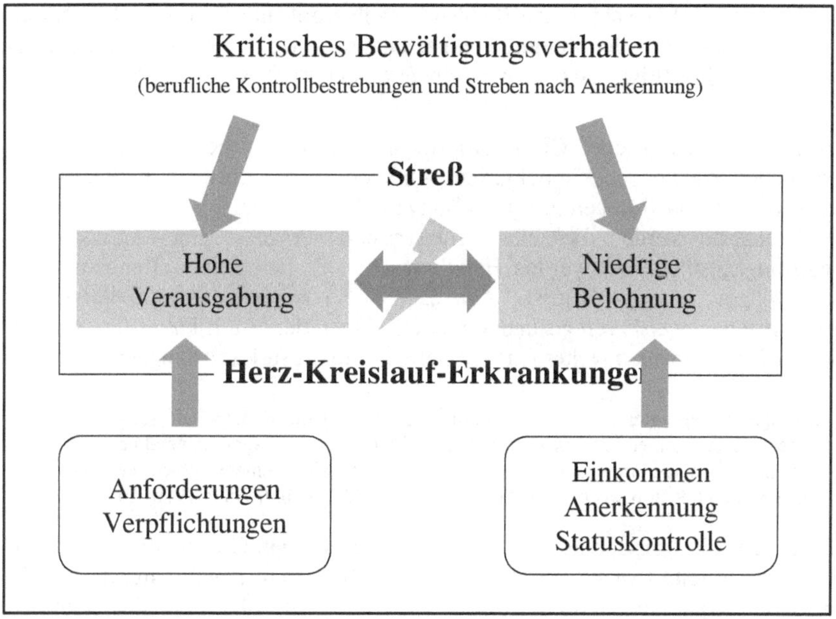

(aus: Siegrist 1998: 228)

Entgegen den Annahmen der Erwartungs-Mal-Wert-Theorien, die unter den Bedingungen unangemessener Gratifikation entweder ein Verlassen der inadäquat belohnten Situation oder eine Reduktion des Engagements vorhersagen, spezifiziert Siegrist drei situative Bedingungen, unter denen die avers erlebte Situation weder verlassen noch das Leistungshandeln in breitem Umfang eingeschränkt wird:

- Das Vorliegen sozialer Zwänge läßt einen Berufs- oder Tätigkeitswechsel nicht zu. Diese Bedingung ist gleichbedeutend mit Instrumentalitäten, die eine alternative Handlung, in diesem Fall einen Arbeitsplatzwechsel, aufgrund einer schlechten Arbeitsmarktsituation nicht ermöglichen.
- Berufsbiographisch-strategische Erwägungen erfordern es, einen zumindest temporären Gratifikationsengpaß in Kauf zu nehmen. In diesem Fall wird die Aversität, wie an anderer Stelle beschrieben, über ein hohes Maß an Situationskontrolle als kontrollierbar und temporär begrenzt verstanden. Durch die freiwillige Exposition wird die Beanspruchung erlebnismäßig kompensiert (ohne daß jedoch eine Kompensation der physischen Folgen stattfindet).

- Das Vorliegen einer spezifischen Form der Leistungsmotivation spiegelt sich in einem stark ausgeprägten Bedürfnis nach Kontrolle, Erfolg und Anerkennung wider und geht mit einer Unterschätzung sowohl der Anforderungen als auch der Bewältigungsressourcen einher (Siegrist 1996: 104ff.).[177]

Als Auslöser beruflicher Gratifikationskrisen werden neben Arbeitslosigkeit, beruflichen Abstieg oder blockiertem Aufstieg auch unfreiwillige Wechsel in der Tätigkeit und Frühberentung und ungerechte Entlohnung diskutiert. In diesen Szenarien werden die selbstregulatorischen Prozesse einer individuellen Verortung gestört. Hier werden Handlungschancen blockiert und angemessene Belohnungen versagt (Siegrist 1998: 227).[178] So werden den unmittelbar und langfristig nachweisbaren gesundheitlichen Folgen der Gratifikationskrise durch die Streßemotion auch weitergehende hohe Handlungsrelevanz zugeordnet:

> „Infolge ausgeprägter beruflicher Enttäuschung nimmt die Bereitschaft zu, ein kalkuliertes ‚disengagement' in Form betrieblicher Fehlzeiten zu wagen, ganz abgesehen davon, daß auch die ungünstige emotionale Stimmungslage einem subjektiven Krankheitsgefühl Vorschub leisten kann" (Siegrist 1998: 233; Kubon-Gilke 1990: 165).

Mit diesem Hinweis schlägt das Modell der beruflichen Gratifikationskrisen eine konzeptionelle Brücke zur Diskussion um die Innere Kündigung, die bereits über erste empirische Befunde erhärtet wird. Ein schlechter Gesundheitszustand infolge Innerer Kündigung wird hierin in Verbindung zu mangelnder Laufbahntransparenz und individueller Einkommensentwicklung gebracht: Personen, die sich in der Inneren Kündigung befinden, sind mit der individuellen Einkommensentwicklung unzufriedener und leiden stärker unter psychosomatischen Symptomatiken (Richter 1999: 131 ff.). Insofern scheint es plausibel, auch schon andauernde Bewältigungsanstrengungen wie die Innere Kündigung als Ausdruck von gesundheitsgefährdender Unpassung zu begreifen.

---

[177] Vgl. hierzu auch die Ergebnisse, die im Zusammenhang mit der Diskussion um das sogenannte „Typ-A-Streß-Verhalten" herausstellen, daß einige stereotype Verhaltenweisen von Leistungsorientierung wie z.B. das Empfinden von Zeitdruck, der Zwang Leistungen, quantitativ ständig bewerten zu wollen, etc. hoch mit dem Auftreten von koronaren Herzkrankheiten korrelieren (Quick/ Quick 1986: 65; v. Eckardstein et al. 1995: 97).

[178] Brunstein et al. (1999) argumentieren in diesem Zusammenhang wiederum motivationstheoretisch, daß „[...] das Verfolgen von Zielen, die von den Motiven einer Person abweichen, zu einer verminderten Befriedigung von Motiven führen und als Folge davon emotionale Beeinträchtigungen bewirken. [...] Sofern motiv-inkongruente Ziele verfolgt werden, müssen außerdem Handlungen ausgeführt werden, die den eigenen emotionalen Präferenzen zuwider laufen" (ebd.: 160). Gratifikationskrisen entstehen in dieser Sichtweise als unmittelbar tätigkeitsvermittelte Aggregation unbefriedigender Handlungsverläufe. Siegrist hingegen sieht Gratifikationskrisen als langfristige Einwirkung ungerecht empfundener Auszahlungen jenseits des unmittelbaren Tätigkeitsvollzugs.

Das Modell beruflicher Gratifikationskrisen bietet in Verbindung mit dem P-E-Fit-Konzept einen Rahmen an, mit dem verschiedene Formen der Imbalance begrifflich und konzeptionell abgebildet werden können. Beide Konzepte verhelfen damit zu einem tieferen Verständnis dafür, wie gesundheitliche Beeinträchtigungen entstehen können: Sie dekodieren die Wirkung potentieller Stressoren über individuelle Wahrnehmungs- und Bewertungsmuster. Die Konzepte erklären jedoch nicht explizit, aus welchen Gründen verschiedene Personen in gleichen Situationen in unterschiedlich starkem Maß von Beeinträchtigungen betroffen sind. Eine Erklärung hierfür schwingt lediglich implizit in der Annahme unterschiedlicher Dispositionen mit. Eine Thematisierung der Ausstattung mit Bewältigungsressourcen findet jedoch erst im nachfolgend beschriebenen Konzept „Psychischer Streß am Arbeitsplatz“ statt.

21.3 Das Konzept „Psychischer Streß am Arbeitsplatz“

Empirische Forschungen einer Forschergruppe unter der Leitung von Siegfried Greif untersuchten Ende der 80er Jahre Wirkungen von Streß, der in der Arbeit entsteht auf der Grundlage transaktionaler Vorstellungen.

Eng verbunden mit den Namen Greif, Bamberg und Semmer wird in diesem Konzept, hier kurz Streßprojekt genannt, der Fragestellung nachgegangen, welche Zusammenhänge zwischen Streß am Arbeitsplatz und langfristigen gesundheitlichen und psychosozialen Beeinträchtigungen bestehen (Zapf 1989; Udris/ Dunckel/ Mohr 1991: 46). Weiterhin wird der Hypothese nachgegangen, ob die gesundheitsschädigende Wirkung von Belastungen durch einen erhöhten Entscheidungs- und Handlungsspielraum und soziale Unterstützungsleistungen gemindert werden kann. Mit diesem Projekt wurde die Problematik der Gesundheit breit in die arbeitswissenschaftliche Diskussion eingeführt. Damit wird auch der Gedanke der Gesundheitsressourcen aus der Belastungs-Beanspruchungsforschung weiterentwickelt und im Ansatz der Ressourcenforschung fortgeführt (Zimolong 1998: 105f.). Zudem läßt sich dieser Gedanke direkt auf die Frage der Wirksamkeit von Rückkehrgesprächen beziehen, denn die motivationstheoretische Erweiterung der ökonomischen Modellvorstellung vom Entstehen von Fehlzeiten zeigte lediglich, daß es weitreichende negative Effekte beim Einsatz des Gesprächsinstruments zu berücksichtigen gilt: Sie blieb damit jedoch die Antwort auf die mögliche, positive Wirkung von Rückkehrgesprächen schuldig. Die Diskussion der protektiven Ressourcen ‚soziale Unterstützung‘ und ‚Handlungsspielraum‘, die im Rahmen der Forschungen des Streßprojekts betrieben wird, gibt hierauf aus streßtheoretischer Sicht wichtige Hinweise.

Abb. 25: Zusammenhänge im Streßprojekt

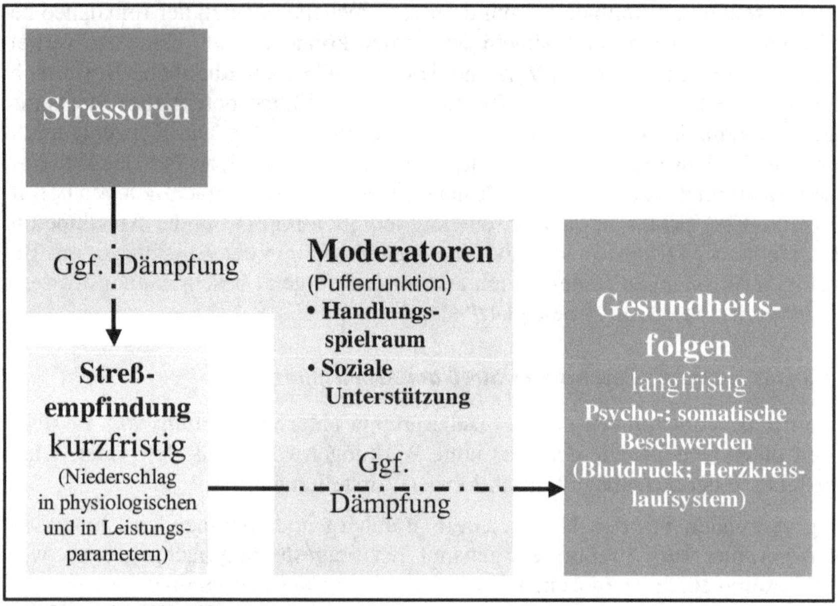

(aus: Oesterreich 1991: 192)

In der Vorstellung des Streßprojekts beinhalten die Arbeitsbedingungen Stressoren in Form von organisatorischen Problemen, Unsicherheit etc., die in hoher Ausprägung Streßempfindungen auslösen. Sie werden aber durch Moderatoren in Form von Handlungsspielraum und sozialer Unterstützung ggf. abgepuffert. Die Folge nicht vollständig bewältigter Reize liegt dabei in kurzfristigen gesundheitlichen Beeinträchtigungen und langfristigen Gesundheitsfolgen.

Eine zentrale Annahme in diesem Konzept besteht darin, die Belastung nicht ursächlich als durch die Aufgabe determiniert anzusehen, sondern viel stärker den tatsächlichen Arbeitsvollzug in seinen Widersprüchlichkeiten zu betrachten und dabei die subjektiv erzeugte Wirkung bei den Arbeitenden in Augenschein zu nehmen. Damit setzt das Konzept in zwei Perspektiven auf transaktionalen Vorstellungen auf: Einerseits wird die Streßentstehung grundsätzlich in der Interaktion von Individuum und Situation definiert. Andererseits geht das Konzept davon aus, daß sich die Verquickung von Mehrfachbelastungen zu komplexen Beanspruchungsmustern potenziert, die in der isolierten Betrachtung hingegen neutral auftreten. Damit werden Vorstellungen aufgegeben, nach denen der Belastungsgehalt von Situationen fruchtbar a priori aus den Aufgaben abzuleiten sei.

Diese Perspektive wird von einigen Autoren aufgegriffen, die sich nicht an den ‚objektiven' Aufgabenmerkmalen orientieren sondern ihr Augenmerk auf Aufgabenbehinderungen legen. In Anschluß an die Handlungsregulationstheorie konzentrieren sie sich damit auf eine verbreitete organisationale Realität, die sie als eine beanspruchende Komponente der Regulationsbehinderung in die Betrachtung einbeziehen (Dunkel/ Zapf 1986: 36; Volpert 1997: 453ff.; Oesterreich 1997: 461ff.; Greiner 1998: 46f.). Diese sind hierbei durch einen erheblichen Mehraufwand gegenüber einem regulär zu erwartenden Arbeitsvollzug gekennzeichnet. Sie ergeben sich durch den Aufgabenvollzug sporadisch oder dauerhaft. Ein Beispiel dafür ist z.B. die ständig zu Defekten neigende Produktionsmaschine, deren Ausfallzeit den Zeitdruck der termin- und mengengerechten Fertigung erhöht. Hier verändern sich die Arbeitsbedingungen im Arbeitsvollzug: Vorgabezeiten werden als zunehmend beanspruchend empfunden und dies insbesondere deshalb, weil sie nur geringe alternative Gestaltungsoptionen hinsichtlich der Aufgabenerfüllung beinhalten. Eine („normale") Regulation der Arbeits- und in diesem Beispiel auch der Leistungsbedingungen wird durch rigide Zeit- und Mengenvorgaben nachhaltig behindert (Dunkel 1991: 158).[179]

Streß resultiert in diesem Konzept vornehmlich aus der Behinderung der Regulation, die in jedem Fall einen erheblichen, zusätzlichen Aufwand erfordert, unabhängig davon, ob eine objektive Behinderung vorliegt oder eine subjektive Behinderung angenommen wird (Fürstenberg 1996: 127).[180]

Darüberhinaus wird übereinstimmend darauf verwiesen, daß sich eine Regulationsbehinderung nicht allein in einer Streßempfindung erschöpft. Es wird weiter argumentiert, daß Streß grundsätzlich und unabhängig vom auslösenden Moment die weitere Handlungsregulation behindert. Dementsprechend werden Regulationsprobleme zusammenfassend in drei Bereiche unterteilt:

---

[179] Greiner et al. (1998) haben mit Rückgriff auf ein handlungsregulatives Forschungsdesign eine der wenigen Untersuchungen vorgelegt, in der ein hoher, direkter Zusammenhang zwischen beobachteten Stressoren und Fehlzeiten nachgewiesen werden kann. Regulationsbehinderungen, die durch Handlungsbarrieren, Zeitdruck, geringem zeitlichen Spielraum und monotone Arbeitsbedingungen repräsentiert werden, können in der Untersuchung über Busfahrer deutlich in Bezug zu den auftretenden Fehlzeiten gesetzt werden. Bei der Interpretation der Ergebnisse ist zu beachten, daß es sich bei den zugrundeliegenden Arbeitsbedingungen um sehr gut diskriminierbare Stressoren mit sehr anschaulichen Verweisungszusammenhängen handelt, wie die Autoren skizzieren: „Our explanation for this effect could be fit into a tight or inflexible schedule and might lead to problematic delays and result in higher strain for the operator" (ebd.: 141).

[180] Kannheiser (1992) kritisiert an diesem Standpunkt, daß er sich im engeren Sinne auf Zielaspekte und die damit verbundenen Regulationsvorgänge beschränke und somit nur die Ausführungsregulation repräsentiere. Er plädiert dafür, im entsprechenden Modell auch die Antriebsregulation auf der motivationalen Ebene zu integrieren, wie es im Verlauf der Arbeit deutlich vorgenommen wird (ebd.: 80).

- Probleme eines zusätzlichen **Regulationsaufwandes**, d.h. einer quantitativen Überforderung, wobei das Handlungsziel ebenso klar ist, wie die Mittel zur Erreichung sowie die notwendigen Operationen in Kenntnis der Ziel-Mittel-Relation (ebd.: 55ff).
- Probleme der **Regulationsunsicherheit**, d.h. einer weitgehend qualitativen Überforderung, wobei das Handlungsziel klar ist, Mittel und Wege jedoch so unklar sind, daß über die Erreichung des Handlungszieles Unklarheit besteht (ebd.: 58ff.; Busch 1998: 98).
- Probleme der **Zielunsicherheit**, d.h. einer kontextuellen Unsicherheit, in der das vorgegebene Handlungsziel nicht entsprechend rekonstruiert werden kann. Kennzeichnend für dieses Problem sind typische Fälle der Rollenambiguität und des Rollenkonfliktes (ebd.: 60; Greif/ Cox 1989: 438).

Die These, die an diesen Regulationsproblemen ansetzt, bezieht sich nun darauf, daß sowohl dem Handlungsspielraum als auch der sozialen Unterstützung als Moderatorvariablen eine Pufferfunktion in der Entstehung der Streßempfindung zugeschrieben wird, die die Funktion persönlicher Ressourcen ergänzt (Udris/ Rimann/ Thalmann 1994: 212). Diese Pufferfunktion bezieht sich darauf, die Streßrelevanz einer möglichen Regulationsbehinderung kontrollieren zu können und eine effektive Regulation zu ermöglichen.

21.3.1 Streßmoderation durch Handlungsspielraum

Unter dem Handlungsspielraum wird das Ausmaß an Kontrolle verstanden, das eine Person bei der Ausführung der eigenen Arbeit auszuüben und sie entsprechend ihrer Ziele zu verändern vermag (Sonnentag/ Spies 1997: 281f.). Der Handlungsspielraum bestimmt damit das Ausmaß der möglichen Flexibilität hinsichtlich Verfahrenswahl, Mitteleinsatz und zeitlicher Organisation (Busch 1998: 100). Er ermöglicht es den Personen, autonome Kontrolle in und über Situationen zu erlangen. Diese wird dabei im Streßprojekt bezogen auf die Situation als Ressource begriffen, die den Umgang mit Streß erleichtert (Semmer 1990: 190; Udris et al. 1992: 15).

Der Zusammenhang von Kontrolle und geringerer Streßexposition gilt hierbei experimentell als vielfach belegt (Hacker 1986; Frankenhaeuser 1986; v. Eckardstein et al. 1995; Büssing 1996). Semmer (1990) führt fünf Wirkungsweisen von Mechanismen der Situationskontrolle an:

- A) Die Möglichkeit, Stressoren aktiv zu vermeiden, zu beenden oder zu reduzieren. Diese Wirkung beruht also auf einer direkten Rückwirkung auf die Situation. In Anschluß an diese Überlegung wird klar, daß ein direkter, negativer Zusammenhang zwischen dem Handlungsspielraum und der Relevanz von Stressoren besteht. Auch in bezug auf Fehlzeiten kann dieser Zusammenhang als erhärtet angesehen werden.

- B) Die Möglichkeit, spezifische Tätigkeiten in Abhängigkeit von der Relevanz der Stressoren zu steuern, z.B. eine körperlich besonders beanspruchende Tätigkeit zu Beginn des Arbeitstages zu verrichten, wenn die Kräfte noch frisch sind. Hier wird der Stressor zwar nicht direkt bewältigt, dennoch wird die Situation gestaltetet mit der Absicht, das Bewältigungsverhalten effizient und effektiv zu gestalten.
- C) Die Möglichkeit umfassendes Wissen über die bevorstehende, stressende Situation zu sammeln, um durch Konstruktion eines worst case Szenarios die anstehende Bewältigung durch Bereitstellung entsprechender Ressourcen sicher erfolgreich meistern zu können.
- D) Die Möglichkeit durch Ausüben von Kontrolle einem dispositiven Kontrollbedürfnis nachzukommen und Streß durch eine zwangsbestimmte Unkontrollierbarkeit zu vermeiden.
- E) Die Möglichkeit durch Wahrnehmung von Kontrolle Handlungen zu koordinieren und Hilflosigkeit vorzubeugen (ebd.: 190f.)

> „Es zeigt sich also, daß das Ausmaß von Streß vom Ausmaß der Kontrolle abhängt: Entweder erzeugt fehlende Kontrolle direkt Streß (D) oder Kontrolle reduziert Streß durch die Reduktion von Stressoren bzw. die bessere Anpassung von Stressoren einerseits und Person bzw. Tätigkeit andererseits (A, B), oder sie reduziert Streß durch das Wissen um potentielle Kontrolle bei gegebenen Stressoren (C, E)“ (ebd.: 192). Empirische Ergebnisse des Streßprojekts legen demzufolge ein Zusammenwirken geringer Regulationsanforderungen, hoher Regulationshindernisse und eines geringen Handlungsspielraums nahe, die über ein ineffektives Verhalten negative Effekte auf die psychosoziale Gesundheit nehmen (Brengelmann 1995: 279f.). In den Auswirkungen wird ein Zusammenhang zwischen geringen qualitativen Anforderungen sowie geringem Handlungsspielraum auf der einen und Depressivität, vermindertem Selbstwertgefühl sowie verringerter Arbeits- und Lebenszufriedenheit auf der anderen Seite vermutet. Konstellationen mit hohen Regulationshindernissen werden hingegen besonders auf psychosomatische Beschwerden, Krankheitssymptome und Gereiztheit bezogen (Dunkel 1991: 167). Neuere Forschungsergebnisse des gegenwärtig noch in der Durchführung befindlichen Projekts „Kosten arbeitsbedingter Erkrankungen“ bestätigen den Einfluß eines geringen Handlungsspielraums auf die Krankheitsgenese, relativieren und präzisieren aber die Vermutung der gesundheitlichen Folgen. Bödecker et al. (2000) kommen zu dem Ergebnis, daß Beschäftigte, deren Arbeit durch einen geringen Handlungsspielraum gekennzeichnet ist, ein 4,7 mal höheres Risiko aufweisen, aufgrund von Rückenerkrankungen arbeitsunfähig zu werden. Von diesem Risiko seien immerhin 5 % aller Beschäftigten betroffen (ebd.: 341). Neben den vermuteten eher im psychischen Bereich verorteten Folgen, zeichnet ein geringer Handlungsspielraum somit auch für manifest kausal ableitbare Erkrankungen verantwortlich.

Während ein geringer Handlungsspielraum somit als Risikofaktor für die Gesundheit identifiziert werden kann, kommt einem großen Handlungsspielraum[181]

---

[181] Sonntag et al. (1999) weisen darauf hin, daß betriebliche Veränderungsprojekte, die ge-

eine positive gesundheitliche Funktion zu: Der Handlungsspielraum ist eine Variable, die den Einsatz gegebener Ressourcen der Bewältigung effektiviert und damit eine Pufferfunktion einnimmt. Streß wird den Ergebnissen des Streßprojekts zufolge aber nicht nur durch Effektivierung der eigenen Bewältigungsressourcen vermindert. Eine Erhöhung der zur Verfügung stehenden Ressourcen, also des Bewältigungspotentials hat einen ähnlichen Effekt.

Während man unter Bewältigung konkrete Anstrengungen versteht, kann das Bewältigungspotential als die Summe der individuell zur Bewältigung zur Verfügung stehenden und aktivierbaren Bewältigungsressourcen begriffen werden. Hierunter sind nicht nur die persönlichen Bewältigungskapazitäten zu verstehen, die durch die physische und psychische Konstitution des Menschen gebildet werden, sondern u.a. auch die soziale Unterstützung, die der Mensch in seinem Umfeld erfährt (Badura 1997; Ulich 1998: 433; Semmer 1988: 748; Brunstein 1993; Udris 1987; Vester 1991: 57f.).

21.3.2 Streßmoderation durch soziale Unterstützung

Soziale Unterstützung wird in Abhängigkeit von unterschiedlichen theoretischen Positionen uneinheitlich definiert. Es finden sich bedürfnis-, passungs-, rollen-, ressourcen- und austauschtheoretische Konzepte, ohne daß eine begriffliche Übereinstimmung sichtbar würde. Strukturale Ansätze als eine gebräuchliche Überkategorie definieren soziale Unterstützung in Begriffen von sozialen Netzwerken, während in funktionalen Ansätzen individuelle Verhaltensmerkmale zur Definition herangezogen werden.

> „Gemeinsam ist den verschiedenen Definitionen jedoch, daß sowohl das je individuelle Wissen, zu einem sozialen Netz zu gehören, als auch das Bewußtsein von Solidarität und die Erfahrung von empfangener Hilfe zur Definition von sozialer Unterstützung zählen müssen" (Udris 1989: 422).

Soziale Unterstützung wird zusammenfassend als aktive Hilfeleistung, emotionale Unterstützung und Bestätigung der Richtigkeit von Aussagen und Handlungen sowie als Aussprechen von Anerkennung begriffen (Busch 1998: 100; Sonnentag/ Spies 1997: 281; Zapf/ Frese 1991: 168). Sie ist damit ein Sammelbegriff von Unterstützungsleistungen, die darauf ausgerichtet sind, externe Ressourcen zur Bewältigung kritischer Situationen heranzuziehen. Ähnlich wie beim Handlungsspielraum lassen sich auch im Hinblick auf soziale Unterstützung verschiedene Wirkungsperspektiven annehmen:

---

meinhin mit einem sehr hohen Handlungsspielraum einhergehen aufgrund der damit verbundenen hohen Unsicherheit wiederum als streßreiche Phasen erlebt würden, so daß dem Handlungsspielraum nur dann eine protektive Funktion zukomme, wenn er in der Wahrnehmung entsprechender Kontrolle resultiere.

- Soziale Unterstützung entspricht einem primären Bedürfnis, d.h. aufgrund der phylogenetischen Entwicklung hat sich das Bedürfnis entwickelt, in sozialen Verbünden zu arbeiten. Das Fehlen von sozialer Unterstützung hat somit eine direkte negative Wirkung auf das Befinden.
- Soziale Unterstützung ist elementar zur Aufrechterhaltung der Selbstsicherheit. Soziale Unterstützung kann Zweifel an der eigenen Kompetenz ausräumen und durch Anerkennung kompensieren. Diese wirkt dann ihrerseits wieder auf andere Komponenten des psychischen und psychosomatischen Wohlbefindens.
- Soziale Unterstützung kann die Wirkung objektiver Stressoren verringern. Durch aktive Hilfe lassen sich aktuell auftretende Stressoren gemeinsam bewältigen und durch Solidarität langfristig reduzieren.
- Soziale Unterstützung kann die Wahrnehmung von Stressoren reduzieren. Sie trägt über die Vermittlung möglicher Unterstützung dazu bei, auch in stark belastenden Situationen noch entspannt arbeiten zu können. Deshalb werden die Streßbedingungen weniger deutlich wahrgenommen als unter der Bedingung geringer sozialer Unterstützung.
- Soziale Unterstützung signalisiert emotionale Geborgenheit. Sie puffert unmittelbar die Wirkungen von Stressoren auf das Wohlbefinden ab. Der psychologische Mechanismus für diese Pufferwirkung liegt dabei in der emotionalen Geborgenheit, die soziale Unterstützung vermittelt (Frese/ Semmer 1991: 147f.).

Unter sozialer Unterstützung sind dabei nicht nur die sozialen Netzwerke außerhalb der Organisation zu verstehen, die in kompensatorischer Funktion wirksam werden, sondern auch die Ressourcen aus intakten Kollegen-Beziehungen wie die Qualität der Beziehung zwischen Mitarbeiter und Vorgesetztem, wobei die soziale Unterstützung durch Vorgesetzte die Stressoren besonders wirksam abpuffert. Dieser Zusammenhang gilt als vielfach bestätigt, insbesondere bezüglich der positiven Einflußnahme des Vorgesetztenverhaltens auf motivationale Fehlzeiten (Braun 1996: 141; Susen 1997: 179; Buttler/ Burkert 1998: 64f.). Auf der einen Seite prägt das Führungsverhalten den Beanspruchungscharakter der Führungssituation durch die interaktive Qualität der Beziehung (Badura et al. 1997: 29ff.). Auf der anderen Seite gestalten Führungskräfte aber auch unmittelbar den Handlungsspielraum der Mitarbeiter, indem sie das notwendige Ausmaß an Partizipation und Situationskontrolle ermöglichen (Westerhoff 1999: 162). Ein autoritärer Führungsstil, der sich durch einen geringen Handlungsspielraum der Mitarbeiter auszeichnet, korreliert hierbei positiv mit der Höhe des Krankenstandes, während ein partizipativer Führungsstil negativ korreliert (Schumacher 1994: 43; Braun 1996: 141ff.). Somit nehmen Führungskräfte einen großen Einfluß darauf, wieviel Situationskontrolle ihre Mitarbeiter wahrnehmen und ausüben können. Führung und ad persona der Führungskraft kommt somit eine zentrale Rolle im sozialen Unterstützungsnetzwerk zu (Nieder 1997: 59; Weibler 1995: 2015ff.).[182] Rückkehrgespräche, die ein Gesprächsinstrument zur Intensivierung der Führung darstellen, lassen sich damit als mögliche Träger sozialer Unterstützung von Mitarbeitern durch Führungskräfte identifizieren. Fischer et al. (1992) bringen es mit Blick auf die betrieblichen Fehlzeiten auf die einfache Formel:

„Je besser die Führung, desto geringer sind die Fehlzeiten" (ebd.: 498).

Mit anderen Worten bedeutet dies, daß verbesserte kommunikative, soziale Bezüge zwischen Führungskraft und Mitarbeiter Ergebnis des Rückkehrgesprächs sein müssen, um einen positiven Effekt auf das Fehlzeitenaufkommen nehmen zu können.

Die Ergebnisse des Streßprojekts präzisieren diese Aussage noch weiter, denn es wird darauf verwiesen, daß in der Wirkungsbetrachtung sozialer Unterstützung deutlich zwischen sozialer Unterstützung und sozialem Netzwerk unterschieden werden müsse, da die Einbindung in soziale Netzwerke wie z.B. in eine Arbeitsgruppe nicht mit dem Unterstützungsvermögen der Gruppe gleichzusetzen ist. Ebenso könnten soziale Netzwerke auch als Ort sozialer Stressoren wirken (Leppin 1997: 201ff.; Zapf/ Kuhl 1999; Nestmann 2000).[183] Dies ist z.B. der Fall, wenn die Beziehung zwischen Führungskraft und Mitarbeiter durch Repressionen geprägt wird. Soziale Netzwerke, die unter anderem eben auch durch den Einsatz von Gesprächsinstrumenten geknüpft oder verstärkt werden können, können also nur dann eine positive Wirkung entfalten, wenn in ihnen einerseits soziale Unterstützung transportiert werden kann und andererseits das Annehmen dieser sozialen Unterstützung durch eine entsprechend wechselseitige Beziehungsqualität gewährleistet ist. Die im Netzwerk gezeigten Verhaltensweisen müssen somit kompatibel mit dem Austausch sozialer Unterstützung sein (Bamberg 1991: 212f.). Das Vorhandensein sozialer Unterstützungsnetzwerke und die Gewährung der Unterstützung sind für sich genommen nämlich noch keine Garanten für die positive Funktion sozialer Unterstützung. Insofern kann geschlußfolgert werden, daß der Aufbau dieser protektiven Ressourcen an entsprechende Voraussetzungen gebunden ist, wie z.B. das Vorhandensein sozialer und kommunikativer Kompetenzen auf beiden Seiten der Tauschpartner (Schröder/ Schwarzer 1997: 176ff.; Jerusalem 1997: 267). In den Ergebnissen des Streßpro-

[182] Nieder (2000) zitiert Auswertungen des VW-Konzerns, die belegen, daß Führungskräfte bei einem Bereichswechsel ihre Fehlzeiten „mitnähmen" (ebd.: 156).

[183] Minssen (1999) diskutiert dieses Thema im Zusammenhang mit Gruppenarbeit unter der provokanten These der „Zumutung der Selbstregulation". Andere Ansätze Streß, der aus sozialen Konfigurationen hervorgeht, zu erfassen, stellen die derzeit aktuell diskutierten Untersuchungen zum Phänomen des Mobbing dar (Niedl 1995; Schmidt 1999; Zapf/ Kuhl 1999).

jekts bleiben dieser Aspekt sowie die Wirkmechanismen und interaktiven Grundlagen einer kommunikativen Basis sozialer Unterstützung jedoch weitgehend unberücksichtigt, mit anderen Worten: Der Effekt sozialer Unterstützung wird zwar breit dargestellt, er wird aber nicht weiter in seiner Genese hergeleitet. Gleichwohl kann festgehalten werden, daß sozialer Unterstützung insbesondere durch Führungskräfte eine wichtige Bedeutung zukommt. Inwieweit das Rückkehrgespräch ein wirksames Gesprächsinstrument darstellt, ‚Gesundheitspuffer' bereitzustellen und wie es unter diesem Anspruch gestaltet sein muß, wird im weiteren Verlauf der Arbeit noch zu untersuchen sein.

Bislang wurde der positive Aspekt der Rückkehrgespräche lediglich unter der Perspektive der Verhinderung gesundheitlicher Beeinträchtigungen diskutiert. Zu Beginn der Arbeit wurde aber auf einen Gesundheitsbegriff zurückgegriffen, der den rekursiven Charakter eines Gesunderhaltungsprozesses auch unter dem Fokus der persönlichen Entwicklung diskutiert. Parallel zu diesem normativ formulierten Gedanken wurde an gleicher Stelle die ökonomische Notwendigkeit prospektiv gesunder Mitarbeiter diskutiert, da Gesundheit unter bestimmten Voraussetzungen als Wettbewerbsfaktor der Humanressourcen angesehen werden kann. Mit diesen Gedanken erweitern sich auch die Anforderungen an das Rückkehrgespräch und es schließt sich die Frage an, ob Rückkehrgespräche einen Beitrag zur Stärkung des Gesundheitspotentials leisten können oder nicht, bzw. unter welchen Bedingungen dies zu erwarten ist. Diese Frage wird im Anforderungs-Belastungs-Konzept aufgegriffen, das auf den wesentlichen Ergebnissen des Streßprojekts aufbaut und somit auch Fragen nach gesundheitsförderlichen Einflüssen von Rückkehrgesprächen beachtet.

Mit Berücksichtigung dieser Perspektive stehen letztlich die wesentlichen Bausteine eines Rahmenmodells zur Verfügung, das die Frage nach der Genese von Fehlzeiten und leistungsfremden Reaktionsformen beantwortet und damit letztendlich auch das Instrumentarium bereitstellt, mit dem der Wirkmechanismus von Rückkehrgesprächen umfassend und abschließend untersucht werden kann.

21.4 Das Anforderungs-Belastungs-Konzept

Die Ergebnisse des Streßprojekts weisen darauf hin, daß ein streßreiches Erlebnis nicht notwendigerweise Auslöser von gesundheitlichen Beeinträchtigungen werden muß. Streß wird dann kritisch, wenn er das Stadium der vorübergehenden und aktuell zu bewältigenden Reizung überschreitet. Selbst wenn sich eine Überlastung in einer kurzzeitigen Streßempfindung äußert, muß diese nicht mit einer Beeinträchtigung einhergehen. Ist die Beanspruchung nur von kurzer Dauer oder wird sie durch die Regulationsmöglichkeiten eines großen Handlungsspielraums moderiert, fällt es leicht, sie als vorübergehend und somit nicht notwendigerweise existentiell bedrohlich zu empfinden. Läßt sie sich stattdessen positiv als Herausforderung attribuieren, ist die Beanspruchung noch leichter zu ertragen, denn werden Belastungen erst einmal als Herausforderung begriffen, also positiv bewertet, so werden sie unmittelbar anschlußfähig zu den Entwicklungsmotiven der jeweiligen Personen (Levi/ Lunde-Jensen 1998: 26).[184] Die Herausforderungen werden somit zum Motivierungspotential der Arbeit und erhöhen ggf. sogar Arbeits- und Anwesenheitsmotivation. Sie sind damit nicht gesundheitsschädigend sondern im Gegenteil sogar gesundheitsfördernd (Bamberg et al. 1998: 34). Hinweise hierauf lassen sich sehr anschaulich aus sportmedizinischen und kognitionspsychologischen Erkenntnissen ableiten, die ein optimales Verhältnis von regulären Aufwendungen (‚Leistungen' im Terminus der Sportmediziner) und Beanspruchung langfristig im Verhältnis von 2:3 anstreben, um sowohl Gesundheit und Leistungsfähigkeit als auch dauerhaftes Leistungsverhalten sicherstellen zu können (Hagemann et al. 1999: 287). Dieser Hinweis präzisiert sich theoretisch insbesondere in dem weitergehenden Gesundheitsverständnis der WHO, das bereits zu Beginn dieser Arbeit skizziert wurde:

> „Gesund ist demnach, wer sich aktiv, planvoll und zielgerichtet in seiner Welt bewegt, wer sich weiterentwickelt und nicht auf seinem Entwicklungsstand verharrt. Gesund ist, wer sich vor dem Hintergrund langfristiger Zielsetzungen neue Handlungs- und Lebensbereiche durch Lernen erschließt" (Ducki/ Greiner 1992: 186).

Arbeit hat demnach unter bestimmten Voraussetzungen einen salutogenen Effekt und bietet damit möglicherweise auch für das Rückkehrgespräch eine interessante Wirkungsperspektive an. Hinweise auf diesen salutogenen Effekt lassen sich im Anforderungs-Belastungs-Konzept aus der „Berliner Schule der (arbeits-) psychologischen Handlungstheorie" finden (Ulich 1999: 5). Es geht in seiner Grundaussage davon aus, daß Arbeit generell sowohl über ein pathogenes als auch über ein salutogenes Potential verfügt, daß Pathogenese und Salutogenese jedoch grundsätzlich unterschiedlicher Herkunft sind (Leitner 1999a: 77).

Diese Aussage folgt der Annahme, daß einerseits die Entwicklung einer Person in und durch Arbeit generell möglich, in der Person angelegt und gesundheitsförderlich sein könne. Andererseits läge in der Arbeit aber auch, wie schon bei den zuvor beschriebenen Konzepten diskutiert, die Gefahr einer pathogenen Entwicklung begründet. Auch im Anforderungs-Belastungs-Konzept, das wie das Konzept des Streßprojekts der Handlungsregulationstheorie zugeordnet werden kann (Oesterreich 1998: 76), werden psychisch repräsentierte Regulationsbehinderungen als Auslöser von Streß und Krankheit angesehen. Unter Hindernissen oder Behinderungen wird in diesen beiden Konzepten die Erschwerung bzw. Unterbrechung des Arbeitshandelns verstanden, die die Erreichung des Arbeitsergebnisses erschwert, wodurch sie sich von der Überforderung unterscheiden (ebd.: 82f.). Leitner (1999a) bezeichnet Überforderung dabei als

---

[184] Möglicherweise findet eine solche Attribuierung dann auch im Nachhinein z.B. über positive Leistungsrückmeldungen statt, die eine überstandene Beanspruchung positiv deuten (Jerusalem 1990: 163ff.).

> „[...] Arbeitsbedingungen, die bei längerer ‚Einwirkungszeit' menschliche Kapazitätsgrenzen überschreiten und damit psychische Prozesse überfordern" (ebd.: 75).

Als zentrale Kategorien, auf die sich Überforderungen im wesentlichen zurückführen lassen, führt er monotone Arbeitsbedingungen und Zeitdruck an. Monotone Arbeitsbedingungen seien deshalb kritisch, weil sie eine permanente Aufmerksamkeitszuwendung erfordern, ohne einen Anforderungscharakter zu vermitteln, und die Tendenz aufweisen können, dauerhaft aufzutreten. Zeitdruck sei deshalb von Bedeutung, weil er die zusätzlichen Aufwendungen der Person permanent werden lasse und so die Kapazität der Person überfordern könne (Oesterreich 1999: 146). Parallel zu diesen übereinstimmenden Annahmen baut das Anforderungs-Belastungs-Konzept auch auf der Ressourcenkonzeption des Streßprojekts auf, in der Handlungsspielraum und soziale Unterstützung zentrale Grundlagen gesundheitserhaltender Bewältigungsmechanismen bilden (Oesterreich 1999: 190; Leitner 1999a: 70).

Im Anforderungs-Belastungs-Konzept zeichnen aber generell die Belastungen für negative gesundheitliche Effekte verantwortlich. Dabei wird abweichend zum Belastungs-Beanspruchungs-Konzept angenommen, daß es keine zu geringe Belastung bezogen auf die psychische Wirkung der Arbeit gebe, sondern, daß subjektiv empfundene Belastungen generell einen schädigenden Einfluß nähmen.

Diese Aussagen des Anforderungs-Belastungs-Konzeptes gelten im Rahmen des Projekts „Anforderungs- und Belastungskonstellationen in Industrieverwaltungen und psychosoziales Befinden" (AIDA-Projekt) als belegt.

> „Menschen mit höheren psychischen Belastungen in der Arbeit werden mit der Zeit erheblich gereizter und deprimierter, bekommen mehr allergische und Augenbeschwerden, entwickeln etwas mehr chronische Krankheiten und werden deutlich unzufriedener mit ihrer Lebenssituation. Mit Ausnahme der chronischen Krankheiten (wie z.B. Bandscheibenschäden, Magengeschwüre oder Migräne) sind die beschriebenen Belastungsfolgen mit recht hoher Wahrscheinlichkeit bereits binnen Jahresfrist zu erwarten. Dies bedeutet nicht, daß alle Personen mit erhöhten psychischen Belastungen die unterschiedlichen Beschwerden **bekommen**, aber es bedeutet, daß sie mit erhöhter Wahrscheinlichkeit eine Verschlechterung ihrer Gesundheit zu erwarten haben" (Leitner 1999a: 116; Hervorhebung im Original).

Gleichwohl wird darauf hingewiesen, daß die Ergebnisse des AIDA-Projekts in bezug auf psychosomatische Beschwerden und Krankenstand die These nicht eindeutig belegen können, daß mit unvollständigen Tätigkeiten längerfristige Gesundheitsrisiken einhergehen (Oesterreich 1999: 189). Dementsprechend bestätigen die Ergebnisse auch den zweiten Teil der Untersuchungsthese, daß das Fehlen von Anforderungen in vollständigen Tätigkeiten nicht notwendigerweise pathogen wirkt.

In Abgrenzung zum Belastungs-Beanspruchungs-Konzept führt die Vermeidung von (zu) hohen psychischen Beanspruchungen im Anforderungs-Belastungs-Konzept nämlich nicht zu einem salutogenen Adaptionsprozeß, sondern lediglich zu ‚gesundheitsneutralen' Effekten der Arbeitstätigkeit. Erst die Berücksichtigung von Anforderungen, die die Möglichkeit der konstruktiven Auseinandersetzung und Entwicklung bietet, erklärt den gesundheitsförderlichen Effekt der Verrichtung von Arbeitsaufgaben.

Der salutogene Anforderungscharakter einer Arbeitsaufgabe wird also unabhängig von den belastenden Eigenarten der Arbeit konzipiert und als ein Gesundheitspotential beschrieben, dessen Nutzung zu einem dauerhaften, lebenslangen Entwicklungs- und Lernprozeß führt. Damit gewinnen die zentralen Ressourcen ‚Handlungsspielraum und soziale Unterstützung' an zusätzlicher Bedeutsamkeit: Sie werden zu Garanten der Entwicklung von Gesundheit. Sie bleiben nicht auf ihre Pufferfunktion beschränkt, sondern verweisen auf einen positiven Entwicklungseffekt in einem dynamisch orientierten Verständnis von Gesundheit.

Zusammenfassend lassen sich die Hauptannahmen des Anforderungs-Belastungs-Konzepts auf zwei Hauptaussagen verdichten:

- Höhere psychische Belastungen (z.B. Zusatzaufwand durch Hindernisse) in der Arbeit sind schädlich, weil sie Gesundheitsrisiken (z.B. psychosomatische Beschwerden) erhöhen. Die Höhe der Belastungen beeinflußt aber keine positiven Aspekte der Gesundheit.
- Höhere psychische Anforderungen in der Arbeit (z.B. hoher Entscheidungsspielraum) sind nützlich, weil sie positive Aspekte der Gesundheit (z.B. aktivere Freizeit) fördern. Die Höhe der Anforderungen beeinflußt aber keine negativen Aspekte der Gesundheit (Oesterreich 1999: 142).

Diese Ergebnisse lassen sich gleichzeitig als Anforderungen an die Gestaltung gesundheitsförderlicher Arbeit begreifen. Im Anforderungs-Belastungs-Konzept wird deutlich, daß der salutogene Charakter von Arbeit vorrangig in den ermöglichenden Strukturen der Arbeitsbedingungen liegt, wo er im wesentlichen in den (Anforderungs-)Komponenten Entscheidungsspielraum und Kommunikationsmöglichkeit gesehen wird:

> „Arbeitsaufgaben, die den Kriterien gesundheitsgerechter Arbeit entsprechen sollen, müssen - neben der Vermeidung von Belastungen - die Möglichkeit bieten, eigenständig über Ziele und die Wege zu ihrer Erreichung zu entscheiden. Die Einbindung aller den verschiedenen Beschäftigten zugewiesenen Arbeitsaufgaben in den betrieblichen Gesamtzusammenhang macht ein hohes Ausmaß an Koordination nötig. Je stärker diese Verzahnung von den Beschäftigten selbst durch Kooperation und Kommunikation erreicht wird, desto mehr wird der sozialen Eingebundenheit menschlichen Handelns Rechnung getragen" (Leitner 1999a: 70).

Weiter führt Leitner aus, daß der zwischenmenschlichen Kommunikation eine bedeutende Rolle bei der Nutzung gesundheitsförderlicher Ressourcen zukommt. Einerseits ist sie Träger sozialer Unterstützung, andererseits bestimmt sie die Quantität und die Qualität der Nutzung von Entscheidungsspielräumen. Denn:

> „Je komplexer die Planungen und Entscheidungen sind, die im Rahmen der gemeinsamen Aufgabenerledigung getroffen werden, und je mehr Überlegungen gemeinsam angestellt werden müssen, desto komplexer ist auch die auf diese Planungen und Überlegungen bezogene Kommunikation. Das Niveau der Kommunikation läßt sich damit in Abhängigkeit vom Entscheidungsspielraum beurteilen, den gemeinsam zu erledigende Aufgaben bieten“ (Leitner 1999a: 72).

Kommunikation kommt in diesem Zusammenhang sowohl eine horizontale Bedeutung unter Kollegen als auch eine vertikale Komponente zu hierarchisch vorgesetzten Personen zu. Sie stiftet grundsätzlich den Sinn und die ‚Be-Deutung‘ der Zusammenarbeit (Piorr/ Taubert 2000: 7). Damit wird Kommunikation nicht allein im Kontext sozialer Unterstützung zu einem bedeutsamen Parameter (Teichmann 1999: 154). Bezogen auf die Aufgabe von Führungskräften erlangt sie eine zentrale Bedeutung, wie Richter (1994) es pointiert formuliert:

> „Kommunikation ist das Mittel, mit dem Führung realisiert wird, ist seine Kernfunktion“ (ebd.: 470).

Sie wird in dem Maße wichtiger, in dem eine differentielle Arbeitsgestaltung mit flexiblen Anforderungen an die Stelle tayloristisch determinierter Abläufe getreten ist. Mitarbeiterführung wird damit im Kontext des Anforderungs-Belastungs-Konzepts zum Ausdruck hoher Handlungs- und Entscheidungsspielräume, deren Nutzung via Kommunikation geschieht. Dabei bezieht er sich sowohl auf die strukturelle Komponente von Führung in der Funktion des Gestalters von Spielräumen als auch auf die interaktive Komponente der gemeinsamen kommunikativen Nutzung dieser Räume. Damit trägt die Verwirklichung von Führung elementar zur Gestaltung gesundheitsförderlicher Arbeitsbedingungen in der interaktiven Komponente bei. Sie kann aber auch auf der Ebene der Strukturierung von Arbeitsbedingungen und -abläufen dazu führen, daß pathogene Belastungen aufgebaut werden. Koordinativ-kommunikativer Führung kann in diesem Zusammenhang die zentrale Rolle zukommen, als puffernde Ressource zu wirken und darüber hinaus einen positiven Beitrag zur Entwicklung von Zufriedenheit und Gesundheit zu leisten.

22. Zwischenresümee

Fokussiert man auf den Zusammenhang von Streß und krankheitsbedingten Fehlzeiten, so lassen sich nur wenige der vielfältigen Verknüpfungen kausal in einem allgemeinen Modell darstellen. Wie weiter oben ausführlich dargestellt wurde, ist die Streßreaktion zwar immer auch als eine physisch und psychisch nachweisbare Aktivation zu begreifen, sie hat jedoch nicht generell einen negativen Einfluß auf den Gesundheitszustand. Nichtsdestotrotz hat sich insgesamt die Sichtweise durchgesetzt, daß Streß einen hohen Einfluß auf die allgemeine Lebens- und Arbeitszufriedenheit ausübt und damit

> „[...] die führende Krankheitsursache bei den Arbeitnehmern darstellt" (Levi/ Lunde-Jensen 1998: 30).

In Anschluß an die Darstellungen zur Entstehung von Arbeits- und Anwesenheitsmotivation wurde in den vorangegangenen Kapiteln herausgestellt, daß Streß konzeptionell neben rein physischen Stressoren sowohl durch Unpassung von Aufgaben und Verrichtungen und individuellen Fähigkeiten (Unter- oder Überforderung) als auch durch motivationale Unpassung und Gratifikationskrisen erklärt werden kann (Macke-Haug 1998).

Die Differenzen von Situation und Person können in diesen Bereichen einerseits eine hohe handlungsauslösende Bedeutung, andererseits auch einen hohen Einfluß auf das psychische und physische Befinden haben (Walschburger 1990: 26f.). In jedem Fall lösen sie generell auf Grund des Erlebens einer aversen Situation eine psycho-physische Aktivation aus, die entsprechende gesundheitliche Folgen nach sich ziehen kann. Die folgenden Aussagen sollen den überaus differenzierten Zusammenhang von Streß und Bewältigungshandlungen noch einmal zusammenfassend illustrieren:

- Streß kann zu kurzfristigen Anpassungsreaktionen führen, die zu einer Bewältigung der beanspruchenden Situation und somit zu einem Abbau der Beanspruchung verhelfen. Streß führt also nicht immer zu Krankheitssymptomen. Vielmehr kann die streßbedingte Aktivation auch eine kurzfristig gesundheitserhaltende Funktion haben. Dies zeigt die berühmte „Postkurve" von Soop (1958): Von einer Grippeepidemie, die in der Gesamtbevölkerung zu einem Erkrankungsmaximum im Dezember führte, blieben die Postangestellten scheinbar unberührt. Diese erkrankten erst in den ersten Monaten des neuen Jahres. Soop vermutet demzufolge, daß sie im Weihnachtsgeschäft keine ‚Zeit' fanden, zu erkranken. Maintz (1995) interpretiert dieses Phänomen folgendermaßen: „Die affektive Beziehung zum Arbeitsplatz gab ihnen einen echten Schutz vor einer Infektionskrankheit" (ebd.: 184).

- Streß entfaltet nur dann eine gesundheitsbeeinträchtigende Symptomatik, wenn er zu einer Bedrohung der gesamten Person wird, d.h. wenn er von sehr großer Intensität bzw. langer Dauer ist oder aber in großer Häufung in Form sogenannter *‚daily hassels'* auftritt. Dies ist nur dann zu erwarten, wenn individuell keine befriedigenden Bewältigungsressourcen und -strategien innerhalb der gegebenen Situation bereitstehen.
- Bewältigungsstrategien sind nicht immer streßreduzierend. Vielfach sind sie nur temporär entlastend wie beispielsweise erhöhter Alkohol- oder Zigarettenkonsum (Hien 2000: 29), wenngleich sie in jedem Fall ressourcenbindend sind. Stressoren können zudem auch als Seiten- und Anschlußeffekte von Bewältigungshandeln entstehen (Busch 1998: 101), wenn beispielsweise die Flucht in die Innere Kündigung und deren begleitende Erlebnisse wiederum als Stressor empfunden wird.
- Krankheitssymptome führen nicht immer zu einem Krankheitsempfinden und nicht immer zu Fehlzeiten (Myrtek 1998). Allein Forschungsergebnisse zu dem Themenkomplex der Verbreitung von Krankheiten und Symptomatiken weisen große Streubreiten auf und zeugen von einem schwierig zu umreißenden empirischen Feld. So fühlen sich in entsprechenden Untersuchungen grundsätzlich große Gruppen von Menschen nicht krank, obwohl sie nach naturwissenschaftlichen Kriterien unter einer krankhaften Symptomatik leiden. Ebenso große Gruppen weisen funktionelle Störungen ohne einen Organbefund auf, d.h. diese Menschen fühlen sich krank, ohne daß sie nach medizinischen Kriterien als krank angesehen werden können (Maintz 1995: 181; Kleinbeck/ Wegge 1996; Gerhardt 1993). Ähnliches gilt für die Inanspruchnahme medizinischer Dienstleistungen, die nur wenig mit dem Auftreten von somatischen Krankheitssymptomen zusammenhängt (Herschbach 1999: 8ff.).

Obschon Streß nur in wenigen Beispielen in einen allgemeingültigen Zusammenhang mit krankheitsbedingten Fehlzeiten zu bringen ist, kann in Bezug auf das Leistungsverhalten deutlicher argumentiert werden: Die streßinduzierte Aktivation infolge von Bewältigungsanstrengungen führt immer dann zu einem Einfluß auf das Leistungsverhalten, wenn die menschlichen Ressourcen nicht mehr in den ‚Dienst der Sache' gestellt, sondern darauf ausgerichtet werden, sowohl die physische als auch die psychische Unversehrtheit der Person aufrechtzuerhalten.

Eine ausgebrochene Krankheit infolge einer Streßsymptomatik ist dabei nur schlußendlicher Ausdruck einer mißlungenen Bewältigung, während die leistungsmäßige (psychische) Beeinträchtigung der beanspruchten Personen deutlich früher einsetzt und einen wesentlich größeren Personenkreis umfaßt. Insbesondere bei dieser früheren Form der gesundheitlichen Beeinträchtigung erweisen sich die dargestellten transaktionalen Ansätze als sehr fruchtbar und lassen sich darauf fokussieren, daß sie das Zusammentreffen, die Hinwendung des

Menschen in die Arbeit thematisieren und diese Interaktion als potentiell konstitutives Moment der Streßentstehung begreifen. Diese Ansätze relativieren die Determination des Entstehungsverhaltens von Streß und brechen die auslösende Determination von Stressoren auf:

- Umweltbedingungen werden nicht als monokausal pre-deterministisch verstanden, sondern in Relation zu den Bewältigungsressourcen und dem Grad der hieraus resultierenden Beanspruchung betrachtet.
- Bewältigungsressourcen lassen sich dabei in interne Ressourcen wie psychophysiologische Predetermination, Qualifikation sowie Kompetenz und in externe Ressourcen wie Handlungsspielraum und soziale Unterstützung aufteilen.
- Die subjektive Wahrnehmung und Bewertung der streßauslösenden Situation wird gegenüber der objektiven Situationsbeschreibung hervorgehoben.
- Der Entstehungsprozeß wird differenzierter und stärker an das subjektive Entstehungsgeschehen und den subjektiven Deutungsprozeß angebunden.

Letztlich verdichten sich diese Überlegungen dahingehend, daß die Unpassung von Situation und Person, also objektiver Belastung und individuellen Bewältigungsressourcen, -strategien und -mustern, immer zur Aktivation und in bestimmten Situationen zur Auslösung der Streßempfindung führt. Eine Anpassung wird in jedem Fall nötig.

Im Anschluß an die oben dargestellten Überlegungen zum Zustandekommen von Arbeits- und Anwesenheitsmotivation, die im wesentlichen die Entsprechung von individueller Disposition und situativem Motivierungspotential herausgestellt haben, läßt sich folgender Zusammenhang zwischen Motivation und Streß extrahieren:

Werden die Anforderungen (Beanspruchungen) zu hoch oder bleiben sie zu niedrig, kommt es zu einer Fehlbeanspruchung, die in Widerspruch zu den Motiven bzw. der Realisierbarkeit steht, die wiederum auf eine adäquate Reizung und Beanspruchung ausgerichtet sind. Wird diese Unpassung zusätzlich als manifeste Bedrohung empfunden und kann sie nicht im Rahmen der individuellen Bewältigungskapazitäten ausgeglichen werden, ist die Streßempfindung unausweichlich. Dauert die Bedrohung an oder verstärkt sie sich wechselseitig mit anderen Stressoren oder mißglückten Bewältigungshandlungen, so kann sie sich ausweiten, verfestigen und schließlich zu manifest leistungsrelevanten Verhaltensänderungen bis hin zu gesundheitlichen Beeinträchtigungen führen, die eine Arbeitsunfähigkeit nach sich ziehen können.[185]

---

[185] Einige Autoren fassen dieses Verhalten unter dem Begriff des Burnout zusammen, der insbesondere in bezug auf Dienstleistungsarbeit Verwendung findet und im allgemeinen eine

In Anschluß an Levi und Lunde-Jensen (1998) lassen sich diese Zusammenhänge in der folgenden Grafik modellhaft veranschaulichen:

Abb. 26: Psychosozial vermittelte Krankheiten

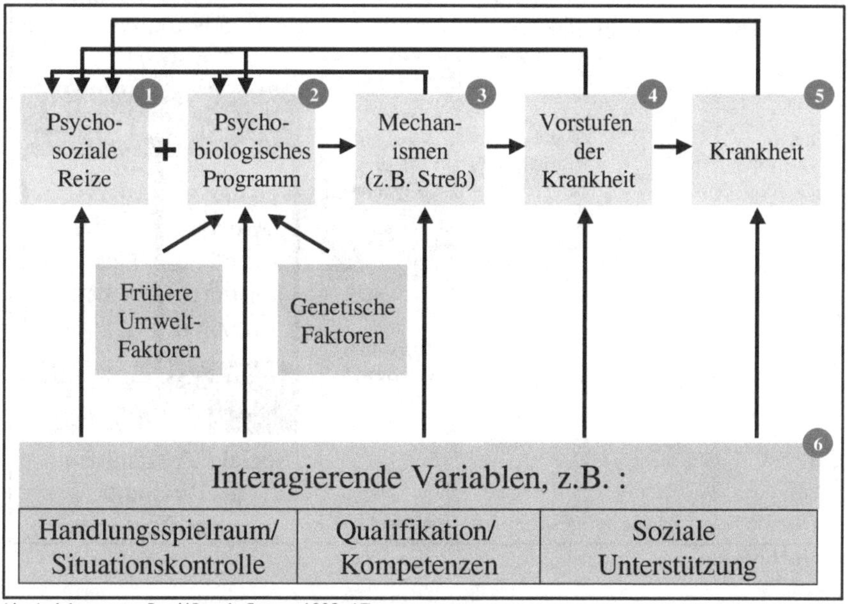

(in Anlehnung an: Levi/ Lunde-Jensen 1998: 17)

Die Interaktion zwischen den individuell bewerteten psycho-sozialen Reizen (1) und dem eigenen psycho-biologischen Programm (2) determinieren die Reaktionsmechanismen einer jeden Person. Hierunter sind emotionale, physiologische sowie Verhaltensreaktionen zu verstehen, aus denen unter anderem auch die Streßempfindung als entsprechendes Kennzeichen der Aversität (3) resultiert. Diese Reaktionen können unter bestimmten Umständen zu Vorstufen der Krankheit (4) und zur Krankheit selbst (5) führen.

Die interagierenden Variablen wie die oben skizzierten und empirisch gut belegten Variablen **Handlungsspielraum/** resultierende **Situationskontrolle**, Qualifikationen/Kompetenzen sowie **soziale Unterstützung** interagieren im Modell Levis und Lunde-Jensens mit den Reaktionsmechanismen (3), moderieren an dieser Stelle die Entstehung von dauerhaftem Streß und beeinflussen somit in der Folge die Vorstufen der Krankheit und die eigentliche Entstehung von **Krankheiten** (Levi 1981: 190f.).

Überbeanspruchung der zur Verfügung stehenden Ressourcen kennzeichnet (Rothfuß 1999). Diese Diskussion soll an dieser Stelle nicht weiter verfolgt werden, da sie in allgemeinerer Terminologie in einem breiteren Kontext bereits ausreichend diskutiert wurde.

Abb. 27: Streß, Handlungsspielraum, soziale Unterstützung und Arbeits- und Leistungsverhalten sowie Gesundheit

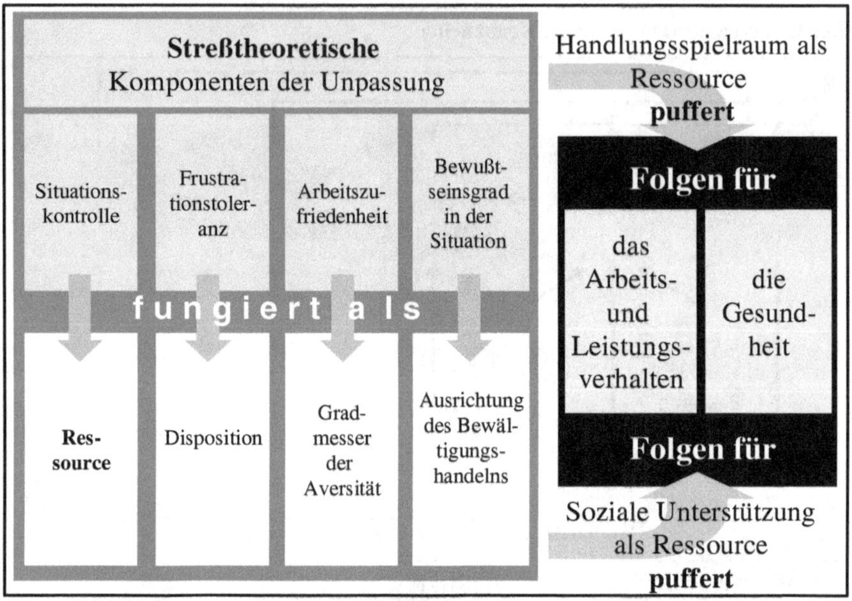

(eigene Darstellung)

Die bislang diskutierten konzeptionellen Ergebnisse lassen sich wie folgt synthetisieren:

1. Sie geben Anhaltspunkte für den Entstehungszusammenhang von gesundheitlichen Beeinträchtigungen. Hierunter sind motivationale Imbalancen ebenso zu begreifen wie tätigkeitsbezogene Unpassungen, die sich in Überforderungen niederschlagen, und gratifikationelle Asymmetrien, die sich insgesamt in tiefgreifender **Unzufriedenheit** manifestieren.
2. Sie verdeutlichen die entscheidende Rolle der internen Ressourcen sowie der persönlichen Dispositionen. So wird z.B. die individuell empfundene Handlungsnotwendigkeit durch die individuelle Frustrationstoleranz als Disposition beeinflusst. Die zur Verfügung stehenden Bewältigungsstrategien und -wege entscheiden als interne Ressource über die Wahlmöglichkeiten der Handlungen und deren **Bewußtseinsgrad**.
3. Sie weisen auf die gesundheitserhaltende Ressourcenwirkung von **Handlungsspielraum** und **sozialer Unterstützung** hin und verdeutlichen, daß beide Ressourcenquellen in wesentlichem Ausmaß von Führungskräften bereitgestellt werden können.

Damit werden die Anforderungen sowohl an das Gesprächsinstrument „Rückkehrgespräch“ als auch an die gesprächsführenden Führungskräfte skizziert, deren Aufgabe es ist, diese zentralen Bewältigungsressourcen bereitzustellen. Es kann also, wie die motivationstheoretischen Exkurse deutlich gezeigt haben, in Rückkehrgesprächen nicht darum gehen, allein Anreize zur Verbesserung von Anwesenheiten zu setzen. Ein solches Signal hätte nur negative Auswirkungen auf das betriebliche Leistungsaufkommen und leistete der weit verbreiteten Inneren Kündigung nur noch weiteren Vorschub. Rückkehrgespräche können aber, so legen es die streßmoderierenden Funktionen sozialer Unterstützung nahe, die Entstehung von Streß und aversen Empfindungen protektiv vorbeugen. Im Verständnis eines erweiterten ökonomischen Modells der Fehlzeit werden hier die internen Anreizmuster der betroffenen Personen in einem vorbewußten Stadium berührt. Die (Entscheidungs-)Situation wird über das Rückkehrgespräch soweit beeinflußt, daß die Beeinträchtigungen der Gesundheit nicht die fehlzeitenrelevante Schwelle erreichen. Damit wird nicht erst an der Entscheidungssituation von An- oder Abwesenheit angesetzt sondern deutlich vorher an der Entstehungssituation von gesundheitlichen Beeinträchtigungen gearbeitet.

Vierter Teil:

Rückkehrgespräche als Führungsinstrument – Konzepte und Perspektiven

23. Vorgehen im vierten Teil

Koordinativ-kommunikativer Führung kommt im Kontext der Diskussion sozialer Unterstützung eine zentrale Rolle als puffernde Ressource zu, in der darüberhinaus ein positiver Beitrag zur Entwicklung von Zufriedenheit und Gesundheit gesehen wird. Damit wird soziale Unterstützung infolge eines entsprechenden Führungsverhaltens gleichsam als Ziel beschrieben, das sich in der Anwendung des Führungsinstruments Rückkehrgespräch zu realisieren hat.

Die Anwendung des Instruments Rückkehrgespräch stellt aber nur eine Determinante der Arbeitsbedingungen dar, die in vielfältigen Konstellationen das Entstehen einer individuellen (Ein-)Passung von Person und Arbeit ermöglichen. Gelingt diese **Passung** jedoch nicht, so werden Bewältigungshandlungen nötig, die sowohl von **Persönlichkeitsmerkmalen** wie der **Frustrationstoleranz**, der **Situationskontrolle** und dem **Handlungskontrollmodus** abhängen als auch von dem aktuellen Empfinden der **Aversität**, das sich in einem aktivitätsauslösenden **Zufriedenheitsempfinden** ausdrückt. Die resultierende Bewältigung ist dabei immer darauf ausgerichtet, die verlorengegangene Passung wiederherzustellen, unabhängig davon, ob dies nun im Sinne der Unternehmensziele geschieht oder nicht; der Vollzug der **Inneren Kündigung** skizziert dies deutlich. Gelingt die Bewältigung, so ist einer gesundheitlichen Schädigung zumeist vorgebeugt, mißlingt sie jedoch, wie dies am Beispiel der **Erlernten Hilflosigkeit** angerissen wurde, so sind Befindensbeeinträchtigungen und Krankheiten zu befürchten. Insofern stellt sich zunächst einmal die Frage, wie diese Komponenten vor der Folie des auslösenden (unterschiedlichen) Zufriedenheitsurteils zusammenhängen, wie sie also die Prozesse prägen, die sich in der Genese von Fehlzeiten bzw. leistungsschädigenden **Verhaltensmerkmalen** niederschlagen. Der Zusammenhang von Motivation, Zufriedenheit, Leistung und Gesundheit ist also evident. Wie aber hängen diese Dinge zusammen? Welche Handlungen führen zu verminderter Leistung und haben einen pathogenen Effekt trotz strukturellen Einbezugs von Handlungsspielraum und sozialer Unterstützung? Im folgenden, vierten Teil der Arbeit werden diese Fragen in einem Rahmenmodell der an der Fehlzeitengenese beteiligten Prozesse idealtypisch erörtert.

Abb. 28: Mögliche Einflußnahme des Rückkehrgesprächs

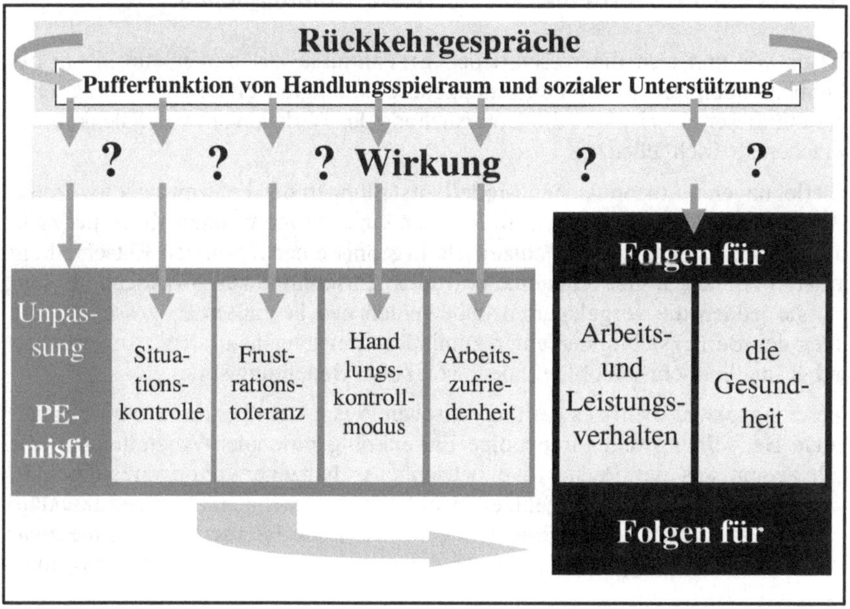

(eigene Darstellung)

Das Rahmenmodell bietet auch die Grundlage dafür, die generelle Wirksamkeit von Rückkehrgesprächen abschätzen zu können und darüberhinaus Parameter der Ausgestaltung dieses Gesprächsinstruments abzuleiten. Erst wenn diese Verweisungszusammenhänge geklärt sind, läßt sich überprüfen, ob die einzelnen Prozesselemente, die an der Fehlzeitengenese beteiligt sind, einer Intervention durch das Rückkehrgesprächs zugänglich sind oder nicht. Mit Klärung dieses Zusammenhanges läßt sich schließlich die Frage beantworten, ob und, falls ja, wie Rückkehrgespräche – zumindest - unter der Prämisse der Leistungsneutralität wirken.

24. Synthese der Partialansätze in einem Rahmenmodell

Fassen wir nun also die wesentlichen Erkenntnisse zusammen, um sie in ein Rahmenmodell der an der Fehlzeitengenese beteiligten Prozesse zu integrieren und mit dieser Heuristik an die Untersuchung der Wirksamkeit von Rückkehrgesprächen abzuschließen.

Überlegungen zu theoretischen Modellvorstellungen der Fehlzeit haben gezeigt, daß rationale Wahlhandlungen im Rahmen eines ökonomischen Konzepts zwar in letzter Konsequenz jede Fehlzeit als Ergebnis einer rationalen Entscheidung erklären können, in der Annahme bewußter Entschlüsse zur Abwesenheit blenden sie jedoch die vorgelagerten unbewußten und bewußten Prozesse aus, die unter der Berücksichtigung einer zumindest ‚leistungsneutralen' Anwesenheit und gesundheitlichen Wohlbefindens von hoher Bedeutung sind.

Dieser Aspekt verdient aus der theoretischen Perspektive heraus also eine eingehende Betrachtung und fordert eine Erweiterung rationaler Vorstellungen, die sich zudem aus der Perspektive betrieblicher Nutzenerwartungen aufzwingt, denn die Verhinderung von Fehlzeiten spielt in Unternehmen nur eine sekundäre Rolle, da sie primär an der Erbringung von Leistung interessiert sind, die zwar an eine Anwesenheit gebunden ist, nicht aber unbedingt an eine leistungsgeminderte.

Unter der Erweiterungsperspektive motivationstheoretischer Überlegungen konnte auch gezeigt werden, daß der Reaktions- und Handlungsdruck aufgrund hoher Unzufriedenheit nur in geringen Teilen in dem bewußten Entschluß der Fehlzeit aufgeht. Er ruft vielmehr sowohl bewußte Entschlüsse in Form der Inneren Kündigung hervor als auch unbewußte psychische Prozesse Erlernter Hilflosigkeit. Dies hängt von den dispositionellen Voraussetzungen der Personen, etwa der Frustrationstoleranz und auch von den Möglichkeiten zur Handlung ab, die einerseits durch den Handlungsspielraum bzw. die resultierende Situationskontrolle und andererseits auch durch den Handlungskontrollmodus der Personen gebildet werden.

Betriebliche Reaktionsinstrumente, die lediglich auf die Erhöhung der Anwesenheit abzielen, gehen unter dieser erweiterten Problemsicht auf jeden Fall am Ziel der Leistungserhaltung vorbei. Sie stehen sogar in Verdacht, das Problem einer motivationalen Unpassung noch zu verschärfen und zudem einen negativen Einfluß auf das gesundheitliche Befinden zu nehmen, wie dies durch Betrachtung streßtheoretischer Erkenntnisse hergeleitet wird.

Aus diesen Überlegungen leitet sich unmittelbar ab, daß eine Untersuchung der Wirksamkeit des Rückkehrgesprächs nur vor dem Hintergrund eines Rahmenmodells möglich ist, das die wesentlichen an der Fehlzeitengenese vorgelagerten Prozesse in einen Zusammenhang stellt und in ihren Wechselwirkungen betrachtet. Diese Perspektive verlagert nicht zuletzt auch den Ansatzpunkt betrieblicher Reaktionsinstrumente auf einen Zeitpunkt, der deutlich vor dem Einsetzen der Entscheidung zur Anwesenheit oder Abwesenheit verortet werden kann, und findet ihre Wirkungshypothese in der streßmoderierenden Wirkung der sozialen Unterstützung und des Handlungsspielraums.

Wesentliche Voraussetzung für die Formulierung eines Rahmenmodells der an der Fehlzeitengenese beteiligten Prozesse ist dabei die Sicherung der Anschlußfähigkeit der jeweiligen theoretischen Stränge und die Beibehaltung der jeweiligen Kontingenzannahmen, die es ermöglichen, unterschiedliche Bedingungskonstellationen idealtypisch und für sich genommen zu betrachten.

Ausgangspunkt der Überlegungen ist die unter streßtheoretischen Annahmen hergeleitete Aversität, die die Motivation bildet, um eine verlorengegangene Passung wiederherzustellen. Die hierüber motivierten Handlungs- und Verhaltensweisen stellen mithin aus streßtheoretischer Perspektive Bewältigungsanstrengungen dar. Diese Handlungs- und Verhaltensweisen jenseits der eng umrissenen Streßentstehung sind jedoch nur selten Gegenstand transaktionaler Streßkonzepte, deren Inhalt sich aus dem Erleben der Aversität ableitet und sich darauf beschränkt, die Beseitigung dieser negativen Empfindung als Handlungsziel anzugeben (Greve 1997: 19ff.). Transaktionale Konzepte lassen aber keinesfalls Rückschlüsse auf die Wahl von Handlungsalternativen zu. Zudem werden Handlungsfolgen nur dort umfassend aufgearbeitet, wo die Aversität infolge mißglückter Coping-Versuche bestehen bleibt bzw. sich verfestigt und in einen rekursiven Bewältigungsprozeß mündet. Lazarus und Launier (1981) kommen abschließend auch zu einer tautologischen Aussage:

> „Im Zusammenhang mit Streß und wirksamer Streßbewältigung ändert sich entweder die Person mit den Emotionen, oder die Umwelt muß geändert werden oder beide" (ebd.: 258).

Es ist zugleich Stärke und Schwäche transaktionaler Modelle, einerseits die Streßempfindung als einen Reflex des Individuums auf seine Umwelt zu skizzieren, andererseits sich allein auf die Erlebenskomponente zu beschränken. Konkrete Handlungen als Folgen dieses Erlebens lassen sich nicht daraus ableiten. Sie lassen sich allerdings mithilfe motivationstheoretischer Arbeiten ins Auge fassen, die neben der Aktivation zur Reaktion auch deren Realisierungsbedingungen untersuchen.

Bewältigung bleibt in der motivationstheoretischen Sichtweise nicht allein auf die momentan manifeste Krisenreaktion begrenzt, sondern bezieht weitergehende Handlungsalternativen mit ein, die darauf ausgerichtet sind, einen möglichst finalen Ausgleich zwischen den Anforderungen der Situation sowie den Ressourcen, Erwartungen und Bedürfnissen des Menschen zu schaffen. Der Bewältigung kommt in diesem Sinne aus psychologischer Sicht eine handlungsregulierende Funktion mit gesundheitlichem Fokus zu, während sie unter rationalen Erwägungen als Reformulierung eines brüchig gewordenen psychologischen Vertrages angesehen werden kann und gesundheitlichen Beeinträchtigungen vorbeugt (Luczak/ Rohmert 1997: 328).

Aus motivationstheoretischer Perspektive wird es damit notwendig, die prozessuale Sichtweise transaktionaler Modelle partiell einzuschränken, aus dem ‚zieldifusen' Rekurs der Bewältigungsanstrengungen herauszulösen und auf avisierte Zielzustände der gelungenen Bewältigung zu beziehen. Es müssen Parameter als Zielgrößen bewältigter Aversität definiert werden, an denen der Übergang von dem Entstehungszusammenhang auf einen anderen, einen finalen Zusammenhang, nachgezeichnet werden kann. Mit dieser Festlegung ist zudem der Übergang von vor- und unbewußten Bewältigungsmechanismen zu rational begründeten Entschlüssen angesprochen, der ‚psychologische' Prozesse unter bestimmten Bedingungen als Vorform des bewußten Entschlusses verstehen läßt. Dieser Übergang ist immer unter Berücksichtigung der dispositiven Prämissen der Frustrationstoleranz, der Situationskontrolle und der Handlungsorientierung dann zu erwarten, wenn Hindernisse die quasi automatische, über motivationale Prozesse gesteuerte Bewältigungsprozesse stören und eine willentliche, bewußte Steuerung erfordern. Letztendlich wird hiermit die Anschlußfähigkeit psychologischer Theorien an ein ökonomisch-rationales Verständnis der an der Fehlzeitengenese beteiligten Prozesse gesichert.

Idealtypisch sind die folgenden Optionen einer finalen Streßbewältigung analytisch denkbar, die sich eng an die bereits diskutierten passungsgenerierenden Reaktionen anlehnen, die vor dem Hintergrund motivationstheoretischer Überlegungen entwickelt wurden:

- Die **vollständige Bewältigung** – also das aktive „Abarbeiten" der als Herausforderung[186] zu begreifenden Bedrohung, z.B. das Durchstehen einer beanspruchenden Prüfungsphase oder das Abarbeiten eines Eilauftrages. In diesem Fall ist keine unmittelbar negative Folge für das Leistungsaufkommen im Unternehmen anzunehmen. Der **Status Quo** der Leistungserbringung wird mit dieser Handlung sowohl in den Strukturen als auch im Leistungsverhalten bestätigt und verfestigt. Eher scheint diese Verhaltensweise leistungsgenerierend und somit willkommen zu sein: Die Ressourcen der Bewältigung werden in diesem Fall herangezogen und benötigt, aber nicht über ein regenerationsfähiges Maß hinweg beansprucht. Aus diesem Grunde, wird diese Form hier nicht weiter verfolgt.[187]

[186] „Um eine Herausforderung handelt es sich dann, wenn eine Schädigung die Folge sein kann, jedoch die risikoreiche, aber mit positiven Folgen verbundene Meisterung des Problems im Vordergrund steht" (Zapf 1999: 16).

[187] Im Laufe der Arbeit wurde deutlich herausgestellt, daß die Untersuchung von Leistungs-

- Objektive **Stabilisierung** auf dem Entstehungsniveau der Streßempfindung infolge einer **subjektiven Einpassung** in die bedrohenden Bedingungen – also die hilflose Anpassung an die übermächtigen Verhältnisse - an ein passives Verhalten, das darauf abzielt, der Bedrohung durch nicht intendierte und unbewußte **Veränderung des mentalen Modells**, der Bewertungsvoreingenommenheiten und des psychischen Apparates zu begegnen. Dies trifft auf Verhaltensweisen zu, die weiter oben unter dem Stichwort des Leistungskonservatismus bzw. der **Erlernten Hilflosigkeit** als Formen des **Rückzugs** und der **inneren Distanzierung** erläutert wurden. Erlernte Hilflosigkeit ist dabei nicht an bewußte Leistungszurückhaltung gebunden, wirkt sich aber auf das Leistungspotential und die (berufliche) Handlungsfähigkeit aus. Insofern trifft sie die Leistungsfähigkeit und trägt dazu bei, das Leistungsverhalten statisch festzuschreiben und die weitere Entwicklung von Engagement und Verantwortlichkeit zu behindern. Diese Anpassungsreaktion wirkt sich unmittelbar auf die psychische Gesundheit aus, die über die verringerte Wahrnehmung von Selbstwirksamkeit das Auftreten psychischer Befindlichkeitsstörungen beeinflußt.
- **Veränderungshandlung** in bezug auf die Rahmenbedingungen – also Veränderung der streßauslösenden Situation durch Aufbieten des Bewältigungspotentials als aktive Gestaltungsstrategie und **Innovation**, z.B. Ersinnen eines Verbesserungsvorschlages zur Arbeitserleichterung, Optimierungen der Arbeitsorganisation aber auch des Widerspruchs. Diese bewußt prozessierte Reaktionsweise ist nicht unmittelbar leistungsschädlich, sie kann sogar durch die Veranlassung von organisationalen Veränderungen dazu beitragen, Stressoren ab- und Bewältigungspotential aufzubauen. Diese Handlung ist aber an einen hohen Handlungsspielraum gebunden und wird durch hohe soziale Unterstützung verstärkt. Sie ist damit langfristig gesehen im Ergebnis mit einer vollständigen Bewältigung gleichzusetzen, da hier die Ressourcen dazu eingesetzt werden, die Rahmenbedingungen so zu verändern, daß Belastungen zukünftig besser zu bewältigen sind oder vermieden werden können.
- **Vermeidungshandlung** – also subjektive Anpassung an streßauslösende Umgebungsparameter als eine aktive Strategie mit Folge einer Veränderung des mentalen Modells, jedoch ohne tiefgreifende Veränderung des psychischen Apparates, z.B. durch Entziehen bei schwierigen Arbeitsaufgaben oder die stille Verweigerung von Engagement und ausgeprägtem **Ritualismus** im Arbeitsverhalten. Dies trifft auf Verhaltensweisen der **Inneren Kündigung** zu, die als eine bewußte Korrektur des psychischen Arbeitsvertrages unmittelbar leistungsrelevant ist. Engagement wird gegen Konformismus getauscht, eine Verantwortung über die des eigenen Handelns hinaus wird auf

---

verhalten und Leistungsergebnissen eine deutlich andere Herangehensweise erfordert, so daß diese Argumentationsstränge aus den vorausgegangenen Überlegungen nicht befriedigend abgeleitet werden können.

das nötige Maß begrenzt. Diese Reaktionsform ist nur dann mit Beeinträchtigungen verbunden, wenn die Passung nicht wiederhergestellt werden kann. Im Sinne salutogener Ressourcenkonzepte wird die Gesundheit zwar nicht geschädigt, eine gesundheitliche bleibt aber ausgeschlossen.

Diese vier prinzipiellen Bewältigungshandlungen lassen sich sowohl aus streß- als auch aus motivationstheoretischer Sicht ableiten.[188] Unter der Perspektive betrieblicher Interessen, die letztendlich ja den Einsatz von Maßnahmen wie dem Rückkehrgespräch zu verantworten haben, kommt aus diesen generellen Bewältigungsformen insbesondere der **Inneren Kündigung**, bzw. dem Leistungskonservativismus sowie der **Erlernten Hilflosigkeit** eine hohe Bedeutung zu, denn diese konkreten Bewältigungsreaktionen umreißen das Feld der möglichen negativen Effekte, die bei dem Einsatz des Rückkehrgesprächs vermieden werden müssen, wenn sie ‚leistungsneutral' sein sollen. Insofern kommt ihnen im Rahmenmodell der an der Fehlzeitengenese beteiligten Prozesse eine zentrale Bedeutung zu.

Für die Entstehung dieser konkreten Reaktionsformen wurden anhand der Überlegungen zu **Zufriedenheit** respektive **Unzufriedenheit** das Ausmaß des Defizitwertes zwischen Anspruchsniveau (Soll-Wert) und Situation (Ist-Wert) herausgestellt. Darüberhinaus wurde die als gering wahrgenommene, **subjektive Situationskontrolle** im Zusammenhang mit der **Frustrationstoleranz** als weitere Determinante von Bewältigungshandlungen herausgearbeitet, die den jeweiligen Status der Zufriedenheit im Sinne von Bruggemann et al. bestimmt. Von diesem hängt es unter dem vorherrschenden dispositiv verstandenen **Handlungskontrollmodus** (Lage- oder Handlungsorientierung) ab, welche Reaktion idealtypisch gewählt wird. Die Innere Kündigung wird so z.B. als bewußte Handlungsform bei stark ausgeprägter Lageorientierung aufgrund der einhergehenden Entscheidungsschwäche unwahrscheinlich.

Die folgende Grafik skizziert diesen Verweisungszusammenhang schematisch, wobei die Pfeile auf konzeptionelle und empirische Zusammenhänge verweisen, die in dieser Arbeit diskutiert wurden. Die Namen der entsprechenden bzw. für diese Arbeit herausragenden Autoren, auf deren Konzeptionen hier zurückgegriffen wird, sind den Pfeilen beigefügt.

---

[188] Sie tragen aber nur dann zur Reduzierung der Streßemotion bei, wenn sich damit auch die Wahrnehmung des Stressors minimiert, d.h. wenn Bewältigungshandeln die Aversität dauerhaft reduziert. Andernfalls tragen sie bei einhergehender gesundheitlicher Beeinträchtigung zur Verfestigung der Aversität bei. Damit hat die erfolgreiche Bewältigung nur einen stabilisierenden, aber noch keinen positiven Einfluß auf den Gesundheitszustand genommen. Dieser Effekt ist nur dann zu erwarten, wenn sich die salutogenen Potentiale innerhalb konkreter (Entwicklungs-) Handlungen realisieren.

Abb. 29: Prozesse der Fehlzeitengenese im Literaturkontext und im Rahmenmodell

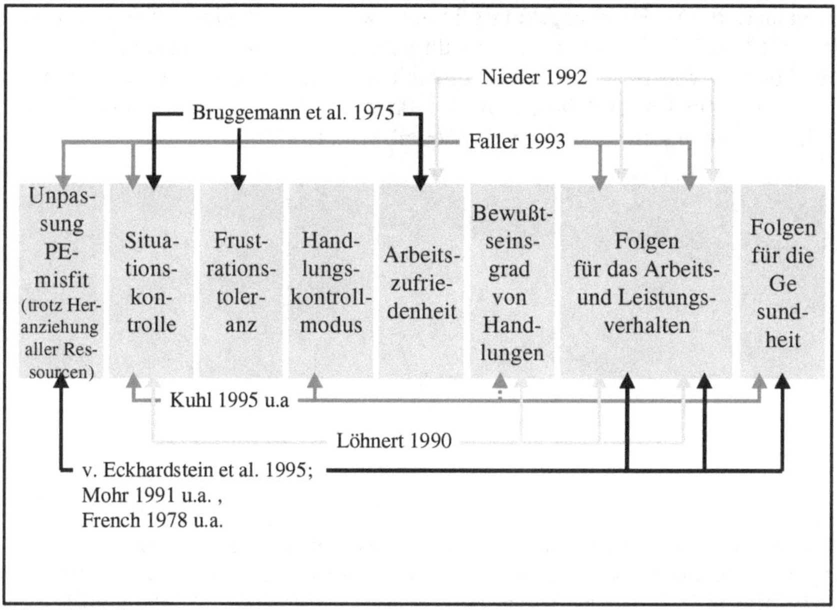

(eigene Darstellung)

Dieser Verweisungszusammenhang, der Ergebnisse der diskutierten Konzepte aus den Bereichen Motivations-, Arbeitszufriedenheits- und Streßtheorie vor dem Hintergrund eines in letzter Konsequenz ökonomischen Verständnisses von Fehlzeiten berücksichtigt, läßt sich auf einem hohen Abstraktionsniveau zu einem Rahmenmodell der an der Fehlzeitengenese beteiligten Prozesse zusammenfassen, das zudem Aussagen über Gesundheitsfolgen und Leistungsfolgen als Wahrscheinlichkeitsaussagen zuläßt:

Dieses Rahmenmodell soll im folgenden anhand verschiedener Szenarien dargestellt werden. Ausgangspunkt der Überlegungen sind die Kategorien der Unzufriedenheit von Bruggemann et al. als Ausmaß der Aversität, die von Nieder zugeordneten Folgen im Arbeitsverhalten, sowie die von Mohr und v. Eckardstein et al. aufgezeigten Folgen auf die (vor allem psychische) Gesundheit.

Der Handlungsspielraum und die soziale Unterstützung werden in diesem Modell analog zu der Konzeption des Streßprojekts als externe Ressource mit Pufferwirkung verstanden. Unpassung wird aber analog zu den Ergebnissen des Anforderungs-Belastungs-Konzepts neutral als Energetisierung von Handlungen verstanden, die infolge eines Herausforderungscharakters einen positiven Effekt auf die gesundheitliche Entwicklung nehmen kann.

Der Einsatz der Ressourcen wird in ihrer Handlungsauslösung von der Wahrnehmung der Situationskontrolle und dem vorliegenden Handlungskontrollmodus moderiert. Der Handlungskontrollmodus wird als individuelle Disposition in diesem Modell in Beziehung zur Wahrnehmung der Situationskontrolle variiert,[189] ebenso wie Bewußtseinspflichtigkeit und die Folge im Leistungsverhalten, die plausibel in Anlehnung an das skizzierte Modell Nieders erschlossen wird. Es ergeben sich dann folgende Modellszenarien:[190]

---

[189] An dieser Stelle wird vereinfachend angenommen, daß zwischen dem jeweiligen Handlungskontrollmodus und dem Ausmaß wahrgenommener Situationskontrolle folgender Zusammenhang besteht: Lageorientierung wird als innere Disposition verstanden, die sich in verringerter Handlungsfähigkeit äußert. Situationskontrolle wird als Bewertung der externen Situation im Vergleich mit den eigenen Handlungschancen begriffen. Insofern ist eine Wirkung vom mentalen Zustand der Lageorientierung auf die Wahrnehmung der Situationskontrolle und damit verringerte Handlungsfähigkeit zu erwarten. Die Situationskontrolle wird intern über die Lageorientierung attribuiert.

Umgekehrt spricht der Zustand der Handlungsorientierung aber nicht dafür, eine hohe Situationskontrolle als Bewertung der situativen Parameter kausal herbeizuführen. Handlungsorientierung spricht im Gegenteil davon, die Realisierungschancen von Handlungen unabhängig und weitgehend realistisch einzuschätzen.

[190] Die folgenden Szenarien verstehen sich als Idealtypen von Handlungsformen und –folgen. Sie lassen sich über die referierten Ergebnisse und Konzepte weitgehend abdecken, lassen aber dennoch Ausnahmen und abweichende Szenarien zu. Der Übersichtlichkeit halber bleiben die Skizzen auf die augenfälligsten und im Sinne der hier behandelten Fragestellung interessantesten Folgen beschränkt. Insbesondere trifft dies die Szenarien, die im Zusammenhang von Gesundheitsförderung und progressiver Leistungsentwicklung diskutiert werden können.

Bei den graphischen Darstellung sei darauf verwiesen, daß die Zusammenhänge teilweise rein additiver, z.T. auch kausaler Natur sind. Eine eindeutige Zuordnung in den einzelnen Szenarien ist aber nur unbefriedigend möglich. So kann z.B. eine geringe Frustrationstoleranz in einem spezifischen Szenario unmittelbar handlungsanregend also kausal wirken, während die hohe Frustrationstoleranz in einem anderen Szenario nur additiv begünstigend wirkt. Zudem hätte der Versuch einer differenzierten Darstellung eine Informationsüberfrachtung der Schaubilder zur Folge, so daß auf diesen Detaillierungsgrad verzichtet wird.

a) Verminderte Leistung in Verbindung mit negativer Auswirkung auf die Gesundheit ist zu erwarten, wenn die wahrgenommene Unpassung unter Berücksichtigung von Handlungsspielraum und sozialer Unterstützung so hoch ist, daß Aversität bestehen bleibt. Daraus kann bei geringer Situationskontrolle und vorhandener Frustrationstoleranz in Verbindung mit einer Neigung zur Handlungsorientierung der Zufriedenheitszustand der Fixierten Arbeitsunzufriedenheit resultieren. Diese Form der Arbeitsunzufriedenheit ist durch aussichtslos erscheinende Handlungsoptionen gekennzeichnet, wobei das generelle Anspruchsniveau beibehalten wird. Dabei wird der Ausgleich der Diskrepanz über eine hohe innerliche Distanzierung angestrebt, wobei dieses bewußte Arrangement mit den aversen Bedingungen letztlich zur Inneren Kündigung führt, die mit Leistungsminimalismus verbunden ist.

Abb. 30: Prozesse der Fehlzeitengenese - Rahmenmodell Szenario a

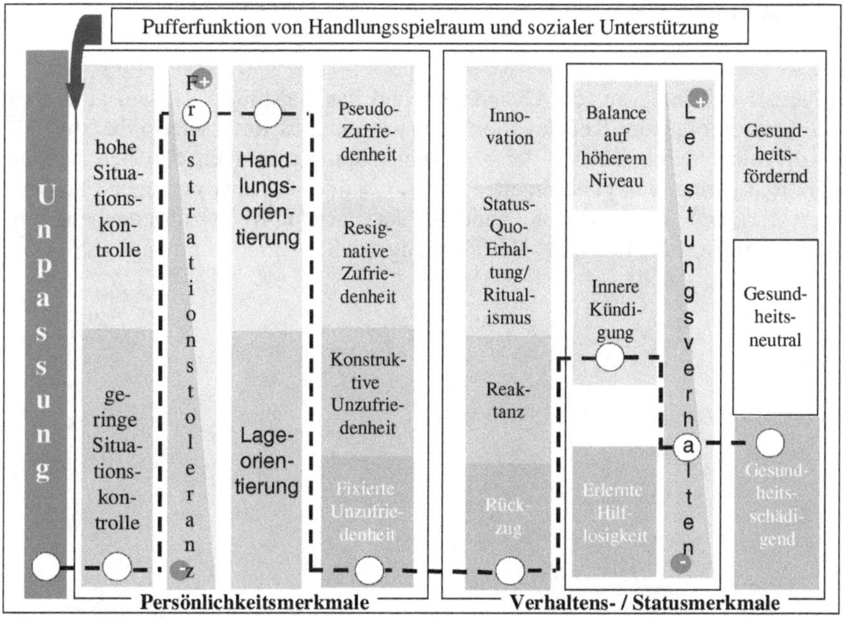

(eigene Darstellung)

In diesem Fall ist die Innere Kündigung nicht als Handlung zur Wiederherstellung des verlorengegangenen Gleichgewichts zu verstehen sondern als Ergebnis der eingestellten Korrekturversuche. Dieses Szenario ist deshalb von besonderer Bedeutung, weil die Unzufriedenheit mit der Situation durch das Einstellen der Handlungen manifestiert wird und nicht - wie dies bei Resignativer Zufriedenheit wäre – durch eine Veränderung des mentalen Modells kompensiert wird.

Selbst wenn man in Rechnung stellt, daß der vollzogene Schritt in die Innere Kündigung ein verlorengegangenes Gleichgewicht wiederherstellt, so sind dennoch negative Auswirkungen auf das Leistungsverhalten und die Gesundheit zu erwarten. Zwar müssen mit dem Vollzug der Inneren Kündigung keine weiteren Bewältigungshandlungen mehr anfallen, und es können dementsprechend direkt resultierende gesundheitliche Schäden auch weitgehend ausgeschlossen werden, dennoch zeichnet sich die Fixierte Unzufriedenheit dadurch aus, daß der grundsätzliche Widerspruch zwischen Ansprüchen und Möglichkeiten bestehen bleibt. Die Diskrepanz bleibt bewußt, doch es werden keine weiteren Handlungen zu ihrer Korrektur mehr unternommen. Im Sinne des umfassenden Gesundheitsbegriffs der WHO ist davon auszugehen, daß dieses Szenario der Inneren Kündigung damit nicht zur positiven gesundheitlichen Entwicklung beiträgt, sondern ihr eher schadet. Die mit diesem Szenario verbundene und skizzierte Handlung läßt sich damit der generellen Handlungsform der generellen **Vermeidungshandlung** zuordnen.

b) Negative Effekte auf die Gesundheit und das Leistungsverhalten sind aber auch in nachfolgender Konstellation zu erwarten: Aus fortgesetzt hoher Aversität, die nicht durch Einsatz der entsprechenden Ressourcen behoben werden kann, und gering wahrgenommener Situationskontrolle, aber **geringer Frustrationstoleranz**[191] resultiert eine Tendenz zur Pseudo-Arbeitszufriedenheit, d.h. zur Problemverdrängung bzw. Verfälschung der Situationswahrnehmung.

[191] Zum vorangehenden Szenario abweichende Bedingungen werden der Übersichtlichkeit halber herausgestellt.

Abb. 31: Prozesse der Fehlzeitengenese - Rahmenmodell Szenario b

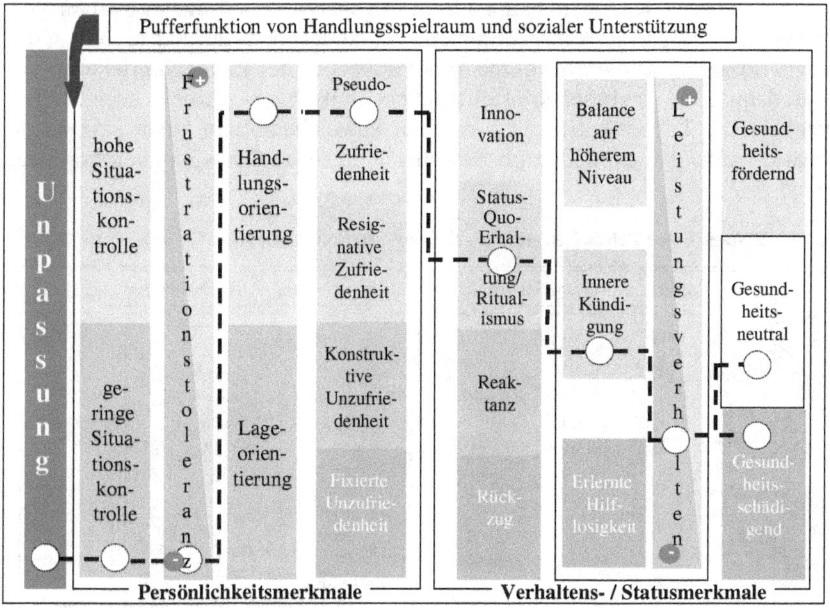

(eigene Darstellung)

Einhergehend mit Handlungsorientierung führt sie zu eher unbewußten Handlungen, die darauf ausgerichtet sind, die Bewertungsgrundlagen der als avers empfundenen Bedingungen ex post zu verändern. Dies ist ein Bestreben, verminderte Leistung über veränderte Situationswahrnehmung zu rechtfertigen. Es besteht darin, die externen Ansprüche als überzogen und nicht erreichbar zu klassifizieren und die eigenen Anstrengungen unter dieser neuen Bewertung als angemessen zu begreifen. Damit wird erreicht, daß das Anspruchsniveau beibehalten, die Gründe für verminderte Leistung und Leistungskonservativismus aber extern attribuiert werden können. Leistungen werden eingefroren und Leistungsentwicklungen nicht mehr in Betracht gezogen. Hierbei ist die Innere Kündigung als Handlung zu verstehen, die darauf ausgerichtet ist, die innere Konsistenz der Person in Form des „Sich-Zufrieden-Gebens“ aufrechtzuerhalten. Die Gesundheit wird in diesem Szenario nur dann geschädigt, wenn diese Bewältigungsstrategie nicht von Erfolg gekrönt ist. Doch selbst wenn diese Strategie erfolgreich ist, so verhindert sie dennoch eine gesundheitsförderliche Wirkung. Damit kennzeichnet dieses Szenario eine **Vermeidungshandlung** ohne tiefgreifende Veränderungen des mentalen Modells.

c) Negative Effekte auf die Gesundheit und das Leistungsverhalten infolge von Pseudo-Arbeitszufriedenheit sind auch im folgenden Modell-Szenario zu erwarten: Werden die gering wahrgenommene Situationskontrolle und die ebenfalls geringe Frustrationstoleranz durch eine **ausgeprägte Lageorientierung ergänzt,** dann kann aus dieser Konstellation ebenfalls Pseudo-Arbeitszufriedenheit entstehen. Die Lageorientierung sorgt aber abweichend zum zuvor skizzierten Szenario dafür, daß es nicht zum Bewußtsein der Handlungsfähigkeit kommen kann.

Abb. 32: Prozesse der Fehlzeitengenese - Rahmenmodell Szenario c

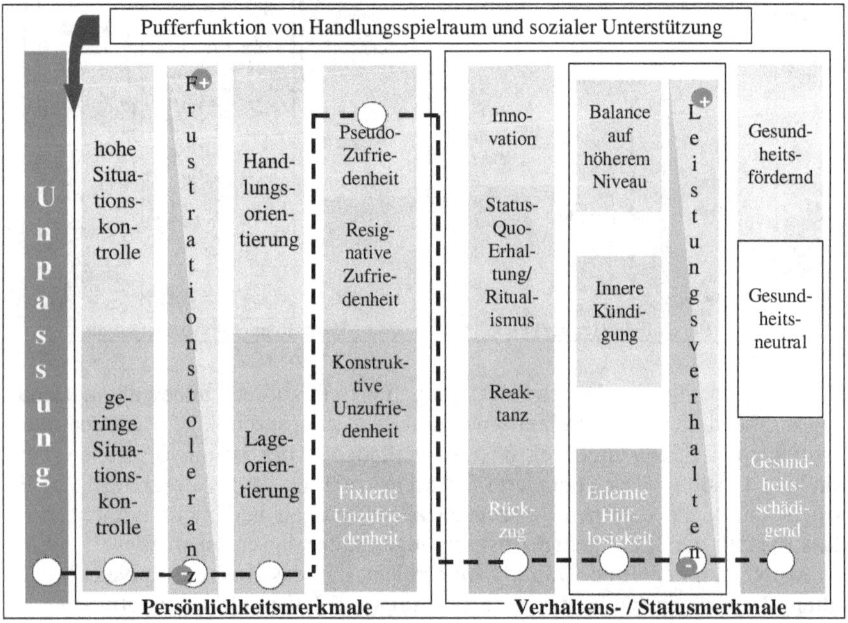

(eigene Darstellung)

Die zuvor beschriebene Veränderung des mentalen Modells gegenüber den als ungerechtfertigt empfundenen Ansprüchen der Umwelt wird in diesem Fall über eine internale Attribuierung innerhalb des mentalen Modells kompensiert. Handlungen zur Korrektur des Ungleichgewichts werden als nicht möglich begriffen und führen zur Wahrnehmung der Handlungsunfähigkeit, infolge derer sich der Status der Erlernten Hilflosigkeit verfestigt, die einen negativen Effekt sowohl auf das Leistungs- als auch auf das Gesundheitsniveau ausübt. Damit kennzeichnet auch dieses Szenario eine **objektive Stabilisierung** auf dem Entstehungsniveau der Streßempfindung, die aufgrund einer **subjektiven Einpassung** in die bedrohenden Bedingungen erfolgt.

d) Wiederum negative Konsequenzen für Leistung und Gesundheit sind auch im folgenden Szenario zu erwarten: Wird das Ausmaß an **Situationskontrolle** als prinzipiell ausreichend hoch erfahren, ist die Frustrationstoleranz jedoch überschritten und führen Bewältigungsversuche nicht zum Erfolg, so kommt es bei gegebener **Handlungsorientierung** zu dem rational und tendentiell bewußt herbeigeführten Zustand der **Resignativen Zufriedenheit**. Dieser mündet in ein verringertes Anspruchsniveau und zeigt sich ebenfalls im Ritualismus des Leistungskonservativismus.

Abb. 33: Prozesse der Fehlzeitengenese - Rahmenmodell Szenario d

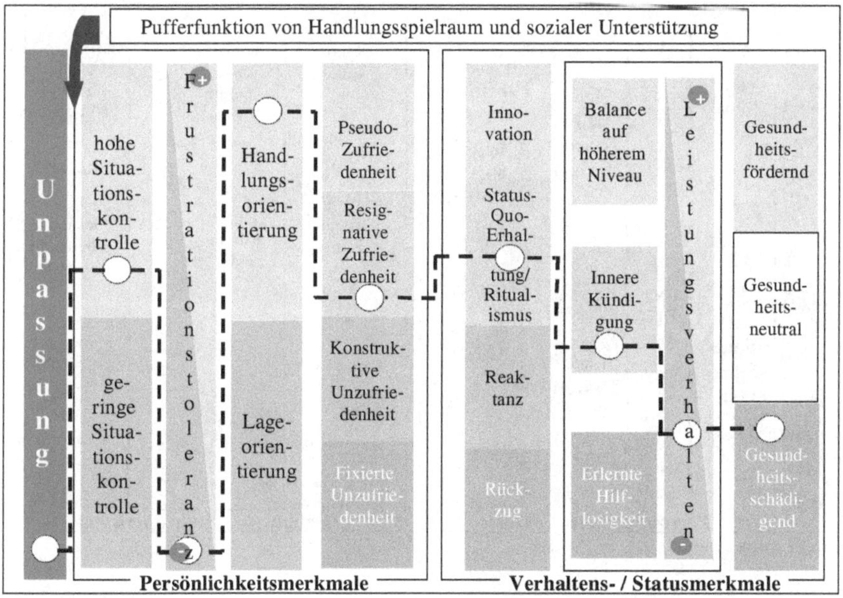

(eigene Darstellung)

Dieses Szenario ist zu erwarten, wenn es der betroffenen Person aufgrund der vorliegenden Handlungsorientierung gelingt, die averse Situation zwar als prinzipiell veränderbar zu begreifen, eine Veränderung jedoch als nicht lohnenswert oder mit zu hohem Aufwand behaftet erscheint. Die Innere Kündigung stellt in diesem Szenario den Status eines auf niedrigerem (Anspruchs-) Niveau wiederhergestellten Gleichgewichts dar. Das Leistungsverhalten sinkt, und es sind negative Auswirkungen auf die Gesundheitsentwicklung zu erwarten. Dies betrifft sowohl den Aspekt der gesundheitlichen Entwicklung als auch die Abbildung der mißlungenen Bewältigungsversuche im psychischen Befinden. Damit kennzeichnet dieses Szenario eine **Vermeidungshandlung** ohne tiefgreifende Veränderungen des mentalen Modells.

e) Ein gänzlich anderes Szenario ist aus **geringer Situationskontrolle**, hoher **Frustrationstoleranz** und **Lageorientierung** abzuleiten, das zur **Fixierten Unzufriedenheit** führt. Während sich der Rückzug der Resignativen Arbeitzufriedenheit in einer Senkung des Anspruchsniveaus und damit des psychischen Selbstbildes zeigt, mündet die Fixierte Arbeitszufriedenheit im Gegensatz hierzu in einem Verzicht auf neue Problemlösungsversuche.

Abb. 34: Prozesse der Fehlzeitengenese - Rahmenmodell Szenario e

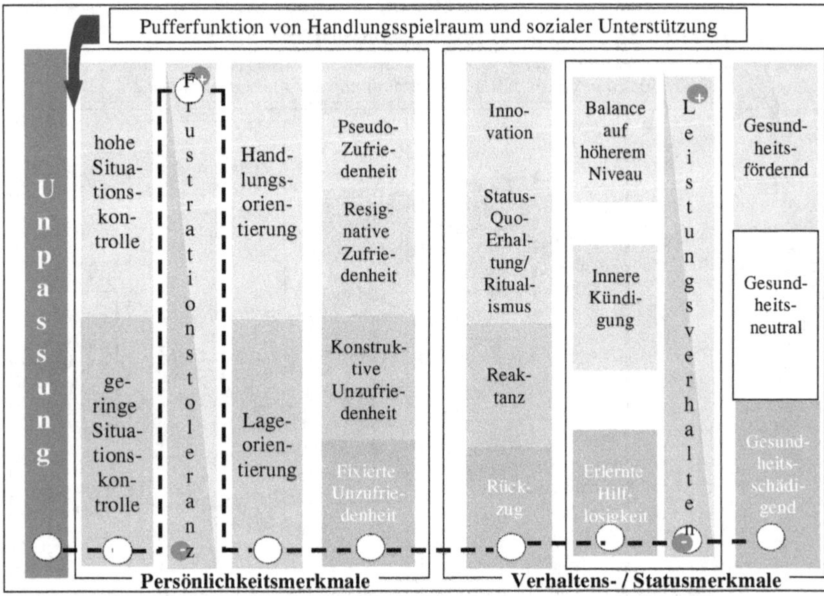

(eigene Darstellung)

Sowohl Szenario d) als auch Szenario e) kennzeichnen damit einen dauerhaften Wahrnehmungsprozeß unbefriedigender Arbeitsbedingungen, denen die betroffene Person nichts entgegenzusetzen hat. Beide Szenarien münden unter der Bedingung, daß eine Änderung der Situation außerhalb der persönlichen Möglichkeiten liegt, in die **Erlernte Hilflosigkeit**. Auf der einen Seite, in Szenario d), ist dies jedoch der Anpassung des Anspruchsniveaus geschuldet, keine Veränderungen herbeiführen zu wollen, da diese aussichtslos erscheinen. Auf der anderen Seite, in Szenario e), wird jegliche Aktivität zur weitergehenden Bewältigung aufgegeben. Die Unpassung wird als gegeben akzeptiert. Während Szenario d) noch Anzeichen von niedrig nivellierter Passung aufzeigt, fehlt diese in Szenario e), so daß dementsprechend von einem deutlich gesundheitsschädigenden Effekt auszugehen ist. Damit kennzeichnet auch dieses Szenario eine **objektive Stabilisierung** auf dem Entstehungsniveau der Streßempfindung, die aufgrund einer **subjektiven Einpassung** in die bedrohenden Bedingungen erfolgt.

f) Eine als avers empfundene Ausgangssituation, die durch aktuelle Unpassung bei gegebenem situativen Aktivitätsniveau entsteht, muß aber nicht notwendigerweise negative Auswirkungen auf Leistung und Gesundheit nehmen. Vielmehr ist ein gegenteiliges Szenario denkbar. Aus **geringer Situationskontrolle, hoher Frustrationstoleranz** und **Handlungsorientierung** resultiert im Rahmen konstruktiver Zufriedenheit eine hohe Tendenz zu korrektiven Handlungen. Sind diese erfolgreich, so folgt daraus Innovation und in der Folge eine neue Balance auf höherem Niveau. Dieses Szenario wirkt sich sowohl positiv auf das Leistungsverhalten als auch auf die Gesundheit aus, wie es sich unmittelbar aus den Erkenntnissen des Anforderungs-Belastungs-Konzepts ableiten läßt.

Abb. 35: Prozesse der Fehlzeitengenese - Rahmenmodell Szenario f

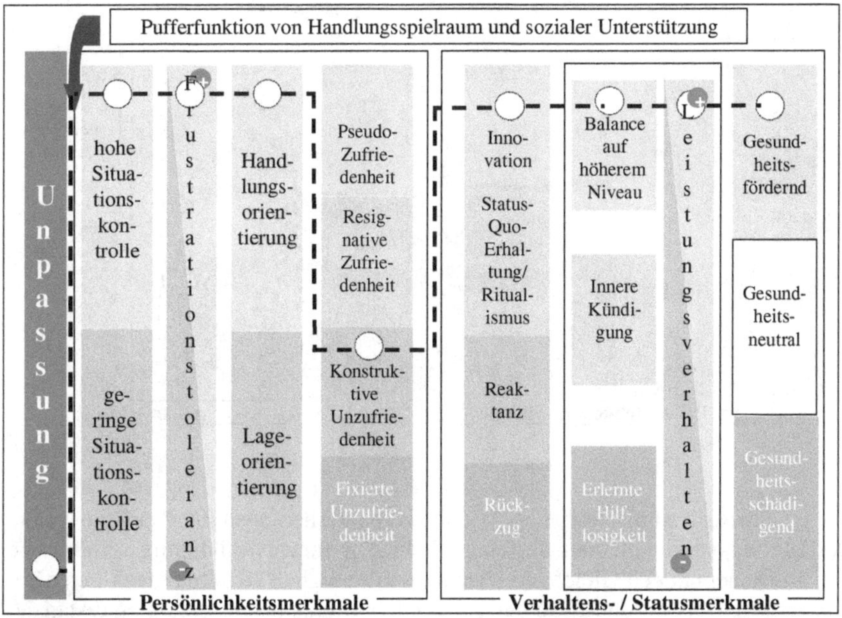

(eigene Darstellung)

Dieses Szenario kennzeichnet im Gegensatz zu den anderen Szenarien eine **Veränderungshandlung**, die auf eine Anpassung der Bedingungen bzw. Verhältnisse abzielt.

g) Sind die Handlungen – bei sonst mit f) identischem Ausgangsszenario - jedoch nicht erfolgreich, d.h. lassen sich die Handlungsintentionen nicht in Innovationen der Situation umsetzen, so ist eine Bündelung der Aktivitäten in reaktanter Form zu erwarten, die in die bewußt leistungszurückhaltende Form der Inneren Kündigung mündet. In dieser Konstellation kommt es in der Folge zu gesundheitsschädigenden Effekten.

Abb. 36: Prozesse der Fehlzeitengenese - Rahmenmodell Szenario g

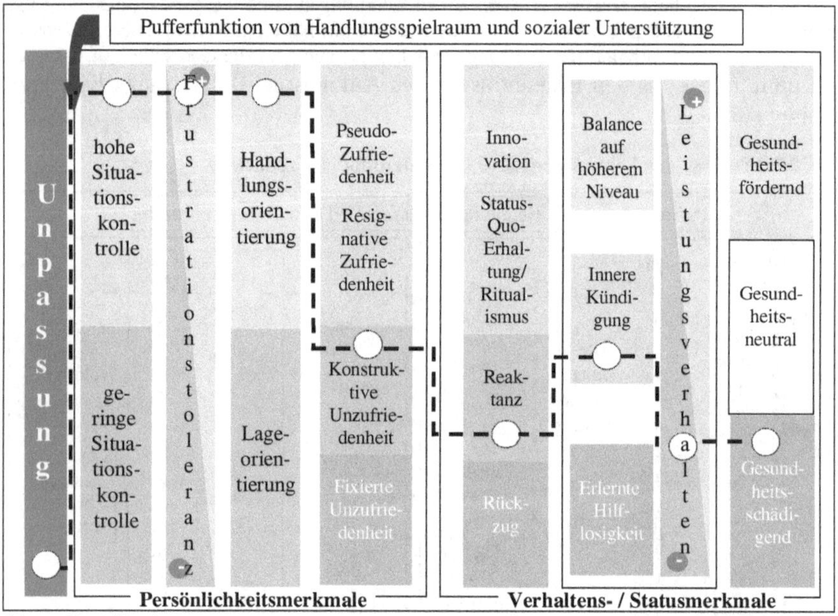

(eigene Darstellung)

Dieses Szenario ist als besonders kritisch zu beurteilen, weil die Unpassung trotz des Leistungsminimalismus bestehen bleibt. Die Innere Kündigung verhilft also nicht zu einem neuen Gleichgewicht, sie wird lediglich Ausdruck reaktanter Bestrebungen, sich aus der als unbefriedigend empfundenen Situation zu distanzieren und erfordert weitergehende Bewältigungshandlungen, so daß dieses Szenario keiner generellen Reaktionsform zugeordnet werden kann, weil es lediglich einen Zwischenschritt kennzeichnet.

Zusammenfassend zeigt sich in dem hier durch einige Szenarien dargestellten Rahmenmodell, daß die Zusammenhänge von Leistungsminderung, Fehlzeiten und Krankheit in einem komplexen Netz von Kausalitäten und Verweisungen zu konzipieren sind. In diesem Kontext ist zu ergänzen, daß die Bedeutung physischer Beanspruchungen in den Arbeitsbedingungen und direkt vermittelter somatischer Krankheitsreaktionen nicht explizit berücksichtigt wurden, was aber keinesfalls einen Rückschluß auf eine geringe Bedeutsamkeit zulassen soll. Diese Reaktionen sind im wesentlichen in den Untersuchungen des P-E-Fit-Konzeptes abgebildet und lassen sich generell unter der Überschrift nur teilweise erfolgreicher oder mißlungener Bewältigungsversuche innerhalb der Alltagsroutinen zusammenfassen. Diese Situationen werden heute als *‚daily hassels'* beschrieben und lassen sich über diffuse kumulative Mehrfachbelastungen kennzeichnen.

Generell lassen sich diese Reaktionsformen der kleinen alltäglichen Bewältigungen als wenig intendierte und wenig planvolle Bewältigungsversuche verstehen, während die hier in Form von Szenarien modellierten Reaktionsformen Prozesse von hoher individueller Bedeutsamkeit und Grundsätzlichkeit bezeichnen.

Der direkte Zusammenhang von Krankheit und Fehlzeiten stellt damit im wesentlichen eine nicht bewußtseinspflichte Verbindung dar, die aber in spezifischen, hier herausgestellten Handlungen einen hohen Bewußtseinsgrad im Zusammenhang mit bewußten Bewältigungshandlungen und Leistungsminderungen erreicht. Um auf diese Prozesse, die die Genese von Fehlzeiten ausmachen, einwirken zu können, ist es notwendig, schon sehr früh zu intervenieren, lange noch bevor es zur eigentlichen Entscheidungssituation kommt.

Von der Wirkperspektive ausgehend, der sich die folgenden Kapitel widmen, muß also eine präventive Perspektive im Vordergrund stehen. Es kann nicht darum gehen, Anwesenheit für die Zukunft zu erzwingen, es muß vielmehr darum gehen, jede Form der Abwesenheit von Leistung in ihren Ursachen frühzeitig zu vermeiden. Die Erfolgsbedingungen eines Rückkehrgesprächs umfassen also sowohl eine positive Einwirkung auf das gesundheitliche Befinden als auch die Vermeidung negativer Effekte hinsichtlich des Arbeits- und Leistungsverhaltens.

Wie und ob diese Anliegen mit dem Rückkehrgespräch zu erreichen ist, werden die weiteren Ausführungen zeigen.

25. Wirkperspektive von Rückkehrgesprächen

Im ersten Teil der vorliegenden Arbeit werden neben den deskriptiven Größen von Krankenständen als größter Gruppe von Fehlzeiten, die mit einem verminderten Leistungsaufkommen in Verbindung gebracht werden können, auch die Maßnahmen skizziert, die die Unternehmen einsetzen, um dem Problem Einhalt zu gebieten. Daraus ergibt sich, daß Gesprächen mit betroffenen Mitarbeitern eine herausragende Bedeutung als Einzelinstrument zukommt, was insbesondere für fest etablierte, institutionalisierte Rückkehrgespräche gilt.

Der positive Effekt von Rückkehrgesprächen scheint vielfach durch die Präsentation geringer Krankenstände vermeintlich belegt, wobei ihre **sozial unterstützende** und integrative Wirkung hervorgehoben wird. Dieser positive Effekt bleibt jedoch sicherlich auf Gespräche beschränkt, die keine repressive Zielsetzung als Mittel zur Anwesenheitsverbesserung verfolgen. Nach wie vor ungeklärt sind die Mechanismen, durch die diese Wirkung erreicht wird (Siegrist 1996: 76ff.). Zu diesem Fragenkomplex werden im nun folgenden Teil, der den Abschluß der vorliegenden Arbeit bildet, zentrale Ergebnisse der vorangestellten Teile extrahiert und im soeben skizzierten Rahmenmodell auf die Frage bezogen, ob Rückkehrgesprächen die proklamierte Wirksamkeit zurecht zugesprochen wird und, falls dies bejaht werden kann, wie sie gestaltet sein müssen, um eine optimale Wirkung entfalten zu können.

Aus der motivationstheoretischen Diskussion des zweiten Teils der vorliegenden Arbeit lassen sich dabei zwei grundsätzliche Anforderungen an das Rückkehrgespräch ableiten: Auf der einen Seite gilt es, die Bewußtseinspflichtigkeit motivationaler Fehlzeiten nicht überzubewerten, d.h. Krankheiten und Fehlzeitenverhalten in ihrer Gänze **nicht** als Gegenstand bewußter, willentlich gesteuerter Prozesse zu behandeln. Auf der anderen Seite ist es unerläßlich, den Blick über Fehlzeiten hinaus auch auf andere Formen der Minderleistung zu lenken und bei der Konstruktion des Gesprächsinstruments darauf zu achten, daß diese Formen verminderter Leistung nicht im Fehlzeitenfokus unterbelichtet werden. Sollte die in weiten Teilen unbewußte Thematik von sich gesundheitlich niederschlagenden Beanspruchungsfolgen (gleich welcher Provenienz) allein auf der Ebene bewußten und beeinflußbaren Handelns thematisiert werden, bestünde die Gefahr, bewußte Formen der Minderleistung und Leistungszurückhaltung erst zu provozieren, was bei Gestaltung und Einsatz des Gesprächs unbedingt zu berücksichtigen wäre, um andernfalls würden geringere Fehlzeiten über eine kognitiv bewußtseinspflichtige Transferleistung erkauft und mit willentlich fokussierten Copingstrategien innerhalb der (krankheitsgetrübten und leistungsverminderten) Anwesenheit bezahlt werden. Eine auf der Metaebene stattfindende Thematisierung bürge also die Gefahr, daß den Mitarbeitern eine zweifelhafte Verantwortlichkeit für die Herbeiführung einer Fehlzeit zugeschrieben werden könnte.[192] Dies Verantwortlichkeit könnte dazu beitragen eine hohe Reaktanz aufzubauen, die in die Schaffung von Freiräumen innerhalb der Arbeit münden könnte, die einerseits zur Regeneration ihrer Arbeitskraft genutzt, aber auch symbolisch als Ausdruck ihrer eigenen körperlich und seelischen Selbstbestimmung begriffen werden könnte. Würde dieser Effekt durch die Rückkehrgespräche freigesetzt, bestünde nur noch wenig Aussicht darauf, in und mit ihnen soziale Unterstützung und Integration transportieren zu können, womit zentrale gesundheitsrelevante Ressourcen zugunsten isolierter und mechanistischer Fehlzeitenbeeinflussung verloren gingen.

In einem **ersten Schritt** soll nun geklärt werden, welche strukturellen Gestaltungsparameter das Rückkehrgespräch idealtypisch aufzuweisen hat, um überhaupt als ein integratives ‚**Ressourcengespräch**' fungieren zu können. Im **zweiten Schritt** wird dann zunächst generell zu beantworten sein, welche sozialintegrative Wirkung von den Rückkehrgesprächen unter Berücksichtigung dieser Gestaltungsparameter ausgehen kann. Weiterhin soll die Frage von Bedeutung sein, inwiefern Wirkungen innerhalb des skizzierten Rahmenmodells zu erwarten sind.

Aus diesen Betrachtungen wird hernach eine umfassende Beurteilung der Wirksamkeit des Rückkehrgesprächs als Gesprächsinstrument mit Fehlzeiten- und Leistungsfokus abgeleitet. Abschließend sollen illustrierend Ergebnisse einer Fallstudie präsentiert werden, in deren Verlauf ein Rückkehrgespräch fest in der betrieblichen Routine etabliert worden ist, das den o.a. Gestaltungsparametern im wesentlichen entspricht. Die Ergebnisse dieser Fallstudie ergänzen mit einigen wichtigen Hinweisen die Gestaltungsvorschläge und zeigen Wirkungen auf, die im betrieblichen Kontext auf den Einsatz des Rückkehrgesprächs zurückgeführt werden und die zudem als eine erste - fallweise – Überprüfung des Rahmenmodells gelten können.

Betrachtet man die vorliegende Literatur zu dem Gesprächsinstrument Rückkehrgespräch, so springen drei zentrale Aspekte unmittelbar ins Auge:

- Rückkehrgespräche können dazu beitragen, Ursachen von Erkrankungen und Beeinträchtigungen zu thematisieren sowie diese über Maßnahmen sowohl der Verhältnis- als auch der Verhaltensprävention zukünftig zu verhindern.

---

[192] Myrtek (1998) äußert darüber hinaus die Vermutung, daß die bewußte Auseinandersetzung mit Krankheitssymptomatiken dazu führen könne, kausale Attributionen vorzunehmen und neue funktionale Störungen entsprechend sensibel wahrzunehmen (ebd.: 54) Diese mentale Veränderung könnte sich dann in einem entsprechend fehlzeitenträchtigen Krankheitsverhalten niederschlagen.

- Rückkehrgespräche können durch Androhung von Sanktionen dazu beitragen, die Absentismusneigung zu verringern und die Fehlzeiten dadurch auf das Maß medizinischer Notwendigkeit zu reduzieren.
- Rückkehrgespräche transportieren soziale Unterstützung der Führungskraft und signalisieren die Bereitschaft, Belastungsrisiken abzubauen. Dadurch wirken sie als Puffer und Ressource von Gesundheit, die sich in einem „sozialen Immunsystem" verwirklicht.

Häufig werden diese drei Wirkungsweisen undifferenziert und insgesamt als Perspektive von Rückkehrgesprächen angeführt. Diese Wirkvorstellungen sind unter Berücksichtigung motivations- und streßtheoretischer Ergebnisse weder gesamtheitlich noch einzeln ohne weiteres zu bestätigen, wie die folgenden Ausführungen zeigen.

25.1 Ursachengespräche

Das Rückkehrgespräch ist ein Anlaßgespräch, das, wie der Name schon nahelegt, die Rückkehr des Mitarbeiters aus einer krankheitsbedingten Fehlzeit zum Anlaß für ein Gespräch nimmt und darauf abzielt, die Umstände, die zu dieser Fehlzeit geführt haben, zu klären und nach Möglichkeit zukünftig abzustellen. Damit liegt auch integrativen Rückkehrgesprächen die zentrale Annahme zugrunde, im Gespräch von krankheitsbedingter Abwesenheit auf deren Ursachen schließen zu können. Durch Kenntnis dieser Ursachen, so die weitere Annahme, ließen sich Informationen darüber gewinnen, wie eine erneute Abwesenheit in Zukunft verhindert werden könnte. Die Erfolgshypothese, das Rückkehrgespräch beeinflusse durch diese Kenntnis positiv den Krankenstand, setzt voraus, daß man die betrieblichen Ursachen der Erkrankung zweifelsfrei erkennen, benennen und bekämpfen kann. Doch gerade diese Annahme steht vor dem Hintergrund eines transaktionalen Streßverständnisses einer wesentlichen Einschränkung gegenüber: Die Verursachungsgründe sind multikausal miteinander verwoben, wissenschaftlich nur rudimentär erforscht und einer kognitiven, und zudem von subjektiven (Vor-) Urteilen geprägten Laiendiagnostik Betroffener nur schlecht zugänglich.

Zudem hat das Rückkehrgespräch noch weitere Hürden zu bewältigen: Die Krankheit muß aus arbeitsrechtlichen Gründen zunächst einmal aus dem Gesprächskontext ausgeklammert werden. Die Diagnosen der Krankheit unterliegen dem Datenschutz, so daß sie aus dem betrieblichen Rahmen herauszuhalten sind. Die Krankheit behält damit weiterhin ihre ‚private Seite' und wird ausschließlich in ihren betrieblichen Folgen, also der krankheitsbedingten Abwesenheit, thematisiert, so daß die Hypothese ‚kränkender Arbeitsbedingungen' also bestenfalls implizit mitschwingt. Den Bezug im Gespräch dennoch zweifelsfrei herstellen zu können, ohne auf die eigentliche Erkrankung zurückgreifen, Diagnosen überprüfen und Absentismus unterstellen zu müssen, ist ein dialogischer Balanceakt, der viel Fingerspitzengefühl erfordert und der Gesprächsführung den Verzicht sowohl auf strukturelle als auch persönliche Repressionen abverlangt.

25.2 Abschreckungsgespräche

Rückkehrgespräche können dazu genutzt werden, Signale an Absentisten zu senden, demzufolge Abwesenheiten, sofern sie nicht auf krankheitsbedingte Gründe zurückzuführen sind, vom Unternehmen erspürt und geahndet werden. Diese Intention ist aber, wie die obigen Ausführungen gezeigt haben, mit erheblichen Einschränkungen verbunden. Sie läßt sich nur als Folge mehrfacher mißglückter Integrationsversuche konzipieren und aus der Annahme ableiten, daß die starke Häufung von Fehlzeiten innerhalb eines begrenzten Zeitraumes zweifelsfrei auf eine mißbräuchliche Inanspruchnahme der Krankschreibung zurückzuführen sei. Diese Gesprächsintention gründet also auf der Annahme, krankheitsbedingte Fehlzeiten und Absentismus seien in der Praxis voneinander zu unterscheiden und durch Führungskräfte zu diagnostizieren, was im ersten Teil dieser Arbeit bereits umfassend diskutiert wurde. Dort wurde herausgestellt, daß diese Differenzierung nur von rein konzeptioneller Bedeutung ist und sich in der Realität im multikausalen Zusammenhang der Entstehung von Fehlzeiten aufhebt, so daß Führungskräfte, die mit der Aufgabe betraut sind, diesen Zusammenhang zu erfassen, vor einer unlösbaren Aufgabe stehen.

Dieser Eindruck verschärft sich insofern, als es dem Unternehmen grundsätzlich vorbehalten bleibt, mit auffälligen Mitarbeitern Gespräche zu führen, sie zur Überprüfung ihrer Diagnose an den kassenärztlichen Dienst zu verweisen und sogar unter bestimmten Voraussetzungen eine krankheitsbedingte Kündigung auszusprechen (Boßmann 1999; Galahn 1994). Damit drängt sich der Verdacht auf, daß mit dem repressiven Rückkehrgespräch ein in der Breite wirkendes Instrument eingesetzt wird, das jedoch auch tiefenwirksam sein soll. Vieth (1996) vergleicht es deshalb mit einer Schrotflinte, die nicht nur die willentlich absenten Personen außer Gefecht setzt, sondern auch andere Personen in Mitleidenschaft zieht (ebd.: 39ff.). Offensichtlich erfordern repressive Rückkehrgespräche damit einen sehr hohen Aufwand, erweisen sich in der repressiven Einsatzperspektive jedoch als ineffizient, was ihre allgemein hohe Akzeptanz fraglich erscheinen läßt.

Die Beliebtheit repressiver Gespräche läßt sich also nicht mit ihrer Wirksamkeit sondern eher damit begründen, daß die Gespräche die Verantwortlichkeit für Fehlzeiten und Absentismus an die direkten Führungskräfte delegiert und eine unangenehme Aufgabe damit formal und institutionalisiert auf die Ebene des Arbeitsvollzuges transferiert wird, was den breiten Einsatz durchaus legitimieren kann. Die integrative Perspektive die selbst in repressiven Gesprächen zuerst eingenommen wird, kann mit dieser Form der Gespräche jedoch nicht erreicht werden. Der Repressionsgehalt konterkariert vielmehr die anfänglich integrative Zielsetzung und führt zu einem Verlust an Glaubwürdigkeit und fördert darüber hinaus das Entstehen von Mißtrauen (Neubauer 1999: 101f.; Nieder 2000: 158ff.).

25.3 Integrationsgespräche

Rückkehrgespräche, so drängt es sich in den Ausführungen über die moderierenden Ressourcen ‚Handlungsspielraum' und ‚soziale Unterstützung' fast zwingend auf, scheinen ein geeignetes Gesprächs- und Führungsinstrument darzustellen, Mitarbeitern diese Ressourcen bereitzustellen. Doch die Ergebnisse aus der motivationstheoretischen Betrachtung von Rückkehrgesprächen haben unzweifelhaft deutlich gemacht, daß dieser Effekt nur unter der Zielperspektive integrativer Gespräche zu erwarten ist. Repressive Gespräche, die allein auf eine Anwesenheitsverbesserung abzielen, konterkarieren einerseits den Aspekt der Gesundheit und sind andererseits auch unter der Leistungsperspektive als problematisch anzusehen, da sie Gefahr laufen, bei den Mitarbeitern Reaktanz auszulösen und das hierarchieübergreifende Sozialklima zu beeinträchtigen.

Das Aufbauen sozialer Unterstützungsnetzwerke zwischen Führungskräften und Mitarbeitern kann durch stufenweisen Einbezug von Sanktionen in den Gesprächszyklus, wie er kennzeichnend für repressive Gespräche ist, nachhaltig verhindert werden. Die strukturelle Repression dieser Gesprächsform verhindert die soziale Integration, mehr noch: Sie stört das Sozialklima zwischen Mitarbeitern und Führungskräften ganz erheblich, indem sie mechanistisch einen Rollenwechsel der Führungskraft vom Integrator zum Repressor vorschreibt. Nicht zuletzt wird dadurch ein Rollenkonflikt der Führungskraft künstlich über das Gespräch initiiert.

Dies ist bei nicht-repressiven Gesprächen, die auf eine solche Abstufung verzichten, nicht der Fall, da bei ihnen die Integration der zurückgekehrten Mitarbeiter an erster Stelle steht und sie damit eine Einflußnahme sowohl auf den Krankheitskontext als auch auf den Zusammenhang der Minderleistung anbieten. Unter dieser Perspektive ist das Rückkehrgespräch aus drei Gründen besonders interessant:

- Erstens bietet das Rückkehrgespräch eine Gesprächsplattform für Führungskräfte und Mitarbeiter, auf der strukturelle Mängel und Stressoren besprochen werden können; demzufolge zeichnen sich hier Schnittstellen zu verhältnispräventiven Maßnahmen ab, die auf die Ressource Handlungsspielraum und damit auch direkt auf motivationale Kontexte verweisen.
- Zweitens können die Gespräche Ort der Etablierung sozialer Unterstützungsnetzwerke sein.

- Drittens können Rückkehrgespräche aufgrund der bewußten Thematisierung von Arbeitsbedingungen, arbeitsbedingten Gefahren und –risiken eine verhaltenspräventive Wirkung entfalten.

Nicht-repressive Rückkehrgespräche, die diese Ziele verfolgen, werden deshalb auch als integrative Gespräche bezeichnet; kennzeichnend für diese im Inhalt nicht repressiven Gespräche sind die folgenden strukturellen Merkmale (Piorr/ Taubert 2000: 7):

- Grundsätzliche Gesprächsverpflichtung nach jeder Erkrankung,
- grundsätzliche ‚fürsorgliche' Gesprächsverpflichtung ohne Ausnahme spezifischer Diagnosen,
- Verzicht auf einen ‚kritischen' Betrachtungszeitraum,
- Verzicht auf ein abgestuftes Gesprächssystem.[193] Der Gesprächsführung durch die Führungskraft kommt hier eine eindeutig integrative Funktion zu, die Androhung von Sanktionen entfällt strukturell und der Mechanismus zwingend eskalierender Repressionen im Gesprächszyklus wird ausgehebelt,
- Protokollierung wichtiger Gesprächsergebnisse und Vereinbarungen, um sowohl die regelmäßige Durchführung zu überwachen als auch der Verbindlichkeit der Vereinbarungen einen formalen Rahmen zu geben.

Der Erfolg von nicht-repressiven Rückkehrgesprächen hängt neben der Beachtung dieser strukturellen Merkmale von ihrem Einführungsprozeß, von ihrer betrieblichen und betriebskulturellen Einbindung sowie von der Gesprächsführung durch die Führungskräfte ab. Entsprechende dialogische Kompetenzen sind hier als Grundanforderung anzusehen. Die strukturellen Merkmale der Gespräche können durch die folgenden Rahmenbedingungen der Durchführung umgesetzt werden:

- Zeitnahe Durchführung, die eine Integration anlaßbezogen sicherstellt,
- Verankerung der Durchführungsverantwortung in einem Steuerungsgremium, das mit den notwendigen Kompetenzen ausgestattet ist, um sowohl die Etablierung des Instruments als auch den kontinuierlichen Einsatz sicherzustellen,
- Einleitung von Veränderungen durch Führungskräfte und Steuerungsgremium in den Fällen, in denen Veränderungswünsche und Vorschläge der Mitar-

[193] Unbeschadet davon kann die Personalabteilung bei entsprechender Häufung der Fehlzeiten ihrerseits Gebrauch von ihrer disziplinarischen ‚Überstellung' machen und weitergehende disziplinarische Maßnahmen anwenden.

beiter nicht unmittelbar von den direkten Führungskräften umgesetzt werden können,

- Bereitstellung von Unterstützungs- und Trainingsmaßnahmen zur Sicherstellung der kommunikativen Qualifikationen der gesprächsführenden Führungskräfte sowie Einbindung der Gespräche in den Führungsalltag der Führungskräfte.

Als notwendige Anforderungen an die kommunikativen Qualifikationen lassen sich die Gestaltung eines repressionsfreien Gesprächsrahmens und die Schaffung eines dialogischen Klimas ableiten, in dem beide Gesprächspartner gleichermaßen für das Ergebnis des Gespräches verantwortlich sind. Das bedeutet im Ergebnis:

Schaffung eines Klimas bzw. einer Atmosphäre der **Achtung und Wertschätzung**, in der eine dialogische Gesprächssituation die Wahrnehmung **gegenseitigen Respekts** ermöglicht und dazu beiträgt, einen **gemeinsamen und verbindlichen Blickpunkt** einzunehmen. Nicht zuletzt ist dies abhängig von einer geklärten und **akzeptierten Machtbeziehung,**[194] die sich in einer angstfreien und erwartungsstabilen Gesprächssituation offenbart.

Mit der Erfüllung dieser strukturellen und kommunikativen Anforderungen sind auch die notwendigen Bedingungen erfüllt, Repressionen zu vermeiden und die Grundlage einer integrativen Funktion des Rückkehrgesprächs bereitzustellen.

Piorr et al. (2000) haben den Einführungsprozeß eines nicht-repressiven Rückkehrgesprächs[195] bei den Wirtschaftsbetrieben Oberhausen (WBO) begleitet, das diese strukturellen Merkmale berücksichtigte. Mit Hilfe einer standardisierten schriftlichen Befragung haben sie den Einfluß der Einhaltung der strukturellen Merkmale und Rahmenbedingungen auf Klima und Atmosphäre untersucht, die die Grundlage für eine Entfaltung sozialer Unterstützung bilden.[196] Insgesamt

---

[194] Unter einer geklärten und akzeptierten Machtbeziehung wird keinesfalls eine notwendigerweise symmetrische Machtbeziehung verstanden, die ohnehin eher selten in Unternehmen anzutreffen ist. Sie ist lediglich durch die Akzeptanz und Anerkennung des bestehenden Machtdifferentials gekennzeichnet.

[195] Die Rückkehrgespräche bei den WBO sind analog zu diesen Bedingungen als wenig repressive Gespräche konzipiert worden: Erst ab der 4. Fehlzeit findet ein Fehlzeitengespräch statt, das dann aber allein durch einen Vertreter der Personalabteilung geführt wird.

[196] Die begleitende Erhebung sollte sicherstellen, daß die Rückkehrgespräche in einer Situation stattfanden, die die Herausbildung sozialer Unterstützungsnetzwerke begünstigte und so langfristig und nachhaltig auf den Krankenstand wirkte. Ziel der Begleitevaluation war also nicht die Erhebung von sozialer Unterstützung, sondern die Evaluation der **notwendigen** Bedingungen zur Ausformung sozialer Unterstützung. So beschränkte sich das Forschungsinteresse in dieser Erhebung grundlegend darauf zu klären, ob die Rückkehrgespräche überhaupt in der Lage sind, die Bedingungen zu erfüllen, vor deren Hintergrund die Ausprägung sozialer Unterstützung etc. erwartet wurde.

zeigt die Auswertung, daß die Erwartungen an die Rahmenbedingungen an ein zeitnah geführtes Gespräch unmittelbar nach der Rückkehr weitgehend eingelöst werden konnten:

- Die Hälfte der Führungskräfte hat kurz vor der Rückkehr ihrer Mitarbeiter von deren Genesung erfahren, die andere Hälfte am Tag der Rückkehr.[197]
- Die Führungskräfte kündigten das Rückkehrgespräch mit geringen Ausnahmen direkt im Anschluß an.
- Die Gespräche selbst wurden zumeist direkt am Tag der Rückkehr geführt, spätestens jedoch drei bis vier Tage nach der Rückkehr.

Insgesamt konnten auch die inhaltlichen Erwartungen an das integrative Gespräch erfüllt werden: In der Einführungsphase genoß das Rückkehrgespräch sowohl bei den Mitarbeitern als auch bei den Führungskräften eine hohe Akzeptanz, was sich in dem hohen Maß an Achtung und Wertschätzung, gegenseitigem Respekt und der Einnahme eines gemeinsamen und verbindlichen Blickpunkts sowie einer weitestgehend akzeptierten Machtbeziehung ausdrückte. Es wurde zudem deutlich, daß die Gespräche sehr vorsichtig geführt wurden, d.h. die Gesprächspartner waren sehr darauf bedacht, sich nicht ‚weh zu tun', unangenehme Gesprächsinhalte also weitgehend zu vermeiden. Darüberhinaus ging die Untersuchung der Frage nach, ob integrative Gespräche dazu beitragen können, verbindliche Vereinbarungen sowohl bezüglich der Gestaltung von Arbeitsbedingungen als auch bezüglich Maßnahmen der Verhaltensprävention zu treffen.

Die streßtheoretischen Überlegungen, die im dritten Teil dieser Arbeit ausführlich aufgearbeitet werden, legen den Schluß nahe, daß die komplexen Prozesse der Streßgenese im Rückkehrgespräch nur mit zweifelhaftem Erfolg thematisiert werden können: Sie laufen häufig im Verborgenen ab und lassen sich nicht eindeutig in einer Wechselwirkung ursächlich festschreiben. Dies gilt sowohl für die Gestaltung von Arbeitsbedingungen als auch auf die möglichen verhaltenspräventiven Vereinbarungen. Das Ergebnis entspricht denn auch diesen skeptischen Erwartungen: Nur in wenigen Fällen wurden Vereinbarungen getroffen, die sich zudem auf sehr simple, fast banale Selbstverständlichkeiten des Arbeits-

---

Insgesamt nahmen 45 Vorgesetzte und 289 Mitarbeiter an der Befragung zu den Rückkehrgesprächen teil. Von den Vorgesetzten sind 466 Bögen in die Auswertung eingegangen, denen 381 Bögen von Mitarbeitern gegenüberstehen. Die Anzahl der Rückkehrgespräche, die von den Führungskräften geführt wurden, schwankte zwischen einem und 40 Gesprächen, wobei sechs Führungskräfte nur ein Gespräch führten und eine Führungskraft 40 Gespräche aufzuweisen hatte.

[197] Die Gespräche nahmen eine durchschnittliche Dauer von ca. 20 Minuten in Anspruch, wobei die Werte zwischen fünf und fünfzig Minuten streuten.

schutzes bezogen.

Demzufolge läßt diese Untersuchung den Schluß zu, daß sich Rückkehrgespräche nur bedingt als Ursachengespräche einsetzen lassen. Der Einsatz von Gesundheitszirkeln scheint als partizipatives Gesprächsinstrument mit dem Anspruch der Problemlösung erfolgversprechender zu sein (Brandenburg 1994; Friczewski 1994; Westermayer/ Bähr 1994).

25.3.1 Vermittlung sozialer Unterstützung

Betrachtet man die unterschiedlichen Wirkungsvorstellungen, die an das Rückkehrgespräch herangetragen werden, so kann zusammenfassend festgehalten werden, daß Rückkehrgesprächen auf der Ebene der operativ wirkenden Verhaltens- und Verhältnisprävention nur eine eingeschränkte Wirksamkeit zugestanden werden kann. Die mechanistisch-kausale Konstruktion des Instruments beeinträchtigt bei dem zugrundliegenden komplexen, multikausalen Problem die Ableitung von direkten Wirkungen, so daß die verbleibenden Wirkungen mehr indirekt, nämlich auf der betriebsklimatischen Ebene erzeugt werden, was ihnen keine geringere Bedeutung verleiht, wie der streßpuffernde Effekt sozialer Unterstützung als Ergebnis der Forschungen um das Streßkonzept gezeigt hat.

Rückkehrgespräche können in ihrer Wirkung da ansetzen, wo eine intensive persönliche Führung von Mitarbeitern sonst häufig im Tagesgeschäft untergeht, indem sie das Thema Gesundheit anlaßbezogen auf die Tagesordnung setzen: Arbeitsbedingungen und Bewältigungsschwierigkeiten können unter den o.a. Schwierigkeiten prinzipiell besprochen werden. Dabei symbolisieren die Gespräche den organisationalen Wert einer vertrauensbasierten Führungskultur (oder begünstigen den Effekt einer „vertrauensbildenden Maßnahme“: Westermayer 1999 o.S.), Führungskultur. Rückkehrgespräche können damit einer Wirkung auf vier Ebenen dienen:

- der Stärkung von Mitarbeiterbeteiligung und Eigenverantwortlichkeit,
- der Intensivierung von Führung,[198]
- der Etablierung und Stärkung von Bewältigungspotentialen,
- der Erzeugung von sozialen Verbindlichkeiten zwischen Führungskraft und Mitarbeiter sowie einem Aufbau sozialer Unterstützungsnetzwerke.

Insbesondere der letzte Punkt verspricht eine langfristige Wirkung durch den klimaverbessernden Effekt intensivierter Mitarbeiterführung.

---

[198] Dies gilt umso mehr, je höher die Kontroll- oder Leitungsspanne in einem Betrieb ist. Nieder (1992a) führt an, daß diese Spannen in der Praxis nicht selten 40 bis 10 Mitarbeiter aufweisen und damit eine intensive Mitarbeiterführung stark erschweren (ebd., Sp. 8).

> "Da der Zusammenhang zwischen Vertrauen einerseits und Kommunikation, Kooperation und sozialer Unterstützung andererseits sehr eng ist, kommt der Entwicklung einer sozialen Umgebung am Arbeitsplatz, die durch hohes Vertrauen gekennzeichnet ist, eine hohe Priorität zu. Eine solche Atmosphäre hohen Vertrauens dient nicht nur der erfolgreichen Aufgabenbewältigung, sondern stellt auch einen individuellen Schutzfaktor gegen Streß und Überlastung dar [...]" (Bierhoff 1995: 2156).

Hierzu können regelmäßige Gespräche prinzipiell beitragen, wobei sich das Rückkehrgespräch hier als anlaßbezogenes Gesprächsinstrument in einen größeren kommunikativen Kontext einreiht. Dabei darf aber die Tatsache nicht außer acht gelassen werden, daß Rückkehrgespräche allein nur einen geringen Einfluß auf Krankenstände nehmen. Sie entfalten ihre Wirkung nur in der Gesamtheit betrieblich-sozialer Bezüge.

Damit sind jedoch vor dem Hintergrund einer integrativen Gesprächskultur wesentliche Signale gesetzt, die einen deutlichen Gesprächsbezug zum Themenfeld der Inneren Kündigung aufweisen, da Reaktanz bei ‚gelungenen' Gesprächen durch den Verzicht auf Repressionen weitgehend vermieden werden kann. Zudem kann die wechselseitige Verbindlichkeit zwischen Mitarbeiter und Führungskraft dazu beitragen, willentliche, also nicht ursächlich durch Krankheit erzwungene Fehlzeiten zu vermeiden. Sie hilft dem Syndrom Innerer Kündigung dadurch vorzubeugen, daß den Interessen der Mitarbeiter stärker entsprochen und diesen ein Gefühl der Bedeutsamkeit vermittelt wird (Hilb 1992; Faller 1993). Schließlich wird die Einbindung der Mitarbeiter ins Unternehmen und dessen Identifikationspotential durch Etablierung von Rückkehrgesprächen erhöht.

Die vorangehenden Ausführungen zeigen neben den Hindernissen zugleich den hohen qualitativen Anspruch an die Gesprächssituation auf, der eingelöst werden muß, um die vergangene Krankheit zum Ausgangspunkt präventiver Überlegungen machen zu können. Ein Klima vertrauter bzw. vertraulicher Verbindlichkeit zeichnet sich hier als eine wesentliche Rahmenbedingung erfolgreicher Rückkehrgespräche ab. Jedoch bleibt neben den o.a. strukturellen Bedingungen abzuklären, welche kommunikativen Bedingungen das Rückkehrgespräch erfüllen muß, um der Zielvorstellung entsprechen zu können, kommunikativer Ort der Vermittlung sozialer Unterstützung zu sein.

25.3.2 Wirkung sozialer Unterstützung

Schwarzer und Leppin (1990) weisen darauf hin, daß soziale Unterstützung sowohl als soziales Verhalten[199] als auch als kognitives Konzept aufgefaßt werden kann. Während sich ersterer Aspekt auf die Wahrnehmung tatsächlich erhaltener sozialer Unterstützung, dem ‚Abpuffern' von Belastungen' bezieht, beschreibt letzterer Aspekt soziale Unterstützung als eine protektive prospektive Ressource, deren Nutzung optional erfolgen kann. Dieser Aspekt ist als der Haupteffekt sozialer Unterstützung anzusehen (ebd.: 397ff.).[200] Entscheidend für das Entstehen von sozialer Unterstützung als protektiver Bewältigungsressource ist also eine wechselseitige, soziale Beziehung, die sich durch **soziale Verbindlichkeit** auszeichnet. Mit dieser Bezeichnung wird zum Ausdruck gebracht, daß nicht allein die tatsächliche und aktuelle Unterstützung zur Bewältigung beiträgt, sondern daß spezifisches Wissen, Wollen und soziales Können Grundlage der Wirksamkeit sozialer Unterstützung sind. Sind diese Bedingungen gegeben, kann soziale Unterstützung als Bewältigungsressource wirksam werden. Das Gefühl wechselseitiger sozialer Unterstützung drückt sich damit als Gewißheit aus, die bereitgestellten externalen sozialen Ressourcen als Gegenstand des zur Verfügung stehenden Bewältigungspotentials zu begreifen, und beeinflußt damit das eigene Konzept von Selbstwirksamkeit, -bewertung und -einbindung. Dementsprechend stärkt soziale Unterstützung die Selbstregulationsfähigkeit durch die subjektive Gewissheit, in potentiell schwierigen Situationen bestehen zu können.

Antonovsky (1993) bezeichnet eine solche subjektive Gewißheit als *sense of coherence* und meint damit:

> „Eine globale Orientierung, die das Ausmaß ausdrückt, in dem jemand ein durchdringendes, überdauerndes und dennoch dynamisches Gefühl des Vertrauens hat, daß die Anforderungen aus der internalen oder externalen Umwelt im Verlauf des Lebens strukturiert, vorhersehbar und erklärbar sind und daß zweitens die Ressourcen verfügbar

---

[199] In diesem Zusammenhang weisen sie auch auf die unterstützende Wirkung bei einem sich entwickelnden positiven Gesundheitsverhalten wie z.B. der Raucherentwöhnung hin. Diese Aspekte der Verhaltensänderung sollen hier aber nicht weiter verfolgt werden, da Betriebe nur sehr selten den Ort therapeutischer Verhaltensänderungen darstellen werden. Im Einzelfall wird diese Wirkung aber sicherlich auch im betrieblichen Kontext anzutreffen sein.

[200] Die Autoren skizzieren in ihrem Artikel eine Meta-Analyse über die gesundheitlichen Auswirkungen sozialer Unterstützung und weisen darauf hin, daß insbesondere die Wirkung erhaltener sozialer Unterstützung von einer Reihe von Nebenbedingungen beeinflußt wird, wie z.B. der Art der Hilfe, der vorliegenden Vulnerabilität, der Stärke der Problematik, dem tatsächlich realisierbaren Rückgriff auf zuvor angebotene Hilfe etc. Insofern ist der vergleichsweise geringe gemessene Einfluß erhaltener sozialer Unterstützung auf die zugrundeliegenden Wechselwirkungen zurückzuführen, nicht jedoch notwendigerweise auf die geringe grundsätzlich Wirkung realisierter Unterstützung.

sind, die nötig sind, um Anforderungen gerecht zu werden. Und drittens, daß diese Anforderungen Herausforderungen sind, die Investitionen und Engagement verdienen" (ebd.: 12).

Der *sence of coherence* ist grundsätzlich von einem Copingstil zu unterscheiden, wie er in streßtheoretischen Modellen beschrieben wird. Er beschreibt die Fähigkeit zur Auswahl und Heranziehung effektiver Bewältigungsressourcen. Er basiert auf dem Gefühl der Verstehbarkeit (als kognitivem Aspekt), dem Gefühl der Machbarkeit (als pragmatischem Aspekt) und dem Gefühl der Bedeutsamkeit (als emotionalem Aspekt) (ebd.: 12). Damit geht der *sence of coherence* über eine rein individualpsychologische Funktion hinaus, wie sie mit Copingstilen beschrieben werden. Er thematisiert grundsätzlich die Einbindung einer Person sowohl in einen organisatorischen als auch in einen interaktiven Kontext, d.h. er läßt sich auf die Wahrnehmung und Nutzung von Handlungsspielräumen beziehen, aber auch auf die soziale Unterstützung in der Interaktion von Personen. In der Perspektive sozialer Unterstützung kommt dieser Gewißheit die Funktion einer Bewertung der Beziehung zu: Erst wenn dem potentiellen sozialen Unterstützungsnetzwerk die soziale Verbindlichkeit zuzuschreiben ist, kann sich diese Gewißheit in einer internen Kontrollüberzeugung als stabiles Selbstbewußtsein entfalten (Ducki 1998: 151).[201] Soziale Verbindlichkeit stellt somit einen möglichen Wirkmechanismus sozialer Unterstützung dar, der auf der Basis einer vertrauensvollen Beziehung ressourcielle Geltung erlangt (Piorr et al. 2000). Vertrauen innerhalb sozialer Netzwerke wird damit zur zentralen Größe in der Wirksamkeit sozialer Unterstützung und stellt neben dem individuellen Schutzfaktor gegen Streß und Überlastung auch eine unterstützende Bedingung erfolgreicher Aufgabenbewältigung dar.

Vertrauen hat somit auch für das persönliche Wohlbefinden eines Individuums eine entscheidende Bedeutung. Die objektive Belastung und die subjektive Beanspruchung sinken mit zunehmender sozialer Unterstützung, d.h. die objektiv gleiche Situation wird als weniger unangenehm erlebt, wenn einer Person soziale Unterstützung zugesichert wird (Regnet 1991: 83; Bleicher 1994: 16).[202] Dementsprechend kommt dem Vertrauen als der Basis sozialer Unterstützung eine zentrale Bedeutung beim Aufbau sozialer Unterstützungsressourcen zu.

---

[201] Westermayer (1998) diskutiert in diesem Zusammenhang organisatorisch-strukturelle Gestaltungsoptionen, die er als Grundbedingungen für die Entstehung eines solchen sence of coherence betrachtet. Dies sind: Vorhersehbarkeit durch Information und Kommunikation, Handhabbarkeit, sichergestellt durch Verfügbarkeit entsprechender Mittel, und Sinnhaftigkeit der Arbeit, vermittelt durch die Möglichkeit, individuelle, kollektive und betriebliche Ziele miteinander zu verbinden (ebd.: 122ff.).

[202] Zu praxisorientierten Tipps, Streß im sozialen Umfeld zu vermeiden und die soziale Gesprächssituation zur Herausbildung sozialer Unterstützungsnetzwerke zu nutzen vgl. Bundesanstalt für Arbeitsschutz und Arbeitsmedizin (1998). Zur Optimierung der persönlichen Streßbeanspruchung vgl. Kastner (1999a).

Vertrauen wird unter zweierlei Gesichtspunkten diskutiert: Einerseits wird es prospektiv definiert als das Übertragen von Zutrauen auf Personen oder abstrakte Systeme, das auf der Grundlage eines schlagartigen Zuschreibens von Glaubwürdigkeit erfolgt (Giddens 1991: 244). In dieser Perspektive überbrückt es Unwissenheit oder Informationsmangel und kann als Investition in einer riskanten Situation begriffen werden; Unsicherheit wird über Vertrauen kompensiert (Nieder 1997: 25).

Andererseits wird Vertrauen retrospektiv als reflexives Resultat positiver Vorerfahrungen erklärt. Aufgrund vergangener, positiver Erfahrungen wird davon ausgegangen, daß zukünftige Entwicklungen einen ähnlichen Verlauf nehmen werden. In dieser Sichtweise wird die Investition des Vertrauens also als ‚abgesichert' betrachtet. Sie ist nach Grunewald (1995) von der Einhaltung der folgenden Bedingungen abhängig, die in wechselseitiger Beziehung zueinander stehen:

- Glaubwürdigkeit, die sich in der interaktiven und kommunikativen Übereinstimmung von Denken, Sprechen und Handeln ausdrückt,
- eine Grundhaltung, die Wohlwollen und Unterstützung symbolisiert,
- eine offensichtliche und durchgängig konsistente Orientierung an ethischen Handlungsprinzipien (ebd.: 8).

Die Ausbildung von Vertrauen wird von den folgenden Parametern positiv beeinflußt:

- A vertraut B aufgrund wahrgenommener Echtheit und Ehrlichkeit des Verhaltens von B;
- A unterstellt B eine wohlwollende Intention, da B den Eindruck hervorruft, rücksichtsvoll zu sein;
- A hat keinen Anlaß, B eine manipulative Absicht zu unterstellen;
- A verläßt sich auf B, weil B große Nachteile in Kauf nehmen müßte, wenn es zu einem Vertrauensbruch käme (Bierhoff 1995: 2148ff.; ders. ausführlicher 1997).[203]

[203] Gemünden und Walter (1995) identifizieren komplementär zu diesen Facetten vier Mißerfolgsfaktoren: Das „Nicht-Voneinander-Wissen"; das „Nicht-Miteinander-Zusammenarbeiten-Können"; das „Nicht-Miteinander-Zusammenarbeiten-Wollen" und das „Nicht-Miteinander-Zusammenarbeiten-Dürfen" (ebd.: 947).

Zu einem praktischen Beispiel erfolgreichen 'Vertrauensmanagements' Wilkesmann/ Taubert/ Piorr 2000.

Werden diese Bedingungen im Sprechakt des Rückkehrgesprächs erfüllt, dann kann sich die Beziehung zwischen Mitarbeitern und Führungskraft verfestigen.[204] Sie können sich verstärkt gemeinsam in ihrer Arbeitssituation definieren, verläßlich, kalkulierbar und unterstützend und somit verantwortlich füreinander und den gemeinsamen (Arbeits-) Kontext werden. Spannungen und Schwierigkeiten werden in den Arbeitsbedingungen tendentiell besprech- und bearbeitbar, so daß sie langfristig überwunden werden können. Zudem kann die Verbindlichkeit willentliche, also nicht ursächlich durch Krankheit verursachte Fehlzeiten vermeiden helfen und dem Syndrom Innerer Kündigung dadurch vorbeugen, daß den Interessen der Mitarbeiter stärker entsprochen wird und ihnen somit ein Gefühl der Bedeutsamkeit vermittelt wird (Hilb 1992; Faller 1993). Somit kommt Vertrauen eine doppelte Bedeutung zu: Als relevanter Wettbewerbsfaktor in modernen Organisationskonzepten sowie - im Rahmen innerer Verträge - als Garant zur Erreichung unspezifischer, organisatorischer Ziele, wie bei der Diskussion mikroökonomischer Vertragstheorien ausführlich diskutiert wurde. Darüberhinaus wurde herausgestellt, daß eine vertrauensvolle Einbindung von Mitarbeitern die Grundlage zur Überwindung arbeitsvertraglicher Lücken und damit ein wesentliches, flexibilitätssicherndes wirtschaftliches Potential besitzt. Der Stiftung von Vertrauen kommt also eine besondere Bedeutung als herausragende Aufgabe von Führungskräften zu, denn letztendlich zeichnen diese sowohl für Krankenstände als auch für Leistungen in ihrem Verantwortungsbereich verantwortlich.

[204] Zur Stabilisierung von Vertrauen in Sprechakten vgl. Wilkesmann 1998: 15ff.

Abb. 37: Vertrauen, soziale Verbindlichkeit und soziale Unterstützung

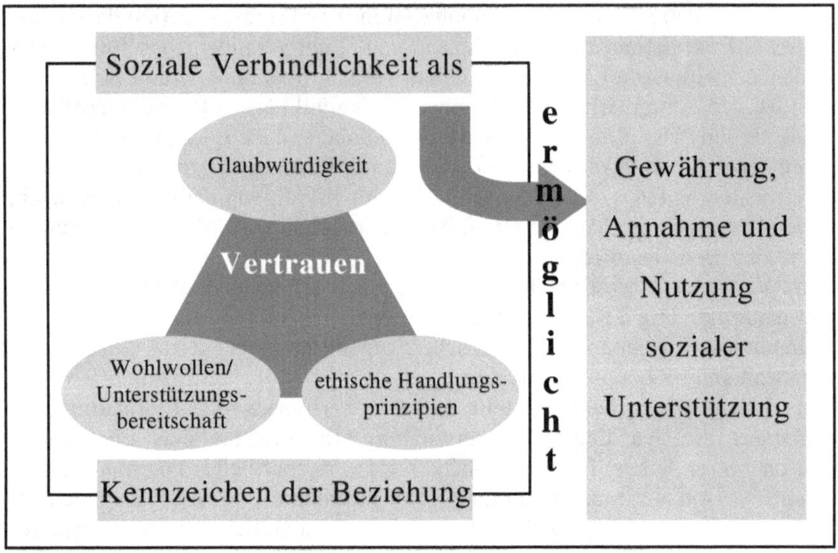

(eigene Anfertigung)

Unter dem Eindruck der vorgestellten Überlegungen spielt Vertrauen über diese motivationale Komponente hinaus eine zentrale Rolle: Es bildet die Grundlage zur Ausbildung sozialer Unterstützung und kann zum Nährboden eines ‚sozialen Immunsystems‘ werden, mit dem sowohl ‚motivationale‘ als auch ‚gesundheitliche Infekte‘ verhindert werden können (Taubert/ Piorr 1998b; 1999).

26. Rückkehrgespräche - Gesundheit und Leistung

Integrative Rückkehrgespräche können entsprechend der o.a. Argumentation unter den vorgestellten strukturellen Merkmalen und Rahmenbedingungen dazu dienen, soziale Unterstützung zu transportieren und dazu beitragen, Handlungsspielräume zu eröffnen bzw. objektiv vorhandene effektiver zu nutzen. Damit läßt sich plausibel annehmen, daß Rückkehrgespräche einen positiven Einfluß auf den Gesundheitszustand und in der Folge wohl auch auf das Arbeits- und Leistungsverhalten ausüben, quasi wie eine Sperrklinke in einem Getriebe, die das Zurückdrehen des Zahnrades verhindert.[205] Diese Wirkung ist allerdings nur präventiv unter der Verhinderungsperspektive von Leistungsminderung und –zurückhaltung zu erwarten, denn Rückkehrgespräche bieten nur in Kombination mit anderen Gesprächen ein Forum an, in dem motivationale Unpassungen umfassend thematisiert werden können (Kannheiser 1992: 205). Sie eignen sich damit nicht als isoliertes Instrument des ‚Fehlzeitencontrollings', sondern können ihre sozial integrative Funktion nur in einem entsprechend kommunikativen Klima entfalten.

Analog zu dem oben vorgestellten Rahmenmodell bietet sich über dieses Ergebnis hinaus noch eine weitergehende Analyse der Wirkperspektive von Rückkehrgesprächen an. Anhand der Modellvorstellungen wurde herausgearbeitet, daß dispositive Aspekte wie Handlungsorientierung und Frustrationstoleranz eine ebenso große Rolle spielen wie das Ausmaß der wahrgenommenen Situationskontrolle und die Selbstbewertung der wahrgenommenen Arbeitszufriedenheit. Aus diesen Parametern erwuchsen Folgen im Arbeits- und Leistungsverhalten, die Rückschlüsse auf gesundheitliche Auswirkungen zuließen. Im selben Zugriff läßt sich der mögliche Einfluß von Rückkehrgesprächen auf diese Parameter anhand des Rahmenmodells untersuchen. Damit können generelle Aussagen abgeleitet werden, in welcher Tiefe und mit welcher Perspektive Rückkehrgespräche im Kontext ‚Gesundheit und Leistung' Wirkungen erwarten lassen. Es sei aber nachdrücklich darauf hingewiesen, daß diese Wirkungen nur dann erwartet werden können, wenn die Gespräche in einer angemessenen Kommunikationskultur verankert sind, die den „fürsorglichen Dialog“ (Vieth 1997: 40) in einer entsprechenden Führungskultur einbettet. Rückkehrgespräche können dann dazu beitragen,

[205] Neubauer (1999) vermutet darüber hinaus, das eine gegebene Vertrauensbeziehung, wie sie durch Rückkehrgespräche angeregt werden kann, die Anwendung der Norm der Reziprozität in einem unspezifischen Kontext fördern könne und in der Folge eine leistungsförderliche Wirkung entfalten könne.

- die Ausnutzung der gegebenen Situationskontrolle positiv zu beeinflussen, da in einer interaktiven Situation Handlungswille und –möglichkeit durch die Führungskraft signalisiert wird, um Mißstände zu beheben.
- ein Forum zur Thematisierung konstruktiver Unzufriedenheit anzubieten und ihre Konstruktivität positiv als Gestaltungshinweis zu nutzen;
- Resignative Zufriedenheit mglw. aufzubrechen, indem die Grundlage der Resignation bearbeitet wird, obgleich dies aufgrund des verhältnismäßig stabilen Arrangements mit diesem Zustand aber schwierig zu erreichen erscheint;
- Fixierte Unzufriedenheit mglw. einer konstruktiven Auseinandersetzung zuzuführen, obgleich auch hier aufgrund eines ähnlich stabilen Arrangements geringe Erfolgsaussichten zu erwarten sind;
- bewußtseinspflichte Bewältigungshandlungen im Sinne einer bewußten Leistungszurückhaltung zu verhindern, da die Gründe hierfür im Dialog besprochen und in fürsorglicher Verbindlichkeit der Interaktionspartner aufgelöst werden können;
- einer sich vollziehenden Inneren Kündigung Einhalt zu gewähren, wohingegen die Gespräche nur sehr bedingt dazu verhelfen werden, einen stabilen Zustand Innerer Kündigung zu verlassen.
- Erlernter Hilflosigkeit durch Perspektivbeeinflussung der Situationskontrolle vorzubeugen, obgleich sich eine Persönlichkeitsveränderung, die hinter Erlernter Hilflosigkeit verborgen ist, hierdurch nicht umkehren läßt.

Diese in der Summe positiven Perspektiven umreißen damit zugleich auch, worauf Rückkehrgespräche nicht einwirken können. Rückkehrgespräche können

- personale Dispositionen wie Lageorientierung oder die gegebene Frustrationstoleranz **nicht** nachhaltig verändern;
- auf stabile Arrangements – als Ausdruck abgeschlossener Bewältigung –nur sehr **bedingt** einwirken, sei dies nun auf den wahrgenommenen Zustand der Arbeitszufriedenheit oder aber auf ein angepaßtes Arbeits- und Leistungsverhalten bezogen.

Die folgende Grafik gibt diese Wirkperspektiven in der graphischen Darstellung des oben dargestellten Rahmenmodells wieder, wobei ein hoher Einfluß durch einen nicht umrandeten, flächigen Pfeil, ein mittlerer Einfluß durch einen gepunktet eingerahmten Pfeil und ein geringer Einfluß durch einen durchbrochen eingefaßten Pfeil dargestellt wird.

Abb. 38: Einfluß integrativer Rückkehrgespräche im Rahmenmodell

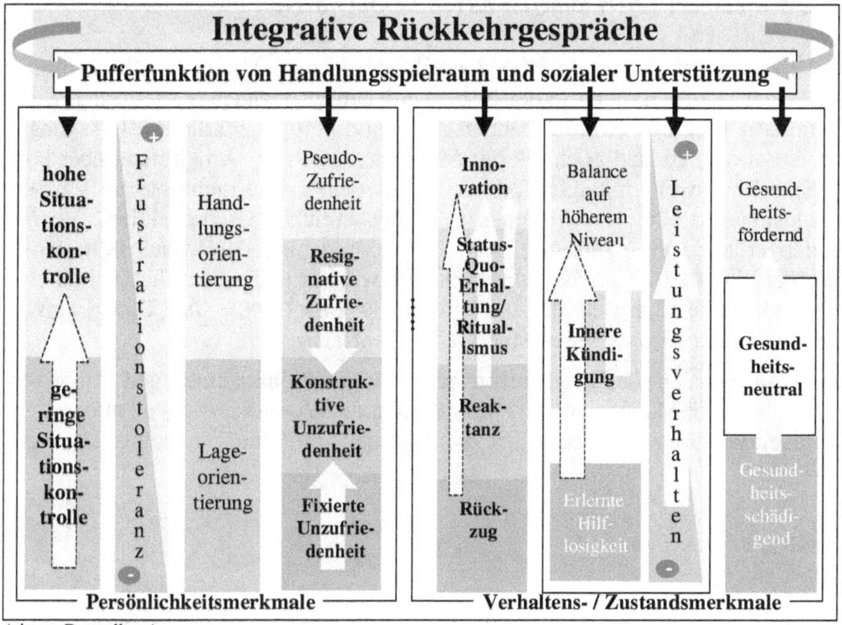

(eigene Darstellung)

Insgesamt kann damit festgehalten werden, daß Rückkehrgespräche sowohl auf das Arbeits- und Leistungsverhalten als auch auf die Gesundheit einwirken, wobei nochmalig darauf hingewiesen wird, daß sie diese Wirkung nicht als isolierte Maßnahme in einem kommunikationsfeindlichen Umfeld entfalten. Je stärker ausgeprägt die partizipative Führungs- und Kommunikationskultur ist, umso größer wird auch die Wirksamkeit von Rückkehrgesprächen sein. Die Rückkehr aus der Krankheit dient dann nicht zuletzt als (ein weiterer) Anlaß für die aktive Wahrnehmung der Personalführungsverantwortung durch Aufnahme eines (Rückkehr-) Gesprächs.

27. Fallbeispiel: Wirtschaftsbetriebe Oberhausen[206]

Im Februar 1995 führte die AOK-Rheinland - Regionaldirektion Oberhausen - eine Mitarbeiterbefragung in den Wirtschaftsbetrieben Stadtentwässerung, Straßenunterhaltung und Grünflächenunterhaltung durch. Wesentliches Befragungsergebnis war, daß „lediglich 8% der Mitarbeiter nach der Arbeit nicht über körperliche Beschwerden klagten". Außerdem deuteten die Ergebnisse auf Verbesserungspotentiale in verschiedenen Führungsbereichen (Betriebsklima, Vorgesetztenverhalten etc.) hin. Aus den Krankenstatistiken 1995 und 1996 ergab sich, daß vor allem im Arbeiterbereich nach wie vor außerordentlich hohe Fehlzeiten (1996: je nach Betrieb zwischen 11,20% und 15,40% incl. Dauerkranken und 8,93% und 13,04% ohne Dauerkranke) auftraten.

Daraufhin wurden vielfältige gesundheitsbezogene Maßnahmen und Initiativen angestoßen. Hier kamen sowohl Maßnahmen der Verhaltens- als auch der Verhältnisprävention zum Einsatz, wie die folgende Abbildung chronologisch zeigt.

---

[206] Mein besonderer Dank gebührt an dieser Stelle Frau Elke Heller, die die Einführung der Rückkehrgespräche auf seiten der WBO verantwortlich initiiert und eingeführt und mich mit vielen Informationen bereitwillig unterstützt hat.

Der Eigenbetrieb Wirtschaftsbetriebe Oberhausen wurde 1993 aus der damaligen Stadtverwaltung herausgelöst mit dem Ziel, die Leistungen durch betriebswirtschaftliche Maßnahmen deutlich zu verbessern. Seit dem 01.01.1996 ist die WBO Wirtschaftsbetriebe Oberhausen GmbH ein Unternehmen in Form einer Public Private Partnership und in die wirtschafltiche Unabhängigkeit überführt worden. Sie besteht aus den Betrieben 1 (Gebäude und Bäder), 3 (Kanäle und Straßen), 5 (Grün- und Sportanlagen, Friedhöfe) und 6 (Stadtentsorgung). Durch Abschluß eines Überleitungstarifvertrages wurde sichergestellt, daß die relativ „komfortablen" Arbeitsverträge des öffentlichen Dienstes weiterhin Anwendung fanden und eine Vielzahl sonst möglicher unternehmerischer Instrumente nicht eingesetzt werden konnten. Hieraus läßt sich auch ein Teil der Attraktivität des Instrumentariums Rückkehrgespräch in diesem Fall ableiten.

Maßnahmen	
Arbeitsplatzbesichtigungen	Juni 95 bis März 96
Referate zu den Themen: Arbeit- und Gesundheitsschutz Hygiene, Haut- und Körperpflege Vorbeugung vor Erkältungskrankheiten	 August bis November 95 Juli 96 September 95
Grippeschutzimpfung	September 95
Nichtraucherkurs	November 95
Individuelle Impfberatung	Mai 96
Test von Knieschützern in Betrieb 5	Mai 96
Projekt: Abhilfemöglichkeiten gegen Eindringen von Abgasen in Fahrerkabinen	ab 96
Informationen über Stand der betrieblichen Gesundheitsförderung in der Betriebszeitung	Mai 96
Beauftragung eines externen Beraters zur Konzeption von Maßnahmen zur Verbesserung der Mitarbeiterführung	November 96
Diskussion über Schutzkleidung	Januar 97
Muskeltraining für Mitarbeiter Betrieb 5 (Vorbereitung auf Pflanzzeit)	April 97
Seminar „Meister als Gesundheitsfaktor"	April 97
Umfrage zum Thema Hautschutz	Juni 97
Konzeption Rückkehrgespräch	Oktober 97
Anschaffung von Wetterschutzkleidung	Januar 98
Seminare für Führungskräfte/ Rückkehrgespräche ab	Januar 98
Externe Begleitevaluation	Januar 98 bis Oktober 98
Interne Begleitevaluation mit verändertem Bogen	ab November 98

Im November 1996 beauftragten die Wirtschaftsbetriebe auf Empfehlung der AOK ein externes Beratungsunternehmen[207] mit der Konzeption und Durchführung von Maßnahmen zur Verbesserung der Mitarbeiterführung. Erstes Ergebnis dieses Auftrages war das im April 1997 durchgeführte Seminar „Der Meister als Gesundheitsfaktor im Betrieb", mit dessen Hilfe den vermuteten Defiziten im Bereich der Mitarbeiterführung entgegengesteuert werden sollte. In diesem Seminar wurde die Bedeutung des Führungsverhaltens als integraler Bestandteil einer gesundheitsgerechten Personalführung herausgearbeitet und das Rückkehrgespräch als eines der wichtigsten Instrumente direkter Personalführung bei der Reduktion von Abwesenheiten vorgestellt. Im Anschluß daran ergab sich zwischen der Personalabteilung, dem Arbeitsdirektor der WBO und dem Beratungsunternehmen ein Diskussionsprozeß, in dem die Einführung und Vorgehensweise, sowie der Ablauf und die inhaltliche Ausgestaltung von Rückkehrgesprächen geplant wurden.

---

[207] In diesem Zusammenhang möchte ich insbesondere Prof. Taubert vom Institut für Management und Organisation IMO (GmbH) danken, an dessen Institut ich während der Anfertigung der Dissertation gearbeitet habe und der mich u.a. mit der Bearbeitung des Projekts ‚Rückkehrgespräche bei den Wirtschaftsbetrieben Oberhausen' betraut hatte.

Im Rahmen eines weiteren Workshops, der im Oktober 1997 stattfand, wurde das Rückkehrgespräch sowie die Planung seiner Einführung sowohl der Geschäftsführung als auch den Betriebsleitern vorgestellt. Dabei wurde beschlossen, den Mitarbeitern dieses Führungsinstrument auf einer Betriebsversammlung im November vorzustellen. Kurz danach wurden die Mitarbeiter durch ein Informationsschreiben, das über die Gehaltsabrechnung verteilt wurde, über Zweck und Ablauf des Rückkehrgesprächs informiert.

Als Einführungstag wurde für alle Betriebe gemeinsam der 1. Januar 1998 festgelegt.

Gleichzeitig wurde mit dem externen Beratungsunternehmen vereinbart, die ordungsgemäße Durchführung eines jeden Rückkehrgesprächs auf einem Formblatt, das an die Personalabteilung ging, zu protokollieren. Weiterhin wurde beschlossen, die im Gespräch vereinbarten Maßnahmen oder angeführten Mißstände ebenfalls auf dem Formblatt zu dokumentieren und die Rückkehrgespräche in der halbjährig angesetzten Einführungsphase begleitend durch den externen Berater evaluieren zu lassen, um sicherzustellen, daß neben der Einhaltung der strukturellen Bedingungen für ein integratives Gespräch auch die o.a. kommunikativen Anforderungen eingehalten werden. Diese Evaluation diente damit der Personalabteilung als interne Qualitätskontrolle, die es ermöglichte, eine Feinsteuerung bei der Etablierung des Rückkehrgesprächs vorzunehmen und sicherzustellen, daß das Gespräch trotz aller Vorsichtsmaßnahmen nicht doch noch repressiv genutzt wurde.[208]

Der Konzeption der Rückkehrgespräche lagen dabei die nachfolgend skizzierten Überlegungen zugrunde:

---

[208] Zu detaillierten Ergebnissen dieser begleitenden Projekt-Evaluation Piorr et al. 2000.

27.1 Konzept, Einsatz und Durchführung

Die Rückkehrgespräche bei den WBO sind analog zu den oben eingehend diskutierten Bedingungen als integrative, wenig repressive Gespräche konzipiert (Heller 1999):

Erst ab der vierten Fehlzeit ist die Möglichkeit einer Repression im **Fehlzeitengespräch** vorgesehen. Dieses Gespräch wird allein durch eine Vertreterin der Personalabteilung geführt (wobei die Gesprächsverpflichtung zum hiervon zu unterscheidenden Rückkehrgespräch für die Führungskraft bestehen bleibt). Die Führungskraft nimmt also nicht an diesem Fehlzeitengespräch[209] teil, so daß sie nicht in den Rollenspagat zwischen ‚Kümmern‘ und ‚Strafen‘ gedrängt wird. Im Vordergrund des Fehlzeitengesprächs steht allerdings – abweichend zum Rückkehrgespräch - die Erwartung konkreter Vereinbarungen und nicht die Integration, wie dies beim Rückkehrgespräch der Fall ist. Damit geht von dem Fehlzeitengespräch das Signal aus, daß dem Unternehmen das Fehlzeitenverhalten des Mitarbeiters aufgefallen ist und daß dieses an seinem speziellen Arbeitsplatz wirtschaftlichen Schaden hervorruft, den das Unternehmen nicht gewillt ist, tatenlos hinzunehmen.

In diesem Gespräch wird der Mitarbeiter verstärkt in die Pflicht genommen, sein Anwesenheitsverhalten verbindlich in die eigene Hand zu nehmen und gemeinsam mit der Personalabteilung nach einer Lösung zu suchen, die es ihm ermöglicht, seine Anwesenheit zu verbessern. Sanktionen scheiden aber auch bei diesem Gespräch aus.[210] Die Diskussion konzentriert sich vielmehr auf pragmatische Lösungen im wirtschaftlichen Interesse, ohne jedoch den Grund der Fehlzeit in Frage zu stellen und Anwesenheit repressiv zu erzwingen. Dabei wird nach Lösungen gesucht, die es dem Mitarbeiter ermöglichen, weiteren gesundheitlichen Schaden z.B. aufgrund chronischer Beschwerden abzuwenden.

Es kann bspw. bei einer entsprechenden Verpflichtung zur Prävention bleiben oder aber das Führen eines "Belastungs-Tagebuchs" vereinbart werden. Die Maßnahmen können aber auch bei Vorliegen chronisch wiederkehrender Beschwerden eine Versetzung, eine Teilzeitbeschäftigung oder eine Frühpensionierung (unter entsprechenden finanziellen Anreizen) anstoßen. Wenn also klar wird, daß die Fehlzeiten zukünftig trotz vereinter Anstrengungen nicht zu verringern sind, wird gemeinsam überlegt, deren Aufkommen im Betrieb so zu reduzieren oder zu verteilen, daß der wirtschaftliche Schaden gering bleibt. Auf jeden Fall endet ein Fehlzeitengespräch damit, mittelfristig die Fehlzeiten im Interesse des Betriebes, aber im Einklang mit dem Mitarbeiter zu reduzieren.

---

[209] Wohl aber nimmt die Vertreterin der Personalabteilung auf Wunsch und Einladung der Gesprächspartner an Rückkehrgesprächen teil.

[210] Es sei der Vollständigkeit halber darauf hingewiesen, daß das Unternehmen erst Ende 2000 zum letzten Mittel, der Kündigung aus Krankheit in einem Fall gegriffen hat.

Abb. 39: Funktion des Fehlzeitengesprächs bei den Wirtschaftsbetrieben Oberhausen

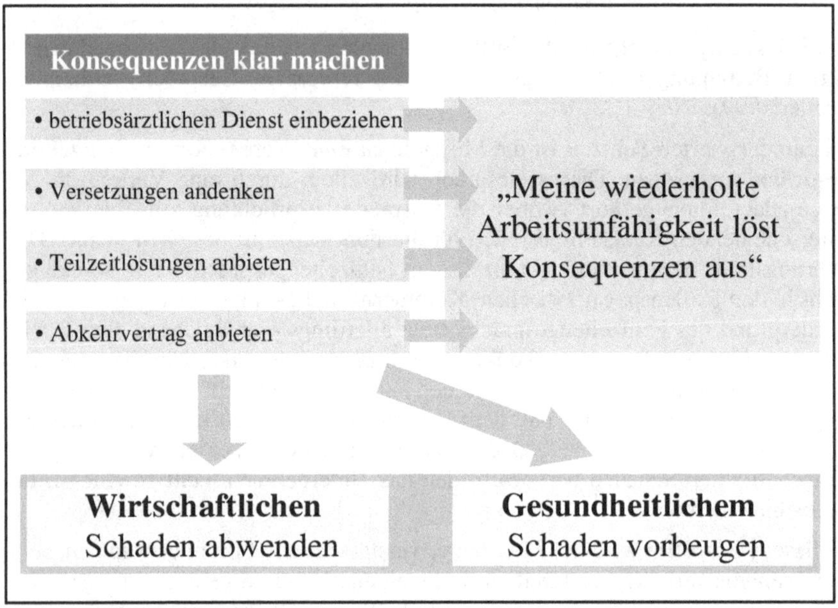

(angelehnt an: Heller 1999: o.S.)

27.2 Erwartungen und Erfahrungen

Im Rückblick auf die Einführungsphase des Instruments zeigt sich insbesondere, daß die Einführung und feste Etablierung des integrativen Gesprächs einen deutlich längeren Zeitraum in Anspruch nimmt als zunächst erwartet, nach Aussagen der Personalabteilung der WBO wird dieser heute auf 1 ¾ bis 2 Jahre geschätzt. Die unerwartet lange Dauer wird seitens des Unternehmens vor allem auf vier Faktoren zurückgeführt:

- Zu geringer Informationsstand bei den Mitarbeitern und auch bei einigen Führungskräften trotz vielfältiger Informationen.
- Zu geringe Transparenz in bezug auf die letzte Konsequenz in Form des Fehlzeitengesprächs.
- Zu geringe sozial-kommunikative Kompetenzen bei einigen gesprächsführenden Führungskräften.
- Mangelnde Konsequenz gegenüber den gesprächsführenden Führungskräften (denn Führungs- und Dialogschwächen, die sich aus den Protokollen offen-

sichtlich erschlossen) wurden zu spät Gegenstand qualifikatorischer Konsequenzen durch die Personalabteilung.

Trotz dieser hemmenden Verzögerungen haben sich die Rückkehrgespräche als Kommunikations- und Führungsinstrument etabliert: Sie werden, von Ausnahmen im Angestelltenbereich abgesehen, durchgängig geführt, dabei sowohl von Mitarbeiter- als auch von Vorgesetztenseite gründlich vorbereitet und erfahren zudem im Protokoll eine entsprechende Dokumentation und Nachbereitung. Diese Gesprächsaufzeichnung hat dabei die wichtige Funktion übernommen, Informationen, und Mißstände an die Personalabteilung weiterzuleiten und somit, dingfest zu machen und ist damit zu einem fest institutionalisierten Kommunikationskanal geworden. Zudem werden zunehmend Protokolle auf Wunsch des Mitarbeiters formuliert und häufig von ihm unterschrieben, obwohl dies im Rahmen der Instrumentenkonfiguration nicht vorgesehen ist! Die Personalabteilung wertet dies als Zeichen der Ernsthaftigkeit und Akzeptanz des Instruments.

Von Seiten der Führungskräfte genießt insbesondere das Fehlzeitengespräch (ab 4. der Fehlzeit) ein hohes Ansehen. Es wird von einer Vertreterin der Personalabteilung geführt und dient als Ort des „offenen Wortes". Während die Rückkehrgespräche, die durch die direkten Vorgesetzten geführt werden, in erster Linie der Integration dienen, fällt dem Fehlzeitengespräch, das durch eine Vertreterin der Personalabteilung geführt wird, eine stärkere Verbindlichkeit erzeugende Funktion zu. Zumeist kommt es in diesen Gesprächen zur Vereinbarung von Maßnahmen oder Aufgaben (Belastungstagebuch etc.), die dem Mitarbeiter übertragen werden.

Die Personalabteilung berichtet über Fälle, in denen sowohl Mitarbeiter als auch Führungskräfte auf das vierte Gespräch warten, um in diesem Rahmen zu umfassenderen Lösungen zu gelangen. Dies ist insbesondere dann der Fall, wenn Störungen der Interaktionsbeziehung zwischen Mitarbeiter und Führungskraft vorliegen und sich beide Parteien eine Lösung dieses Problems durch die Initiative der Personalabteilung erhoffen. Damit wird das Rückkehrgespräch bzw. das anschließende Fehlzeitengespräch auch ein Instrument der Kontrolle bzw. der Einflußnahme auf schwierige Führungssituationen, woraus sich die hohe Wertschätzung durch die Führungskräfte erklären läßt, die in diesem Gespräch Unterstützung und Halt in schwierigen, kritikhaltigen Gesprächs- und Interaktionssituationen finden. Außerdem erfahren auch die Mitarbeiter je nach Situation Unterstützung gegenüber ihren Vorgesetzten, deren Führungsverhalten in diesen Gesprächen z.T. angesprochen wird.

Die generell positiven Einschätzungen, was den Einsatz, die Akzeptanz und die Wirkungen des Gesprächsinstruments anbelangt, werden von der Personalbteilung jedoch auch kritisch relativiert:

Rückkehrgespräche bei den WBO werden insbesondere im gewerblichen Bereich durchgängig geführt. Dort war und ist der Druck der hohen Krankenstände vergleichsweise hoch, wie es sich aus den im ersten Teil dieser Arbeit aufgeführten demografischen und arbeitsbedingten Determinanten ableiten läßt. Demzufolge ist auch hier der Anstoß für die Einführung des Rückkehrgesprächs zu suchen und der Fokus des Einsatzes dieses Gesprächsinstruments zu finden. Im administrativen Bereich wird hingegen das Instrument kritisch beäugt und nur vergleichsweise sporadisch eingesetzt. Die Personalabteilung vermutet die Gründe in der geringeren hierarchischen Staffelung dieses Bereichs, da hier die Entscheider der oberen Management-Ebene (die sich aufgrund der hohen Krankenstände in den gewerblichen Bereichen für das Rückkehrgespräch entschieden haben!) zugleich die Vorgesetzten Ihrer SekretärInnen und SachbearbeiterInnen sind und somit die Führungsverantwortung persönlich wahrnehmen müssen, Rückkehrgespräche zu führen. Diese Pflicht wird aber als unangenehm empfunden, da in den Protokollen auch Unzufriedenheiten mit dem Führungsverhalten dokumentiert werden kann. Aus diesem Grund versuchen diese Führungskräfte, diese Pflicht zu umgehen. Sofern sie den mit Sanktionsmacht ausgestatteten zuständigen Mitarbeitern der Personalabteilung übergeordnet sind, ist dieses Vorgehen auch erfolgreich, da es nicht sanktioniert werden kann, d.h. ein hoher Anteil der im administrativen Bereich geführten Gespräche erfolgt aufgrund freiwilligen Engagements, während dies im gewerblichen Bereich – zumindest in der Phase der Einführung - nicht der Fall ist bzw. war.

Nicht zuletzt verweist diese Darstellung darauf, daß Rückkehrgespräche, wie es im übrigen für jedes Management-Instrument gilt, nur dann erfolgreich eingesetzt werden können, wenn ihre ordnungsgemäße Durchführung zumindest in der Einführungsphase per Machtdifferenz sichergestellt werden kann.

Gemessen an den oben generell aus dem Modellkontext abgeleiteten Erwartungen und in diesem Fallbeispiel konkretisierten Erfahrungen, lassen sich hieraus exemplarisch plausible Bestätigungen für die Annahmen des Modells finden.[211] Es sei an dieser Stelle ausdrücklich darauf verwiesen, daß sich die folgenden Rückschlüsse auf möglicherweise zugrundeliegende Zufriedenheits- oder Unzufriedenheitsurteile nur aus Symptomen und Beispielen erschlossen haben, so daß diesbezüglichen Äußerungen tendentiell Beobachtungs- oder Interpretationsfehler unterliegen mögen.[212]

---

[211] Die folgenden Ableitungen beziehen sich sowohl auf unregelmäßig im Einführungs- und Stabilisierungsprozeß stattgefundene Expertengespräche mit Vertretern der Personalabteilung und auf Leitfadeninterviews, die einen Erfahrungszeitraum von nahezu drei Jahren umfassen. Die Aussagen der Personalabteilung sind insbesondere deshalb von großem Interesse, weil sie sowohl für das Instrument Rückkehrgespräch Sorge trägt und in diesem Zusammenhang Einsicht in alle Gesprächsprotokolle nimmt, als auch deshalb, weil von ihr alle Fehlzeitengespräche durchführt werden und jeweils ein Vertreter bei einer Vielzahl von Rückkehrgesprächen zugegen ist.

[212] Beobachtungs- oder Forschungsobjekt wären in diesem Falle auch die Mitarbeiter und

Die Effekte referieren also im wesentlichen die Entwicklungen auf der Ebene der Leistungserbringung, nicht jedoch die Veränderungen innerpsychischer Prozesse oder Vorgänge. Dieser Aspekt ist zwar sicherlich interessant und wird im weiteren auch jeweils angeschnitten, er beantwortet aber nicht die Frage, ob betriebliche Wirksamkeitserwartungen, die im Rahmen einer „laiendiagnostischen" Betrachtung abgeglichen werden, erfüllt werden. Um zu entscheiden, ob dieses Instrument im betrieblichen Kontext als wirksam angesehen werden kann oder nicht, müssen entsprechende Wirkungen auf der Ebene des beobachtbaren Arbeits- und Leistungsverhaltens untersucht werden, auch wenn sie jeweils als Folgen innerpsychischer Veränderungen angesehen werden müssen.[213]

Den o.a. Erwartungen, die in den folgenden Absätzen eingerückt dargestellt werden, können jeweils entsprechende Erfahrungen gegenübergestellt werden.

1. Rückkehrgespräche beeinflussen die Ausnutzung der gegebenen Situationskontrolle positiv, da die Führungskraft in einer interaktiven Situation Handlungswille und –möglichkeit signalisiert, gemeinsam mit dem Mitarbeiter Mißstände zu beheben.

Positive Entwicklungen im Sinne dieser Erwartung zeigen sich generell darin, daß die Mehrzahl der Mitarbeiter Rückkehrgespräche und vor allem die Gesprächsprotokolle als Chance begreifen, Mißstände und Unstimmigkeiten in die Personalabteilung zu transportieren. Häufig werden Protokolle von den Mitarbeitern auf eigenen Wunsch hin sogar unterschrieben, obwohl dies in der Konfiguration des Instruments nicht so vorgesehen war. Diese Tatsache illustriert, wie sehr die Mitarbeiter ihre Führungskräfte und das Unternehmen in die Pflicht nehmen: Sie signalisieren die Bereitschaft, sich dem Thema Krankenstände und Arbeitsbedingungen anzunehmen und erwarten im Gegenzug, daß aus ihrer Kooperation entsprechende Folgen und Verbindlichkeiten erwachsen.

Ein weiterer Beleg hierfür zeigt sich in der Tatsache, daß die Mitarbeiter in einigen Fällen darauf drängen, die Personalabteilung frühzeitig miteinzubeziehen, um entsprechend umfassende Lösungen in einem erweiterten Adressatenkreis anzusprechen. Nach Ansicht der Personalabteilung erleben die Mitarbeiter das Gespräch insgesamt als verbindlichkeitsstiftend und erwarten selbstverständlich Rückmeldungen auf ihre Vorschläge oder Einwürfe.

Diese positive Einschätzung setzt sich bei einer Betrachtung der Interaktionshäufigkeit und –qualität fort: Insgesamt ist die Anzahl direkter Kontaktaufnah-

---

nicht mehr das Instrument des Rückkehrgesprächs in seinen Folgen auf das beobachtbare Arbeits- und Leistungsverhalten, wie es Gegenstand der vorliegenden Arbeit ist.

[213] Diese Thematik ist im o.a. Rahmenmodell der an der Fehlzeitengenese beteiligten Prozesse ausführlich diskutiert worden.

men zu Führungskräften der mittleren und oberen Ebene jenseits der Rückkehrgespräche angestiegen, und die Mitarbeiter sind „anspruchsvoller" geworden, was die Wahrnehmung ihrer Interessen und den Umgang damit anbelangt.

Ein weiterer positiver Beleg für die stärkere Wahrnehmung der gegebenen Situationskontrolle kann darin gesehen werden, daß Rückkehrgespräche von noch nicht genesenen Mitarbeitern vermehrt eingefordert werden, d.h. Mitarbeiter nehmen aus der Arbeitsunfähigkeit heraus Kontakt zu Führungskräften auf und bitten um ein Rückkehrgespräch, in dem sie Schritte zu ihrer frühzeitigen bzw. zunächst teilweisen Reintegration besprechen können.

Neben all diesen Beispielen, in denen eine gegebene Situationskontrolle vermehrt genutzt wird, und sowohl protektive Ressourcen aufgebaut als auch konkrete Maßnahmen der Verhaltens- und Verhältnisprävention angestoßen werden, führt die Personalabteilung vereinzelt Belege dafür an, daß die Rückkehrgespräche dazu beigetragen haben, das Maß der realisierten Situationskontrolle zu vergrößern: Bei einzelnen Mitarbeitern, insbesondere in einem Betrieb, der sehr gut „geführt" wird, konnte u.a. im Rückkehrgespräch ein Forum gefunden werden, offensichtliche Unpassungen und Unzufriedenheiten im Gespräch offen zu thematisieren und zu bearbeiten. In wiederholten Gesprächen, die sich an die Rückkehrgespräche anschlossen, konnte eine zuvor augenscheinlich mangelhafte Integration dieser Mitarbeiter erreicht werden, die darin mündete, diesen Personen einen neuen Arbeitsbereich zu übertragen und in ihnen neue Leistungsstützen zu finden. In diesem Fall hat das Rückkehrgespräch initiativ dazu beigetragen, eine Plattform für eine dezidierte Personal- bzw. Persönlichkeitsentwicklung zu etablieren.

Nach Ansicht der Personalabteilung sei dazu aber ein sehr langsames, behutsames und beharrliches Vorgehen jenseits des Rückkehrgesprächs sowie ein entsprechend kompetentes Engagement der Führungskraft notwendig. Generell sei aus diesem positiven Beispiel aber keine entsprechende Erwartung abzuleiten, denn damit sei das Rückkehrgespräch überfordert.

2. Rückkehrgespräche bieten ein Forum zur Thematisierung konstruktiver Unzufriedenheit an, aus der konstruktive Gestaltungshinweise gewonnen werden können.

Wie bereits ausgeführt, haben sich die Rückkehrgespräche bei den WBO als Gesprächsforum etabliert. Die Frage danach, ob sie ein Forum zur Thematisierung von konstruktiver Unzufriedenheit darstellen können, läßt sich aus den Gesprächsinhalten und aus dem Zustandekommen von Vereinbarungen ableiten.

In dem o.a. Modell wird argumentiert, daß sich konstruktive Unzufriedenheit sowohl in Innovationen als auch in reaktantem Arbeitsverhalten niederschlagen könne, wobei dies im wesentlichen von den Rahmenbedingungen und deren Innovationsfreundlichkeit abhängt. Weiterhin wird die Einschätzung thematisiert, daß sich konstruktive Unzufriedenheit zunächst einmal in reaktantem Verhalten entladen werde, bevor es zu einer innovativen Kanalisation komme. Dies erscheint zumindest für den Zeitraum der Einführung plausibel, da sich die eintretenden strukturellen Veränderungen zunächst einmal in interaktiven Routinen durchsetzen müssen.

Ein entsprechendes Verhalten konnte von der Personalabteilung beobachtet werden: Im Rahmen verhältnispräventiver Maßnahmen wurden die Mitarbeiter parallel zu den Rückkehrgesprächen stark an Entscheidungen beteiligt, ohne daß dies aber anfänglich einen positiven und ausgleichenden Einfluß auf das Klima genommen hätte. Vielmehr hätten die Mitarbeiter plötzlich die Ergebnisse dieses Beteiligungsprozesses ablehnend beurteilt. So wurden z.B. neu angeschaffte Schutzkleidung, die ergonomische Einrichtung von Fahrerhäusern etc. negativ kommentiert und unisono mit einer „früher-war-alles-besser-Haltung" abgetan.

Ein abweisendes und reaktantes Verhalten zeigte sich auch in direktem Zusammenhang mit den Gesprächen, zu denen sich die Mitarbeiter anfangs gedrängt fühlten. So sind bspw. Versuche verzeichnet, Kurzzeiterkrankungen in Urlaub umzuwidmen, um dem Rückkehrgespräch zu entgehen. Darüberhinaus weiß die Personalabteilung von einigen Mitarbeitern zu berichten, die die Häufigkeit ihrer Fehlzeiten und deren Lage danach berechnet hätten, nicht in den Genuß des Fehlzeitengesprächs zu kommen. Diesem Unterfangen wurde jedoch dadurch entgegengetreten, indem eine Vertreterin der Personalabteilung als „stille Beobachterin" auch schon am Rückkehrgespräch teilnahm.

All diese Vorkommnisse, so die Meinung der Personalabteilung, gehörten mittlerweile aber der Vergangenheit an und seien einem stärker konstruktiven Dialog gewichen, der sich im Zuge der Erfahrung mit dem Gesprächsinstrument eingestellt habe.

Entsprechend der sukzessiven Etablierung des Gesprächsinstruments ordnet die Personalabteilung die Auswirkungen der Rückkehrgespräche in ein Phasenmodell, das sich durch eine Einführungs- und eine Stabilisierungsphase auszeichnet.

Deutliches Kennzeichen konstruktiv geäußerter Unzufriedenheit ist der Anstieg innovativer Diskussionen in zwei Betrieben, in denen die Rückkehrgespräche sehr sorgfältig geführt würden.[214] Der Umgang miteinander habe sich – nach Aussagen der Personalabteilung und einiger Führungskräfte - verbessert und die Anonymität zwischen Mitarbeiter und Vorgesetztem sei gewichen. Früher hätten Mitarbeiter die Arbeit unbemerkt nach einer Abwesenheit wieder aufgenommen,

[214] Hier schätzt eine Vertreterin der Personalabteilung, daß sich der Anteil konstruktiv unzufriedener Mitarbeiter um 30% erhöht habe. Als Grundlage dieser Schätzung lagen ihr die mit Verhaltensbeispielen illustrierten Definitionen von Bruggemann et al. (1975) vor.

heute würden sie hingegen über vergangene Vorkommnisse informiert. Zudem werde die Arbeitsaufnahme thematisiert und in besonderen Fällen werde eine entsprechend sorgfältige Einarbeitung vereinbart, bzw. würden besonders beanspruchende Tätigkeiten zunächst einmal ausgespart.

Die Phasen unterscheiden sich jedoch nicht allein in dem Grad der Konstruktivität bzw. Innovativität, sie ließen sich vielmehr auch nach der Tiefe der Gespräche inhaltlich differenzieren:

In der Einführungsphase (1,75 bis 2 Jahre) überwiege – so die Personalabteilung - der Tenor, „sich nichts zu tun“. Die Gespräche seien sehr vorsichtig geführt worden und hätten nur wenige Verbesserungsvorschläge und Vereinbarungen hervorgebracht. Heute, in der Stabilisierungsphase, werde jedoch in den Gesprächen in der Regel „Tacheles“ geredet, was sich in einem höheren Wahrheitsgehalt niederschlage. Dieser Aspekt äußere sich verstärkt im Fehlzeitengespräch, insbesondere dann, wenn es Probleme zwischen Mitarbeiter und Führungskräften zu bewältigen gelte. Dann werde der Beteiligung der Personalabteilung im Fehlzeitengespräch eine moderierende Rolle übertragen. Mehrfach sei der Wunsch des Mitarbeiters geäußert worden, ein von der Personalabteilung moderiertes Gespräch mit dem direkten Vorgesetzten führen zu wollen.

3. Rückkehrgespräche tragen in Teilen dazu bei, Resignative Zufriedenheit aufzubrechen, indem die Grundlage der Resignation bearbeitet wird. Als Ergebnis der Ableitung aus dem Rahmenmodell der an der Fehlzeitengenese beteiligten Prozesse wurde jedoch einschränkend darauf verwiesen, daß dies aufgrund des verhältnismäßig stabilen Arrangements mit diesem Zustand schwierig zu erreichen scheint.

Diese Erwartungen, die einen direkten Rückschluß auf den Zufriedenheitsstatus einzelner Mitarbeiter notwendig machen, konnten nicht bestätigt werden. Ähnlich wie im vorangegangen Punkt bezieht sich diese Erwartung auf Folgen im Zufriedenheitsurteil. Die Ausgangsbedingung Resignativer Zufriedenheit unterscheidet sich aber grundlegend von der zuvor behandelten konstruktiven Unzufriedenheit. Während sich konstruktive Unzufriedenheit vergleichsweise einfach im Arbeits- und Leistungsverhalten durch die Vorkommnisse spezifischer Aktivitäten nachweisen läßt, kennzeichnet sich die Resignative Zufriedenheit durch eine sehr unauffällige innere Geisteshaltung, die nur schwer auf der Ebene beobachtbaren Verhaltens nachgewiesen werden kann. So wird von den Gesprächspartnern in der Personalabteilung auch darauf hingewiesen, daß die analytische Differenzierung von Pseudo-Zufriedenheit und Resignativer Zufriedenheit in der Realität der WBO nicht nachzuhalten sei.

Eine vorsichtig vorgenommene Anteilsschätzung der Gesprächspartner geht aber davon aus, daß es sich bei dieser Gruppe der Mitarbeiter nur um eine „Handvoll“ Personen handele, deren Anteil zudem weitgehend stabil geblieben sei.

4. Fixierte Unzufriedenheit ist zumindest in Teilen einer konstruktiven Auseinandersetzung zuzuführen. Als Ergebnis der Ableitung aus dem Rahmenmodell wurde jedoch einschränkend darauf verwiesen, daß auch hier aufgrund eines ähnlich stabilen Arrangements eine geringe Erfolgsaussicht zu erwarten ist.

Diese Erwartung wurde mit Rückgriff auf die unter Punkt zwei referierten Erfahrungen bestätigt. Der gestiegene Anteil der konstruktiv geäußerten Unzufriedenheit verteilt sich auf einen deutlich größeren Personenkreis, der insgesamt auf größere Konstruktivität schließen läßt. Heute suchen zunehmend auch die Mitarbeiter das Gespräch, die zuvor einen eher stillen und verschlossen Interaktionsstil gezeigt haben. Nicht zuletzt spiegelt sich dies auch in der angestiegenen Zahl der abgeschlossenen Vereinbarungen zu Maßnahmen der Verhältnis- und Verhaltensprävention wider. Eine weitere Bestätigung dieser These lasse sich auch anhand des Antwortverhaltens der Mitarbeiter bei der begleitend durchgeführten internen Evaluation nachweisen.[215] Die Mitarbeiter nutzen heute insgesamt stärker die Möglichkeit, auch Extrembewertungen im negativen Bereich des Fragebogens vorzunehmen und machen damit stärker Gebrauch von der Möglichkeit, ihren Unmut zu äußern. Darüberhinaus weist die Personalabteilung auf einen gänzlich unerwarteten positiven Aspekt des Rückkehrgesprächs hin: Im Rahmen von Fehlzeitengesprächen sei einigen älteren, chronisch erkrankten Mitarbeitern das Angebot gemacht worden, das Unternehmen durch lukrative Abkehrverträge zu verlassen bzw. die Arbeitszeit durch Teilzeitverträge zu reduzieren und so das Risiko hoher Fehlzeiten und den Anteil fixiert unzufriedener Mitarbeiter, bei denen konstruktive Lösungsmöglichkeiten nicht möglich seien, zu externalisieren. In Folge einiger weniger Gespräche, in denen dieses Angebot unterbreitet wurde, fragte eine große Anzahl weiterer Mitarbeiter sowohl im Rückkehrgespräch als auch in direktem Gespräch mit einer Vertreterin der Personalabteilung, ob ihnen nicht auch ein ähnliches Angebot gemacht werden könne. Knapp die Hälfte der insgesamt vereinbarten Auflösungsverträge kam so durch Initiative der Mitarbeiter zustande, ohne daß diese explizit angesprochen worden waren.[216]

---

[215] Bei diesem Fragebogen handelt es sich um das Instrument, das der externe Berater zur Evaluation des Einführungsprozesses nutzte und das anschließend zur internen Evaluation weitergeführt wurde.

[216] Unter personalwirtschaftlicher Perspektive handelt es sich hierbei um einen sehr interes-

In diesem Zusammenhang zeigte sich eine Mitarbeiterin der Personalabteilung überrascht über den hohen Anteil austrittswilliger, in ihrem Verständnis fixiert unzufriedener oder resignativ zufriedener Mitarbeiter, die sich ihr durch den Wunsch, das Unternehmen zu verlassen, offenbarten.

Die Personalabteilung weist aber auch deutlich auf die Grenzen des Rückkehrgesprächs hin. Das Gespräch sei grundsätzlich nicht für die Integration von Mitarbeitern geeignet, denen es schwer fällt, sich kommunikativ verständlich zu machen.

5. Bewußtseinspflichtige Bewältigungshandlungen im Sinne einer bewußten Leistungszurückhaltung sind durch Rückkehrgespräche zu verhindern, da die Gründe hierfür im Dialog besprochen und in fürsorglicher Verbindlichkeit der Interaktionspartner aufgelöst werden können.

Diese Erwartung sehen die Gesprächspartner generell in dem verbesserten Führungsklima, den verringerten Fehlzeiten[217] sowie einem höheren Engagement beantwortet. Sie weisen aber auch darauf hin, daß ihnen zunehmend frustrierte Mitarbeiter auffielen, die zwar keine Arbeitsunfähigkeiten aufwiesen, aber eine entsprechende Zuwendung, wie sie den fehlenden Kollegen in Rückkehrgesprächen zuteil würde, vermißten. Es gebe Äußerungen, daß man sich durch diese Praxis ungerecht behandelt fühle, weil man für den dauerhaften und verläßlichen Einsatz nicht gelobt werde. Man erbrächte trotz schlechten Klimas seine Leistung, dies werde aber nicht honoriert. Die kranken Kollegen hingegen würden nach ihrer Rückkehr viel stärker beachtet. Hier sieht die Personalabteilung einen Handlungsbedarf, die Personalführung und –fürsorge über das Rückkehrgespräch hinaus zu verbessern.

---

santen und äußerst effizienten strategischen Zug. Dadurch, daß die Mitarbeiter von sich aus in dieser großen Zahl nach dem Angebot fragten, konnte eine Verjüngung und Konsolidierung der Belegschaft vorgenommen werden, die über Kündigungen so nicht ohne weiteres vorzunehmen gewesen wäre oder aber zumindest eines aufwendig zu verhandelnden Sozialplans bedurft hätte.

[217] Die Krankenstände liegen heute bei 11,35% über alle Mitarbeiter inklusive Langzeiterkrankungen. Ohne Lohnfortzahlung (Kurzzeit) liegen sie bei 7,35%, was einem Rückgang um ca. 3% gegenüber den Ausgangsbedingungen entspricht. Insgesamt sind vor allem die Kurzzeiterkrankungen überdurchschnittlich zurückgegangen, wobei gleichzeitig ein Anstieg der Langzeiterkrankungen auszumachen ist. Die Altersgruppe der über-45-Jährigen ist in einigen Betrieben mittlerweile die stärkste Gruppe, so daß sich diese Entwicklung z.T. demografisch erklären lässt. Ein Teil des Rückgangs der Krankenstände läßt sich auch auf das Angebot lukrativer Abkehrverträge zurückführen. Dabei wird vermutet, daß dieses Angebot nicht von den Mitarbeitern in Innerer Kündigung genutzt wurde, da sich diese so stabil eingerichtet haben, daß sie die finanziellen Einbußen, die mit einem Ausscheiden verbunden sind, nicht bereit sind zu tragen.

Insgesamt gesehen, verantworten die Mitarbeiter ihre Fehlzeiten heute besser als in der Vergangenheit, d.h. der Zusammenhang zwischen ihrem Fehlen und den wirtschaftlichen Folgen ist ihnen heute deutlicher bewußt und führt wohl auch zu einem Verzicht auf leichtfertig herbeigeführte Arbeitsunfähigkeitszeiten.

Vereinzelt wird durch die Gespräche auch ein gesundheitsgerechtes Verhalten angestoßen, dies ist allerdings nur dann von Erfolg gekrönt, wenn die Zusammenhänge offensichtlich erscheinen, wobei selbst in diesen Fällen ein behutsames und langfristiges Agieren notwendig ist, um ein entsprechend präventives Verhalten dauerhaft zu etablieren.

6. Rückkehrgespräche tragen dazu bei, einer sich vollziehenden Inneren Kündigung Einhalt zu gewähren. Als Ergebnis der Ableitung aus dem Rahmenmodell wurde jedoch einschränkend darauf verwiesen, daß das Gespräch nur sehr bedingt dazu verhelfen kann, einen stabilen Zustand Innerer Kündigung zu verlassen.

Diese Erwartung kann von der Personalabteilung generell bestätigt werden. Es werden jedoch Schwierigkeiten angeführt, das in der These zum Ausdruck kommende Arbeits- und Leistungsverhalten abschließend und im Zeitverlauf zu beurteilen, da es in dem Zeitraum, in dem die Rückkehrgespräche eingeführt und eingesetzt wurden, eine Vielzahl von wirtschaftlichen und organisatorischen Veränderungen gegeben habe. So hätten die WBO im Jahr 1999 mit einem Plus von 3,7 Mio. DM erstmalig profitabel gewirtschaftet nach dem das Minus in 1998 noch bei 1,2 Mio. DM gelegen hatte. Dies sei nicht zuletzt auf eine erhebliche Arbeitsverdichtung zurückzuführen. Die Rückkehrgespräche, so ihre Einschätzung, verhülfen sicher nicht dazu, mehr Leistung und ein besseres Arbeitsverhalten zu initiieren, sie funktionierten vielmehr als eine Art Sperrklinke im Getriebe, die ein Zurückdrehen oder Verharren des Leistungsniveaus verhindere.

7. Erlernter Hilflosigkeit ist durch Perspektivbeeinflussung der Situationskontrolle vorzubeugen, obgleich sich eine Persönlichkeitsveränderung, die hinter Erlernter Hilflosigkeit verborgen ist, hierdurch nicht umkehren läßt.

Die Personalabteilung macht in bezug auf diese Erwartung deutlich, daß es sich bei dieser Erwartung eher um einen sozialtherapeutischen Anspruch handelt, als um ein realistisches Ziel, das im Rückkehrgespräch zu erreichen ist.

Dennoch führt sie Belege an, in denen in Anschluß an Rückkehr- bzw. Fehlzeitgesprächen durch Einbezug des psychologischen Dienstes entsprechende Interventionen begonnen worden seien. So werde in den Gesprächen bei Bedarf und nach gegebener Möglichkeit mit den Mitarbeitern die Teilnahme an regelmäßigen Gesprächszirkeln unter Moderation des psychologischen Dienstes vereinbart. In diesen Zirkeln würden sowohl betriebliche als auch private Probleme in einem intensiven, umfassenden Kontext bearbeitet. Dieses weitere Gesprächsinstrument, das sich aus dem Rückkehrgespräch abgeleitet habe, spiele eine wichtige Rolle bei der Integration „schwieriger Fälle". In Einzelfällen übernehme das Unternehmen bspw. Mietrückstände von Mitarbeitern, verbinde dies aber mit der Erwartung, daß die Mitarbeiter weiterhin entsprechende Hilfestellungen des Betriebes in Form des Gesprächzirkels in Anspruch nähmen.

Eine weitere, eher sozialtherapeutische Initiative, hat sich bei massiv arbeitsbezogenen Schwierigkeiten aus der Praxis des Rückkehrgesprächs entwickelt. So wird Mitarbeitern, die sich den gestiegenen Anforderungen an höhere Selbstregulation infolge verdichteter Leistungsanforderungen nicht gewachsen fühlen, ein Betreuungsservice angeboten. Bei diesem Service bekommen die Mitarbeiter, begleitet durch den o.a. Gesprächszirkel, einen Mitarbeiter zur Seite gestellt, der die Aufgabe wahrnimmt, die Arbeit in einer Art Laiensupervision oder Coaching zu begleiten, zu strukturieren und zu unterstützen. Diese „Co-worker" werden von der Personalabteilung für ihre Aufgabe gewonnen und in der Wahrnehmung dieser Aufgabe unterstützt.

Insgesamt kann festgehalten werden, daß die Rückkehrgespräche den Mitarbeitern mittlerweile als Forum dienen, Arbeitsbedingungen zu thematisieren. Die Mitarbeiter übernehmen durch die verstärkte Nutzung des Gesprächs eine höhere Verantwortung für ihre Arbeitskraft und die Gestaltung der Arbeitsbedingungen und finden Raum, Unzufriedenheiten zum Ausdruck zu bringen. Begreift man diese Effekte als Ergebnis eines verbesserten Führungsklimas sowie einer stärkeren Einbindung der Mitarbeiter ins Unternehmen, dann zeigen sich anhand dieses Fallbeispiels Hinweise einer Wirkung von integrativen Rückkehrgesprächen, die sich aus dem o.a. Rahmenmodell bereits theoretisch differenziert ableiten lassen:

- 1. Nicht-repressive Rückkehrgespräche beanspruchen im Gegensatz zu repressiven Gesprächen eine lange Vorlaufzeit bevor sie Wirkung zeigen.
- 2. Sie dienen als etabliertes und konstruktiv genutztes Gesprächsforum zum Thema Arbeitsbedingungen.
- 3. Sie tragen durch die Intensivierung der Führung dazu bei, Führung stärker zu dialogisieren und qualitativ zu verbessern.

Begreift man diese Effekte als Indikatoren dafür, Mißstände und Unzufriedenheit durch das Instrument des Rückkehrgesprächs zu kanalisieren, dann kann zumindest für dieses Fallbeispiel darauf geschlossen werden, daß sie dazu beigetragen haben, ein Klima zu etablieren, das den abgeleiteten Anforderungen an soziale Verbindlichkeit nahekommt.

28. Zusammenfassung

Die vorliegende Arbeit befaßt sich mit der Frage, welchen Einfluß Rückkehrgespräche auf die an der Fehlzeitengenese beteiligten Prozesse nehmen können, ohne negative Effekte im Leistungsverhalten und im gesundheitlichen Befinden zu provozieren.

Aus dieser Frage leiteten sich zwei Bedingungen an ein wirksames Rückkehrgespräch ab: Es muß **positiv** auf das **gesundheitliche Befinden** einwirken und Fehlzeiten nach Möglichkeit unnötig machen. Darüberhinaus darf es keine **negativen Effekte** hinsichtlich des **Arbeits- und Leistungsverhaltens** hervorrufen, denn dies würde den positiven Effekt gesteigerter Anwesenheit konterkarieren.

Um die Wirksamkeit des Rückkehrgesprächs vor dem Hintergrund gleichbleibender Leistung beurteilen zu können, wurden wesentliche Parameter und Prozesse, die an der Fehlzeitengenese beteiligt sind, untersucht und in einem Rahmenmodell zusammengeführt. Dabei wurde herausgestellt, daß motivations- und streßtheoretisch relevanten Bewertungs- und Bewältigungsprozessen - zeitlich gesehen - eine wichtige Rolle vor der letztendlichen Entscheidung zur Fehlzeit zukommt.

So bestimmen die sowohl motivations- als auch streßtheoretisch bedeutsamen Größen des **Handlungskontrollmodus**, der **Frustrationstoleranz** und der **Situationskontrolle** das Zustandekommen eines **Zufriedenheitsurteils**, das als Soll-Ist-Abgleich darüber entscheidet, ob eine empfundene **Unpassung** von Person und Situation Aktivitäten zur Wiederherstellung der verlorengegangenen Passung herbeiführt oder nicht. Anhand des Arbeitszufriedenheitsmodells von Bruggemann et al. wurde herausgearbeitet, daß auch die Form der Unzufriedenheit, die im wesentlichen von den o.a. Parametern bestimmt wird, einen entscheidenden Einfluß auf die möglichen Reaktionsformen nimmt, denn unter bestimmten Konstellationen kann es gar nicht zu einer erfolgreichen Wiederherstellung der Passung von Person und Situation kommen. Diese Diskrepanz kann dann nur durch eine Veränderung mentaler Modelle verringert werden, die mit erheblichen Beeinträchtigungen der Befindlichkeit einhergeht.

Rückkehrgespräche dienen in Unternehmen als Gesprächsinstrument, mit dem die Personalführung realisiert wird. Sie gestalten damit direkt die situativen Bedingungen der Mitarbeiter, was insbesondere dann deutlich wird, wenn sie als **anreizbasierte Gespräche** mit dem Mittel der Sanktion operieren. Als repressives Instrument setzen sie generell voraus, daß die Prozesse, die der Fehlzeitenentscheidung vorangehen, in einem bewußten Entschluß münden, der Arbeit fern zu bleiben. Obschon dieser Zusammenhang die Realität in letzter Konsequenz abbildet, zeigen motivationstheoretische Erkenntnisse, daß die vorangehenden Prozesse im wesentlichen nicht bewußt prozessiert werden. Eine anreizthematische Steuerung über das repressive Rückkehrgespräch mag die Anwesenheit erhöhen, sie trägt aber **nicht** dazu bei, zugrundliegende Unpassungen zu verringern. Repressive Rückkehrgespräche setzen damit lediglich Anreize, alternative Reaktionsformen wie die stille und bewußte Verweigerung der Leistung in Form der **Inneren Kündigung** bei beibehaltener Anwesenheit zu wählen. Stellt diese Reaktionsform die Passung nicht wieder her, so entsteht zudem die Gefahr, daß die Personen diese Erfolglosigkeit als **Erlernte Hilflosigkeit** erleben und damit eine Beeinträchtigung ihres gesundheitlichen Befindens erfahren. Repressive Rückkehrgespräche erfüllen damit **weder** die Bedingung der Leistungsneutralität **noch** die Bedingung einer positiven Einflussnahme auf die Gesundheit.

Dagegen verzichten **integrative Rückkehrgespräche**, deren vorrangiges Ziel die Re-Integration genesener Mitarbeiter darstellt, auf repressive Mittel. Aus streßtheoretischer Sicht fokussieren sie primär auf den Aspekt der Bereitstellung sozialer Unterstützung, denn diese nimmt einen zentralen Stellenwert unter den **Bewältigungsressourcen** ein und kann die Funktion eines **sozialen Immunsystems** ausüben.

Integrative Rückkehrgespräche zielen damit nur sekundär auf eine Verbesserung der Anwesenheit ab. Sie sind in erster Linie daran orientiert, die vorangehenden Prozesse der Fehlzeitengenese in der Weise zu beeinflussen, daß der Entschluß zur Fehlzeit überflüssig wird.

Letztendlich wirkt das integrative Rückkehrgespräch damit nicht unmittelbar auf die Situation der Abwesenheits- oder Anwesenheitsentscheidung ein. Es setzt vielmehr wesentlich früher an, indem es dazu beiträgt, protektive Ressourcen aufzubauen, die eine solche Entscheidung nach Möglichkeit erübrigen. Diese Rückkehrgespräche können dazu beitragen, verlorengegangene Passungen von Mitarbeitern und Arbeitsanforderungen wiederherzustellen und weitere Arbeitsunfähigkeiten zu verhindern, indem sie an den Grundlagen der Unpassungen ansetzen und über das Angebot sozialer Unterstützung eine Form der sozialen Verbindlichkeit zwischen Führungskraft und Mitarbeiter erzeugen, die über die Anwesenheit hinaus positive Effekte auf das (Leistungs-)Klima nimmt. Integrative Rückkehrgespräche erfüllen damit sowohl die Bedingung positiver Beeinflussung des gesundheitlichen Befindens als auch die Bedingung, neutral auf das Arbeits- und Leistungsverhalten zu wirken.

Abschließend kann damit festgehalten werden, daß sich nur der Einsatz von integrativen Rückkehrgesprächen positiv auf die Gesunderhaltung von Mitarbeitern auswirken kann. Diese Gespräche können einen positiven Einfluß auf die an der Fehlzeitengenese beteiligten Prozesse nehmen. Sie sind zudem auch unter der Prämisse der Leistungsneutralität gegenüber Rückkehrgesprächen zu bevorzugen, die mit dem Anreiz anwesenheitsverbessernder Sanktionen operieren, denn diese verletzen den Anspruch der Leistungsneutralität und wirken sich sogar negativ auf das Arbeits- und Leistungsverhalten aus. Rückkehrgespräche können nur dann einen positiven Einfluß auf die an der Fehlzeitengenese beteiligten Prozesse unter der Prämisse der Leistungsneutralität nehmen, wenn sie als integrative Gespräche auf den Anreiz anwesenheitsverbessernder Sanktionen verzichten.

29. Literatur

Abele, A. (1995): Stimmung und Leistung. Allgemein- und sozialpsychologische Perspektive. Göttingen et al.

Abele, A. (1999): Motivationale Mediatoren von Emotionseinflüssen auf die Leistung: Ein vernachlässigtes Forschungsgebiet. In: M. Jerusalem/ R. Pekrun (Hrsg.): Emotion, Motivation und Leistung. Göttingen et al. 31-49

Achterholt, G. (1993): Mitarbeiterbewußtsein. In: H. Strutz (Hrsg.): Handbuch Personalmarketing. 2. erw. Auflage. Wiesbaden, 52-60

Adams, J. S (1963): Toward an understanding of inequity. In: Journal of Abnormal and Social Psychology. Vol. 67, 422-436

Adams, J. S. (1977): Inequity in Social Exchange. In: B. M. Staw (Hrsg.): Psychological foundations of organizational behavior. Santa Monica, 110-125

Adler, U. (1999): Betriebliche Gesundheitsförderung im Rahmen des Modernisierungsprozesses von Unternehmen. In: M. Kastner (Hrsg.): Gesundheit und Sicherheit in neuen Arbeits- und Organisationsformen. Herdecke, 305-326

Akerloff, G. A./ Yellen, J. L. (1987): The Fair Wage/ Effort Hypothesis and Unemployment. Berkley

Allenspach, H. (1992): Innere Kündigung aus der Sicht eines Arbeitgebervertreters. In: M. Hilb (Hrsg.): Innere Kündigung: Ursachen und Lösungsansätze. Zürich, 43-49

Allmer, H. (1990): Gesundheitsverhalten als intentionales und volitives Geschehen. In: R. Schwarzer (Hrsg.): Gesundheitspsychologie. Göttingen et al.,117-130

Analyse & Kritik (1998): Zeitung für linke Debatte und Praxis. Nr. 420 v. 19.11 1998. In: www.akweb.de, abger. am 17.01.00

Anderson, R. (1995): Stress at Work, Work Environment and Workplace Absenteeism: the European Dimension. In: D. Jaufmann/ E. Mezger/ M. Pfaff (Hrsg.): Verfällt die Arbeitsmoral? Zur Entwicklung von Arbeitseinstellungen, Belastungen und Fehlzeiten. Frankfurt/ M. und New York, 167-184

Angestelltenkammer Bremen (Hrsg.) (1993): Gesundheit und Lebensqualität. Ergebnisbericht zu einer Untersuchung des Zentrums für Sozialpolitik über Arbeit und Freizeit, Gesundheit und Krankheit im Land Bremen. Bremen

Antonovsky, A. (1980): Health, Stress and Coping. 2nd ed. San Francisco

Antonovsky, A. (1993): Gesundheitsforschung versus Krankheitsforschung. In: A. Franke/ M. Broda (Hrsg.): Psychosomatische Gesundheit: Versuch einer Abkehr vom Pathogenese-Konzept. Tübingen, 3-14

Baars, B. J. (1988): A Cognitive Theory of Consciousness. New York et al.

Bachmann, W. (1990): Zugangswege zur Bewertung psychischer Belastungen und Beanspruchungen im Arbeitsprozeß. In: Z. Arb. Wiss. 1/90, 1-5

Badura, B. (1997): Gesundheit als körperliches und seelisches Wohlbefinden. In: H. Luczak/ W. Volpert (Hrsg.): Handbuch Arbeitswissenschaft. Stuttgart, 276-279

Badura, B./ Münch, E./ Ritter, W. (1997): Partnerschaftliche Unternehmenskultur und betriebliche Gesundheitspolitik. Fehlzeiten durch Motivationsverlust? Gütersloh

Badura, B./ Ritter, W./ Scherf, M. (1999a): Der Zusammenhang zwischen Arbeitsschutz, Gesundheitsförderung und Gesundheitsmanagement. In: B. Badura/ W. Ritter/ M. Scherf (Hrsg.): Betriebliches Gesundheitsmanagement – ein Leitfaden für die Praxis. Berlin, 15-20

Badura, B./ Ritter, W./ Scherf, M. (1999b): Betriebliches Gesundheitsmanagement: Wissensbasis und Ziele. In: B. Badura/ W. Ritter/ M. Scherf (Hrsg.): Betriebliches Gesundheitsmanagement – ein Leitfaden für die Praxis. Berlin, 21-40

Bailer, H./ Kuhnert J. (1994): Die Fehlzeiten in Verkehrsbetrieben. In: Der Nahverkehr 10/94, 38-40

Ballier, R. (1998): Analyse betrieblicher Fehlzeiten aus arbeitsmedizinischer Sicht. In: P. Nieder (Hrsg.): Fehlzeiten wirksam reduzieren. Konzepte, Maßnahmen, Praxisbeispiele. Wiesbaden, 89-97

Bamberg, E. (1991): Arbeit, Freizeit, Familie. In: S. Greif/ E. Bamberg/ N. Semmer (Hrsg.): Psychischer Streß am Arbeitsplatz. Göttingen, 201-211

Bamberg, E. (1999): Psychische Belastungen: Begriffe und Konzepte. In: B. Badura/ M. Litsch/ C. Vetter (Hrsg.): Fehlzeiten-Report 1999. Psychische Belastung am Arbeitsplatz. Zahlen, Daten, Fakten aus allen Branchen der Wirtschaft. Berlin et al., 45-57

Bamberg, E./ Ducki, A./ Metz, A. M. (1998): Handlungsbedingungen und Grundlagen der betrieblichen Gesundheitsförderung. In: dies. (Hrsg.): Handbuch betriebliche Gesundheitsförderung: Arbeits- und organisationspsychologische Methoden und Konzepte. Göttingen et al., 17-36

Bandura, A. (1977): Self-efficacy: Toward a Unifying Theory of Behavioural Change. In: Psychological Review. Vol. 84, 191-215

Bartunek, E. (1995): Einstellungen zu Arbeitsbedingungen und Arbeitsbelastungen in Österreich. Ergebnisse einer Mikrozensus-Erhebung vom September 1985. In: D. Jaufmann/ E. Mezger/ M. Pfaff (Hrsg.): Verfällt die Arbeitsmoral? Zur Entwicklung von Arbeitseinstellungen, Belastungen und Fehlzeiten. Frankfurt/ M. und New York, 129-144

Baudis, S. (1998): Verbesserung der Anwesenheit im Betrieb. In: U. Brandenburg/ K. Kuhn/ B. Marschall (Hrsg.): Verbesserung der Anwesenheit im Betrieb.

Instrumente und Konzepte zur Erhöhung der Gesundheitsquote. Tagungsbericht 84, hrsg. v. d. Bundesanstalt für Arbeitsschutz und Arbeitsmedizin. Dortmund und Berlin, 283-295

BDA (Bundesvereinigung deutscher Arbeitgeberverbände; Ausschuß Betriebliche Personalpolitik) (1997): Minderung von Fehlzeiten. Arbeitsberichte 17. Köln

Becker, F. G. (1998): Grundlagen betrieblicher Leistungsbeurteilungen. Leistungsverständnis und –prinzip, Beurteilungsproblematik und Verfahrensprobleme. 3. Aufl. Stuttgart

Becker, F. G. (2000): Mikroleistungsgesellschaft „Betrieb“: Leistung, Leistungsprinzip und –gesellschaft als Grundlage betrieblicher Maßnahmen? In: A. Clermont/ W. Schmeisser/ D. Krimphowe (Hrsg.): Personal und Organisation. München, 321-352

Beckmann, J. (1996): Entschlussbildung. In: J. Kuhl/ H. Heckhausen (Hrsg.): Motivation, Volition und Handlung. Göttingen et al., 411-426

Beckmann, J. (1999): Persönlichkeit, Motivation und Leistung: Die Wechselwirkung von Persönlichkeitseigenschaften und Aufgabenmerkmalen bei der Erbringung von Leistungen unter belastenden Bedingungen. In: M. Jerusalem/ R. Pekrun (Hrsg.): Emotion, Motivation und Leistung. Göttingen et al., 169-181

Behrens, J./ Müller, R. (1995): Arbeitsmedizinische Aspekte und Bedingungen des Arbeitsschutzes bei der Beschäftigung älterer Arbeitnehmer. In: D. Jaufmann/ E. Mezger/ M. Pfaff (Hrsg.): Verfällt die Arbeitsmoral? Zur Entwicklung von Arbeitseinstellungen, Belastungen und Fehlzeiten. Frankfurt/ M. und New York, 89-118

Beigel, H. (1997): Reduzierung von Fehlzeiten bei Opel. In: angew. Arbeitswiss. 151, 49-65

Benz, M. (2000): Partizipation und Kommunikation als Motivatoren. Wie Unternehmen implizite Arbeitsverträge verbessern können. In: zfo 1/00, 92-96

Berg, C. C. (1981): Organisationsgestaltung. Stuttgart et al.

Bickenbach, F./ Soltwedel, R. (1996): Freiräume schaffen. Motivation stärken. Potentiale fördern. Bausteine partizipativer Führung und Unternehmensorganisation. Abschlußbericht zum Schwerpunkt ‚Führung und Motivation’ im Forschungsprogramm ‚Weiterentwicklung und Perspektiven der Sozialen Marktwirtschaft’. Gütersloh

Bierhoff, H. W. (1995): Vertrauen in Führungs- und Kooperationsbeziehungen. In: A. Kieser/ G. Reber/ R. Wunderer (Hrsg.): Handwörterbuch der Führung. 2. neu gest. u. erg. Aufl. Stuttgart, 2148-2158

Bierhoff, H. W. (1997): Vertrauen und Liebe: Liebe baut nicht immer auf Vertrauen auf. In: M. Schweer (Hrsg.): Interpersonales Vertrauen: Theorien und empirische Befunde. Opladen, 91-104

Bierhoff, H. W. (1999): Helfer, Helfen und Altruismus. In: G. Albrecht/ A. Groenemeyer/ F. W. Stallberg (Hrsg.): Handbuch soziale Probleme. Opladen, 941-954

Bierhoff, H. W./ Herner, M. J. (1999): Arbeitsengagement aus freien Stücken: Zur Rolle der Führung. In: G. Schreyögg/ J. Sydow (Hrsg.): Führung neu gesehen. Managementforschung 9. Berlin und New York, 55-87

Bitzer, B. (1992): Fehlzeiten und kein Ende. In: Personalführung 9/92, 746-751

Bitzer, B. (1994): Das Rückkehrgespräch: Ein Instrument zum Abbau von Fehlzeiten. Bessere Kommunikation zwischen Mitarbeitern und Vorgesetzten. In: Personalführung 2/94, 158-159

Bitzer, B. (1995): Das Rückkehrgespräch. Fehlzeitenreduzierung durch gezieltes Führungskräftetraining bei der Duisburger Verkehrsgesellschaft AG. In: Der Nahverkehr 4/95, 46-47

Blaschke, D. (1979): Krankenstandsanalyse und ‚Organizational Behavior'. In: P. Nieder (Hrsg.): Fehlzeiten. Ein Unternehmer- oder Arbeitnehmerproblem? Wege zur Reduzierung von Fehlzeiten. Bern und Stuttgart, 175-180

Bleicher, K. (1994): Potentiale entdecken. Unternehmen auf dem Weg zur Vertrauensorganisation. In: Gablers Magazin 1/ 94, 14-21

Bless, H./ Fiedler, K. (1999): Förderliche und hinderliche Auswirkungen emotionaler Zustände auf kognitive Leistungen im sozialen Kontext. In: M. Jerusalem/ R. Pekrun (Hrsg.): Emotion, Motivation und Leistung. Göttingen et al. 9-29

Bödecker, W. (1999): Mit Arbeitsunfähigkeitsdaten arbeitsbedingte Gesundheitsgefahren erkennen – Informationsgewinn durch Zusammenhangsanalysen. In: Die Bkk 6/99, 304-312

Bödecker, W./ Röttger, C./ Schröer, A. (2000): Arbeitsbelastungen und Kosten der Arbeitsunfähigkeit. Projekt zur Schätzung der Kosten arbeitsbedingter Erkrankungen. In: Die BKK 8/2000, 341-344

Bolm-Audorf, U. (1999): Psychische Belastungen und Erkrankungen aus gewerbeärztlicher Sicht. In: U. Nickel./ R. Reiter-Mollenhauer (Hrsg.): Psychische Belastungen in der Arbeitswelt. Bremerhaven, 60-66

Borowiak, F./ Taubert, R. (1997): Das Rückkehrgespräch... Ein Instrument gesundheitsgerechter Personalführung. In: Personalführung 11/97, 1086-1091

Boßmann, O. (1999): Kündigung wegen Krankheit und krankheitsbedingter Leistungsminderung. In: A. Clermont/ W. Schmeisser (Hrsg.): Betriebliche Personal- und Sozialpolitik. München und Mehring, 521-533

Brainscombe, N. R. (1988): Conscious and Unconscious Processing of Affective and Cognitive Information. In: K. Fiedler/ J. Forgas (Hrsg.): Affect, Cognition and Social Behaviour. Toronto et al., 3-24

Brandenburg, U. (1994): Gesundheitsförderungskreise bei Volkswagen. In: G. Westermayer/ B. Bähr (1994): Gesundheitsförderung in der Arbeitswelt. Göttingen und Stuttgart, 80-86

Brandenburg, U. (1998): Instrumente zur Verbesserung der Gesundheitsquote. In: U. Brandenburg/ K. Kuhn/ B. Marschall (Hrsg.): Verbesserung der Anwesenheit im Betrieb. Instrumente und Konzepte zur Erhöhung der Gesundheitsquote. Tagungsbericht 84, hrsg. v. d. Bundesanstalt für Arbeitsschutz und Arbeitsmedizin. Dortmund und Berlin, 101-113

Brandenburg, U. (1999): Gesundheitsmanagement im Betrieb. Papier präsentiert auf der Konferenz 'Das betriebliche Gesundheitswesen als Erfolgsfaktor' des VDI am 23./ 24. Juni 1999. Frankfurt/M.

Brandenburg, U./ Nieder, P./ Susen, B. (2000): Leistung fordern – Gesundheit fördern. In: dies. (Hrsg.): Gesundheitsmanagement im Unternehmen. Grundlagen, Konzepte und Evaluation. Weinheim und München, 9-20

Brandstätter, H. (1989): Personal Self- Regulation of Development: Cross-Sequential Analyses of Development-Related Control Beliefs and Emotions. In: Developmental Psychology 1/89, 96-108

Brandstätter, H. (1993): Persönliche Verhaltens- und Leistungsbedingungen. In: H. Schuler (Hrsg.): Lehrbuch Organisationspsychologie. Bern et al., 213-232

Braukmann, W./ Fillip, S.-H. (1981): Personale Kontrolle und die Bewältigung kritischer Lebensereignisse. In: S.-H. Fillip (Hrsg.): Kritische Lebensereignisse. München et al., 233-251

Braun, J. (1996): Leitsätze moderner Organisationsgestaltung. In: H.-J. Bullinger/ H. J. Warnecke (Hrsg.): Neue Organisationsformen im Unternehmen. Berlin et al., 119-145

Braverman, H. (1974): Labour and Monopoly Capital. The Degradation of Work in the 20th Century. New York und London

Breisig, T. (1999): Die Pferdefüße leistungsorientierter Bezahlung. In: Die Mitbestimmung. Heft 1-2/99, 29-31

Brengelmann, J. C. (1995): Bewältigung und Streß. In: W. Sarges (Hrsg.): Management-Diagnostik. 2. vollst. überarb. und erw. Aufl. Göttingen et al., 279-287

Breucker, G. (1998a): Krankenstandssenkung durch betriebliche Gesundheitsförderung bei den Betriebskrankenkassen. In: P. Nieder (Hrsg.): Fehlzeiten wirksam reduzieren. Konzepte, Maßnahmen, Praxisbeispiele. Wiesbaden, 71-88

Breucker, G. (1998b): Review and Evaluation of Success Factors in Workplace Health Promotion. In: G. Breucker et al. (Hrsg.): Success Factors of Workplace Health Promotion. Essen, 27-84

Bruggemann, A./ Groskurth, P./ Ulich, E. (1975): Arbeitszufriedenheit. Bern et al.

Brunstein, J. C. (1993): Personal Goals and subjective Well-Being: A longitudual Study. In: Journal of Personality and Social Psychology 65, 1061-1070.

Brunstein, J. C. (1996): Entwicklung und Stand der Hilflosigkeitsforschung. In: J. Kuhl/ H. Heckhausen (Hrsg.): Motivation, Volition und Handlung. Göttingen. S. 847-873

Brunstein, J. C./ Maier, G. W./ Schultheiß, O. C. (1999): Motivation und Persönlichkeit: Von der Analyse von Teilsystemen zur Analyse der Interaktion. In: M. Jerusalem/ R. Pekrun (Hrsg.): Emotion, Motivation und Leistung. Göttingen et al., 147-167

Brusis, I. (1999): Risiken und Chancen der Globalisierung in bezug auf Gesundheit und Sicherheit. In: M. Kastner (Hrsg.): Gesundheit und Sicherheit in neuen Arbeits- und Organisationsformen. Herdecke, 15-21

Bueren, H. (1999): Grundwissen: Krankenrückkehrgespräche. In: www.sozialnetz-hessen.de, abger. am 17.01.00

Bueren, H./ Wompel, M. (o.J.): Krankenrückkehrgespräche vor, während und nachher. Hinweise und Argumentationshilfen für Betriebsräte und KollegInnen. hrsg. v. d. Landesarbeitsgemeinschaft Arbeit und Leben NW e.V. Düsseldorf

Bullinger, H.-J./ Schmauder, M. (1998): Gesundheit als Aufgabe des betrieblichen Arbeitsschutzes. In: angew. Arbeitswiss. 156, 34-50

Bundesanstalt für Arbeitsschutz und Arbeitsmedizin (Hrsg.) (1998): Bauleitung ohne Streß. Ein Leitfaden zum Streßabbau und Streßmanagement für Bauleiter und ihre Kooperationspartner. Dortmund

Burawoy, M. (1979): Manufactoring Consent. Changes in the Labor Process under Monopoly Capitalism. Chicago et al.

Busch, C. (1998): Streßmanagement und betriebliche Gesundheitsförderung. In: E. Bamberg/ A. Ducki/ A.-M. Metz (Hrsg.): Handbuch betriebliche Gesundheitsförderung: arbeits- und organisationspsychologische Methoden und Konzepte. Göttingen, 97-110

Busch, R. (1997): Arbeitsmotivation und Gesundheit. In: ders. (Hrsg.): Arbeitsmotivation und Gesundheit. Rückkehrgespräche in der betrieblichen Praxis. Berlin, 7-23

Buske-Kirschbaum, A./ Kirschbaum, C./ Hellhammer, D. (1990): Psychoneuroimmunologie. In: R. Schwarzer (Hrsg.): Gesundheitspsychologie. Göttingen et al., 35-43

Büssing, A. (1989): Arbeitszufriedenheit. In: S. Greif/ H. Holling/ N. Nicholson (Hrsg.): Arbeits- und Organisationspsychologie. Internationales Handbuch in Schlüsselbegriffen. München. S. 137-141.

Büssing, A. (1991): Zur Differenzierung von Formen der Arbeitszufriedenheit mit unterschiedlichen Meßverfahren. In: L. Fischer (Hrsg.): Arbeitszufriedenheit. Stuttgart, 85-113

Büssing, A. (1996): Zur Rolle von Tätigkeitsspielräumen und Kontrolle am Arbeitsplatz für die Gesundheitsförderung. In: U. Brandenburg/ B. Marschall/ K. Kuhn/ C. Verkoyen (Hrsg.): Gesundheitsförderung im Betrieb. Tagungsband der II. Tagung des Gesundheitswesens der VW AG in Kooperation mit der Bundesanstalt für Arbeitsschutz und den DLR-Projektträgerschaften, Arbeit und Technik. Dortmund, 53-77

Buttler, G./ Burkert, C. (1998): Betriebliche Einflußfaktoren des Krankenstandes. Eine empirische Untersuchung über Fehlzeiten und ihre Ursachen beim nichtwissenschaftlichen Personal der Universität Erlangen-Nürnberg. In: Personalführung 9/98, 60-69

Campell, J. P./ Pritcard, R. D. (1976): Motivation Theory in Industrial and Organizational Psychology. In: M. D. Dunnette (Hrsg.): Handbook of Industrial and Organizational Psychology. Chicago, 63-130

Caplan, R. D./ Cobb, J. R .P. jr./ French, R./ van Harrsion, R. v./ Pinneau, S. R. jr. (1975): Arbeit und Gesundheit. Streß und seine Auswirkungen bei verschiedenen Berufen. hrsg. v. I. Udris. Bern et al.

Cartier, K. (1994): The transaction Costs and Benefit of the incomplete Contract of Employment. In: Cambridge Journal of Economics 2/94, 181-196

Chruscz, D./ Hamed, A./ Zoike, E. (2000): Langzeiterkrankungen und Fallmanagement. In: Die BKK 9/2000, 393-399

Comelli, G./ Rosenstiel, L. v. (1995): Führung durch Motivation. Mitarbeiter für Organisationsziele gewinnen. München

Cox, T./ Cox, S. (1996): Psychosoziale und organisatorisch bedingte Gefahren der Arbeit. Kontrolle und Überwachung. hrsg. v. d. Bundesanstalt für Arbeitsmedizin. Berlin

Cranach, M. v. (1994): Die Unterscheidung von Handlungstypen – Ein Vorschlag zur Weiterentwicklung der Handlungspsychologie. In: B. Bergmann/ P. Richter (Hrsg.): Die Handlungsregulationstheorie. Von der Praxis einer Theorie. Göttingen, 69-88

Crozier, M./ Friedberg, E. (1979): Macht und Organisationen. Königstein/ Ts

Dahrendorf, R. (1959): Sozialstruktur des Betriebes - Betriebssoziologie. Wiesbaden.

Debus, G./ Erdmann, G./ Kallus, K. W. (1995): Zur Systematisierung biopsychologischer Aspekte von Streß und emotionalen Reaktionen. In: dies. (Hrsg.): Biopsychologie von Streß und emotionalen Reaktionen. Ansätze interdisziplinärer Forschung. Göttingen et al., 17-22

Deci, E. L./ Ryan, M. R. (1990): Intrinsic Motivation and Self-Determination in Human Behavior. 3rd. Printing. New York und London

Deci, E. L./ Ryan, R. (1993): Die Selbstbestimmungstheorie der Motivation und ihre Bedeutung für die Pädagogik. In: Zeitschrift für Pädagogik 2/93, 223-238

Dehne, A./ Müller, R. (1997): Die Rolle von Betriebsärzten bei betrieblichen Gesundheitsprojekten. In: P. Nieder/ B. Susen (Hrsg.): Betriebliche Gesundheitsförderung. Konzepte und Erfahrungen bei der Realisierung. Bern et al., 145-174

Derr, D. (1995): Fehlzeiten im Betrieb: Ursachen und Vermeidungsstrategien. Köln

Dienstbier, R. A. (1989): Arousal and Physiological Toughness: Implications for Mental Physical Health. In: Psychological review. Vol. 96, 84-100

Dieterich, C./ Vetter, C./ Naji, N. (1999): Krankheitsbedingte Fehlzeiten in der deutschen Wirtschaft. In: In: B. Badura/ M. Litsch/ C. Vetter (Hrsg.): Fehlzeiten-Report 1999. Psychische Belastung am Arbeitsplatz. Zahlen, Daten, Fakten aus allen Branchen der Wirtschaft. Berlin et al., 363-622

Döring, W. (1996): Grundsätze und Beiträge zur Prophylaxe psychosomatischer und psychischer Erkrankungen in Organisationen. In: R. Hutterer-Krisch/ V. Pfersmann/ I. S. Farag (Hrsg.): Psychotherapie, Lebensqualität und Prophylaxe. Beiträge zur Gesundheitsvorsorge in Gesellschaftspolitik, Arbeitswelt und beim Individuum. Wien und New York, 199-223

Doukmak, B. (1998): Fehlzeiten – die europäische Dimension. In: P. Nieder (Hrsg.): Fehlzeiten wirksam reduzieren. Konzepte, Maßnahmen, Praxisbeispiele. Wiesbaden, 23-32

Ducki, A. (1998): Ressourcen, Belastungen und Gesundheit. In: E. Bamberg/ A. Ducki/ A.-M. Metz (Hrsg.): Handbuch betriebliche Gesundheitsförderung. Göttingen, 145-153

Ducki, A./ Greiner, B. (1992): Gesundheit als Entwicklung von Handlungsfähigkeit – Ein arbeitspsychologischer Baustein zu einem allgemeinen Gesundheitsmodell. In: Zeitschrift für Arbeits- u. Organisationspsychologie 4/92, 184-189

Dudda, F./ Bangert, D./ Urgatz, B./ Kuhnert, P./ Kastner, M. (1999): Zur Diagnostik der Bewältigung von Arbeitslosigkeit. In: M. Kastner (Hrsg.): Gesundheit und Sicherheit in neuen Arbeits- und Organisationsformen. Herdecke, 243-257

Dunkel, H. (1991): Mehrfachbelastungen und psychosoziale Gesundheit. In: S. Greif/ E. Bamberg/ N. Semmer (Hrsg.): Psychischer Streß am Arbeitsplatz. Göttingen, 154-163

Dunkel, H. (1997): Aufgabenstruktur. In: H. Luczak/ W. Volpert (Hrsg.): Arbeitswissenschaft. Stuttgart, 458-461

Dunkel, H./ Zapf, D. (1986): Psychischer Streß am Arbeitsplatz. Belastungen, gesundheitliche Folgen, Gegenmaßnahmen. Köln

Dunkel, H./ Semmer, N. (1987): Streßbezogene Arbeitsanalyse: Ein Instrument zur Abschätzung von Belastungsschwerpunkten in Industriebetrieben. In: K. Sonntag (Hrsg.): Arbeitsanalyse und Technikentwicklung. Köln, 163-177

Eberle, G. (1997): Betriebliche Gesundheitsförderung aus Sicht der AOK. In: P. Nieder/ B. Susen (Hrsg.): Betriebliche Gesundheitsförderung. Konzepte und Erfahrungen bei der Realisierung. Bern et al., 107-124

Eckardstein, D. v./ Lueger, G./ Niedl, K./ Schuster, B. (1995): Psychische Befindensbeeinträchtigungen und Gesundheit im Betrieb. München und Mehring

Eissing, G. (1991): Fehlzeiten. Betriebliche Ursachenanalyse und Maßnahmen. In: angew. Arbeitswiss. 130, 44-104

Erben, C. M. (1996): Der Mißbrauch kann verringert werden. In: Arbeitgeber 11/96, 356-360

Erke, H. (1998): Psychologische Aspekte der An- und Abwesenheit. In: U. Brandenburg/ K. Kuhn/ B. Marschall (Hrsg.): Verbesserung der Anwesenheit im Betrieb. Instrumente und Konzepte zur Erhöhung der Gesundheitsquote. Tagungsbericht 84, hrsg. v. d. Bundesanstalt für Arbeitsschutz und Arbeitsmedizin. Dortmund und Berlin, 51-53

Euler, H. P. (1998): Verbesserung des Anwesenheitsverhaltens durch Arbeitszeitflexibilisierung. In: U. Brandenburg/ K. Kuhn/ B. Marschall (Hrsg.): Verbesserung der Anwesenheit im Betrieb. Instrumente und Konzepte zur Erhöhung der Gesundheitsquote. Tagungsbericht 84, hrsg. v. d. Bundesanstalt für Arbeitsschutz und Arbeitsmedizin. Dortmund und Berlin, 239-272

Europäische Stiftung zur Verbesserung der Lebens- und Arbeitsbedingungen (Hrsg.) (1997): Die Verhinderung von Absentismus am Arbeitsplatz. Zusammenfassender Bericht einer Forschungsstudie. Luxemburg

Evers, H. (1993): Incentives. In: H. Strutz (Hrsg.): Handbuch Personalmarketing. 2. erw. Aufl. Wiesbaden, 558-565

Faller, M. (1993): Innere Kündigung: Ursachen und Folgen. 2. überarb. u. erw. Aufl. München und Mehring

Fehm-Wolfsdorf, G. (1994): Streß und Wahrnehmung. Psychobiologie der Glucocorticoide. Bern et al.

Ferber, C. v. (1994): Fehlzeiten und Krankenstand – Forschungsansätze und offene Probleme. In: Arbeit 1/94, 40-66

Ferber, C. v./ Köster, I./ Ferber, L. v. (1995): Fehlzeiten und Krankenstand. In: D. Jaufmann/ E. Mezger/ M. Pfaff (Hrsg.): Verfällt die Arbeitsmoral? Zur Entwicklung von Arbeitseinstellungen, Belastungen und Fehlzeiten. Frankfurt/ M. und New York, 17-31

Festinger, L. (1978): Theorie der kognitiven Dissonanz. hrsg. v. M. Irle/ V. Möntmann. Bern et al.

Fick, D. (1993): Der Krankenstand im Betrieb. Eine Analyse von Entwicklung, Ursachen und Maßnahmen. Konstanz

Filipp, S.-H. (1981): Kritische Lebensereignisse. München et al.

Fischer, L. (1997a): Klassische Motivationstheorien und Arbeitszufriedenheit. In: H. Luczak/ W. Volpert (Hrsg.): Handbuch Arbeitswissenschaft. Stuttgart, 266-270

Fischer, L. (1997b): Messung der Arbeitszufriedenheit und Ergebnisse empirischer Forschungen. In: H. Luczak/ W. Volpert (Hrsg.): Handbuch Arbeitswissenschaft. Stuttgart, 271-275

Fischer, R./ Gaugler, E./ Pfuetzer, R. (1992): Fehlzeiten und Fluktuation als Führungsaufgabe. In: Personal 11/92, 495-499

Frankenhaeuser, M. (1986): A psychobiological framework for research on human stress and coping. In: M. H. Apley/ R. Trumbull (Hrsg.): Dynamics of stress. New York, 101-116

French, J. R. P. (1978): Person-Umwelt-Übereinstimmung und Rollenstreß. In: M. Frese/ S. Greif/ N. Semmer (Hrsg.): Industrielle Psychopathologie. Schriften zur Arbeitspsychologie. Bern, 42-51

French, J. R. P./ Caplan, R. D./ Harrison, R. v. (1984): The Mechanisms of Job Stress and Strain. Chichester et al. Reprint. First published 1982

Frese, M. (1990): Arbeit und Emotion – ein Essay. In: F. Frei/ I. Udris (Hrsg.): Das Bild der Arbeit. Bern et al., 285-301

Frese, M. (1991): Stressbedingungen in der Arbeit und psychosomatische Beschwerden: Eine kausale Interpretation. In: S. Greif/ E. Bamberg/ N. Semmer (Hrsg.): Psychischer Streß am Arbeitsplatz. Göttingen, 120-134

Frese, M./ Semmer, N. (1991): Streßfolgen in Abhängigkeit von Moderatorvariablen: Der Einfluß von Kontrolle und sozialer Unterstützung. In: S. Greif/ E. Bamberg/ N. Semmer (Hrsg.): Psychischer Streß am Arbeitsplatz. Göttingen, 135-153

Frey, B. S. (1997): Markt und Motivation. Wie ökonomische Anreize die (Arbeits-) moral verdrängen. München

Frey, B. S./ Osterloh, M. (2000): Pay for Performance – Immer empfehlenswert? In: zfo 2/00, 64-69

Friczewski, F. (1982): Beanspruchung als psycho-physische Verarbeitung von Belastungen. Anmerkungen zur begrifflichen Unterscheidung von Belastungen und Beanspruchung. In: F. Friczewski/ W. Maschewsky/ F. Naschold/ P. Wotschak/ W. Wotschak (Hrsg.): Arbeitsbelastung und Krankheit bei Industriearbeitern. Frankfurt/ M. und New York, 323-328

Friczewski, F. (1994): Gesundheitszirkel als Organisations- und Personalentwicklung: Der „Berliner Ansatz“. In: G. Westermayer/ B. Bähr (1994): Gesundheitsförderung in der Arbeitswelt. Göttingen und Stuttgart, 14-24

Friczewski, F. (1996): Gesundheit und Motivation der Mitarbeiter als Produkt betrieblicher Organisation – ein systemischer Ansatz. Veröffentlichungsreihe der Arbeitsgruppe Public Health am Wissenschaftszentrum Berlin für Sozialforschung (WZB). P96-211. Berlin

Frieling, E. (1998): Produktionskonzepte der Zukunft. Papier präsentiert auf dem Konzernforum ‘Arbeit und Gesundheit’ der Daimler-Benz AG am 29./ 30. Oktober 1998. Stuttgart

Frieling, E./ Buch, M. (1998): Gruppenarbeit und Fehlzeiten. In: U. Brandenburg/ K. Kuhn/ B. Marschall (Hrsg.): Verbesserung der Anwesenheit im Betrieb. Instrumente und Konzepte zur Erhöhung der Gesundheitsquote. Tagungsbericht 84, hrsg. v. d. Bundesanstalt für Arbeitsschutz und Arbeitsmedizin. Dortmund und Berlin, 219-238.

Fromm, C. (1996): Betrieblicher Gesundheitsschutz und Soziale Selbstverwaltung. In: Arbeit 4/96, 423-437

Fürstenberg, F. (1995): Arbeitsbedingungen und Krankenstand. Forschungsstrategische Anmerkungen aus soziologischer Sicht. In: D. Jaufmann/ E. Mezger/ M. Pfaff (Hrsg.): Verfällt die Arbeitsmoral? Zur Entwicklung von Arbeitseinstellungen, Belastungen und Fehlzeiten. Frankfurt/ M. und New York, 119-127

Fürstenberg, F. (1996): Gesundheitsförderung im Betrieb: Sozialwissenschaftliche Perspektiven. In: U. Brandenburg/ B. Marschall/ K. Kuhn/ C. Verkoyen (Hrsg.): Gesundheitsförderung im Betrieb. Tagungsband der II. Tagung des Gesundheitswesens der VW AG in Kooperation mit der Bundesanstalt für Arbeitsschutz und den DLR-Projektträgerschaften, Arbeit und Technik. Dortmund, 121-129

Galahn, H. (1994): Der Mißbrauch der Entgeltfortzahlung im Krankheitsfall und die Abwehrmöglichkeiten des Arbeitgebers. Frankfurt/ M. et al.

Gebert, D. (1995): Ist eine Vertrauensorganisation überhaupt möglich? In: Management Zeitschrift 10/95, 66-70

Gebert, D./ Rosenstiel, L. v. (1989): Organisationspsychologie: Person und Organisation. 2. erw. und verb. Aufl. Stuttgart et al.

Gemünden, H. G./ Walter, A. (1995): Der Beziehungspromotor. Schlüsselperson für interorganisationale Innovationsprozesse. In: Zeitschrift für Betriebswirtschaft 9/95, 971-986

Gerhards, J. (1988): Soziologie der Emotionen. Fragestellungen, Systematik und Perspektiven. Weinheim und München

Gerhardt, U. (1993): Lebensweisen und Gesundheitsorientierungen: Methodologische Probleme. In: R. Grawatz/ P. Novak (Hrsg.): Soziale Konstruktion von Gesundheit. Ulm, 73-96

Gerhardt, U. (1999): Gesundheit und Krankheit als soziales Problem. In: G. Albrecht/ A. Groenemeyer/ F. W. Stallberg (Hrsg.): Handbuch soziale Probleme. Opladen, 402-418

Gesundheitsbericht für Deutschland (1998): hrsg. v. Statistisches Bundesamt. unter: www.gbe.bund.de, abger. am 10.10.99

Giddens, A. (1984): Interpretative Soziologie. Eine kritische Einführung. Frankfurt/ M. und New York

Giddens, A. (1991): Modernity and Self-Identity. Self and Society in the Late Modern Age. Stanford

Gidion, G. (1996): Personalmanagement. In: H.-J. Bullinger/ H. J. Warnecke (Hrsg.): Neue Organisationsformen im Unternehmen. Berlin et al., 803-818

Gollwitzer, P. M. (1991): Abwägen und Planen. Bewußtseinslagen in verschiedenen Handlungsphasen. Göttingen et al.

Gollwitzer, P. M. (1996): Das Rubikonmodell der Handlungsphasen. In: J. Kuhl/ H. Heckhausen (Hrsg.): Motivation, Volition und Handlung. Göttingen, 531-582

Görtz, H. (1999): Effizienzsteuerung im Arbeits- und Gesundheitsschutz. In: BKK Bundesverband, Hauptverband der gewerblichen Berufsgenossenschaften (Hrsg.): Möglichkeiten der Wirtschaftlichkeitsanalyse für Maßnahmen des Arbeitsschutzes und der betrieblichen Gesundheitsförderung. 2. überarb. und erg. Aufl. Bremerhaven, 91-97

Greenberg, J./ Leventhal, G. S. (1976): Equity and the Use of Overreward to Motivate Performance. In: Journal of Personality and Social Psychology. Vol. 34, 179-190

Greif, S. (1991): Streß in der Arbeit. Einführung und Grundbegriffe. In: S. Greif/ E. Bamberg/ N. Semmer (Hrsg.): Psychischer Streß am Arbeitsplatz. Göttingen, 1-28

Greif, S./ Cox, T. (1989): Streß. In: S. Greif/ N. Nicholson (Hrsg.): Arbeits- und Organisationspsychologie. Internationales Handbuch in Schlüsselbegriffen. München, 432-439

Greiner, B. A. (1998): Der Gesundheitsbegriff. In: E. Bamberg/ A. Ducki/ A.-M. Metz (Hrsg.): Handbuch betriebliche Gesundheitsförderung: arbeits- und organisationspsychologische Methoden und Konzepte. Göttingen et al., 39-55

Greiner, B. A./ Krause, N./ Ragland, D. R./ Fisher, J. M. (1998): Objective Stress Factors, Accidents, and Absenteeism in Transit Operators: A Theoretical Framework an Empirical Evidence. In: Journal of Occupational Health Psychology. Vol. 3, 130-146

Greve, W. (1997): Sparsame Bewältigung – Perspektiven für eine ökonomische Taxonomie von Bewältigungsformen. In: C. Tesch-Römer/ C. Salewksi/ G. Schwarz (Hrsg.): Psychologie der Bewältigung. Weinheim, 18-41

Gröben, F. (1999): Beratungsbedarf von Unternehmen in der Gesundheitsförderung. In: B. Badura/ W. Ritter/ M. Scherf (Hrsg.): Betriebliches Gesundheitsmanagement – ein Leitfaden für die Praxis. Berlin, 126-131

Gröben, F./ Bös, K. (1999): Praxis betrieblicher Gesundheitsförderung. Maßnahmen betrieblicher Gesundheitsförderung. Berlin

Gross, P. (1992): Ein Betrieb ist kein Aquarium! Innere Kündigung als gesellschaftliches Phänomen. In: M. Hilb (Hrsg.): Innere Kündigung: Ursachen und Lösungsansätze. Zürich, 87-97

Gründemann, R. W. M./ van Vuuren, C. V. (1997):Preventing Absenteeism at the Workplace – European Research Report. European Foundation for the Improvement of Living and Working Conditions. Luxemburg

Grunewald, W. (1995): Nach der Schlankheitskur: Vertrauen aufbauen! In: angew. Arbeitswiss. 143. 1-14

Günther, B. (1982): Anmerkungen zu einem ‚integrierten dynamischen' Belastungskonzept. In: F. Friczewski/ W. Maschewsky/ F. Naschold/ P. Wotschak/ W. Wotschak (Hrsg.): Arbeitsbelastung und Krankheit bei Industriearbeitern. Frankfurt/ M. und New York, 223-238

Hacker, W. (1978): Allgemeine Arbeits- und Ingenieurpsychologie. Psychische Struktur und Regulation von Arbeitstätigkeiten. 2. Aufl. Bern et al.

Hacker, W. (1986): Arbeitspsychologie. Psychische Regulation von Arbeitstätigkeiten. Bern et al.

Hacker, W. (1989): Ermüdung. In: S. Greif/ H. Holling/ N. Nicholson (Hrsg.): Arbeits- und Organisationspsychologie. Internationales Handbuch in Schlüsselbegriffen. München, 209-212

Hacker, W. (1998): Die Bedeutung der allgemeinen Psychologie für die Gesundheitsförderung. In: E. Bamberg/ A. Ducki/ A.-M. Metz (Hrsg.): Handbuch betriebliche Gesundheitsförderung. Göttingen, 57-74

Hacker, W. (1999): Neue Arbeitsformen – neue Beanspruchungsformen? In: M. Kastner (Hrsg.): Gesundheit und Sicherheit in neuen Arbeits- und Organisationsformen. Herdecke, 79-89

Hacker, W./ Richter, P. (1990): Psychische Regulation von Arbeitstätigkeiten – Ein Konzept in Entwicklung. In: F. Frei/ I. Udris (Hrsg.): Das Bild der Arbeit. Bern et al., 125-142

Hackman, R. J. (1980): Work Redesign. Reading et al.

Hackman, R. J./ Oldham, G. R. (1976): Motivation through the Design of Work: Test of a Theory. In: Organizational Behavior and human Performance 16, 250-279

Hackman, R. J./ Oldham, G. R./ Janson, R./ Purdy, K. (1977): A New Strategy for Job Enrichment. In: B. M. Staw (Hrsg.): Psychological Foundations of Organizational Behaviour. Santa Monica, 58-76

Hagemann, T./ Schulz, S./ Udovic, A./ Wolff, K./ Kastner, M. (1999): Gesundheit und Sicherheit im Air Traffic Management am Beispiel der Beanspruchungsoptimierung bei Fluglotsen. In: M. Kastner (Hrsg.): Gesundheit und Sicherheit in neuen Arbeits- und Organisationsformen. Herdecke, 283-297

Hamer, E. (1991): Krankheitsmißbrauch (Scheinkrankheit). Schriftenreihe des Mittelstandsinstituts Schleswig-Holstein e.V. Bd. 6

Harrison, R. v. (1978): Person-Environment Fit and Job Stress. In: C. L. Cooper/ R. Payne (Hrsg.): Stress at work. Cichester et al., 175-205

Harwerth, A. (1998): Gesundheit und Eigenverantwortung. Papier präsentiert auf dem Konzernforum 'Arbeit und Gesundheit' der Daimler-Benz AG am 29./ 30. Oktober 1998. Stuttgart

Haueisen, G. K. (2000): Regelkonformität als organisatorisches Steuerungsproblem. Kritische Überlegungen zur Förderung der extrinsischen und intrinsischen Handlungsmotivation. In: A. Clermont/ W. Schmeisser/ D. Krimphowe (Hrsg.): Personal und Organisation. München, 249-268

Hauß, F. (1992): Produktionsfaktor Gesundheit. Daten und Fakten zum Krankenstand. Eschborn

Hauss, F. (1997): Motivation und Autonomie als Orientierung für Lösung des Krankenstandsproblems. In: R. Busch (Hrsg.): Arbeitsmotivation und Gesundheit. Rückkehrgespräche in der betrieblichen Praxis. Berlin, 55-63

Heckhausen, H. (1980): Motivation und Handeln. Berlin et al.

Heckhausen, H. (1987a): Wünschen – Wählen – Wollen. In: H. Heckhausen/ P. M. Gollwitzer/ F. E. Weinert (Hrsg.): Jenseits des Rubikon: Der Wille in den Humanwissenschaften. Berlin et al., 143-175

Heckhausen, H. (1987b): Intentionsgeleitetes Handeln und seine Fehler. In: H. Heckhausen/ P. M. Gollwitzer/ F. E. Weinert (Hrsg.): Jenseits des Rubikon: Der Wille in den Humanwissenschaften. Berlin et al., 3-9

Heckhausen, H. (1989): Motivation und Handeln. Berlin.

Heim, E. (1986): Krankheitsauslösung/ -verarbeitung. In: E. Heim/ J. Willi (Hrsg.): Psychosoziale Medizin. Gesundheit und Krankheit in bio-psycho-sozialer Sicht. Berlin et al., 343-390

Hein, H.-J. (1995): Persönlichkeitsentwicklung. In: M. Djarrhzadeh/ Scholz, C. (Hrsg.): Strategisches Personalmanagement: Konzeptionen und Realisationen. Stuttgart, 247-262

Heinrich, D. (1992): Warum wählen so viele Mitarbeiter den Weg in die Innere Kündigung? In: VBU (Hrsg.): Innere Kündigung. Strategien gegen die 'Selbst-Pensionierung'. Sonderheft 4/92. Artikel zum Titelthema. Bonn, 9-14

Heller, E. (1999): Rückkehrgespräche als Maßnahme zur Fehlzeitensenkung in der Praxis. Papier präsentiert auf der Konferenz 'Das betriebliche Gesundheitswesen als Erfolgsfaktor' des VDI am 23./ 24. Juni 1999. Frankfurt/ M.

Henkel, M./ Taubert, R. (1990a): Motivation – muß sein!? In: Sekretariat 10/90, 63-65

Henkel, M./ Taubert, R. (1990b): Motive kosten Geld. In: Sekretariat 11/90, 42-44

Herschbach, P. (1999): Gesundheitsverhalten: psychologische Determinanten des Arztbesuchs. Opladen

Herzberg, F./ Mausner, B/ Snydermann, B. B. (1959): The motivation to work. 2.nd ed. New York

Hien, W. (2000): Betrieblicher Gesundheitsschutz und betrieblicher Umweltschutz unter Mitarbeiterbeteiligung: Konflikt- und Synergiepotentiale. hrsg. v. Wissenschaftszentrum Berlin. P00-507. Berlin

Hilb, M. (1992): Innere Kündigung: Eine Einführung: Ursachen – Folgen – Lösungsansätze. In: ders. (Hrsg.): Innere Kündigung: Ursachen und Lösungsansätze. Zürich, 3-28

Hilb, M. (2000): Förderung der freiwilligen Loyalität von internen und externen Arbeitspartners durch flexibles Management der Human-Ressourcen. In: A. Clermont/ W. Schmeisser/ D. Krimphowe (Hrsg.): Personal und Organisation. München, 219-227

Hofmann, A. (1997): Aufgaben der Organisationsentwicklung bei der Reorganisation von Unternehmensprozessen. In: angew. Arbeitswiss. 151, 1-24

Höhn, R. (1989): Die innere Kündigung in der öffentlichen Verwaltung. Stuttgart und München

Holland, J. L. (1985): Making vocational Choices. A Theory of Careers. 2.nd ed. Englewood Cliffs

Holmes, T./ Rahe, R. (1980): Die ‚Social Readjustment Rating Scale'. In: H. Katschnig (Hrsg.): Sozialer Streß und psychische Erkrankung. Lebensverändernde Ereignisse als Ursache seelischer Störungen? München et al., 160-166

Homans, G. C. (1968): Elementarformen sozialen Verhaltens. Köln und Opladen

Hondrich, K. O. (1988): Krise der Leistungsgesellschaft. In: K. O. Hondrich/ J. Schumacher/ K. Arzberger et al. (Hrsg.): Krise der Leistungsgesellschaft. Empirische Analysen zum Engagement in Arbeit, Familie und Politik. Opladen, 1-22

Hornung, V. (1997): Personalplanung. In: H. Luczak/ W. Volpert (Hrsg.): Handbuch Arbeitswissenschaft. Stuttgart, 958-963

Horsthemke-Becker, E. (1992): Innere Kündigung: ‚Die Botschaft hör' ich wohl...' In: VBU (Hrsg.): Innere Kündigung. Strategien gegen die 'Selbst-Pensionierung'. Sonderheft 4/92. Artikel zum Titelthema. Bonn, 63-68

Hoyos C. Graf (1999): Psychische Belastung und Arbeitssicherheit. In: B. Badura/ M. Litsch/ C. Vetter (Hrsg.): Fehlzeiten-Report 1999. Psychische Belastung am Arbeitsplatz. Zahlen, Daten, Fakten aus allen Branchen der Wirtschaft. Berlin et al., 185-193

Hoyos, C. Graf (1989): Arbeit. In: S. Greif/ H. Holling/ N. Nicholson (Hrsg.): Arbeits- und Organisationspsychologie. Internationales Handbuch in Schlüsselbegriffen. München, 83-86

Hugo-Becker, A./ Becker, H. (1997): Motivation. Neue Wege zum Erfolg. München

Hurrelmann, K. (1990): Sozialisation und Gesundheit. In: R. Schwarzer (Hrsg.): Gesundheitspsychologie. Göttingen et al., 93-101

Husmann, J. (1998): Betriebliche Gesundheitsförderung senkt Fehlzeiten. In: Arbeitgeber. Heft 1-2/98, 24-26

Institut der deutschen Wirtschaft (1996): Betriebliche Fehlzeiten in der deutschen Wirtschaft. In: iw-trends 4/96, 24-35

Jacob, R. (1995): Krankheitsbilder und Deutungsmuster. Wissen über Krankheit und dessen Bedeutung für die Praxis. Opladen

Jacques, D. (1999): Erweiterte Wirtschaftlichkeitsanalyse. In: BKK Bundesverband, Hauptverband der gewerblichen Berufsgenossenschaften (Hrsg.): Möglichkeiten der Wirtschaftlichkeitsanalyse für Maßnahmen des Arbeitsschutzes und der betrieblichen Gesundheitsförderung. 2. überarb. und erg. Aufl. Bremerhaven, 101-117

Jaide, W. (1983): Wertewandel? Grundfragen zur Diskussion. Opladen

Janke, W./ Wolffgramm, J. (1995): Biopsychologie von Streß und emotionalen Reaktionen: Ansätze interdisziplinärer Kooperation von Psychologie, Biologie und Medizin. In: G. Debus/ G. Erdmann/ K. W. Kallus (Hrsg.): Biopsychologie von Streß und emotionalen Reaktionen. Ansätze interdisziplinärer Forschung. Göttingen et al. 293-347

Jansen, R. (1999): Arbeitsbelastungen und Arbeitsbedingungen. In: B. Badura/ M. Litsch/ C. Vetter (Hrsg.): Fehlzeiten-Report 1999. Psychische Belastung am Arbeitsplatz. Zahlen, Daten, Fakten aus allen Branchen der Wirtschaft. Berlin et al., 5-30

Janssen, M. (1998): Fehlzeiten als Kennziffern. In: P. Nieder (Hrsg.): Fehlzeiten wirksam reduzieren. Konzepte, Maßnahmen, Praxisbeispiele. Wiesbaden. S. 15-22.

Jaufmann, D. (1993): Lieber krankfeiern als gesundschuften? Klarstellungen und Anmerkungen zur Arbeitsunfähigkeitsdebatte. In: Soziale Sicherheit 8-9/93, 226-229

Jaufmann, D. (1995): Arbeitseinstellungen – Belastungen – Fehlzeiten. Ergebnisse, Problemlagen und offene Fragen im Vergleich. In: D. Jaufmann/ E. Mezger/ M. Pfaff (Hrsg.): Verfällt die Arbeitsmoral? Zur Entwicklung von Arbeitseinstellungen, Belastungen und Fehlzeiten. Frankfurt/ M. und New York, 33-80

Jaufmann, D. (1999): Krankheitsbedingte Fehlzeiten – Ein kurzgefaßter internationaler Ländervergleich. In: B. Badura/ M. Litsch/ C. Vetter (Hrsg.): Fehlzeiten-Report 1999. Psychische Belastung am Arbeitsplatz. Zahlen, Daten, Fakten aus allen Branchen der Wirtschaft. Berlin et al., 327-342

Jeiter, W. (1998): Begrüßungsreferat zur Fachtagung des Gesundheitswesens der Volkswagen AG in Kooperation mit der Bundesanstalt für Arbeitsschutz und Arbeitsmedizin. In: U. Brandenburg/ K. Kuhn/ B. Marschall (Hrsg.): Verbesserung der Anwesenheit im Betrieb. Instrumente und Konzepte zur Erhöhung der Gesundheitsquote. Tagungsbericht 84, hrsg. v. d. Bundesanstalt für Arbeitsschutz und Arbeitsmedizin. Dortmund und Berlin, 3-6

Jerusalem, M. (1990): Persönliche Ressourcen, Vulnerabilität und Streßerleben. Göttingen et al.

Jerusalem, M. (1997): Grenzen der Bewältigung. In: C. Tesch-Römer/. C. Salewski/ G. Schwarz (Hrsg.): Psychologie der Bewältigung. Weinheim, 261-271

Jores, A. (1961): Die Medizin in der Krise unserer Zeit. Bern

Jork, M./ Petersdorf, J. A. (1996): Krankengespräche leicht gemacht: Ein Blick in die Praxis. In: Personalführung 7/96, 602-605

Kannheiser, W. (1992): Arbeit und Emotion: Eine integrierende Betrachtung. München

Karasek, R. A. (1992): Stress prevention through work reorganisation: A summary of 19 international case studies. In International Labour office (Hrsg.): Conditions of work digest. Vol. 11, Preventing stress at work. Genf, 23-41

Karazman, R. (1996): Das Syndrom „Widerwillen gegen die Arbeit“. Existentielle Krisenprozesse in der Arbeitswelt und psychobiologische Auswirkungen. In: R. Hutterer-Krisch/ V. Pfersmann/ I. S. Farag (Hrsg.): Psychotherapie, Lebensqualität und Prophylaxe. Beiträge zur Gesundheitsvorsorge in Gesellschaftspolitik, Arbeitswelt und beim Individuum. Wien und New York, 225-243

Karmasin, H. (1997): Motivforschung und Wertewandel – Ziele, Methoden, Bedeutung für die Wirtschaft. In: E. Kirchler (Hrsg.): Psychologie der Wirtschaft: Portraits aus der Praxis. Wien

Kastner, M. (1999a): Stressbewältigung. Leistung und Beanspruchung optimieren. 2. durchges. Auflage. Herdecke

Kastner, M. (1999b): Globalisierung, Auswirkungen auf die Organisation und Mitarbeiter. In: ders. (Hrsg.): Gesundheit und Sicherheit in neuen Arbeits- und Organisationsformen. Herdecke, 29-52

Kastner, M./ Vogt, J. (1998): Beanspruchungsoptimierung bei Führungskräften. Theoretische Grundlagen unter besonderer Berücksichtigung der Psychoneuroimmunologie. In: C. Klauer/ H. Westermayer (Hrsg.): Psychologische Methoden und soziale Prozesse. Lengerich, 402-426

Kehr, H. M. (1998): Strategien der Selbstüberlistung: Motivation und Willen trainieren. In: Personalführung 12/98, 52-58

Keller, W./ Müller, C. (1999): ‚Top in Form'-Programm zur Gesundheitsförderung und Leistungsentfaltung in der Siemens AG: In: angew. Arbeitswiss. 159, 60-72

Kellner, W. (1968): Ursachen für den hohen Krankenstand. In: Zeitschrift für Arbeitswissenschaft 2/68, 66-71

Kemper, T. D. (1978): A social Interactional Theory of Emotions. New York et al.

Kemper, T. D. (1990a): Themes and Variations in the Sociology of Emotions. In: T. D. Kemper (Hrsg.): Research Agendas in the Sociology of Emotions. New York, 3-26

Kemper, T. D. (1990b): Social Relations and Emotions: A structural Approach. In: T. D. Kemper (Hrsg..): Research Agendas in the Sociology of Emotions. New York, 207-237

Kentner, M. (1999): Die Fehlzeitenquote – Aussagekraft und Beeinflußbarkeit von Arbeitsunfähigkeitsdaten. In: Das Gesundheitswesen 61 (Sonderheft 1), 26-31

Kentner, M./ Ciré, L./ Scoll, J. (1999): Psychosoziale und klinische Risikofaktorenprofile bei Managern. In: B. Badura/ M. Litsch/ C. Vetter (Hrsg.): Fehlzeiten-Report 1999. Psychische Belastung am Arbeitsplatz. Zahlen, Daten, Fakten aus allen Branchen der Wirtschaft. Berlin et al., 58-71

Kesten, U. (1997): Informale Organisation und Mitarbeiter-Lebenszyklus. Der Einfluß sozialer Beziehungen auf Teilnahme und Leistung. Wiesbaden

Keupp, H. (1999): Psychische Behinderung. In: G. Albrecht/ A. Groenemeyer/ F. W. Stallberg (Hrsg.): Handbuch soziale Probleme. Opladen, 609-631

Klages, H. (1981): Wertewandel und Wertverlust in der Gegenwartsgesellschaft. In: H. Baier/ H. M. Kepplinger/ K. Reumann (Hrsg.): Öffentliche Meinung und sozialer Wandel. Opladen, 359-380

Kleinbeck, U. (1996): Arbeitsmotivation. Entstehung, Wirkung und Förderung. Weinheim und München

Kleinbeck, U. (1997): Motivation und Zufriedenheit. In: H. Luczak/ W. Volpert (Hrsg.): Handbuch Arbeitswissenschaft. Stuttgart, 261-266

Kleinbeck, U. (1998): Durch Förderung der Arbeitsmotivation lassen sich die Anwesenheitszeiten von Mitarbeiterinnen und Mitarbeitern erhöhen. In: U. Brandenburg/ K. Kuhn/ B. Marschall (Hrsg.): Verbesserung der Anwesenheit im Betrieb. Instrumente und Konzepte zur Erhöhung der Gesundheitsquote. Tagungsbericht 84, hrsg. v. d. Bundesanstalt für Arbeitsschutz und Arbeitsmedizin. Dortmund und Berlin, 55-72

Kleinbeck, U./ Wegge, J. (1996): Fehlzeiten in Organisationen: Motivationspsychologische Ansätze zur Ursachenanalyse und Vorschläge für die Gesundheitsförderung am Arbeitsplatz. In: Zeitschrift für Arbeits- und Organisationspsychologie 4/96,161-171

Knapp, U./ Metz-Göckel, S. (1999): Frauendiskriminierung. In: G. Albrecht/ A. Groenemeyer/ F. W. Stallberg (Hrsg.): Handbuch soziale Probleme. Opladen, 354-372

Koller, M. Sozialpsychologie des Vertrauens. Ein Überblick über theoretische Ansätze. In: Psychologische Beiträge. Bd. 34, 98-112

Kowalski, H./ Taubert, R. (1998): Fehlzeiten verringern durch bessere Kommunikation. In: Personal 9/98, 456-459

Kowling, A. (1993): Fehlzeiten und Fluktuation. In: H. Strutz (Hrsg.): Handbuch Personalmarketing. 2. erw. Auflage. Wiesbaden, 88-101

Krause, D. (1992): Arbeitszeiten und Fehlzeiten. Ergebnisse einer empirischen Analyse betrieblicher Aufzeichnungen. Stuttgart

Krenauer, M./ Schönpflug, W. (1980): Regulation und Fehlregulation im Verhalten. III: Zielsetzung und Ursachenbeschreibung unter Belastung. In: Psychologische Beiträge, 22, 414-431

Krenz-Maes, A. (1998): Innere Kündigung – ein unterschätztes Phänomen in vielen Unternehmen. In: Personalführung 5/98, 48-53

Krohne, H. W. (1990): Streß und Streßbewältigung. In: R. Schwarzer (Hrsg.): Gesundheitspsychologie. Göttingen et al., 263-277

Krystek, U. (1995a): Vertrauen oder Mißtrauen als Determinanten von Führungserfolg. In: U. Krystek/ J. Link (Hrsg.): Führungskräfte und Führungserfolg. Wiesbaden, 469-499

Krystek, U. (1995b): Innere Kündigung: Die lautlose Erfolgsgefährdung. In: Gablers Magazin 11-12/95, 46-49

Krystek, U./ Becherer, D. Deichelmann, K.-H. (1995): Innere Kündigung. Ursachen, Wirkungen und Lösungsansätze auf Basis einer empirischen Untersuchung. 2. Aufl. München u. Mehring

Kubon-Gilke, Gisela (1990): Motivation und Beschäftigung. Eine sozialpsychologische Beurteilung der Effizienzlohntheorien und ihrer Kritik. Frankfurt/ M. und New York

Kuhl, J. (1983): Tatsächliche und phänomenale Hilflosigkeit: Vermittlung von Leistungsdefiziten nach Mißerfolgsinduktion. In: F. E. Weinert/ R. H. Kluwe (Hrsg.): Metakognition Motivation und Lernen. Stuttgart. et al., 192-209

Kuhl, J. (1987a): Action Control: The Maintenance of Motivational States. In: F. Halisch/ J. Kuhl (Hrsg.): Motivation, Intention, and Volition. Berlin et al., 280-291

Kuhl, J. (1987b): Motivation und Handlungskontrolle. Ohne guten Willen geht es nicht. In: H. Heckhausen/ P. M. Gollwitzer/ F. E. Weinert (Hrsg.): Jenseits des Rubikon: Der Wille in den Humanwissenschaften. Berlin et al.,101-120

Kuhl, J. (1995): Handlungs- und Lageorientierung. In: W. Sarges (Hrsg.): Management-Diagnostik. 2. vollst. überarb. u. erw. Aufl. Göttingen et al., 303-316

Kuhl, J. (1996): Wille und Freiheitserleben: Formen der Selbststeuerung. In: J. Kuhl/ H. Heckhausen (Hrsg.): Motivation, Volition und Handlung. (Enzyklopädie der Psychologie, Serie Motivation und Emotion, Bd. 4). Göttingen, 665-765

Kuhl, J./ Beckmann, J. (1994): Volition and Personality: Action versus State Orientation. Göttingen

Kuhmann, W. (1994): Leistungsgüte und Beanspruchung bei mentalen Tätigkeiten. Bern et al.

Kuhn, J. (1996): Der Krankenstand als betriebswirtschaftliches Problem. In: R. Busch (Hrsg.): Vom Fehlzeitenmanagement zur betrieblichen Gesundheitsförderung. Berlin, 92-101

Kuhn, J. (1997): Krankenstand und Rückkehrgespräche: Anmerkungen zu einem sozialpolitischen Thema. In: R. Busch (Hrsg.): Arbeitsmotivation und Gesundheit. Rückkehrgespräche in der betrieblichen Praxis. Berlin, 44-54

Kuhn, K. (1995a): Krankenstand im Betrieb: ‚Facts and Figures'. In: D. Jaufmann/ E. Mezger/ M. Pfaff (Hrsg.): Verfällt die Arbeitsmoral? Zur Entwicklung von Arbeitseinstellungen, Belastungen und Fehlzeiten. Frankfurt/ M. und New York, 81-88

Kuhn, K. (1995b): Arbeitsschutz und Wirtschaftlichkeit. Erkenntnisse und Erfahrungen auf betrieblicher und überbetrieblicher Ebene. In: WSI Mitteilungen 48, 89-98

Kuhn, K. (1996): Krankenstand im Betrieb als Alltagsproblem. In: Zeitschrift für Arbeits- und Organisationspsychologie (1996 40 (N.F. 14) 4, 200-204

Kuhn, K. (1998): Die Entwicklung der Gesundheitsquoten in der Bundesrepublik Deutschland. In: U. Brandenburg/ K. Kuhn/ B. Marschall (Hrsg.): Verbesserung der Anwesenheit im Betrieb. Instrumente und Konzepte zur Erhöhung der Gesundheitsquote. Tagungsbericht 84, hrsg. v. d. Bundesanstalt für Arbeitsschutz und Arbeitsmedizin. Dortmund und Berlin, 39-49

Kunzendorff, E. (1993): Konzeptionelle Zugänge zu einer positiven Bestimmung des Begriffes Gesundheit. In: R. Grawatz/ P. Novak (Hrsg.): Soziale Konstruktion von Gesundheit. Ulm, 61-72

Landau, K. (1998): Arbeit und Gesundheit – ein Beitrag zur Wertsteigerung des Unternehmens. Papier präsentiert auf dem Konzernforum 'Arbeit und Gesundheit' der Daimler-Benz AG am 29./ 30. Oktober 1998. Stuttgart

Laux, H./ Liermann, F. (1993): Grundlagen der Organisation. Die Steuerung von Entscheidungen als Grundproblem der Betriebswirtschaftslehre. 3. verb. u. erw. Aufl. Berlin et al.

Lawler, E. E. (1977): Satisfaction and Behaviour. In: B. M. Staw (Hrsg.): Psychological Foundations of Organizational Behaviour. Santa Monica, 90-109

Lazarus, R. S. (1981): Streß und Streßbewältigung. In: S.-H. Filipp (Hrsg.): Kritische Lebensereignisse. München et al., 198-232

Lazarus, R. S. (1982): Thoughts on the Relations between Emotion and Cognition. In: American Psychologist 9/82, 1019-1024

Lazarus, R. S. (1984): On the Primacy of Cognition. In: American Psychologist 2/84, 124-129

Lazarus, R. S./ Launier, R. (1981): Streßbezogene Transaktionen zwischen Person und Umwelt. In: J. R. Nitsch (Hrsg.): Stress. Theorien, Untersuchungen, Maßnahmen. Bern et al., 213-258

Leichsenring, C. (1997): Wirtschaftlichkeit der Arbeitssicherheit. hrsg. v. d. Berufsgenossenschaft der Feinmechanik und Elektrotechnik. 2. Aufl. Köln

Leitner, K. (1999a): Kriterien und Befunde zu gesundheitsgerechter Arbeit – Was schädigt, was fördert die Gesundheit? In: R. Oesterreich/ W. Volpert (Hrsg.): Psychologie gesundheitsgerechter Arbeitsbedingungen. Bern et al., 63-124

Leitner, K. (1999b): Strategien zur Reduzierung psychischer Belastungen im Verwaltungsbereich – Das Projekt AIDA. In: B. Badura/ M. Litsch/ C. Vetter (Hrsg.): Fehlzeiten-Report 1999. Psychische Belastung am Arbeitsplatz. Zahlen, Daten, Fakten aus allen Branchen der Wirtschaft. Berlin et al., 268-280

Leppin, A. (1997): Streßeinschätzung, Copingverhalten und Copingerfolg: Welche Rolle spielen Ressourcen? In: C. Tesch-Römer/. C. Salewski/ G. Schwarz (Hrsg.): Psychologie der Bewältigung. Weinheim, 196-208

Levi, L. (1981): Psychosoziale Reize, psychophysiologische Reaktionen und Krankheit. In: J. R. Nitsch (Hrsg.): Stress. Theorien, Untersuchungen, Maßnahmen. Bern et al., 188-212

Levi, L. (1984): Stress in Industry: Causes, Effects and Prevention. In: International Labour Office (Hrsg.): Occupational Safety and Health Series 51. Geneva

Levi, L./ Lunde-Jensen (1998): Modell zur Berechnung der Kosten von Stressoren. Die volkswirtschaftlichen Kosten von arbeitsbedingtem Streß in zwei Mitgliedstaaten der EU. Dortmund und Berlin. Im Original (1996): A model for asessing the costs of stressors at national level: socio-economic costs for work stress in two EU Member states. Luxembourg

Liepmann, D. (1997): Leistung, Motivation und Gesundheit. In: R. Busch (Hrsg..): Arbeitsmotivation und Gesundheit. Rückkehrgespräche in der betrieblichen Praxis. Berlin, 24-35

Lierse, M. (1999): Betriebliche Fehlzeiten. In: B. Badura/ W. Ritter/ M. Scherf (Hrsg.): Betriebliches Gesundheitsmanagement – ein Leitfaden für die Praxis. Berlin, 140-144

Locke, E. A. (1976): The Nature and Causes of Job Satisfaction. In: M. D. Dunnette (Hrsg.): Handbook of Industrial and Organizational Psychology. Chicago, 1297-1349

Locke, E. A./ Latham, G. P. (1990): A theory of of goal setting and task performance. Englewood Cliffs

Löhnert, W. (1990): Innere Kündigung – Eine Analyse aus wirtschaftspsychologischer Perspektive. Frankfurt/ M. et al.

Lohrum, B./ Müller, E. (1999): Arbeitsschutz-Controlling: Die Notwendigkeit von Zielsetzungen und Effizienzkontrollen als Voraussetzung einer erfolgreichen Sicherheitsarbeit. In: BKK Bundesverband, Hauptverband der gewerblichen Berufsgenossenschaften (Hrsg.): Möglichkeiten der Wirtschaftlichkeitsanalyse für Maßnahmen des Arbeitsschutzes und der betrieblichen Gesundheitsförderung. 2. überarb. und erg. Aufl. Bremerhaven,69-90

Lorenz, E. (1999): Trust, Contract and Economic Cooperation. In: Cambridge Journal of Economics 33, 301-315

Luczak, H./ Springer, J. (1996): Gestaltung von Arbeitssystemen nach ergonomischen und gesundheitsförderlichen Prinzipien. In: H.-J. Bullinger/ H. J. Warnecke (Hrsg.): Neue Organisationsformen im Unternehmen. Berlin et al., 616-655

Luczak, H./ Rohmert, W. (1997): Belastungs-Beanspruchungskonzepte. In: H. Luczak/ W. Volpert (Hrsg.): Handbuch Arbeitswissenschaft. Stuttgart, 326-332

Lueger, G. (1999): Wohlbefinden und Leistung von Mitarbeitern – wenn Mitarbeiter und Unternehmen zusammenpassen. In: A. Clermont/ W. Schmeisser (Hrsg.): Betriebliche Personal- und Sozialpolitik. München, 447-466

Luhmann, N. (1989): Vertrauen. Ein Mechanismus der Reduktion sozialer Komplexität. 3. durchges. Aufl. Stuttgart

Macke-Haug, S. (1999): Arbeitsstressoren und psychosomatische Erkrankungen. In: Psychopraxis 2/1999, 35-39

Maib, J. (1981): Fehlzeiten. Eine Untersuchung zu Begriff, Struktur und Bedingungen des Abwesenheitsverhaltens von Arbeitnehmern. Göttingen

Maintz, E. (1995): Fehlzeiten und betrieblicher Gesundheitsdienst. In: J. Pohen/ W. Esser (Hrsg.): Fehlzeiten senken. Mit System zum Erfolg. 2. Aufl. Heidelberg, 178-193

Manella, J. (1996): Das Mitarbeitergespräch. In: H.-J. Bullinger/ H. J. Warnecke (Hrsg.): Neue Organisationsformen im Unternehmen. Berlin et al., 870-877

Manz, K./ Albrecht, B./ Müller, F. (1994): Organisationstheorie. München

Manzoni, J.-F./ Barsoux, J.-L. (1998): Wenn Mitarbeiter versagen. In: Harvard Business Managers 5/98, 51-62

March, J. G./ Simon, H. A. (1976): Organisation und Individuum. Wiesbaden

Marcus, B. (2000): Kontraproduktives Verhalten im Betrieb. Eine individuumsbezogene Perspektive. Göttingen

Marr, R. (1996): Absentismus - der schleichende Verlust an Wettbewerbspotential. In: ders. (Hrsg.): Absentismus. Der schleichende Verlust an Wettbewerbspotential. Göttingen, 13-39

Marschall. B./ Brandenburg, U. (1998): Verbesserung der Gesundheitsquote durch intelligentes Gesundheitsmanagement. In: U. Brandenburg/ K. Kuhn/ B. Marschall (Hrsg.): Verbesserung der Anwesenheit im Betrieb. Instrumente und Konzepte zur Erhöhung der Gesundheitsquote. Tagungsbericht 84, hrsg. v. d. Bundesanstalt für Arbeitsschutz und Arbeitsmedizin. Dortmund und Berlin, 7-18

Marstedt, G./ Müller, R. (1998): Ein kranker Stand? Fehlzeiten und Integration älterer Arbeitnehmer im Vergleich Öffentlicher Dienst – Privatwirtschaft. Berlin

Martin, H. (1994): Grundlagen der menschengerechten Arbeitsgestaltung. Handbuch für die betriebliche Praxis. Köln

Maslow, A. H. (1977): A Theory of Human Motivation. In: B. M. Staw (Hrsg.): Psychological foundations of organizational behaviour. Santa Monica, 2-14

Maslow, A. H. (1981): Motivation und Persönlichkeit. Hamburg

McClelland, D. C. (1967): Motivation und Kultur. Bern et al.

McClelland, D. C. (1987): Biological Aspects of Human Motivation. In: F. Halisch/ J. Kuhl (Hrsg.): Motivation, Intention, and Volition. Berlin et al.,11-20

Meier, U. (1998): Fehlzeiten als Führungsaufgabe. In: U. Brandenburg/ K. Kuhn/ B. Marschall (Hrsg.): Verbesserung der Anwesenheit im Betrieb. Instrumente und Konzepte zur Erhöhung der Gesundheitsquote. Tagungsbericht 84, hrsg. v. d. Bundesanstalt für Arbeitsschutz und Arbeitsmedizin. Dortmund und Berlin, 297-330

Merboth, H./ Hemmann, E./ Richter, P. (1999): Psychische Gesundheit und sicheres Verhalten durch die Gestaltung von Arbeitstätigkeiten. In: B. Badura/ M. Litsch/ C. Vetter (Hrsg.): Fehlzeiten-Report 1999. Psychische Belastung am Arbeitsplatz. Zahlen, Daten, Fakten aus allen Branchen der Wirtschaft. Berlin et al., 225-235

Metz, A.-M. (1998): Belastungen und Ressourcen in der Arbeit und Fehlzeiten. In: U. Brandenburg/ K. Kuhn/ B. Marschall (Hrsg.): Verbesserung der Anwesenheit im Betrieb. Instrumente und Konzepte zur Erhöhung der Gesundheitsquote. Tagungsbericht 84. hrsg. v. d. Bundesanstalt für Arbeitsschutz und Arbeitsmedizin. Dortmund und Berlin, 73-83

Minssen, H. (1999): Von der Hierarchie zum Diskurs? Die Zumutungen der Selbstregulation. München und Mehring

Mohr, G. (1986): Die Erfassung psychischer Befindensbeeinträchtigungen bei Industriearbeitern. Frankfurt/ M. et al.

Mohr, G. (1991): Fünf Subkonstrukte psychischer Befindensbeeinträchtigungen bei Industriearbeitern: Auswahl und Entwicklung. In: S. Greif/ E. Bamberg/ N. Semmer (Hrsg.): Psychischer Streß am Arbeitsplatz. Göttingen, 91-119

Moog, W. (1998): Möglichkeiten eines Arbeitsunfähigkeitsberichts. In: DIHT (Hrsg.): Betriebliche Gesundheitsvorsorge. Motivation erhöhen – Fehlzeiten senken. Bonn, 21-25

Moser, K./ Schwörer, F./ Eisele, D./ Haefele, G. (1998): Persönlichkeitsmerkmale und kontraproduktives Verhalten in Organisationen. Eine Pilotstudie. In: Zeitschrift für Arbeits- und Organisationspsychologie 2/98, 89-94

Mülken, G./ Treixler, M. (1998): Der Gesundheitsreport als wirksames Instrument für Verhaltensänderungen. In: Personalführung 7/98, 36-42

Müller, B. M. (1997): Leistungsmotivation und Kontrollüberzeugung: Zum Stellenwert der Konstrukte in sportlichen bzw. allgemeinen Handlungsfeldern. München

Müller, R. M. (1997): Völlig losgelöst. Management Berater Titelstory. Unter: http:\\www.management-berater.de, abger. am 25.11.98

Müller, R./ Rosenbrock, R. (Hrsg.) (1998): Betriebliches Gesundheitsmanagement, Arbeitsschutz und Gesundheitsförderung – Bilanz und Perspektiven. Sankt Augustin

Müller-Jentsch, W. (1986): Soziologie der industriellen Beziehungen. Frankfurt/ M. und New York

Müller-Jentsch, W. (1993): Organisation und Mitbestimmung. Evolution einer diffizilen Synthese. In: ders. (Hrsg.): Profitable Ethik – effiziente Kultur. Neue Sinnstiftungen durch das Management? München und Mehring, 253-266

Müller-Jentsch, W. (1998): Der Wandel der Unternehmens- und Arbeitsorganisation und seine Auswirkungen auf die Interessenbeziehungen zwischen Arbeitgebern und Arbeitnehmern. In: MittAB 3/98, 575-584

Myrtek, M. (1998): Gesunde Kranke – kranke Gesunde. Psychophysiologie des Krankheitsverhaltens. Bern et al.

Nerdinger, F. W. (1995): Motivation und Handeln in Organisationen. Stuttgart et al.

Nestmann, F. (2000): Netzwerkinterventionen und soziale Unterstützungsförderung – konzeptioneller Stand und Anforderungen an die Praxis. In: Gruppendynamik 3/00, 259-275

Neubauer, W. (1999): Zur Entwicklung interpersonalen interorganisationalen und interkulturellen Vertrauens durch Führung – Empirische Ergebnisse der sozialpsychologischen Vertrauensforschung. In: G. Schreyögg/ J. Sydow (Hrsg.): Führung neu gesehen. Managementforschung 9. Berlin und New York, 89-116

Neuberger, O. (1985a): Arbeit. Begriff – Gestaltung – Motivation – Zufriedenheit. Stuttgart

Neuberger, O. (1985b): Arbeitszufriedenheit: Kraft durch Freude oder Euphorie im Unglück? In: Die Betriebswirtschaft 2/85, 184-206

Neuberger, O. (1993): Besser führen. Grundlagen. 3. überarb. Aufl. München

Neuberger, O. (1997a): Personalwesen 1. Grundlagen, Entwicklung, Organisation, Arbeitszeit, Fehlzeiten. Stuttgart

Neuberger, O. (1997b): Individualisierung und Organisierung. Die wechselseitige Erzeugung von Individuum und Organisation durch Verfahren. In: G. Ortmann/ J. Sydow/ K. Türk (Hrsg.): Theorien der Organisation. Die Rückkehr der Gesellschaft. Opladen, 487-522

Neugebauer, U./ Grosser, H. (1996): Motivationsförderliche Anreizsysteme. In: H.-J. Bullinger/ H. J. Warnecke (Hrsg.): Neue Organisationsformen im Unternehmen. Berlin et al., 913-920

Nicholson, N. (1989): Arbeitsabwesenheit und Fluktuation. In: S. Greif./ H. Holling/ N. Nicholson (Hrsg.): Arbeits- und Organisationspsychologie: Internationales Handbuch in Schlüsselbegriffen. München, 87-94

Nieder, P. (1978): Zur Reduzierung von Fehlzeiten. In: Zeitschrift für Arbeitswissenschaft 3/78, 115-119

Nieder, P. (1979): Zum Zusammenhang zwischen Arbeitszufriedenheit und Fehlzeiten – ein Beitrag zur Organisationsentwicklung. In: P. Nieder (Hrsg.): Fehlzeiten. Ein Unternehmer- oder Arbeitnehmerproblem? Wege zur Reduzierung von Fehlzeiten. Bern und Stuttgart, 161-168

Nieder, P. (1991): Fehlzeiten – Ursache Nr. 1: Die schwache Arbeitsmotivation. In: Arbeitgeber 5/91, 161-164

Nieder, P. (1992a): Absentismus. In: E. Gaugler/ W. Weber (Hrsg.): Handwörterbuch des Personalwesens. Stuttgart. Sp. 1-9

Nieder, P. (1992b): Anzeichen und Auswirkungen der „inneren Kündigung“ von Mitarbeitern. In: Personal-Management. 8. Nachlieferung 12/92, 1-11

Nieder, P. (1997): Erfolg durch Vertrauen: Abschied vom Management des Mißtrauens. Wiesbaden

Nieder, P. (1998): Wie lassen sich Fehlzeiten reduzieren: Ein Überblick. In: U. Brandenburg/ K. Kuhn/ B. Marschall (Hrsg.): Verbesserung der Anwesenheit im Betrieb. Instrumente und Konzepte zur Erhöhung der Gesundheitsquote. Tagungsbericht 84, hrsg. v. d. Bundesanstalt für Arbeitsschutz und Arbeitsmedizin. Dortmund und Berlin, 85-100

Nieder, P. (2000): Führung und Gesundheit. Die Rolle der Vorgesetzten im Gesundheitsmanagement. In: U. Brandenburg/ P. Nieder/ B. Susen (Hrsg.): Gesundheitsmanagement im Unternehmen. Grundlagen, Konzepte und Evaluation. Weinheim und München, 149-161

Nieder, P./ Blaschke, D. (1979): Zur Bedeutung, Definition und Erfassung von Fehlzeiten. In: P. Nieder (Hrsg.): Fehlzeiten. Ein Unternehmer- oder Arbeitnehmerproblem? Wege zur Reduzierung von Fehlzeiten. Bern und Stuttgart, 15-20

Nieder, P./ Janssen, M. (1996): Reduzierung von Absentismus durch persönlichkeitsfördernde Arbeitsgestaltung. In: R. Marr (Hrsg.): Absentismus. Der schleichende Verlust an Wettbewerbspotential. Göttingen, 59-72

Niedl, K. (1995): Mobbing/ Bullying am Arbeitsplatz. Eine empirische Analyse zum Phänomen sowie zu personalwirtschaftlich relevanten Effekten von systematischen Feindseligkeiten. München und Mehring

Niehoff, J.-U. (1993): Stationarität, Zeit und Wandel – Replik auf Giegel. In: R. Grawatz/ P. Novak (Hrsg.): Soziale Konstruktion von Gesundheit. Ulm, 123-136

Noack, H. (1993): Gesundheit: Medizinische, psychologische und soziologische Konzepte. In: R. Grawatz/ P. Novak (Hrsg.): Soziale Konstruktion von Gesundheit. Ulm, 13-32

Nolting, H.-D. (1997): Probleme der Ergebnisevaluation im Bereich der betrieblichen Gesundheitsförderung. In: P. Nieder/ B. Susen (Hrsg.): Betriebliche Gesundheitsförderung. Konzepte und Erfahrungen bei der Realisierung. Bern et al., 79-104

Nuber, U. (1988): Innere Kündigung. In: Psychologie Heute (Hrsg.): Arbeit: Die seelischen Kosten. Thema: Arbeit und Psyche. Weinheim und Basel, 7-25

Nuttin, J. R. (1987): The Respective Roles of Cognition and Motivation in Behavioural Dynamics, Intention, and Volition. In: F. Halisch/ J. Kuhl (Hrsg.): Motivation, Intention, and Volition. Berlin et al., 309-320

o.V. (1994): Die Moral am Arbeitsplatz. In: Umfrage und Analyse. 7-8/94, 70-73

Oesterreich, R./ Volpert, W. (1987): Handlungstheoretisch orientierte Arbeitsanalyse. In: U. Kleinbeck/ J. Ruthenfranz (Hrsg.): Enzyklopädie der Psychologie. D III, Bd. 1 Arbeitspsychologie. Göttingen et al., 43-73

Oesterreich, R. (1997): Regulationserfordernisse. In: H. Luczak/ W. Volpert (Hrsg.): Handbuch Arbeitswissenschaft. Stuttgart, 461-464

Oesterreich, R. (1998): Die Bedeutung arbeitspsychologischer Konzepte der Handlungsregulationstheorie für die betriebliche Gesundheitsförderung. In: E. Bamberg/ A. Ducki/ A.-M. Metz (Hrsg.): Handbuch betriebliche Gesundheitsförderung: arbeits- und organisationspsychologische Methoden und Konzepte. Göttingen et al., 75-94

Oesterreich, R. (1999): Konzepte zu Arbeitsbedingungen und Gesundheit – Fünf Erklärungsmodelle im Vergleich. In: R. Oesterreich/ W. Volpert (Hrsg.): Psychologie gesundheitsgerechter Arbeitsbedingungen. Konzepte, Ergebnisse und Werkzeuge zur Arbeitsgestaltung. Bern et al., 141-215

Offe, C./ Hinrichs, K (1977): Sozialökonomie des Arbeitsmarktes und die Lage benachteiligter Gruppen von Arbeitnehmern. In: Projekt Arbeitsmarktpolitik. hrsg. v. C. Offe: Opfer des Arbeitsmarktes. Zur Theoriestruktur der Arbeitslosigkeit. Neuwied und Darmstadt, 3-61

Olbrich, E. (1997): Die Grenzen des Coping. In: C. Tesch-Römer/. C. Salewski/ G. Schwarz (Hrsg.): Psychologie der Bewältigung. Weinheim, 230-246

Olesch, G. (1996): Fehlzeiten erfolgreich reduzieren. Strategien, Vorgehensweisen. In: Personalführung, 1/96. S. 62-67.

Olesch, G. (1998): Lösungen zur Fehlzeitenreduzierung. In: Personalwirtschaft, 1/98, 37-41

Oppholzer, A. (1999a): Ausgewählte Bestimmungsfaktoren des Krankenstandes in der öffentlichen Verwaltung – Zum Einfluß von Arbeitszufriedenheit und Arbeitsbedingungen auf krankheitsbedingte Fehlzeiten. In: B. Badura/ M. Litsch/ C. Vetter (Hrsg.): Fehlzeiten-Report 1999. Psychische Belastung am Arbeitsplatz. Zahlen, Daten, Fakten aus allen Branchen der Wirtschaft. Berlin et al. 343-362

Oppholzer, A. (1999b): Psychische Belastungen in der Arbeitswelt als Herausforderung für den Arbeits- und Gesundheitsschutz. (Hrsg.): Norddeutsche Metall-Berufsgenossenschaft. Hannover

Oppholzer, A. (1999c): Arbeitsbedingungen und Arbeitszufriedenheit der Mitarbeiterinnen und Mitarbeiter der Bundesversicherungsanstalt für Angestellte. Unveröffentlichtes Gutachten. Berlin

Orendi, B. (1978): Fehlzeiten und Krankheitsverhalten. In: M. Frese/ S. Greif/ N. Semmer (Hrsg.): Industrielle Psychopathologie. Bern et al., 184-215

Ortmann, G./ Windeler, A./ Becker, A./ Schulz, H. (1990): Computer und Macht in Organisationen. Mikropolitische Analysen. Opladen

Ott, P. (1995): Leistungsmotivation: Ein Vergleich zweier psychodiagnostischer Verfahren. Zürich

Otte, R. (1994): Gesundheit im Betrieb: Leistung durch Wohlbefinden. Frankfurt/ M.

Otto, J. (1999): Auswirkungen des Denkstils auf den Gefühlszustand: Ein vernachlässigter Leistungsaspekt. In: M. Jerusalem/ R. Pekrun (Hrsg.): Emotion, Motivation und Leistung. Göttingen et al., 51-64

Paoli, P. (1992): First European Survey on the Working Environment 1991-1992. In: European Foundation for the Improvement of Living and Working Conditions (Hrsg.). Dublin

Pelzmann, L./ Neumann, U./ Stückler, H./ Trotzenburg, E. v. (1987): Arbeitsplatzverlust als Risikofaktor. In: E. Jandel-Jager/ B. Dirisamer-Moser (Hrsg.): Arbeit – Krankheit – Anpassung. Wien, 50-57

Peter, R. (1991): Berufliche Belastungen, Belastungserscheinungen und koronares Risiko bei Industriearbeitern. Münster und Hamburg

Pfaff, H. (1998): Erfahrungen aus dem Projekt „Gesundheitsmanagement bei Ravensburger". In: DIHT (Hrsg.): Betriebliche Gesundheitsvorsorge. Motivation erhöhen – Fehlzeiten senken. Bonn, 17-20

Picot, A. (1987): Ökonomische Theorien und Führung. In: A. Kieser/ G. Reber (Hrsg.): Handwörterbuch der Führung. Stuttgart, 1583-1595

Piorr, R./ Taubert, R. (2000): Gesundheitsmanagement – ein ‚System gesunder Gespräche'. In: IN-Nachrichten des Institutes für Betriebliche Gesundheitsförderung. 1/2000, 3-9

Piorr, R./ Taubert, R./ Heller, E. (2000): Rückkehrgespräche: Ein wirksames Instrument des betrieblichen Gesundheitsmanagements (?) In: Arbeit 4/00, 269-279

Piorr, R./ Taubert, R./ Kowalski, H. (2000): Das Integrationsgespräch in der Gesundheitsförderung. In: Personalführung 9/2000, 62-68

Pirker, R. (1997): Die Unternehmung als soziale Institution. Eine Kritik der Transaktionskostenerklärung der Firma. In: G. Ortmann/ J. Sydow/ K. Türk (Hrsg.): Theorien der Organisation. Die Rückkehr der Gesellschaft. Opladen. S. 67-80.

Pohen, J./ Esser, W. (1995): Fehlzeiten senken: mit System zum Erfolg. 2. neubearb. und erw. Aufl. Heidelberg

Porter, L. W./ Steers, R. M. (1979): Organisationale, Arbeitsplatz- und individuelle Einflußfaktoren auf Fluktuation und Absentismus. In: P. Nieder (Hrsg.): Fehlzeiten. Ein Unternehmer- oder Arbeitnehmerproblem? Wege zur Reduzierung von Fehlzeiten. Bern und Stuttgart, 131-146

Prestel, R. (1988): Qualitätsprüfung eines neuen Instrumentes zur Erfassung der Leistungsmotivation – die Leistungsmotivations-Matrix – und seine externe Validierung am TAT von Heckhausen, Aat von Alpert und Haber und LMT von Hermans, Petermann und Zielinski. Konstanz

Prochaska, M. (1998): Leistungsmotivation: Methoden, soziale Erwünschtheit und das Konstrukt. Ansatzpunkte zur Entwicklung eines neuen eignungsdiagnostischen Verfahrens. Frankfurt/ M. et al.

Quick, J. C./ Quick, J. D (1986): Unternehmen ohne Streß. Hamburg et al.

Raidt, F. (1993): Innere Kündigung. In: H. Strutz (Hrsg.): Handbuch Personalmarketing. 2. erw. Aufl. Wiesbaden, 74-87

Rebmann, E./ Wittig, T. (1997): Betriebliches Gesundheitsmanagement. In: Personal 2/97, 60-67

Redmann, A./ Rehbein, I./ Vetter, C. (1998): Krankheitsbedingte Fehlzeiten in der deutschen Wirtschaft. Branchenreport '97. Bonn

Regnet, E. (1991): Streß und Möglichkeiten der Streßhandhabung. In: L. v. Rosenstiel/ E. Regnet/ M. Domsch (Hrsg.): Führung von Mitarbeitern. Handbuch für ein erfolgreiches Personalmanagement. Stuttgart, 75-86

Reinwald, N. (1999): Betriebliche Anreize, außerbetriebliche Rahmenbedingungen und Krankenstand. Handlungstheoretisches Konzept und empirische Evidenzen zur Erklärung des Krankenstandes der Arbeitnehmer. Frankfurt/ M. et al.

Reutter, T./ Thußbas, C. (1997): Betriebliche Gesundheitsberichterstattung. In: C. Klotter (Hrsg.): Prävention im Gesundheitswesen. Göttingen, 154-173

Richter, G. (1998): Psychische Belastung und Beanspruchung: Streß, psychische Ermüdung, psychische Sättigung. 2. überarb. Aufl. Bremerhaven

Richter, G. (1999): Innere Kündigung. Modellentwicklung und empirische Befunde aus einer Untersuchung im Bereich der öffentlichen Verwaltung. In: Zeitschrift für Personalforschung 2/99, 113-138

Richter, M. (1994): Arbeitszufriedenheit im Motivationsprozeß. In: ders. Personalführung. Grundlagen und betriebliche Praxis. 3. erw. und überarb. Aufl. Stuttgart, 186-190

Richter, P. (1996): Beitrag der Arbeitspsychologie zur Gesundheitsförderung im Betrieb. In: U. Brandenburg/ B. Marschall/ K. Kuhn/ C. Verkoyen (Hrsg.): Gesundheitsförderung im Betrieb. Tagungsband der II. Tagung des Gesundheitswesens der VW AG in Kooperation mit der Bundesanstalt für Arbeitsschutz und den DLR-Projektträgerschaften, Arbeit und Technik. Dortmund, 107-119

Richter, P. (1997): Persönlichkeitsentwicklung durch Arbeit. In: H. Luczak/ W. Volpert (Hrsg.): Handbuch Arbeitswissenschaft. Stuttgart, 234-237

Riechers, C. (1999): Lust oder Frust – Die Wahl des ‚richtigen' Berufs und ihre Bedeutung für den Arbeitserfolg. In: Personalführung 3/99, 12-13

Rischar, H. (1992): Wie vermeide ich rechtzeitig meine innere Kündigung. In: VBU (Hrsg.): Innere Kündigung. Strategien gegen die 'Selbst-Pensionierung'. Sonderheft 4/92. Artikel zum Titelthema. Bonn, 42-52

Rohmann, E./ Bierhoff, H. W./ Müller, G. F. (2000): Förderung freiwilligen Engagements in Organisationen. In: Gruppendynamik 2/00, 213-214

Rohmert, W. (1984): Das Belastungs-Beanspruchungs-Konzept. In: Zeitschrift für Arbeitswissenschaft 4/84, 193-200

Rosemaier, H.-P. (1997): Prävention als psycho-soziale Kontrolle. In: C. Klotter (Hrsg.): Prävention im Gesundheitswesen. Göttingen, 98-112

Rosenbrock, R. (1996): Arbeit und Gesundheit. Elemente und Perspektiven betrieblicher Gesundheitsförderung. WZB Arbeitsgruppe Public Health. P96-206. Berlin

Rosenbrock, R. (1997): Theoretische Konzepte der Prävention. In: C. Klotter (Hrsg.): Prävention im Gesundheitswesen. Göttingen. S. 41-60.

Rosenbrock, R. (1999): Inhalte sowie fördernde und hemmende Bedingungen erfolgreicher Gesundheitsförderung in Unternehmen. Papier präsentiert auf der Konferenz 'Das betriebliche Gesundheitswesen als Erfolgsfaktor' des VDI am 23./ 24. Juni 1999. Frankfurt/ M.

Rosenstiel, L. v. (1975): Die motivationalen Grundlagen des Verhaltens in Organisationen – Leistung und Zufriedenheit. Berlin

Rosenstiel, L. v. (1993): Motivation von Mitarbeitern. In: L. v. Rosenstiel/ E. Regnet/ M. Domsch (Hrsg.): Führung von Mitarbeitern. Handbuch für erfolgreiches Personalmanagement. 2. Aufl. Stuttgart, 153-172

Rosenstiel, L. v. (1995): Leistungszurückhaltung. In: A. Kieser/ G. Reber/ R. Wunderer (Hrsg.): Handwörterbuch der Führung. 2. neu gest. und erg. Aufl. Stuttgart, 1319-1329

Rosenstiel, L. v. (1999): Kultur des Vertrauens. Unternehmenskultur und Wissenschaftsmanagement. In: Wissenschaftsmanagement – Zeitschrift für Innovation 4/99, 9-17

Rothermund, K./ Brandstätter, J. (1997): Entwicklung und Bewältigung: Festhalten und Preisgeben von Zielen als Formen der Bewältigung von Entwicklungsproblemen. In: C. Tesch-Römer/ C. Salewksi/ G. Schwarz (Hrsg.): Psychologie der Bewältigung. Weinheim, 120-134

Rothfuß, R. (1999): Burnout-Syndrom im Finanzdienstleistungsbereich. In: U. Nickel./ R. Reiter-Mollenhauer (Hrsg.): Psychische Belastungen in der Arbeitswelt. Bremerhaven, 100-132

Rotter, J. B. (1966): Generalized Expectancies for Internal versus External Control of Reinforcement. In: Psychological Monographs: General and Applied. Vol. 80, 1-28

Ruthenfranz, J. (1981): Arbeitsmedizinische Aspekte des Streßproblems In: J. R. Nitsch (Hrsg.): Streß. Bern et al., 379-390.

Sack, P.-M. (1994): Mißerfolgsverarbeitung und Leistung. Kritische Untersuchungen zum volitionalen Konstrukt der Handlungskontrolle nach Julius Kuhl. Frankfurt/ M.

Salowsky, H. (1991): Fehlzeiten: eine Bilanz nach 20 Jahren Lohnfortzahlungsgesetz. Köln

Schanz, G. (2000): Personal und Arbeit in verhaltenswissenschaftlicher Perspektive. In: A. Clermont/ W. Schmeisser/ D. Krimphowe (Hrsg.): Personal und Organisation. München, 193-208

Scharf, B. (1983): Krankenstand – Mißbrauch oder Spiegelbild betrieblicher Belastungen ? In: Soziale Sicherheit 5/83, 140-144

Schein, E. H. (1980): Organisationspsychologie. Wiesbaden

Schienstock, G. (1993): Kontrolle auf dem Prüfstand. In: W. Müller-Jentsch (Hrsg.): Profitable Ethik – effiziente Kultur. Neue Sinnstiftungen durch das Management? München und Mehring, 229-251

Schlie, F. (1988): Die Vielfalt der Leistungsbegriffe. In: K. O. Hondrich/ J. Schumacher/ K. Arzberger et al. (Hrsg.): Krise der Leistungsgesellschaft. Empirische Analysen zum Engagement in Arbeit, Familie und Politik. Opladen, 50-67

Schlie, F./ Stegbauer, C. (1988): Leistungsniveau und Leistungsbereitschaft in der Arbeitswelt. In: K. O. Hondrich/ J. Schumacher/ K. Arzberger et al. (Hrsg.): Krise der Leistungsgesellschaft. Empirische Analysen zum Engagement in Arbeit, Familie und Politik. Opladen, 100-170

Schmalt, D. (1996): Zur Kohärenz von Motivation und Kognition. In: J. Kuhl/ H. Heckhausen (Hrsg.): Motivation, Volition und Handlung. Göttingen et al., 241-273

Schmalt, H.-D. (1995): Motivation. In: W. Sarges (Hrsg.): Managementdiagnostik. 2. Vollst. überarb. u. erw. Auflage. Göttingen et al., 267-271

Schmidt, H. (1999): Mobbing am Arbeitsplatz. In: U. Nickel./ R. Reiter-Mollenhauer (Hrsg.): Psychische Belastungen in der Arbeitswelt. Bremerhaven, 67-81

Schmidt, K.-D./ Daume, B. (1996): Beziehungen zwischen Aufgabenmerkmalen, Fehlzeiten und Fluktuation. In: Zeitschrift für Arbeits- u. Organisationspsychologie. 40 (N.F.14) 4., 181-189

Schmidt, K.-H./ Kleinbeck, U. (1999): Funktionsgrundlagen der Leistungswirkungen von Zielen bei der Arbeit. In: M. Jerusalem/ R. Pekrun (Hrsg.): Emotion, Motivation und Leistung. Göttingen et al., 291-304

Schmidt, M. (1997): Konsum- und Arbeitswandel vor dem Hintergrund der Wertewandeltheorie. Hamburg

Schmidt-Brasse, U./ Neuberger, O. (1979): Vorgesetztenverhalten, Zufriedenheit und Absentismus. In: P. Nieder (Hrsg.): Fehlzeiten. Ein Unternehmer- oder Arbeitnehmerproblem? Wege zur Reduzierung von Fehlzeiten. Bern und Stuttgart, 147-160

Schmilinsky, M. (1993): Fehlzeitengespräche. H. Strutz (Hrsg.): Handbuch Personalmarketing. 2. erw. Aufl. Wiesbaden, 102-107

Schmilinsky, M. (1997): Rückkehrgespräche: Ziele, Chancen und Risiken. In: R. Busch (Hrsg.): Arbeitsmotivation und Gesundheit. Rückkehrgespräche in der betrieblichen Praxis. Berlin, 64-74

Schmitthenner, H./ Zinke, E./ Rehwald, R. (1996): Eine Argumentationshilfe der IG Metall zum Thema „Krankenrückkehrgespräche". hrsg. v. IGM Vorstand Abt. Sozialpolitik/ Referat Arbeits- und Gesundheitsschutz. Frankfurt/ M.

Schnabel, C. (1997): Betriebliche Fehlzeiten. Ausmaß, Bestimmungsgründe und Reduzierungsmöglichkeiten. Köln

Schnabel, C. (1998): Betriebliche Fehlzeiten und Maßnahmen zu ihrer Reduzierung. In: Personal 6/98, 266-270

Schneider, K./ Schmalt, H.-D. (1994): Motivation. 2. überarb. und erw. Aufl. Stuttgart et al.

Schneider, K./ Wegge, J./ Konradt, U. (1993): Motivation und Leistung. In: J. Beckmann/ H. Strang/ E. Hahn (Hrsg.): Aufmerksamkeit und Energetisierung. Facetten von Konzentration und Leistung. Göttingen et al., 101-131

Scholz, C. (1993): Personalmanagement: informationsorientierte und verhaltenstheoretische Grundlagen. 3. neu bearb. u. erw. Aufl. München

Schröder, K. E. E./ Schwarzer, R. (1997): Bewältigungsressourcen. In: C. Tesch-Römer/ c. Salewski/ G. Schwarz et al. (Hrsg.): Psychologie der Bewältigung. Weinheim, 174-196

Schröer, A./ Sochert, R. (1998): Betriebliche Gesundheitsberichterstattung. In: U. Brandenburg/ K. Kuhn/ B. Marschall (Hrsg.): Verbesserung der Anwesenheit im Betrieb. Instrumente und Konzepte zur Erhöhung der Gesundheitsquote. Tagungsbericht 84, hrsg. v. d. Bundesanstalt für Arbeitsschutz und Arbeitsmedizin. Dortmund und Berlin, 141-152

Schug, R. (1990): Arbeit und Stress: Ein Ratgeber für die Praxis. hrsg. v. Bayer. Staatsministerium für Arbeit u. Sozialordnung. München

Schultetus, W. (2000): Arbeitsgestaltung zur Förderung der Gesundheit und der Wettbewerbsstärke. In: angew. Arbeitswiss. 163, 1-19

Schumacher, E. (1994): Psychosoziale Bedingungen betrieblicher Fehlzeiten: Eine empirische Untersuchung im industriellen Bereich. München und Wien

Schumm, J. (1998): Verbesserung der Anwesenheit im Betrieb. In: U. Brandenburg/ B. Marschall/ K. Kuhn/ C. Verkoyen (Hrsg.): Verbesserung der Anwesenheit im Betrieb. Instrumente und Konzepte zur Erhöhung der Gesundheitsquote. Dortmund und Berlin, 273-282

Schwarz, G./ Salewski, C./ Tesch-Römer, C. (1997): Psychologie der Bewältigung –Variationen über ein bekanntes Thema? In: C. Tesch-Römer/ C. Salewksi/ G. Schwarz (Hrsg.): Psychologie der Bewältigung. Weinheim, 1-6

Schwarzer, R./ Leppin, A. (1990): Sozialer Rückhalt, Krankheit und Gesundheitsverhalten. In: R. Schwarzer (Hrsg.): Gesundheitspsychologie. Göttingen et al., 395-414

Schwenkmezger, P. (1990): Ärger, Ärgerausdruck und Gesundheit. In: R. Schwarzer (Hrsg.): Gesundheitspsychologie. Göttingen et al., 295-310

Seligman, M. E. P. (1995): Erlernte Hilflosigkeit. 5. korr. und erw. Aufl. Weinheim

Selye, H. (1988): Streß. Bewältigung und Lebensgewinn. Neuausgabe. 2. Aufl. München und Zürich

Semmer, N. (1984): Streßbezogene Tätigkeitsanalyse: psychologische Untersuchung zur Analyse von Streß am Arbeitsplatz. Weinheim et al.

Semmer, N. (1988): Streß. In: R. Asanger/ G. Wenningen (Hrsg.): Handwörterbuch der Psychologie. München, 744-752

Semmer, N. (1990): Streß und Kontrollverlust. In: F. Frei/ I. Udris (Hrsg.): Das Bild der Arbeit. Bern et al., 190-207

Semmer, N. (1997): Streß. In: H. Luczak/ W. Volpert (Hrsg.): Handbuch Arbeitswissenschaft. Stuttgart, 332-340

Semmer, N./ Udris, I. (1993): Bedeutung und Wirkung von Arbeit. In: H. Schuler (Hrsg.): Lehrbuch Organisationspsychologie. Bern et al., 133-165

Semmer, N./ Baillod, J. (1993): Korrelate und Prädiktoren von Fluktuation: Zum Stand der Forschung. In: Zeitschrift für Arbeitswissenschaft 3/93, 179-186

Sesselmeier, W. (1994): Der Arbeitsmarkt aus neoinstitutioneller Perspektive. In: Wirtschaftsdienst 3, 187-202

Sheldan, K. M./ Kasser, T. (1995): Coherence and Congruence: Two Aspects of Personality Integration. In: Journal of Personality and Social Psychology 3/95, 531-543

Siebeck, W. (1998): Fehlzeitenreduzierung bei Henkel Teroson. Erfahrungsbericht, insbesondere auf das in diesem Zusammenhang entwickelte Führungsinstrument ‚Rückkehrgespräch'. In: U. Brandenburg/ K. Kuhn/ B. Marschall (Hrsg.): Verbesserung der Anwesenheit im Betrieb. Instrumente und Konzepte zur Erhöhung der Gesundheitsquote. Tagungsbericht 84, hrsg. v. d. Bundesanstalt für Arbeitsschutz und Arbeitsmedizin. Dortmund und Berlin, 331-356

Siegrist, J. (1996): Soziale Krisen und Gesundheit. Eine Theorie der Gesundheitsförderung am Beispiel von Herz-Kreislauf-Risiken im Erwerbsleben. Band 5/ Reihe Gesundheitspsychologie. Göttingen et al

Siegrist, J. (1998): Berufliche Gratifikationskrisen und Gesundheit – ein soziogenetisches Modell mit differentiellen Erklärungschancen. In: J. Markgraf/ J. Siegrist/ S. Neumer (Hrsg.): Gesundheits- oder Krankheitstheorie? Saluto- versus pathogenetische Ansätze im Gesundheitswesen. Berlin et al., 225-235

Siegrist, J. (1999a): Stressabbau im Betrieb. In: BGF Spezial 2/99 hrsg. v. Institut für Betriebliche Gesundheitsförderung. Köln, 3- 6

Siegrist, J. (1999b): Psychosoziale Arbeitsbelastungen und Herz-Kreislauf-Risiken: internationale Erkenntnisse zu neuen Streßmodellen. In: B. Badura/ M. Litsch/ C. Vetter (Hrsg.): Fehlzeiten-Report 1999. Psychische Belastung am Arbeitsplatz. Zahlen, Daten, Fakten aus allen Branchen der Wirtschaft. Berlin et al., 143-152.

Siewers, R. (1999): Ohne Vertrauen kein Erfolg. In: Management Berater 6/99, 30-34

Simon, H. A. (1994): The Bottleneck of Attention: Connecting Thougt with Motivation. In: W. D. Spaulding (Hrsg.): Integrative Views of Motivation, Cognition, and Emotion. Vol. 41 of the Nebraska Symposium on Motivation. Lincoln and London, 1-21

Six, B. /Eckes, A. (1991): Der Zusammenhang von Arbeitszufriedenheit und Arbeitsleistung – Resultate einer metaanalytischen Studie. In: L. Fischer (Hrsg.): Arbeitszufriedenheit. Stuttgart, 21-45

Slesina, W./ Ferber, C. v. (1989): Das integrierte Belastungs-Beanspruchungskonzept. In: Z. Arb. Wiss. 1/89, 16-22

Sokolowski, K. (1993): Emotion und Volition. Göttingen et al.

Sokolowski, K. (1996): Wille und Bewußtsein. In: J. Kuhl/ H. Heckhausen (Hrsg.): Motivation, Volition und Handlung. Göttingen et al., 485-530

Sonnentag, S./ Spies, C. (1997): Psychopathologie der Arbeit. In: H. Luczak/ W. Volpert (Hrsg.): Handbuch Arbeitswissenschaft. Stuttgart, 280-284

Sonntag, K. (1999): Gesundheit und Arbeitssicherheit in neuen Arbeitsorganisationsformen – das Gesina-Projekt: Beiträge der Salutogenese. Papier präsentiert auf der Konferenz 'Das betriebliche Gesundheitswesen als Erfolgsfaktor' des VDI am 23./ 24. Juni 1999. Frankfurt/ M.

Sonntag, K./ Kipfmüller, K./ Edelmann, M./ Benz, D. (1999): Belastungen, Beanspruchungen und Ressourcen bei innerbetrieblichen Veränderungsprozessen.

In: M. Kastner (Hrsg.): Gesundheit und Sicherheit in neuen Arbeits- und Organisationsformen. Herdecke, 193-198

Soop, H. (1958): Zur Soziologie des Krankenstandes. In: Münchner medizinische Wochenzeitschrift, 100, 489-492

Spangler, G./ Zimmermann, P. (1999): Emotion, Motivation und Leistung aus entwicklungs- und persönlichkeitspsychologischer Perspektive. In: M. Jerusalem/ R. Pekrun (Hrsg.): Emotion, Motivation und Leistung. Göttingen et al., 86-103

Spies, S./ Beigel, H. (1996): Einer fehlt, und jeder braucht ihn. Wie Opel die Abwesenheit senkt. Wien

Spitzley, H. (1980): Wissenschaftliche Betriebsführung. REFA-Methodenlehre und Neuorientierung der Arbeitswissenschaft. Köln

Sprenger, R. K. (1995): Mythos Motivation. Wege aus einer Sackgasse. 9. Aufl. Frankfurt/ M. und New York

Sprenger, R. K. (1997): Mit Appetitzünglern ernährt. In: Wirtschaftswoche 20/97, 146

Springer, R. (1999): Rückkehr zum Taylorismus. Arbeitspolitik in der Automobilindustrie am Scheideweg. Frankfurt/ M.

Staehle, W. H. (1999): Management: Eine verhaltenswissenschaftliche Perspektive. 8. Aufl., überarb. v. P. Conrad/ J. Sydow. München

Staufenbiel, T. (2000): Antezedenzien und Konsequenzen freiwilligen Arbeitsengagements. In: Gruppendynamik 2/00, 169-183

Stegmann, W. (1999): Die Macht der Angst. In: B. Badura/ M. Litsch/ C. Vetter (Hrsg.): Fehlzeiten-Report 1999. Psychische Belastung am Arbeitsplatz. Zahlen, Daten, Fakten aus allen Branchen der Wirtschaft. Berlin et al., 129-141

Steinle, C./ Ahlers, F./ Gradtke, B. (2000): Vertrauensbasiertes Management. Grundlegung, Praxisschlaglicht und Folgerungen. In: zfo 4/00, 208-217

Stephan, G. (1991): Fehlzeiten: Eine theoretische und empirische Untersuchung mit Individualdaten. In: MittAB 3/91, 583-594

Straka, G. A./ Nieder, P. (1999): Selbstgesteuertes Lernen, Motivation und Lernen in der Projektgruppe. In: Personalführung 2/99, 56-58

Strati,A./ Nicolini, D. (1997): Cognitivism in Organization Studies. In: G. Ortmann/ J. Sydow/ K. Türk (Hrsg.): Theorien der Organisation. Die Rückkehr der Gesellschaft. Opladen, 388-416

Strümpel, B. (1989): Erwerbsarbeit im Wandel. In: S. Greif/ H. Holling/ N. Nicholson (Hrsg.): Arbeits- und Organisationspsychologie. Internationales Handbuch in Schlüsselbegriffen. München, 49-55

Süddeutsche Zeitung, o.V. (v. 18. 09. 1998): Psychologie: Jeder zweite hat innerlich gekündigt, 12

Susen, B. (1997): Gesundheitsfördernde Personalarbeit. In: P. Nieder/ B. Susen (Hrsg.): Betriebliche Gesundheitsförderung. Konzepte und Erfahrungen bei der Realisierung. Bern et al. S. 175-195.

Susen, B. (2000): Ziele und Erfolgskriterien des Gesundheitsmanagements im Unternehmen. In: P. Nieder/ B. Susen (Hrsg.): Betriebliche Gesundheitsförderung. Konzepte und Erfahrungen bei der Realisierung. Bern et al.,181-197

Taubert, R./ Piorr, R. (1997): Gesundheitsgerechtes Management. In: Personalführung 12/97, 1190-1197

Taubert, R./ Piorr, R. (1998a): Gesundheitsgerechtes Management. Ein langfristig effektiver Ansatz. In: dies. (Hrsg.): Gesundheit und Kommunikation. Dialogische Personalführung als Wettbewerbsfaktor. Hagen, 6-26

Taubert, R./ Piorr, R. (1998b): Gesundheitsmanagement als Wettbewerbsfaktor. Papier präsentiert auf dem Konzernforum 'Arbeit und Gesundheit' der Daimler-Benz AG am 29./ 30. Oktober 1998. Stuttgart

Taubert, R./ Piorr, R. (1999): Fehlzeiten und Leistungsenthalt - Gründe, Formen, Gegenmaßnahmen. Papier präsentiert auf der Konferenz 'Das betriebliche Gesundheitswesen als Erfolgsfaktor' des VDI am 23./ 24. Juni 1999. Frankfurt/ M.

Teichmann, S. (1999): Salutogene und pathogene Wirkungen sozialer Beziehungen in der Arbeitswelt. In: B. Badura/ W. Ritter/ M. Scherf (Hrsg.): Betriebliches Gesundheitsmanagement – ein Leitfaden für die Praxis. Berlin, 150-154

Temme, G./ Tränkle, U. (1996): Arbeitsemotionen. Ein vernachlässigter Aspekt in der Arbeitszufriedenheitsforschung. In: Arbeit 5/96, 275-297

Theis, K. (1985): Fehlzeiten und psychische Beschwerden. Reaktionsformen auf Belastungen im Betrieb. Spardorf

Thiehoff, R. (1996): Rechnet sich Gesundheitsförderung für den Betrieb? In: U. Brandenburg/ B. Marschall/ K. Kuhn/ C. Verkoyen (Hrsg.): Gesundheitsförderung im Betrieb. Tagungsband der II. Tagung des Gesundheitswesens der VW AG in Kooperation mit der Bundesanstalt für Arbeitsschutz und den DLR-Projektträgerschaften, Arbeit und Technik. Dortmund, 209-221

Thiehoff, R. (1998): Möglichkeiten der Evaluation von Arbeits- und Gesundheitsmaßnahmen. Maßnahmen, Erfahrungen, Ergebnisse. Papier präsentiert auf dem Konzernforum 'Arbeit und Gesundheit' der Daimler-Benz AG am 29./ 30. Oktober 1998. Stuttgart

Thiehoff, R. (1999): Arbeitsschutz und betriebliche Gesundheitsförderung als Teil effektiver Unternehmensführung. In: BKK Bundesverband, Hauptverband der gewerblichen Berufsgenossenschaften (Hrsg.): Möglichkeiten der Wirtschaftlichkeitsanalyse für Maßnahmen des Arbeitsschutzes und der betrieblichen Gesundheitsförderung. 2. überarb. und erg. Aufl. Bremerhaven, 11-23

Thiehoff, R. (2000): Kosten-Nutzen-Analysen im Arbeits- und Gesundheitsschutz. In: P. Nieder/ B. Susen (Hrsg.): Betriebliche Gesundheitsförderung. Konzepte und Erfahrungen bei der Realisierung. Bern et al., 199-217

Thierry, H. (1989): Leistungsnormen und Lohnsysteme. In: S. Greif/ H. Holling/ N. Nicholson (Hrsg.): Arbeits- und Organisationspsychologie. Internationales Handbuch in Schlüsselbegriffen. München, 296-300

Tiller, R. E. (1998): Arbeitsmedizinische Maßnahmen. In: U. Brandenburg/ K. Kuhn/ B. Marschall (Hrsg.): Verbesserung der Anwesenheit im Betrieb. Instrumente und Konzepte zur Erhöhung der Gesundheitsquote. Tagungsbericht 84, hrsg. v. d. Bundesanstalt für Arbeitsschutz und Arbeitsmedizin. Dortmund und Berlin, 163-176.

Trebesch, K. (1998): Absentismus und Führung. In: P. Nieder (Hrsg.): Fehlzeiten wirksam reduzieren. Konzepte, Maßnahmen, Praxisbeispiele. Wiesbaden, 99-108

Trimpop, R. M. (1999): Organisationaler Wandel im Arbeits-; Verkehrs-; Gesundheits-; und Umweltschutz. Dortmund und Berlin

Trudewind, C./ Mackowiak, K./ Schneider, K. (1999): Neugier, Angst und kognitive Entwicklung. In: M. Jerusalem/ R. Pekrun (Hrsg.): Emotion, Motivation und Leistung. Göttingen et al., 105-126

Udris, I. (1981): Streß in arbeitspsychologischer Sicht. In: J. R. Nitsch (Hrsg.): Streß. Bern et al., 391-440

Udris, I. (1987): Soziale Unterstützung, Streß in der Arbeit und Gesundheit. In: H. Keupp/ B. Röhrle (Hrsg.): Soziale Netzwerke. Frankfurt/ M., 123-138

Udris, I. (1989): Soziale Unterstützung. In: S. Greif/ H. Holling/ N. Nicholson (Hrsg.): Arbeits- und Organisationspsychologie. Internationales Handbuch in Schlüsselbegriffen. München, 296-300

Udris, I./ Dunckel, H./ Mohr, G. (1991): Das Projekt ‚Psychischer Stress am Arbeitsplatz'. In: S. Greif/ E. Bamberg/ N. Semmer (Hrsg.): Psychischer Streß am Arbeitsplatz. Göttingen, 46-56

Udris, I./ Kraft, U./ Mussmann, C./ Rimann, M. (1992): Arbeiten, gesund sein und gesund bleiben: Theoretische Überlegungen zu einem Ressourcenkonzept. In: Psychosozial 4/92, 9-22

Udris, I./ Rimann, M./ Thalmann, K. (1994): Gesundheit erhalten, Gesundheit herstellen: Zur Funktion salutogenetischer Ressourcen. In: B. Bergmann/ P. Richter (Hrsg.): Die Handlungsregulationstheorie. Von der Praxis einer Theorie. Göttingen, 198-215

Ulich, E. (1998): Arbeitspsychologie. 4. neu überarb. und erw. Aufl. Zürich und Stuttgart

Ulich, E. (1999): Geleitwort. In: R. Oesterreich/ W. Volpert (Hrsg.): Psychologie gesundheitsgerechter Arbeitsbedingungen. Konzepte, Ergebnisse und Werkzeuge zur Arbeitsgestaltung. Bern et al., 5-6

Ulich, E./ Conrad-Betschart, H./ Baitsch, C. (1989): Arbeitsform mit Zukunft: ganzheitlich-flexibel statt arbeitsteilig. Grundlagen und 7 Fallstudien aus der Maschinenindustrie. Bern et al.

Vallacher, R. R./ Wegner, D. M. (1985): A Theory of Action Identification. Hillsdale et al.

Vester, H. G. (1991): Emotion, Gesellschaft und Kultur. Opladen

Vetter, C. (1998): Krankheitsbedingte Fehlzeiten in der deutschen Wirtschaft. Branchenreport '97. Bonn

Vieth, P. (1996): Das Rückkehrgespräch: Fürsorglicher Dialog oder hochnotpeinliche Befragung. In: R. Busch (Hrsg.): Vom Fehlzeitenmanagement zur betrieblichen Gesundheitsförderung. Berlin, 51-60

Vieth, P. (1997): Skalpell, Schrotflinte oder lockerer Zügel – einige Gedanken zur Wirkungsweise von Rückkehrgesprächen. In. R. Busch (Hrsg.): Arbeitsmotivation und Gesundheit. Rückkehrgespräche in der betrieblichen Praxis. Berlin, 36-43

Vogel, J. (1995): Working Conditions, Health and Work Absenteeism: Recent Swedish Experience. In: D. Jaufmann/ E. Mezger/ M. Pfaff (Hrsg.): Verfällt die Arbeitsmoral? Zur Entwicklung von Arbeitseinstellungen, Belastungen und Fehlzeiten. Frankfurt/ M. und New York, 145-165

Volkholz, V./ Köchling, A. (1996): Standort Deutschland. In: H.-J. Bullinger/ H. J. Warnecke (Hrsg.): Neue Organisationsformen im Unternehmen. Berlin et al., 147-176

Volpert, W. (1997): Handlungsregulation. In: H. Luczak/ W. Volpert (Hrsg.): Arbeitswissenschaft. Stuttgart, 453-458

Vroom, V. (1964): Work and motivation. New York et al.

Wallbott, H. G. (1991): Das emotionale in der Sozialpsychologie und das Soziale in der Emotionspsychologie – Versuch einer Bestandsaufnahme eines vernachlässigten Grenzbereichs. In: Zeitschrift für Sozialpsychologie, 1/91. S. 53-65.

Walschburger, P. (1990): Biopsychologische Aspekte der Gesundheit. In: R. Schwarzer (Hrsg.): Gesundheitspsychologie. Göttingen et al., 25-34

Walschburger, P. (1994): Action Control and excessive Demand: Effects of Situational and Personality Factors on Psychological and Physiological Functions during stressfull Transactions. In: J. Kuhl/ J. Beckmann (Hrsg.): Volition and Personality. Action versus State Orientation, 233-266

Walster, E./ Berscheid, E./ Walster, G. W. (1976): New Directions in Equity Research. In: L. Berkowitz, E. Walster (Hrsg.): Equity Theory: Theory of Social Interaction. In: Advances in Experimental Social Psychology. Vol. 9. New York et al., 1-42

Warr, P. (1989): Psychische Gesundheit und Arbeit. In: S. Greif/ H. Holling/ N. Nicholson (Hrsg.): Arbeits- und Organisationspsychologie. Internationales Handbuch in Schlüsselbegriffen. München, 385-389

Wegge, J. (1997): Affektive Komponenten. In: H. Luczak/ W. Volpert (Hrsg.): Handbuch Arbeitswissenschaft. Stuttgart, 488-491

Wegge, J. (1998a): Die Zielsetzungstheorie. Ein kritischer Blick auf Grundlagen und Anwendungen. In: O. Braun (Hrsg.): Ziel und Wille in der Psychologie: Grundlagen und Anwendungen. Landau, 3-50

Wegge, J. (1998b): Lernmotivation, Informationsverarbeitung, Leistung: Zur Bedeutung von Zielen des Lernenden bei der Aufklärung motivationaler Leistungsunterschiede. Münster et al.

Wegge, J./ Kleinbeck, U. (1993): Motivationale Faktoren betrieblicher Fehlzeiten: Zum Einfluß leistungs- und anschlußthematischer Variablen auf die Abwesenheit am Arbeitsplatz. In: Zeitschrift für experimentelle und angewandte Psychologie. Band XL, Heft 3, 451-486

Weibler, J. (1995): Symbolische Führung. In: A. Kieser/ G. Reber/ R. Wunderer (Hrsg.): Handwörterbuch der Führung. 2. neu gest. u. erg. Aufl. Stuttgart, 2016-2026

Weinberger, J./ McClelland, D. C. (1990): Cognitive versus traditional motivational models. Irreconcilable or complimentary? In: E. T. Higgins/ R. M. Sorrentino (Hrsg.): Handbook of motivation and cognition. Foundations of social behaviour. Vol. 2. New York and London, 562-597

Weiner, B. (1987): The Role of Emotions in a Theory of Motivation. In: F. Halisch/ J. Kuhl (Hrsg.): Motivation, Intention, and Volition. Berlin et al., 21-30

Weiner, B. (1994): Motivationspsychologie. Weinheim.

Weinert, A. B. (1987): Lehrbuch der Organisationspsychologie. Menschliches Verhalten in Organisationen. 2. Erw. Aufl. München und Weinheim

Weitbrecht, H./ Braun, W.-M. (1999): Das Management als Akteur der industriellen Beziehungen. In: W. Müller-Jentsch (Hrsg.): Konfliktpartnerschaft. Akteure und Institutionen der industriellen Beziehungen. 3. Auflage. München und Mehring, 79-101

Westerhoff, U. (1999): Führungskräfte als Zielgruppe der betrieblichen Gesundheitsförderung: Gesundheitsgerechte Mitarbeiterführung und Streßmanagement – zwei erfolgreiche Seminarkonzepte. In: U. Nickel./ R. Reiter-Mollenhauer (Hrsg.): Psychische Belastungen in der Arbeitswelt. Bremerhaven, 162-168

Westermann, R./ Heise, E. (1996): Motivations- und Kognitionspsychologie: Einige intertheoretische Verbindungen. In: J. Kuhl/ H. Heckhausen (Hrsg.): Motivation, Volition und Handlung. Göttingen et al., 275-321

Westermayer, G. (1996): Der Aufbau von Vertrauensorganisationen durch Betriebliche Gesundheitsförderung. In: R. Busch (Hrsg.): Vom Fehlzeitenmanagement zur betrieblichen Gesundheitsförderung. Berlin, 61-82

Westermayer, G. (1998): Qualitative Krankenstandsanalyse. In: U. Brandenburg/ K. Kuhn/ B. Marschall (Hrsg.): Verbesserung der Anwesenheit im Betrieb. Instrumente und Konzepte zur Erhöhung der Gesundheitsquote. Dortmund und Berlin, 115-139

Westermayer, G. (1999): Arbeits- und Gesundheitsmanagement als ganzheitlicher Ansatz. Papier präsentiert auf der Konferenz 'Das betriebliche Gesundheitswesen als Erfolgsfaktor' des VDI am 23./ 24. Juni 1999. Frankfurt/ M.

Westermayer, G./ Bähr, B. (1994): Gesundheitsförderung in der Arbeitswelt. Göttingen und Stuttgart

Westermayer, G./ Stein, B. (1997): Gesundheit, Vertrauen, Führung: Rückkehrgespräche als Instrument der betrieblichen Gesundheitsförderung. In: R. Busch (Hrsg.): Arbeitsmotivation und Gesundheit. Rückkehrgespräche in der betrieblichen Praxis. Berlin, 75-96

WHO – Weltgesundheitsorganisation (1991): Ziele zur „Gesundheit für alle". Die Gesundheitspolitik für Europa. Kopenhagen

Wiedemann, A./ Busjahn, B./ Heinrich, J./ Listing, W./ Mueller, W./ Richter-Heinrich, E. (1994): State versus Action Orientation after Failure: Prevalence of Coping Strategies and related Personality Factors in two Groups of Hypertensives (with and without antihypertensive Medication). In: J. Kuhl/ J. Beckmann (Hrsg.): Volition and Personality. Seattle et al., 267-280

Wieland, J. (1997): Die Neue Organisationsökonomik. Entwicklung und Probleme der Theoriebildung. In: G. Ortmann/ J. Sydow/ K. Türk (Hrsg.): Theorien der Organisation. Die Rückkehr der Gesellschaft. Opladen, 35-66

Wieland-Eckelmann, R. (1992): Kognition, Emotion und psychische Beanspruchung. Göttingen

Wilkesmann, U. (1994): Zur Logik des Handelns in betrieblichen Arbeitsgruppen. Opladen

Wilkesmann, U. (1998): Modelle zur Stabilisierung von Vertrauen in Dyaden. Diskussionspapiere aus der Fakultät f. Sozialwissenschaft. Ruhr-Universität Bochum 15/98

Wilkesmann, U. (1999): Lernen in Organisationen. Die Inszenierung von kollektiven Lernprozessen. Frankfurt/ M. und New York

Wilkesmann, U./ Piorr, R./ Taubert, R. (1999): Konfliktarenen im Unternehmen – am Beispiel des Co-Managements. In: A. Clermont/ W. Schmeisser/ D. Krimphowe (Hrsg.): Personalführung und Organisation. München, 715-730

Williamson, O. E. (1985): The Economic Institutions of Capitalism. New York

Williamson, O. E. (1993): Calculativeness, Trust, and Economic Organisation. In: Journal of Law and Economics. Vol. 36, 453-486

Winefield, A. H./ Barnett, A./ Tiggemann, M. (1985): Learned Helplessness Deficits: Uncontrollable Outcomes or Perceived Failure? In: Motivation and Emotion. Vol. 9, 185-195

Wollert, A. (1989): Konzeptionelle Anforderungen an das Personalmanagement der 90er Jahre – Grundzüge einer mitarbeiterorientierten Unternehmenskultur. In: R. Marr (Hrsg.): Mitarbeiterorientierte Unternehmenskultur. Regensberg und Münster, 27-43

Wunderer, R./ Mittmann, J. (1995): Identifikationspolitik: Einbindung des Mitarbeiters in den unternehmerischen Wertschöpfungsprozeß. Stuttgart

Wynne, R. (1998): What makes Workplace Health Promotion work? Findings from the European Foundation's Research Programme. In: G. Breucker et al.: Success Factors of Workplace Health Promotion. hrsg. v. BKK Bundesverband. Essen, 15-26

Zahn, E. (1996): Führungskonzepte im Wandel. In: H.-J. Bullinger/ H. J. Warnecke (Hrsg.): Neue Organisationsformen im Unternehmen. Berlin et al., 279-296

Zajonc, R. B. (1980): Feeling and Thinking. Preferences Need No Inferences. In: American Psychologist 2/96, 151-175

Zajonc, R. B. (1984): On the Primacy of Effect. In: American Psychologist 2/84, 117-123

Zangemeister, C. (1999): Verfahren der Wirtschaftlichkeitsanalyse im Arbeits- und Gesundheitsschutz. In: BKK Bundesverband, Hauptverband der gewerblichen Berufsgenossenschaften (Hrsg.): Möglichkeiten der Wirtschaftlichkeitsanalyse für Maßnahmen des Arbeitsschutzes und der betrieblichen Gesundheitsförderung. 2. überarb. und erg. Aufl. Bremerhaven, 25-49

Zapf, D. (1989): Projekt ‚Psychischer Streß am Arbeitsplatz'. In: S. Greif/ H. Holling/ N. Nicholson (Hrsg.): Arbeits- und Organisationspsychologie. Internationales Handbuch in Schlüsselbegriffen. München, 514-517

Zapf, D. (1991): Arbeit und Gesundheit: Realer Zusammenhang oder Methodenartefakt? In: S. Greif/ E. Bamberg/ N. Semmer (Hrsg.): Psychischer Streß am Arbeitsplatz. Göttingen, 185-200

Zapf, D. (1999): Psychische Belastungen in der Arbeitswelt. In: U. Nickel./ R. Reiter-Mollenhauer (Hrsg.): Psychische Belastungen in der Arbeitswelt. Bremerhaven, 13-51

Zapf, D./ Frese, M. (1991): Soziale Stressoren am Arbeitsplatz. In: S. Greif/ E. Bamberg/ N. Semmer (Hrsg.): Psychischer Streß am Arbeitsplatz. Göttingen, 168-184

Zapf, D./ Kuhl, M. (1999): Mobbing am Arbeitsplatz: Ursachen und Auswirkungen. In: B. Badura/ M. Litsch/ C. Vetter (Hrsg.): Fehlzeiten-Report 1999. Psychische Belastung am Arbeitsplatz. Zahlen, Daten, Fakten aus allen Branchen der Wirtschaft. Berlin et al., 89-97

Ziegler, E./ Boos, M./ Udris, I. (1998): Die Methode des vernetzten Denkens dargestellt am Beispiel von Alltagstheorien des betrieblichen Absentismus. In: Arbeit 1/98, 39-52

Ziegler, E./ Udris, I./ Büssing, A./ Boos, M./ Baumann, U. (1996): Ursachen des Absentismus: Alltagsvorstellungen von Arbeitern und Meistern und psychologische Erklärungsmodelle. In: Zeitschrift für Arbeits- und Organisationspsychologie (1996) 40 (N.F. 14) 4, 204-208

Zimmerli, W. Ch. (1996): Arbeit und Gesundheit im Wandel der Zeit. In: U. Brandenburg/ B. Marschall/ K. Kuhn/ C. Verkoyen (Hrsg.): Gesundheitsförderung im Betrieb. Tagungsband der II. Tagung des Gesundheitswesens der VW AG in Kooperation mit der Bundesanstalt für Arbeitsschutz und den DLR-Projektträgerschaften, Arbeit und Technik. Dortmund, 33-52

Zimolong, B. (1998): Arbeitssicherheit und Umweltschutz. Die Kontrolle der Risiken. Bochum

Zimolong, B./ Elke, G. (1999a): Schlußbericht des Verbundvorhabens Prävention im betrieblichen Arbeits- und Gesundheitsschutz. Ganzheitliches Management des betrieblichen Arbeits- und Gesundheitsschutzes (GAMAGS). Bochum

Zimolong, B./ Elke, G. (1999b): Ganzheitliches Management im betrieblichen Arbeits- und Gesundheitsschutz (GAMAGS). In: M. Kastner (Hrsg.): Gesundheit und Sicherheit in neuen Arbeits- und Organisationsformen. Herdecke, 343-347